國家出版基金項目

唐仲英基金會資助項目

國家社會科學基金重大項目

日本京都大學藏珍稀漢籍十一種　册四　楊海崢　主編

附釋音春秋左傳註疏

〔西晉〕杜預　註
〔唐〕孔穎達　疏

北京大學出版社
PEKING UNIVERSITY PRESS

日本京都大學藏珍稀漢籍十一種　册四

目録

附釋音春秋左傳註疏……001
卷第三十四……007
卷第三十五……047
卷第三十六……105
卷第三十七……141
卷第三十八……189
卷第三十九……253
卷第四十……295
卷第四十一……343
卷第四十二……411
卷第四十三……481
卷第四十四……527

附釋音春秋左傳註疏卷三四——卷四四

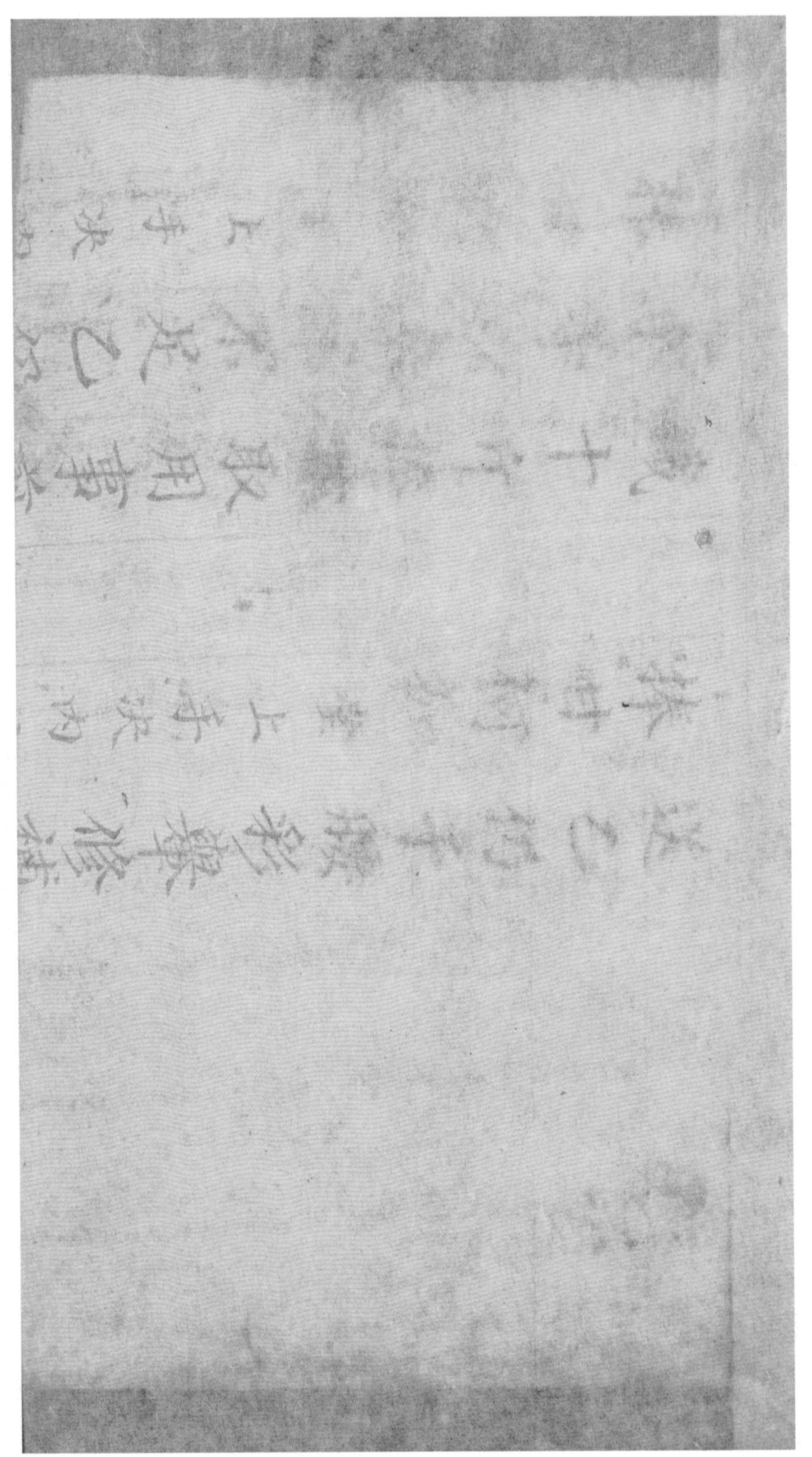

1005
東方文化學院京都研究所

附釋音春秋左傳註疏卷第三十四 襄十九年盡二十一年

杜氏註　孔穎達疏

經十有九年春王正月諸侯盟于祝柯前年圍齊之諸侯也祝柯縣今屬濟南郡○柯古多反晉人執邾子稱人以執惡及民也公至自伐齊傳無疏十九年公至自伐齊○正義曰往年圍齊今以伐致傳既不說杜亦不解公羊傳曰此同圍齊也何以致伐未圍齊也未圍齊則其言圍齊何抑齊也曷爲抑齊爲其亟伐也其意言往年同圍齊者實非圍齊故以伐致案傳攻平陰齊侯塹防門而守之則是兵實圍齊不得如公羊說也賈逵云圍齊而致伐以策伐勳也伐者加兵之名圍則伐內之別圍伐終是一事不得各有其勳何言策伐勳也注圍是伐內之別此言至自伐齊蓋二十九年言至自圍許史異辭無義例取邾田自漷水取邾田以漷水爲界也漷水出東海合鄉縣西南經魯國至高平湖陸縣入泗○漷好虢反徐音郭又虎伯反字林口郭口獲二反○季孫宿如晉拜

曹成公傳無○夏衛孫林父帥師伐齊○秋七月

辛卯齊侯環卒世子光三與魯同盟（疏）注世子至同盟○正義曰環以成十年即位十

五年國佐盟于戚十七年自盟于柯陵十八年崔杼于虛朾

襄三年世子光于雞澤五年世子光于戚九年世子光于戲

十一年世子光于亳城北不數成公之世世子光猶四同盟

言三者襄五年戚盟不書經故杜不數劉炫以爲杜誤非也

○晉士匄帥師侵齊至穀聞齊侯卒乃還詳錄所至

及還者善得禮○八月丙辰仲孫蔑卒傳無○齊殺其大

夫高厚○鄭殺其大夫公子嘉○冬葬齊靈

公傳無○城西郛魯西郭○郛芳夫反○叔孫豹會晉士匄

于柯魏郡內黃縣東北有柯城○城武城泰山南武城縣

傳十九年春諸侯還自沂上盟于督揚曰大

毋侵小督揚即祝柯也。督丁毒反。毋音無執邾悼公以其伐我故伐魯在十七年遂次于泗上疆我田正邾魯之界也。泗水名。○疆居良反取邾田自漷水歸之于我邾田在漷水北，今更以漷為界，故曰取邾田〔疏〕傳任邾田至邾田。○正義曰：邾在魯南，田在漷水北，今更以漷水為界，取邾漷北之田歸于魯也。十六年命歸侵田，此年正邾魯之界，則此田舊是魯界，邾人取以為己有，今日使之歸魯，故曰取邾田也。公羊傳曰：「其言自漷水何？以漷為竟也。何言乎以漷為竟？漷移也。」其意言邾魯以漷水為竟，漷水移入邾界，魯隨而有之。賈服取以為說，言刺晉偏而魯貪。案傳晉命歸侵田，此田邾先侵魯，追令反本，何晉偏而魯貪？公羊之說不可通也。晉侯先歸公享晉六卿于蒲圃六卿過魯。○圃布古反，過古禾反賜之三命之服軍尉司馬司空輿尉候奄皆受一命之服如鞌戰還之賜，唯無先輅。○鞌音安賄荀偃束錦加璧乘馬先吳壽壽夢之鼎荀偃中軍元帥故特賄之五匹爲束四馬爲乘壽夢吳子乘也獻鼎於魯因以爲名古之獻物必有以先今以璧馬爲鼎之先。賄呼罪反乘繩證反注四馬爲乘同先吳悉薦反又如字夢莫公反帥所類反

疏注荀偃至之先。正義曰雜記云納幣一束束五兩兩五尋鄭玄云納幣謂昏禮納徵也十箇爲束貴成數兩兩者合其卷是謂五兩八尺曰尋一兩五尋則每卷二丈也合之則四十尺今謂之匹猶匹偶之云彼雖主說昏幣但經傳所言束帛束錦者其束多少皆與彼同故云五匹爲束也吳子乘以十二年卒乘獻此鼎於魯魯人因以其人名之謂之吳壽夢之鼎今以此鼎賄荀偃也古之獻物必有以先之老子云雖有拱抱之璧以先駟馬謂以璧爲馬先也僖三十三年鄭商人弦高以乘韋先牛十二犒師謂以韋爲牛先也二十六年鄭伯賜子展先路三命之服先八邑謂以車服爲邑之先也皆以輕物先重物此錦璧可執馬可牽行皆輕於鼎故以璧馬爲鼎之先以輕先重非以賤先貴鼎價未必貴於璧馬也

荀偃癉疽生瘍於頭癉疽惡創。○癉丁但反徐音旦疽七餘反瘍音羊創初良反。

疏癉疽生瘍於頭。○正義曰說文云癉勞病也疽癰也癰腫也瘍頭創也然則傳言荀偃病此疽腫潰遂生創

於頭。杜云癉疽惡創。略言其病劇耳濟河及著雍病目出大夫先歸者皆反士匄請見弗內請後曰鄭甥可士匄中軍佐故問後也鄭甥荀吳其母鄭女。著張慮反又直慮反雍於用反見賢遍反二月甲寅卒而視不可含目開口噤。視如字徐市至反下同含戶暗反本亦作唅下同噤其蔭反宣子盥而撫之曰事吳敢不如事主猶視大夫稱主。盥音管欒懷子曰其為未卒事於齊故也乎懷子欒盈。為于偽反下注為懷子同乃復撫之曰主苟終所不嗣事于齊者有如河乃瞑受含嗣續曰。復扶又反瞑亡丁反一音亡千反桓譚以為荀偃死而目出初死其目未合尸冷乃合非其有所知也傳因其異而記之耳宣子出曰吾淺之為丈夫也自恨以私待人。晉欒魴帥師從衛孫文

子伐齊為懷子之言故也欒魴欒氏族不書并林父不別告也經書夏從告。○并如字又必政反

季武子如晉拜師謝討齊晉侯享之范宣子為

政代荀偃將中軍。○將子匠反後放此賦黍苗黍苗詩小雅美召伯勞來諸侯如陰雨之長黍苗也喻晉君憂勞魯國猶召伯。○召上照反下同勞力報反來力代反長丁丈反季武子興再

拜稽首曰小國之仰大國也如百穀之仰膏

雨焉若常膏之其天下輯睦豈唯敝邑賦六

月六月尹吉甫佐天子征伐之詩以晉侯比吉甫出征以匡王國。○仰如字徐五亮反下同膏[illegible]如字徐古報反

常膏音古報反又如字輯音集本又作集季武子以所得於齊之兵

作林鍾而銘魯功焉林鍾律名鑄鍾聲應林鍾因以為名。○鑄之樹反應應對之應

【疏】注林鍾律名鑄鍾聲應林鍾因以為名。○正義曰月令季夏律中林鍾是林鍾六月之律名也周語云景王鑄

鑄無射問律於伶州鳩對曰律所以立均出度也古之神瞽考中聲而量之以制度律均鍾百官軌儀賈逵云律謂六律六呂以均鍾大小清濁也考成也成平也平中和之聲度律呂之長短以立均鍾以成和平之聲而百官之道得象而儀之是言度律呂長短然後鑄鍾鍾聲皆應律遂以律名鍾此鍾聲應林鍾故以林鍾為名臧武仲謂季孫曰非禮也夫銘天子令德天子銘德不銘功諸侯言時計功舉得時動有功則可銘也大夫稱伐銘其功伐之勞今稱伐則下等也從大夫故【疏】今稱伐則下等也。○正義曰諸侯之銘當言時計功時計功晉之伐齊也借人之力功非已有妨民農務不可謂時二者既無可稱唯有從行征伐可得稱伐勞耳伐雖可稱若稱伐則從大夫之例於三者為下等不足為功美也計功則借人也○借晉力也○借如字一音備亦反言時則妨民多矣何以為銘且夫大伐小取其所得以作彝器彝常也謂鍾鼎為宗廟之常器○夫音扶彝以之反銘其功烈以示子孫昭明德而懲無禮也今將借人之力以救其死若之何銘之小國幸於大國（以勝大國爲幸○懲直升反）而昭所獲焉以怒之亡之道也（爲城西郛○武城傳）齊侯娶于魯曰顏懿姬無子其姪鬷聲姬生光以爲大子（凡子曰姪顏鬷皆二姬母姓因以爲號懿聲皆謚○娶子住反姪直結反鬷子公反）諸子仲子戎子戎子嬖（諸子諸妾姓子者二子皆宋女○仲本亦作中音仲下皆放此嬖必計反）仲子生牙屬諸戎子（屬託之○屬音之蜀反注同）戎子請以爲大子許之（齊侯許之）仲子曰不可廢常不祥（廢立嫡之常○嫡本或作適丁歷反）間諸侯難（在事難成也○間間廁之間）光之立也列於諸侯矣（列諸侯之會）今無故

而廢之是專黜諸侯（謂光已有諸侯之事）而以難犯不祥也君必悔之公曰在我而已遂東大子光（廢而徙之東鄙）使高厚傅牙以為大子夙沙衛為少傅

齊侯疾崔杼微逆光疾病而立之光殺戎子（終言之。少詩照反下注公猶少同杼直呂反【疏】注終言之。正義曰知終言之者以云尸諸朝非禮下始云五月齊靈公卒莊公即位若非即位之後豈得尸戎子於朝故傳終言之）尸諸朝非禮也婦人無刑（無黥刖之刑。黥其京反刖音月又五刮反【疏】注無黥刖之刑。正義曰婦人淫則閉之於宮犯死不得不殺而云婦人無刑知其於五刑之中無三等刑耳三等墨劓刖也三等之刑墨輕刖重故舉其輕重而略其劓也周禮謂之墨尚書謂之黥黥墨為一故依尚書言黥也服虔云婦人從人者也故不為制刑及犯惡從男子之刑也若與男子俱受黥刖劓亦是婦人刑矣何獨主男子而婦人從之也割劓難服云犯淫則男子割勢婦人閉宮豈得從男子乎雖有刑不在朝市謂犯死刑者猶不暴尸。○暴蒲卜反夏五月壬辰晦齊靈公卒經書七月辛卯光定位而後赴莊公即位太子光也執公子牙於句瀆之丘以夙沙衛易己衛奔高唐以叛光謂衛教公易己高唐在祝柯縣西北。○句古侯反瀆音豆○晉士匄侵齊及穀聞喪而還禮也禮之常不必待君命【疏】注禮之至君命。○正義曰傳言禮也則兵不伐喪必有常禮禮有此法故聞喪即還公羊傳曰還者何善辭也何善爾大其不伐喪也此受命乎君而伐齊則何大乎其不伐喪大夫以君命出進退在大夫也何休云禮兵不從中御外臨事制宜唯義所在故善之是與左氏同也穀梁傳曰還者事未畢之辭也不伐喪善之也善之則何爲未畢也君不尸小事臣不專大名善則稱君過則稱己則民作讓矣士匄外專君命故非之也然則爲士匄者宜奈何宜墠帷而歸命乎介其意言待命乃還故杜言不必待君命所以排穀梁也。○於四月丁未於此年四月鄭公孫蟜卒赴於晉大夫范宣子言於晉侯以其善於伐秦也十四年晉伐秦子蟜見諸侯師而勸之濟涇六月晉侯請於王王追賜之大路使以行禮也大路天子所賜車之總名以行葬禮傳言大夫有功則賜服路

疏注大路至服路○正義曰二十四年穆叔如周王嘉其有禮賜之大路與此並賜諸侯之卿其文皆云大路知大路天子所賜車之總名也周禮巾車王之五路有玉路金路象路革路木路又有服車五乘孤乘夏篆卿乘夏縵大夫乘墨車士乘棧車庶人乘役車又曰凡良車散車不在等者其用無常周禮有此文耳其封諸侯賜之以車則同姓以金路異姓以象路四衛以革路蕃國以木路其賜諸侯之卿則無文釋例曰周官王之五路及卿大夫士服車名有名又有良車散車不在等者其用無常謂此上五路之良散當以出賜故言其用無常也傳通稱王路金路爲大路又賜魯穆叔鄭子蟜當是革路若木路所以封四衛及蕃國之君也而亦曰大路者據受王之殊錫皆舉其總名或云先或云次當各自以就數爲差也杜言當是革路若木路者雖賜不敢質謂當是此二路也必疑然者以服車稱車不稱

路王若賜之夏篆夏縵一不應謂之爲大路名之曰大路必在五路之中矣金路象路乃賜同姓異姓之國君不可以賜其臣而傳稱列國之卿當小國之君固周制也位當小國之君則車亦可以同之故疑是革路若木路也革路木路卑者亦稱大路者以受王殊賜皆卒其總名也若受之於君或稱先或稱次杜云以就數爲差者三命之卿就數三再命之卿就數二故鄭賜子展先路三命之服子產次路再命之服是也若其不然王賜叔孫穆子其車若是夏篆夏縵卿與常車無異何故生弗敢乘及死乃請以葬也鄉飲酒禮者大夫之禮也工人卒歌主人獻工大師則爲之洗鄭玄云大夫若君賜之樂謂之大師爲之洗尊之也彼尊君賜樂謂工師爲大師此尊王賜車謂王車爲大路其意類於彼也膏肓何休以天子車稱大路諸侯車稱路車大夫稱車今鄭子蟜諸侯之大夫耳當與天子士同賜其車而名之曰大路非正也亂子曰唯器與名不可以假人名不正則言不順於義左氏爲短案周禮天子袞冕上公亦稱袞冕天子析羽爲旌諸侯及大夫亦稱旌又天子樂官稱大師鄉飲酒禮君賜樂亦稱大師此皆名同於上則卿大夫大路何獨不可同之於天子大路之名乎何休之難非也。秋八月齊崔杼殺高厚於灑藍而

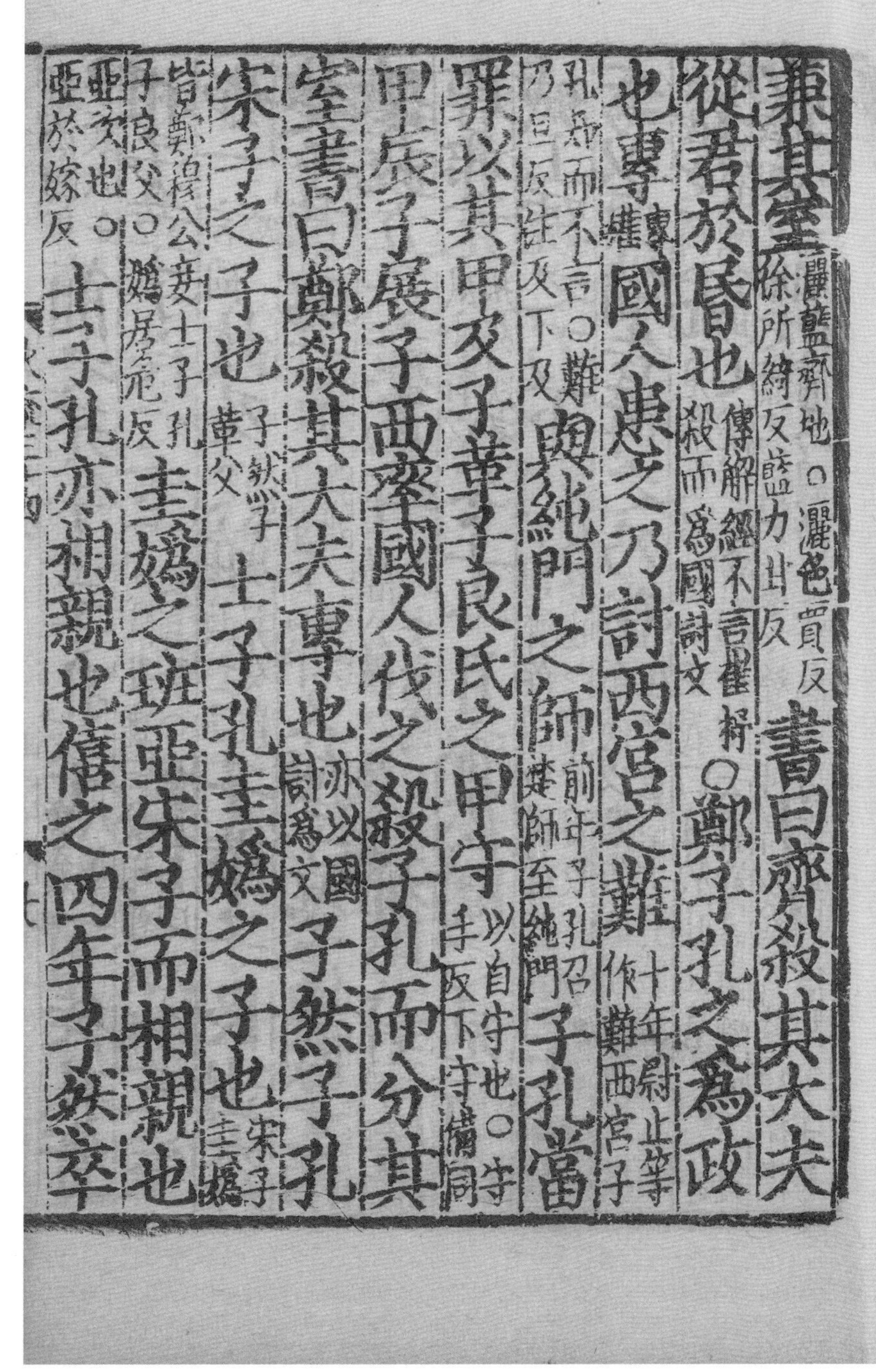

兼其室灑藍齊地○灑色買反徐所綺反藍力甘反書曰齊殺其大夫
從君於昏也傳解經不言崔杼殺而爲國討文○鄭子孔之爲政
也專專嬖國人患之乃討西宮之難十年尉止等作難西宮子
孔知而不言○難乃旦反註及下及與純門之師前年子孔召楚師至純門子孔當
罪以其甲及子革子良氏之甲守以自守也○守手反下守備同
甲辰子展子西率國人伐之殺子孔而分其
室書曰鄭殺其大夫專也亦以國討爲文子然子孔
宋子之子也子然子革父士子孔圭嬀之子也宋子圭嬀
皆鄭穆公妾士子孔子良父○嬀居危反圭嬀之班亞宋子而相親也
亞次也○亞於嫁反士子孔亦相親也僖之四年子然卒

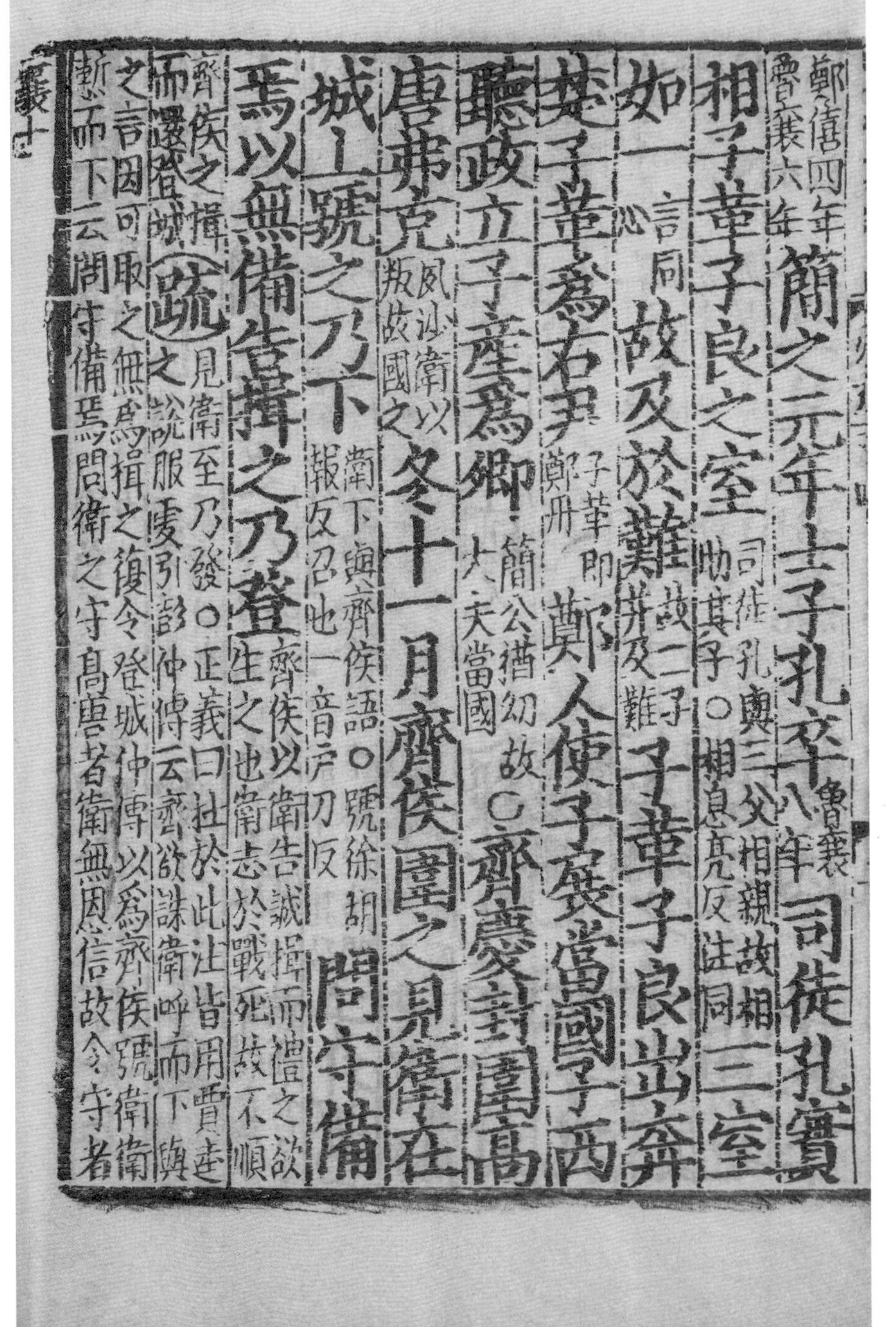

（鄭僖四年魯襄六年）簡之元年士子孔卒（魯襄八年）司徒孔實相子革子良之室（司徒孔與三公相親故相助其子○相息亮反注同）三室如一（言同心）故及於難（故二子并及難）子革子良出奔楚子革為右尹（子革即鄭丹）鄭人使子展當國子西聽政立子產為卿（簡公猶幼故大夫當國）○齊慶封圍高唐弗克（夙沙衛以叛故圍之）冬十一月齊侯圍之見衛在城上號之乃下（衛下與齊侯語○號徒胡報反召也一音戶刀反）問守備焉以無備告揖之乃登（齊侯以衛告誠揖而禮之欲生之也衛志於戰死故不順齊侯之揖而還登城）

［疏］見衛至乃發○正義曰杜於此注皆用賈逵之說服虔引彭仲博云齊欲誅衛呼而下與之言因可取之無為揖之復令登城仲博以為齊侯號衛衛慙而下云問守備焉問衛之守高唐者衛無恩信故令守者

襄十

以無備告齊侯善其言故聞之乃命士卒登城服虔謂此號近之案傳之次第衛在城上號之乃下是衛下也問守備焉問衛也若其別問餘人當云問其守者不得云問守備也若齊侯揖之而命士卒登城則士於此時已登矣何故下文方曰殖綽工僂會夜縋納師也衛已下城齊侯不即執取者或有所羈礙不得取之漢末曹操與馬超對語徐晃與閻行對語皆讐敵交言而不能相取亦何怪古之人乎聞師將傳食高唐人殖綽工僂會夜縋納師因其會食二子齊大夫○傳音附食音嗣僂力侯反縋直偽反

疏夜縋納師○正義曰二子因其無備先往城上乃從城上縣縋納師醢衛于軍○醢音海○城西郛懼齊也前年與晉伐齊又鑄其器為鍾故懼○齊及晉平盟于大隧○大隧地闕○隧音遂故穆叔會范宣子于柯齊晉平魯懼齊故為柯會以自固穆叔見叔向賦載馳之四章四章曰控于大邦誰因誰極控引也取其欲引大國以自救助○控苦貢反

疏注四章至救助○正義曰控于大邦乃是

江達刊

載馳五章而云四章者文一十三年鄭子家賦載馳之四章義取控于大邦意在五章而并賦四章彼注已云四章以下故於此略之詩注云極至也今衛侯欲求援引之力助於大國之諸侯亦誰因乎由誰至乎閔之故欲歸問之叔

向曰肹敢不承命叔向度齊未肯以盟服故許諾魯○度待洛反穆叔曰

齊猶未也不可以不懼乃城武城○衛石共

子卒石買○共音恭悼子不哀買之子石惡孔成子曰是謂蹷

其本蹷猶拔也○蹷求月反一音居月反又居衛反【疏】注蹷猶拔也○正義曰蹷者倒也樹倒必拔根

故云蹷猶拔也父是親之極孝為德之本於父尚猶不哀必是不能愛人也已不愛人人亦不愛已已人皆不愛必將喪

家知其不能保有宗嗣也必不有其宗為二十八年石惡出奔傳

經二十年春王正月辛亥仲孫速會莒人盟

于向向莒邑○向舒亮反○夏六月庚申公會晉侯齊侯

宋公衛侯鄭伯曹伯莒子邾子滕子薛伯杞伯小邾子盟于澶淵澶淵在頓丘縣南今名繁汙此衛地又近戚田○澶市然反汙音紆近附近之近秋公至自會無傳○仲孫速帥師伐邾○蔡殺其大夫公子燮莊公子○燮息協反蔡公子履出奔楚燮母弟也○陳侯之弟黃出奔楚稱弟明無罪也

疏二十年注稱弟明無罪也○正義曰傳言非其罪也則無罪之文明矣而云稱弟明無罪者賈逵以為稱名罪其偏杜以鄭段有罪去弟以罪段今此存弟非是罪黃之文也言此以排賈氏也

叔孫如齊○冬十月丙辰朔日有食之無傳季孫宿如宋

傳二十年春及莒平孟莊子會莒人盟于向督揚之盟故也莒數伐魯前年諸侯盟督揚以和解之故二國自復共盟結其好○數所角反

下同解古買反又户買反復扶又反下始復同好呼報反下皆同【疏】傳盟于至故也○正義曰於經服異則稱同盟此齊成而盟不言同者往年齊與晉平盟于大隧是齊已服於晉矣非於此始服故不言同也晉以齊既平和而召諸侯以為此會傳解其為盟之意故云齊成也○夏盟于澶淵齊成故也齊與晉平○邾人驟至以諸侯之事弗能報也驟數也謂十五年十七年伐魯秋孟莊子伐邾以報之既盟而又伐之非○蔡公子燮欲以蔡之晉背楚○背音佩蔡人殺之公子履其母弟也故出奔楚與兄同謀故○陳慶虎慶寅畏公子黃之偪二慶陳卿恐黃偪奪其政○偪彼力反愬諸楚曰與蔡司馬同謀同欲之晉楚人以為討討責陳公子黃出奔楚奔楚自理初蔡文侯欲事晉曰先君與於踐土之盟

先君文侯父莊侯甲午也踐土盟在僖二十八年○與音預晉不可棄且兄弟也畏楚不能行而卒宣十七年文侯卒楚人使蔡無常徵發公子燮求從先君以利蔡不能而死書曰蔡殺其大夫公子燮言不與民同欲也罪其違衆陳侯之弟黃出奔楚言非其罪也稱弟罪陳侯及二慶【疏】注稱弟至二慶○正義曰稱弟者止爲罪陳侯但陳侯之罪罪在信二慶故杜兼言二慶耳稱弟不爲罪二慶也釋例曰兄而害弟者稱弟以章兄罪弟又害兄則去弟以罪弟身推此以觀其餘秦伯之弟鍼陳侯之弟黃皆是兄害其弟者也秦伯有千乘之國而不能容其母弟傳曰罪秦伯也歸罪秦伯則鍼罪輕也陳侯不能制御臣下使逐其弟傳曰言非其罪也非黃之罪則罪在陳侯示互舉之文也公子黃將出奔呼於國曰慶氏無道求專陳國暴蔑其君而去其親五年

不滅是無天也為二十三年陳殺二慶傳○呼好故反去起呂反○齊子初聘于齊禮也齊魯有怨朝聘禮絶今始復通故曰初繼好息民故曰禮○冬季武子如宋報向戌之聘也向戌聘在十五年褚師段逆之以受享段共公子子石也逆以入國受享禮○褚張呂反段徐徒亂反共音恭賦常棣之七章以卒武子賦也七章以卒盡八章取其妻子好合如鼓瑟琴宜爾室家樂爾妻帑言二國好合宜其室家相親如兄弟○棣大計反樂音洛帑音奴宋人重賄之歸復命公享之賦魚麗之卒章魚麗詩小雅卒章曰物其有矣維其時矣喻聘宋得其時○麗力馳反

疏 賦魚麗之卒章○正義曰魚麗詩小雅物其有矣著謂言魚有鱨鯊魴鯉弁有旨酒也維其時矣者注云太平而後微物衆多取之有時用之有道則萬物莫不多也

公賦南山有臺○南山有臺詩小雅取其樂只君子邦家之基邦家之光喻武子奉使能為國光輝○只之氏反本亦作旨使所吏反武

子去所曰臣不堪也去所，辟席。○衛甯惠子疾，召悼子，悼子，甯喜。曰：「吾得罪於君，悔而無及也。名藏在諸侯之策，曰『孫林父、甯殖出其君』。君入則掩之。掩惡名。○筴，初革反。出，如字，徐音黜。若能掩之，則吾子也。若不能，猶有鬼神，吾有餒而已，不來食矣。」餒，餓也。○餒，奴罪反。悼子許諾，惠子遂卒。為二十六年衛侯歸傳。

經二十有一年春王正月，公如晉。○邾庶其以漆、閭丘來奔。二邑在高平南平陽縣。東北有漆鄉，西北有顯閭亭。以邑出為叛，適魯而言來奔，內外之辭。○漆，本或作漆，徐音七。閭，力於反。

疏「二邑在高平南陽」至「之辭」。○正義曰：杜解地邑，自為其例。言在者，指知其處；言有者，以並不審。此言二邑在高平者，知其在高平郡界耳。又言有者，並不審其處也。《釋例》曰：「漆，高平南平陽縣東北有蓼鄉聞丘高平南平陽縣西北有顯閭亭是二邑知在高平而不審其地故言有也諸侯之臣入其私邑而以之出奔者皆書爲叛衛孫林父宋華亥宋公之弟辰趙鞅荀寅等皆書爲叛叛者背其本國之大辭也此及莒牟夷邾黑肱亦以邑叛本國但叛來歸魯據其至魯爲奔而言來奔內外之辭言俱是叛而辭異耳且傳謂庶其等爲三叛人明其宋是叛也

○夏公至自晉無傳○秋晉欒盈出奔楚盈不能防閑其母以取奔亡稱名罪之

【疏】注盈不至罪之○正義曰宣十年齊崔氏出奔衛書其族也文八年宋司城來奔舉其官也又十四年宋子哀来奔稱其字也皆爲無罪不書其名則書名爲罪之文據傳盈無大罪故辨之不能防閑其母以取奔亡稱其名罪之也不能防閑其母詩序文也周禮兕貴氏舍則守王閑又校人謂馬廄爲閑則閑是禦禦禁防之名也禮之防失若彼閑然論語云大德不踰閑閑謂禮法言不能以禮法禁防母也

○九月庚戌朔日有食之無傳○冬十月庚辰朔日有食之無傳

○曹伯來朝○公會晉侯齊侯宋公衛侯鄭

伯曹伯莒子邾子于商任商任地闕○任音壬

傳二十一年春公如晉拜師及取邾田也十八年伐齊之○師漷水之田○邾庶其以漆閭丘來奔庶其邾大夫季武子以公姑姊妻之計公年不得有未嫁姑姊蓋寡者二人○公姑姊杜以公之姑及姊是二人也或曰列女傳稱梁有節姑姊謂父之妹也此云姑姊是父之姊也一人耳以杜氏爲說案成二年楚侵及陽橋孟孫往賂以公衡以公衡爲質杜云衡成公子也楚師及宋公衡逃歸臧宣叔云衡父不忍數年之不宴以棄魯國則公衡之年下計猶十七八成公是其父固當三十有餘矣成二年至此二十八歲姑又成公之姊則年近七十矣假令公衡非成公之子猶是成公之弟成公元年伯姬歸于宋伯者長稱九年始嫁則爲成公之妹成公不得有姊矣若成公別有庶長之姊以成公公薨之年推之亦不復堪嫁故知二人也唯公年以成公即位年幼據左氏文四年傳云公如晉晉侯見公不敬公歸欲求成于楚得季文子諫而止此非年幼也反覆推之杜氏不誤妻之七計反下同

疏傳註討公至二人○

正義曰杜以姑爲父之女昆弟姊是已之女昆故計公之年以爲寡者二人劉炫云案十二年傳云無女而有姊妹及姑姊妹則古人謂姑爲姑姊妹也而知此姑姊是襄公之姊止一人耳不得云寡者二人今知不然者以襄公成公之子成公即位一年已令大子公衡爲質於楚及宋逃歸則公衡年十五六矣成公即位之初已三十有餘計至於今七十許歲其姊縱年極老矣安可以妻蔑明劉以爲成公之姊而規杜氏非也皆有賜於其從者於是魯多盗季孫謂臧武仲曰子盍詰盗詰治也○從才用反下同盍胡臘反下盍反同詰起吉反【疏】子盍○正義曰鄭玄服虔皆以盍爲何不也武仲曰不可詰也紇又不能季孫曰我有四封而詰其盗何故不可子爲司寇將盗是務去若之何不能武仲曰子召外盗而大禮焉何以止吾盗吾謂國中○去起呂反下皆同子爲正卿而來外盗使

二十

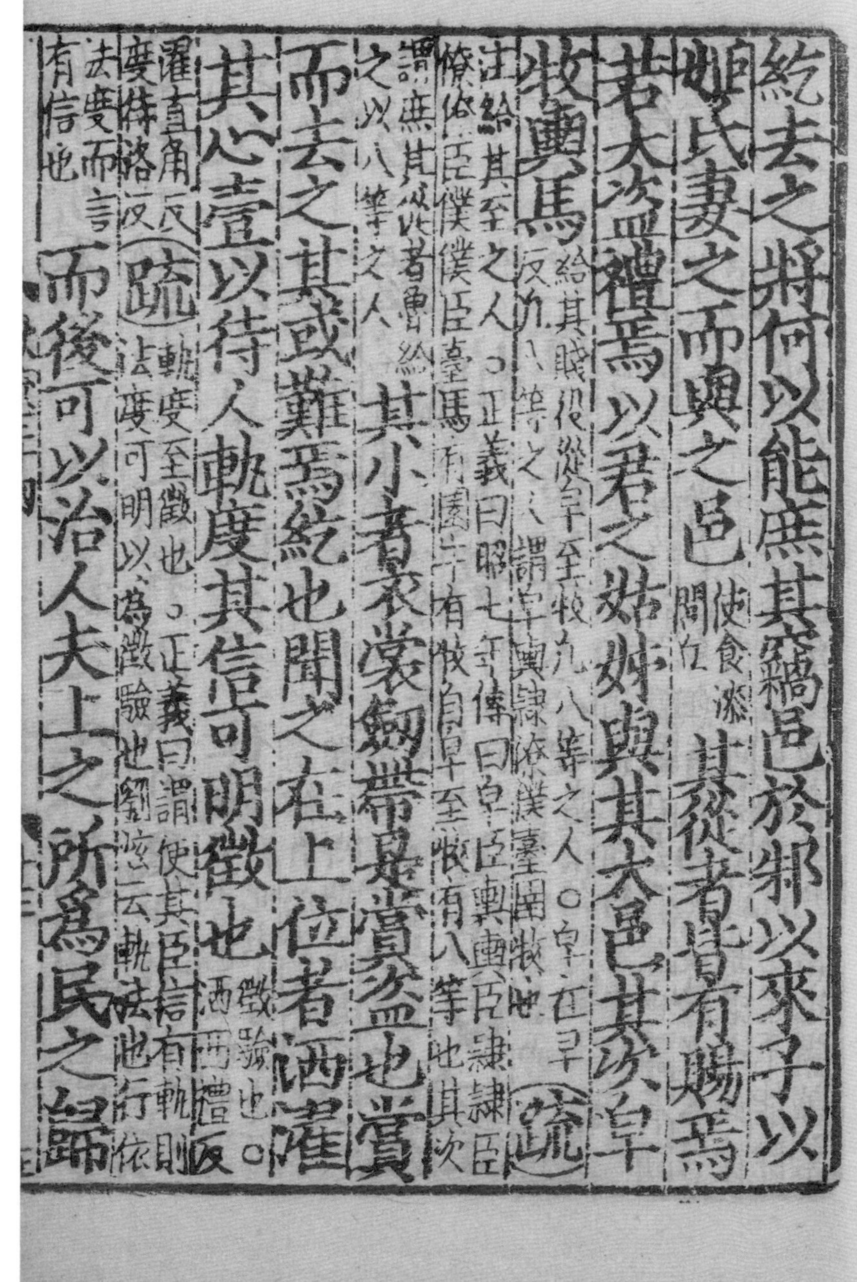

紇去之將何以能庶其竊邑於邾以來子以姬氏妻之而與之邑使食漆閭丘其從者皆有賜焉若大盜禮焉以君之姑姊與其大邑其次皁牧輿馬給其賤役從皁至牧凡八等之人○皁在早反凡八等之人謂皁輿隸僚僕臺圉牧也疏注給其至之人○正義曰昭七年傳曰皁臣輿輿臣隸隸臣僚僚臣僕僕臣臺馬有圉牛有牧自皁至牧有八等也其次謂庶其從者身給之以八等之人其小者衣裳劍帶是賞盜也賞而去之其或難焉紇也聞之在上位者洒濯其心壹以待人軌度其信可明徵也徵驗也○洒西禮反濯直角反度待洛反疏軌度至徵也○正義曰謂使其臣信有軌則法度可明以爲徵驗也劉炫云軌法也行依法度而言有信也而後可以治人夫上之所爲民之歸

也上所不爲而民或爲之是以加刑罰焉而莫敢不懲若上之所爲而民亦爲之乃其所也又可禁乎夏書曰念茲在茲逸書也茲此也謂行此事當念使可施之於此○不懲直升反釋茲在茲釋除也謂欲有所治除於人亦當顧己得無亦有之名言茲在茲名此事言此事亦皆當令可施於此○令力呈反允出茲在茲允信也信出於此則善亦在此惟帝念功言帝念之則功成也將謂由己壹也信由己壹而後功可念也言非但意念而已當須信己誠至

疏

夏書至念也○正義曰念茲在茲謂念此所行之事欲施於施得可施之在於此身然後行之釋茲在茲釋除也謂有所除治於此前人之上亦當在此身無有罪過然後除之名言茲在茲謂名此事言此事亦皆當令可施於此猶若名此除盜言此除盜己能除盜是除盜之事可施於此若己不能除盜遣人除盜是不可施於此也允出茲在茲允信也謂誠信

之心出於此身則善亦誠在此身也言由己壹謂信實由己專壹然後善功可念此斷章為義故與尚書本文稍殊也

庶其非卿也以地來雖賤必書重地也重地故書其人其人書則惡名彰以懲不義

【疏】庶其非卿也○正義曰公羊穀梁皆以邾莒之徒小國不合有卿釋例曰公侯伯子男及其卿大夫士命數周官具有等差當春秋時漸已變改是以仲尼丘明據時之宜仍其行事從而然之不復與周官同而先儒各以周官禮記各致異端今詳推經傳國之大小皆據當時土地人民不復依爵故書莒邾之卿而畧於滕薛也諸侯大國之卿皆必有命固無所須其總名亦曰大夫也故經傳卿大夫之文相涉晉戰三卿而經書大夫邢丘之會傳稱大夫亦皆卿也蜀之盟齊國之大夫溴梁之盟小邾之大夫此不命一命之大夫故不書也命者謂其君正爵命之於朝其宮室車旗衣服禮儀各如其命數則皆以卿禮書之於經衛之於晉不得比次國則邾莒杞鄫之屬固以微矣此等諸國當時附隨大國不得列於會者甚衆及其得列上不能自通於天子下無暇於備禮成制故與於會盟戰伐甚多問書之公子皆得見於經其餘或命而禮儀不備或未加命數故皆不書之也邾畀我之等其來魯亦多所書唯數人而

已知其合制考之也又鄭庶其等傳皆言非卿以地來雖賤必書紀裂繻來逆女傳曰卿爲君逆知此等微國亦應有卿有卿則應書於經徒以卑陋制不合禮失禮之例杞降爲夷華楊且官卑子貢之至於此等卿而不備禮亦所以見其略賤也諸儒以爲邾莒無命卿錄自違傳劉賈又云春秋之序三命以上乃書於經顯氏以爲再命稱人傳曰叔孫昭子三命命爲卿見昭公十年昭子始加三命而先此叔孫皆自見經知所書皆再命也是杜大明春秋書卿名氏之例以邾莒自當有卿皆有再命則書名氏其不書於經皆爲禮不備故庶其非卿謂非再命之卿也 ○齊侯使慶佐爲大夫 慶佐崔杼黨 復討公子牙之黨執公子買于句瀆之丘公子鉏來奔叔孫還奔燕 三子齊公族言莊公斥逐親戚以成崔慶之勢終有弑殺之禍 ○鉏仕居反又仕魚反還音旋殺之申志反又如字 ○夏楚子庚卒楚子使薳子馮爲令尹訪於申叔豫 叔豫叔時孫 叔豫曰國多寵而王弱 弱政教微而貴臣強 國

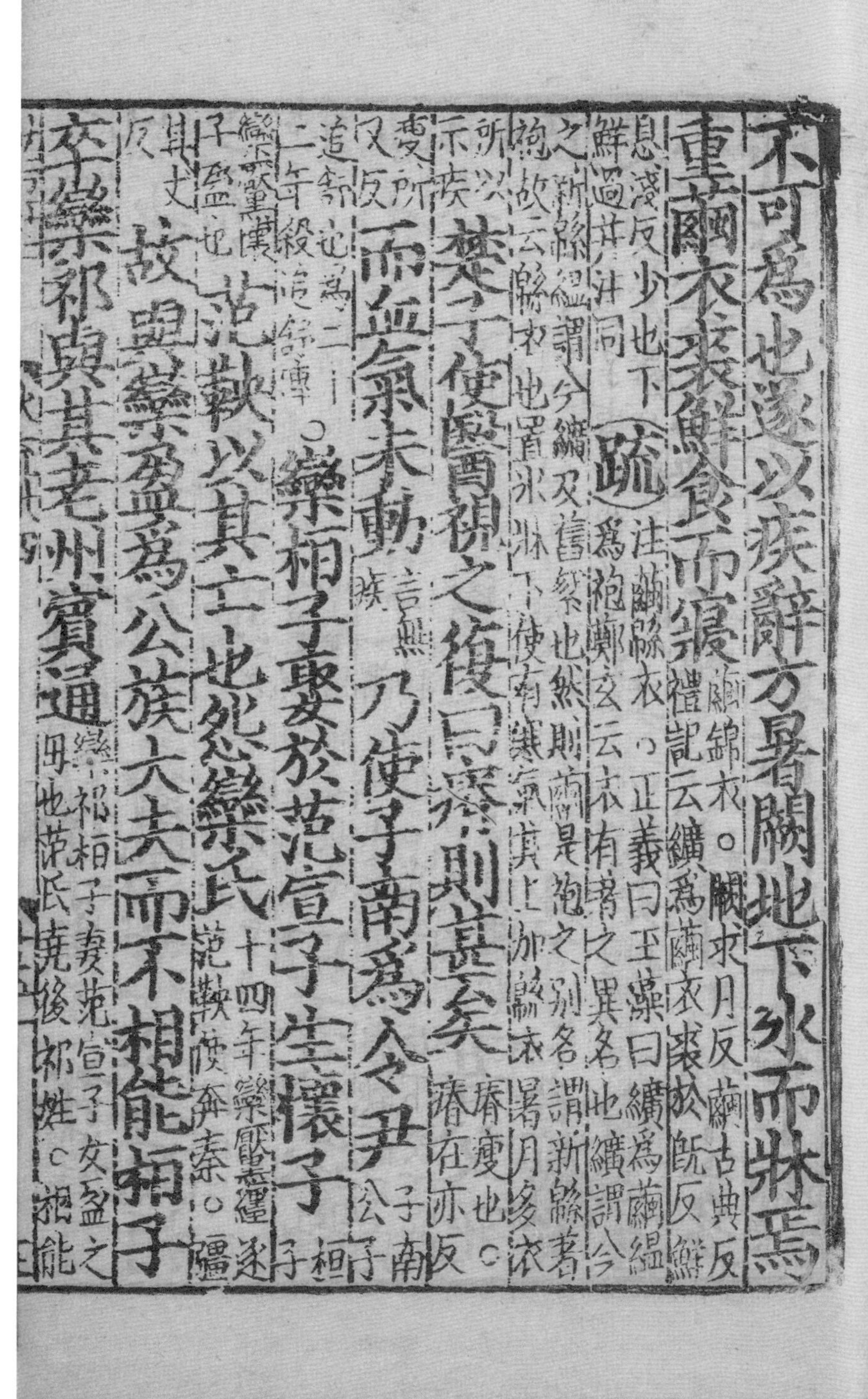

不可為也遂以疾辭方暑闕地下冰而牀焉
重繭衣裘鮮食而寢繭綿衣○闕求月反繭古典反禮記云纊為繭衣裘於既反鮮
息淺反少也下鮮過并注同疏注繭綿衣○正義曰玉藻曰纊為繭縕為袍鄭玄云衣有著之異名也纊謂今
之新綿縕謂今纊及舊絮也然則繭是袍之別名謂新綿著袍故云綿衣也置冰牀下使有寒氣其上加綿衣暑月多衣
所以示疾楚子使醫視之復曰瘠則甚矣瘠瘦也○瘠在亦反
變所以反而血氣未動言無疾乃使子南為令尹子南公子
追舒也為二十二年殺追舒傳○欒桓子娶於范宣子生懷子桓子
欒黶懷子盈也范鞅以其亡也怨欒氏十四年欒黶逐范鞅使奔秦○黶
於丈反故與欒盈為公族大夫而不相能桓子
卒欒祁與其老州賓通欒祁桓子妻范宣子女盈之母也范氏堯後祁姓○祁能

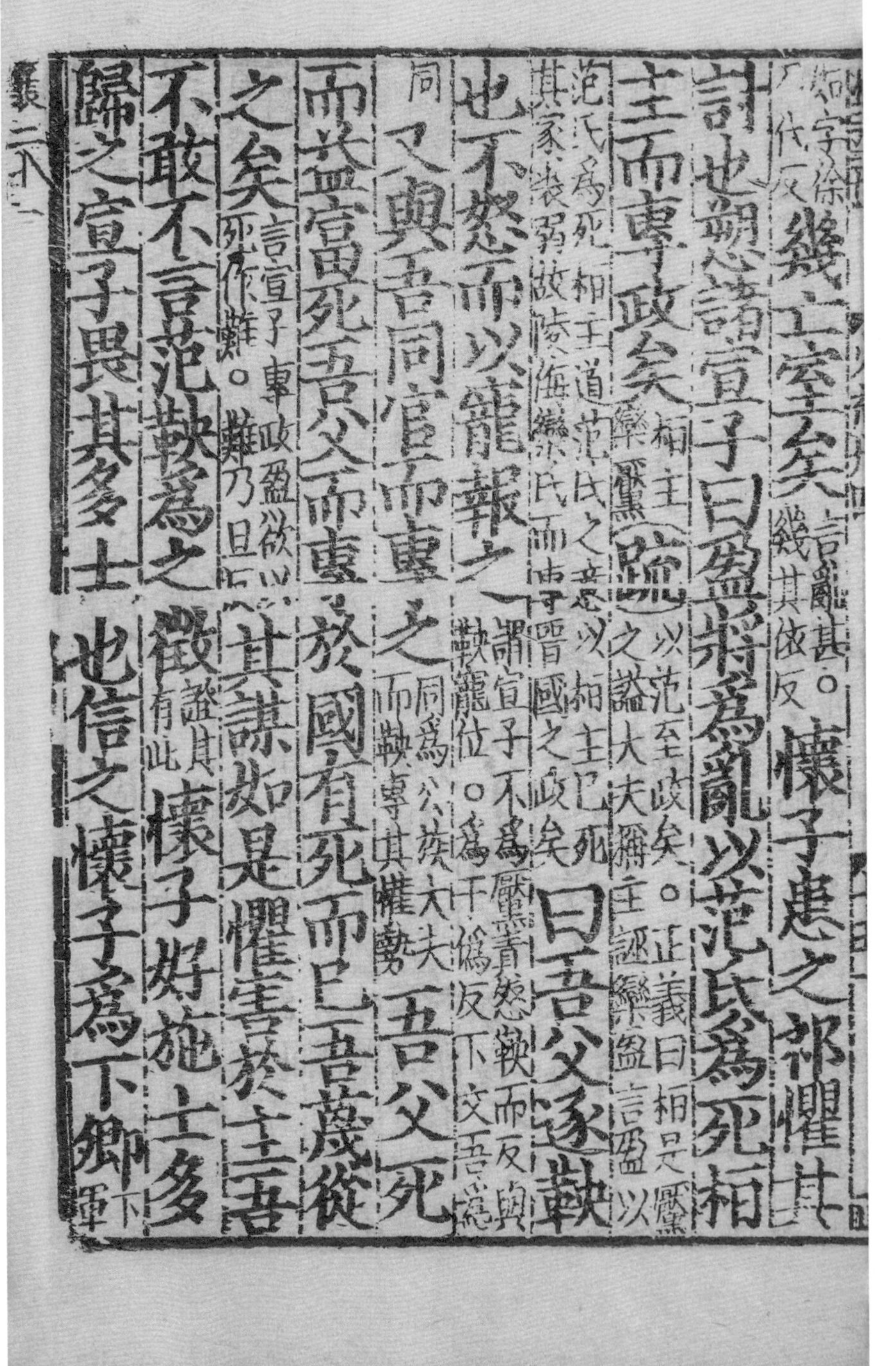

□字徐□代反幾亡室矣言亂甚幾其依反○懷子患之祁懼其討也愬諸宣子曰盈將爲亂以范氏爲死桓主而專政矣桓主欒黶【疏】以范至政矣○正義曰桓是黶之謚大夫稱主誣欒盈言盈以范氏爲死桓主道范氏之意以桓主已死其家衰弱故陵侮欒氏而專晉國之政矣曰吾父逐鞅也不怒而以寵報之謂宣子不爲黶責怒鞅而反與鞅寵位○爲于僞反下文吾爲同又與吾同官而專之同爲公族大夫而鞅專其權勢吾父死而益富死吾父而專於國有死而已吾蔑從之矣言宣子專政盈欲以死作難○難乃旦反其謀如是懼害於主吾不敢不言范鞅爲之徵證其有此懷子好施士多歸之宣子畏其多士也信之懷子爲下卿下軍

佐。○好，呼報反。施，式豉反。宣子使城著而遂逐之。著，晉邑。在外易逐。○著，直略反，又張慮反。易，以豉反。欒盈出奔楚。宣子殺箕遺、黃淵、嘉父、司空靖、邴豫、董叔、邴師、申書、羊舌虎、叔羆。十子皆晉大夫，欒盈之黨也。羊舌虎，叔向弟。○邴音丙。羆，彼皮反。【疏】秋欒至叔羆。○正義曰：如此傳文，則欒盈出奔之後，宣子始殺十子也。晉語云：平公六年，箕遺及黃淵、嘉父作亂，不克而死。公乃問陽畢，陽畢對曰：論選志而勸君，以亂國者之後而去之，是遂威而遠權也。欒氏之誣晉國久矣，欒書實覆宗，殺厲公以厚其家，若滅欒氏，則民威矣。公許諾，盡逐羣賊，而使祁午及陽畢適曲沃逐欒盈。如國語，則先殺十子，後逐欒盈，與此異者。賈逵云：十子皆欒盈之黨，知范氏將害欒氏，故先爲之作難，討范氏，不克而死。然則欒盈城著，十子在國謀殺宣子，不克，宣子畢殺之，乃使宣著逐欒盈。此傳先言欒盈，後言其黨耳，非是欒盈既奔之後殺十子也。此傳言城著而遂逐之，則是就著逐欒盈；國語言適曲沃逐欒盈者，曲沃是欒氏之采邑，蓋就著逐其身，適曲沃逐其家也。囚伯華、叔向、籍偃籍偃上軍司馬人謂叔向曰子離於罪其爲不知乎識其受囚而不能去○知音智下及注同叔向曰與其死亡若何言雖因向若於死亡詩曰優哉游哉聊以卒歲知也詩小雅言君子優游於衰世所以辟害卒其壽是亦知也○詩小雅案今小雅無此全句惟采菽詩云優哉游哉亦是矣矣疏優哉游哉○正義曰此小雅采菽之篇案彼詩云優哉游哉亦是矣矣與此不同者蓋師讀有異樂王鮒見叔向曰吾爲子請叔向弗應出不拜樂王鮒晉大夫樂桓子○鮒音附應應對之應下注同一本作不應其人皆咎叔向叔向曰必祁大夫祁大夫祁奚也食邑於祁因以爲氏祁縣今屬太原○咎其九反室老聞之曰樂王鮒言於君無不行其言皆得行求赦吾子吾子不許謂不應出不拜祁大夫所不能也不能動君而

曰必由之何也叔向曰樂王鮒從君者也何能行祁大夫外舉不棄讎內舉不失親其獨遺我乎詩曰有覺德行四國順之詩大雅言德行直則天下順之○行下孟反注同夫子覺者也覺較然正直○較音角晉侯問叔向之罪於樂王鮒對曰不棄其親其有焉言叔向篤親親必與叔虎同謀於是祁奚老矣老去公族大夫聞之乘馹而見宣子曰詩曰惠我無疆子孫保之詩周頌也言文武有惠訓之德加於百姓故子孫保賴之○馹人實反傳也疆居良反下注同書曰聖有謩勳明徵定保逸書謩謀也勳功也言聖哲有謀功者當明定安之○謩莫胡反勳如字書作訓

疏有竟至順之○正義曰此詩大雅抑之篇○惠我至保之○正義曰此詩周頌烈文之篇○注逸書至安之○正義曰此引書曰夏

書亂征之文也彼作聖有謨訓此云惠訓不倦行本當作訓但杜以傳作聖有謨勳故順傳文解之劉炫規杜氏非也

夫謀而鮮過惠訓不倦者叔向有焉謀鮮過有謨勳也惠訓不倦惠我無疆也社稷之固也猶將十世宥之以勸能者今壹不免其身壹以弟故○宥音又以棄社稷不亦惑乎鯀殛而禹興言不以父罪廢其子。鯀古本反殛紀力反

疏鯀殛而禹興。○正義曰尚書稱堯使鯀治水九載績用不成乃求得舜而徵用之歷試三年乃禪以位舜典美舜之功象以典刑之下始云流共工于幽州放驩兜于崇山竄三苗于三危殛鯀于羽山四罪而天下咸服孔安国云作者叙典刑而連引四罪明皆徵用所行於此總見之是言舜初被徵用先誅鯀而後舉禹故言鯀殛而禹興僖三十三年傳曰舜之罪也殛鯀其舉也興禹洪範云鯀則殛死禹乃嗣興皆言誅鯀乃舉禹而鄭玄注尚書以為禹治水事畢乃流四凶言其先舉禹而後誅鯀既違經傳之文且復於理不當故王肅難云禹治水而後以鯀為無功而殛之是為用人子之功而流放其父則

為禹之勤勞適使父殛舜失五典克從之義禹陷三千莫大之罪進退無據迂亦甚哉伊尹放大

甲而相之卒無怨色大甲湯孫也荒淫失度伊尹放之桐宮三年改悔而復之而無恨心言不以一怨妨大德○大音泰相息亮反【疏】注太甲至大德○正義曰太甲湯孫世本紀文也書序云太甲既立不明伊尹放諸桐宮三年復歸于亳思庸伊尹作太甲三篇是太甲能自改悔伊尹復之之事也管蔡

爲戮周公右王言兄弟罪不相及○右王音又若之何其以虎

也棄社稷子爲善誰敢不勉多殺何爲宣子

說與之乘以言諸公而免之共載入見公○說音悅乘繩證反見賢遍反下文始見并注同不見叔向而歸言爲國非私叔向也○爲于僞反下不爲己亦爲子皆同

叔向亦不告免焉而朝不告謝之明不爲己初叔向之

毋妬叔虎之毋美而不使不使見叔向父○妬丁故反其子

皆諫其母其母曰深山大澤實生龍蛇言非常之地多生非常之物彼美余懼其生龍蛇以禍女女敝族也敝衰壞也龍蛇喻奇怪○女音汝下同國多大寵六卿專權不仁人間之不亦難乎余何愛焉使往視寢生叔虎美而有勇力欒懷子嬖之故羊舌氏之族及於難欒盈過於周周西鄙掠之劫掠財物○間間廁之間於難乃旦反掠音亮辭於行人王行人也曰天子陪臣盈諸侯之臣稱於天子曰陪臣得罪於王之守臣范宣子為王所命故曰守臣○守手又反注同將逃罪罪重於郊甸重得罪於郊甸謂為郊甸所侵掠也郭外曰郊郊外曰甸○罪重直用反注同甸徒練反無所伏竄敢布其死布陳也○竄七亂反昔陪臣書能輸力於

王室王施惠焉輸力謂輔相晉國以翼戴天子○相息亮反其子黶不能保任其父之勞大君若不棄書之力亡臣猶有所逃大君謂天王○任音壬【疏】注大君謂天王○正義曰進言於王而稱大君知大君謂天王也大君君之大者故以爲天子易云大君有命亦謂天子也若棄書之力而思黶之罪臣戮餘也罪戮之餘將歸死於尉氏尉氏討姦之官不敢還矣敢布四體唯大君命焉布四體言無所隱【疏】注尉氏討姦之官○正義曰歸死尉氏猶言歸死於司敗明尉氏主刑人故爲討姦之官周禮司寇之屬無尉氏之官蓋周室既衰官名改易於時有此官耳其司敗亦非周禮之官名也王曰尤而效之其又甚焉尤晉逐盈而自效之是效尤○效戶教反使司徒禁掠欒氏者歸所取焉使候出諸轘轅候送迎賓客之官也轘轅關在緱氏縣東南○

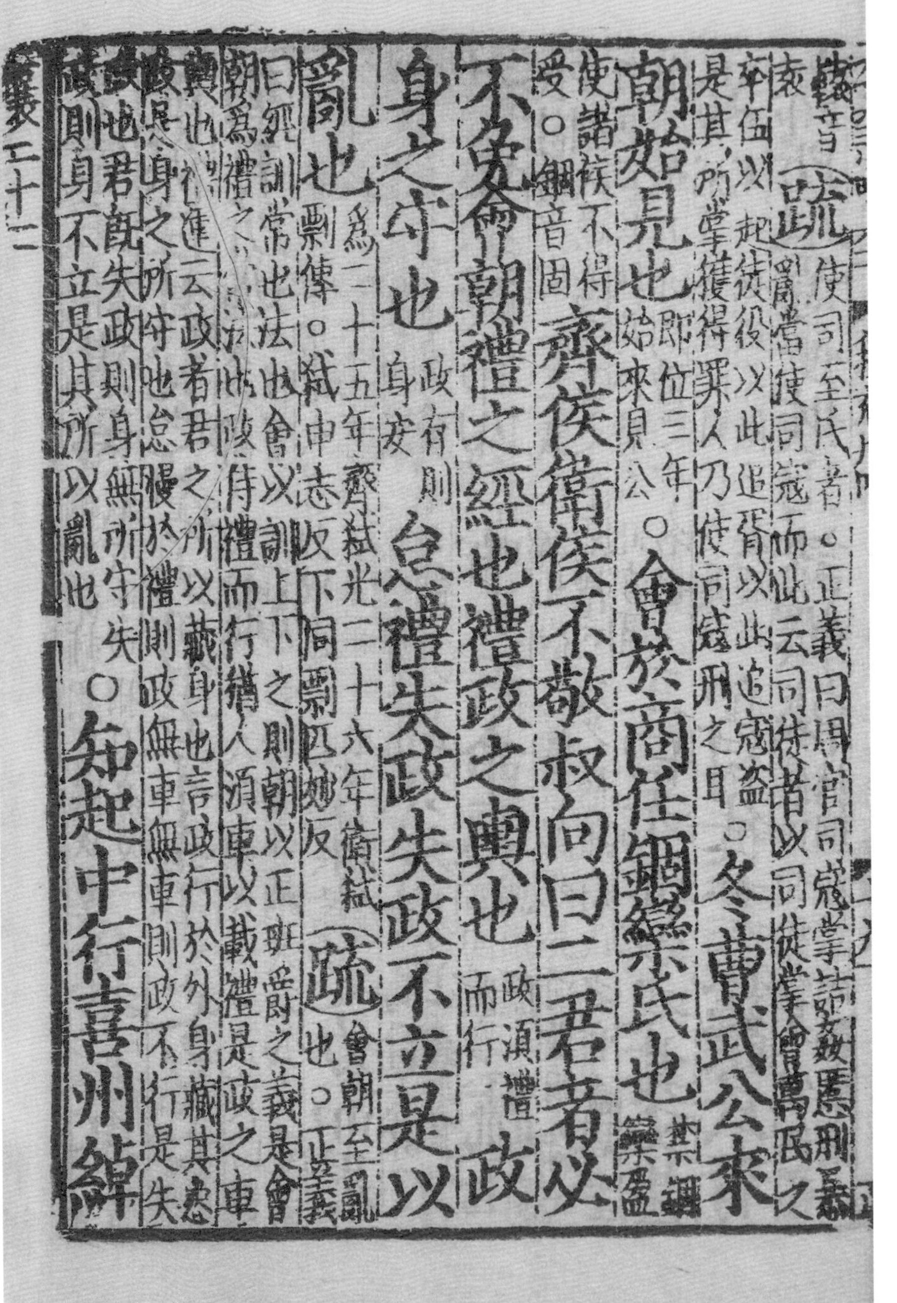

鐵音首 〔疏〕使司至氏者。正義曰周官司寇掌詰姦慝刑暴
表 周禮當使司寇而此云司徒者以司徒掌會萬民之
卒伍以起徒役以此追胥以此追寇盗是其所掌獲得罪人乃使司寇刑之耳○冬曹武公來
朝始見也即位三年始來見公○會於商任錮欒氏也禁錮欒盈
使諸侯不得受○錮音固齊侯衛侯不敬叔向曰二君者必
不免會朝禮之經也禮政之輿也政須禮而行政
身之守也政有則身安怠禮失政失政不立是以
亂也為二十五年齊弒光二十六年衛弒剽傳○弒申志反下同剽匹妙反〔疏〕會朝至亂也○正義
曰經訓常也法也會以訓上下之則朝以正班爵之義是會朝為禮之[illegible]政須待禮而行猶人須車以載禮是政之車
輿也禮運云政者君之所以藏身也言政行於外身藏其患政是身之所守也怠慢於禮則政無車無車則政不行是失
政也君既失政則身無所守失政則身不立是其所以亂也○知起中行喜州綽

襄二十二

邢蒯出奔齊四子晉大夫。知音智行户郎反蒯苦怪反疏注四子晉大夫。正義曰國語陽畢對公公討諸盡逐羣賊此謂也皆欒氏之黨也樂王鮒謂范宣子曰盍反州綽邢蒯勇士也宣子曰彼欒氏之勇也余何獲焉言不爲己用王鮒曰子爲彼欒氏乃亦子之勇也言子待之如欒氏亦爲子用也疏子爲至之勇正義曰子斥宣子也子能爲彼欒氏待遇其人則欒氏彼荷子之恩乃亦爲子之勇矣○齊莊公朝指殖綽郭最曰是寡人之雄也州綽曰君以爲雄誰敢不雄然臣不敏平陰之役先二子鳴十八年晉伐齊及平陰州綽獲殖綽郭最故自比於雞鬭勝而先鳴。○先二悉薦反莊公爲勇爵設爵位以命勇士殖綽郭最欲與焉自以爲勇。○欲與音預下同

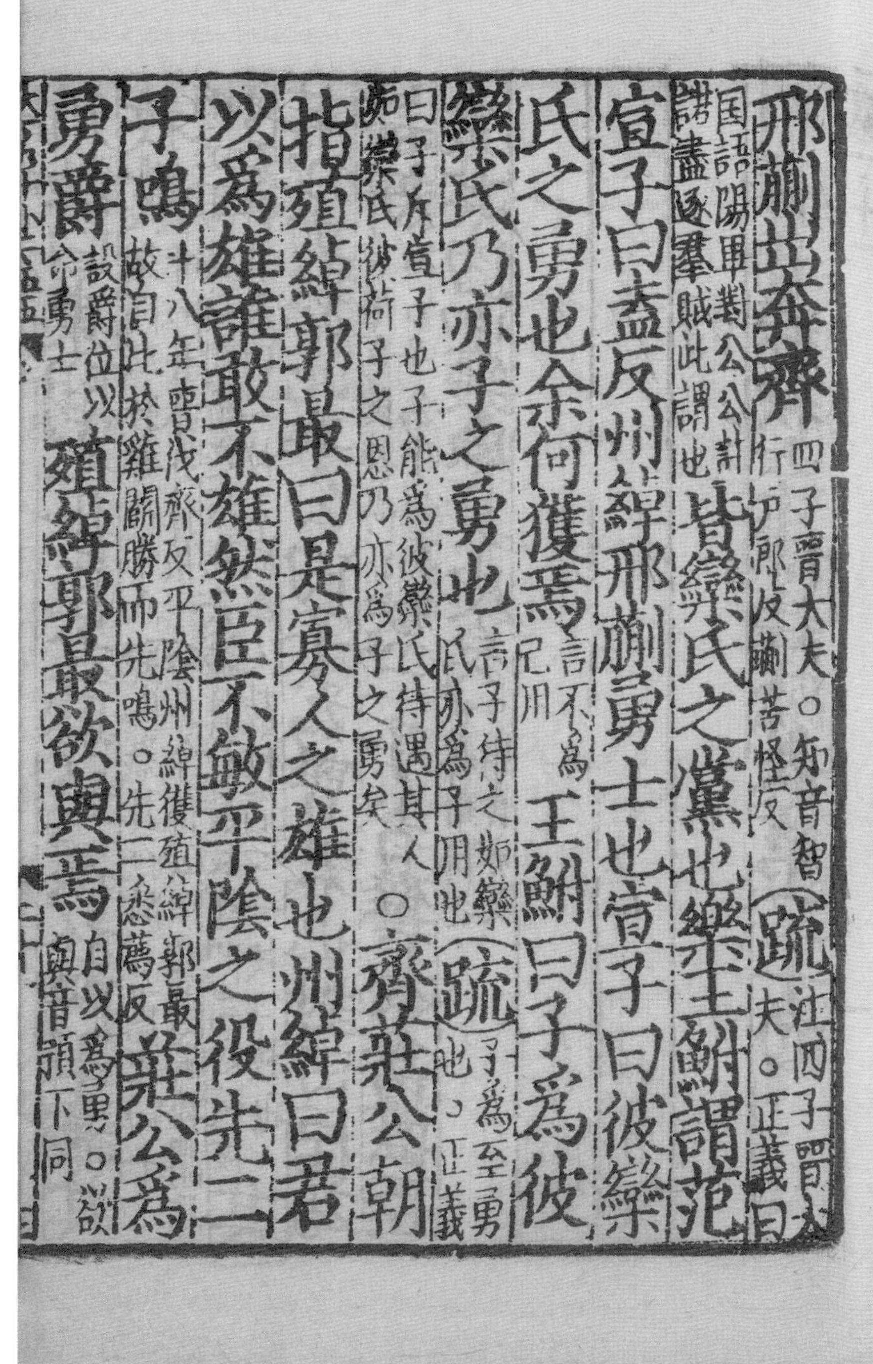

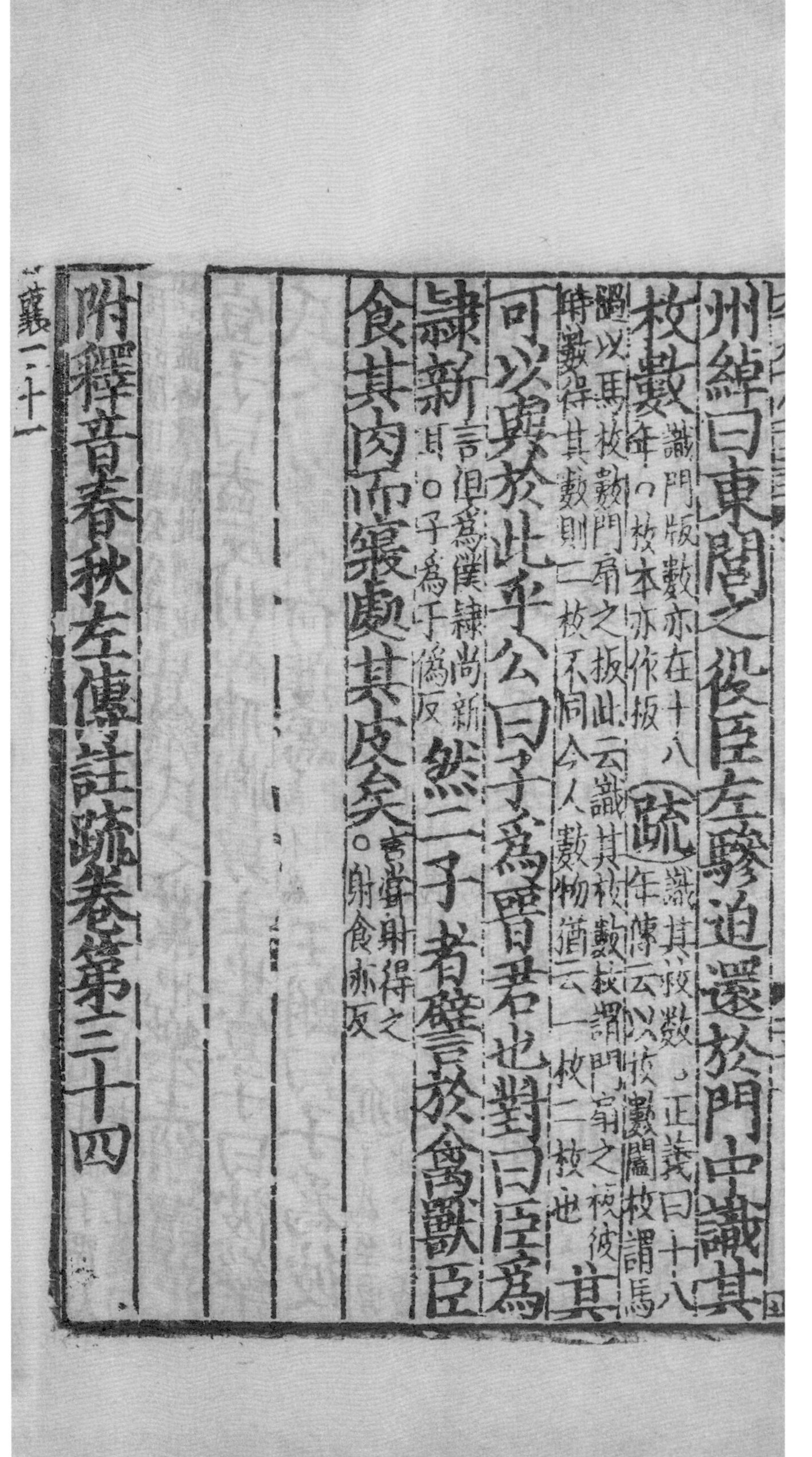

州綽曰東閭之役臣左驂迫還於門中識其枚數識門版數亦在十八年○枚本亦作扳疏識其枚數○正義曰十八年傳云以枚數闔枚謂馬撾以馬枚數門扇之扳此云識其枚數枚謂門扇之扳彼時數得其數則一枚不同今人數物猶云一枚二枚也其可以與於此乎公曰子爲晉君也對曰臣爲隸新言但爲僕隸尚新耳○子爲于僞反然二子者譬於禽獸臣食其肉而寢處其皮矣言嘗射得之○射食亦反

附釋音春秋左傳註疏卷第三十四

襄二十一

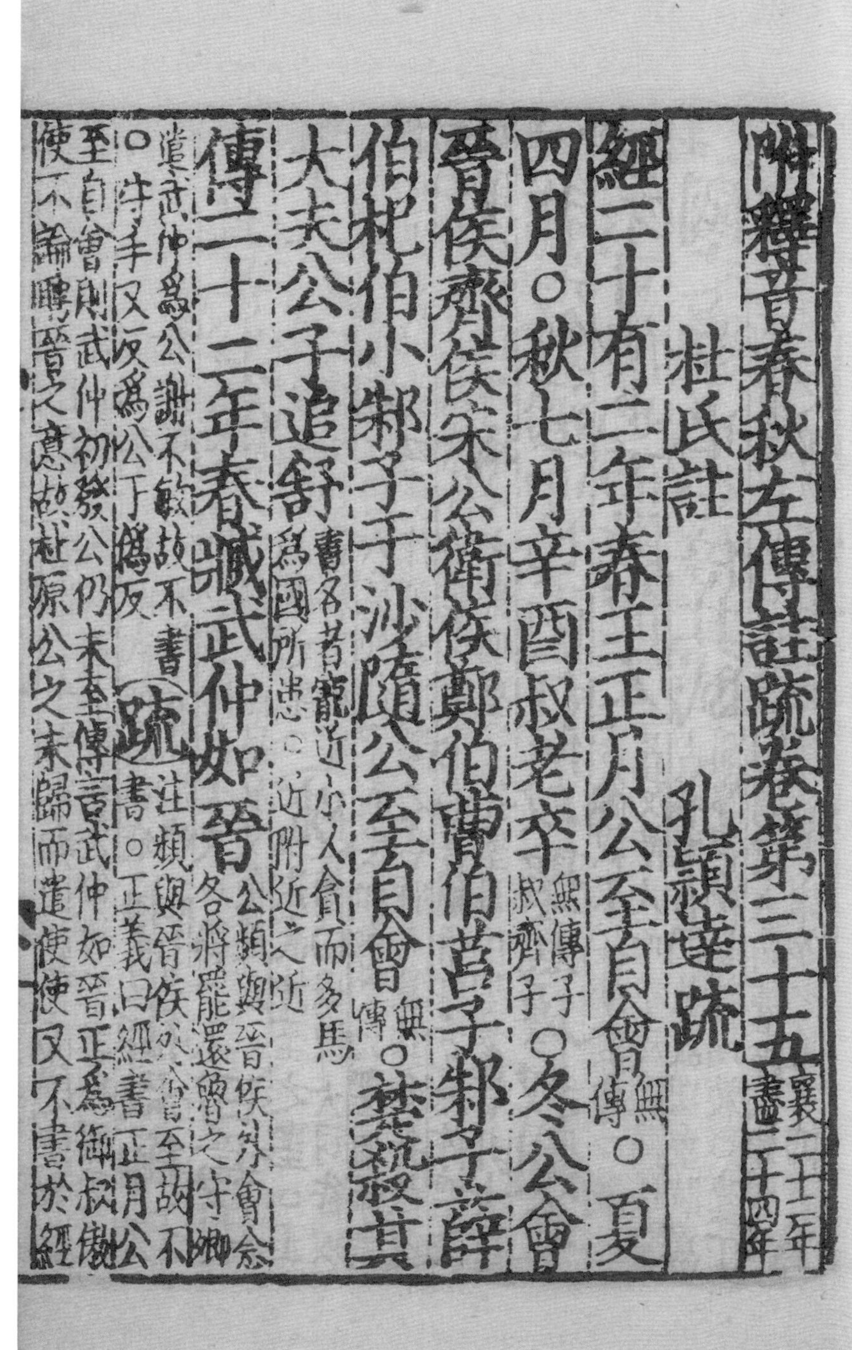

附釋音春秋左傳註疏卷第三十五　襄二十二年盡二十四年

杜氏註　孔穎達疏

經二十有二年春王正月公至自會無傳○夏四月○秋七月辛酉叔老卒無傳子叔齊子○冬公會晉侯齊侯宋公衛侯鄭伯曹伯莒子邾子薛伯杞伯小邾子于沙隨公至自會無傳○楚殺其大夫公子追舒書名者寵近小人貪而多馬為國所患○近附近之近

傳二十二年春臧武仲如晉公頻與晉侯外會念各將罷還會之守卿遣武仲為公謝不敏故不書○守手又反為公于偽反疏注頻與晉侯外會至故不書○正義曰經書正月公至自會則武仲初發公仍未至傳言武仲如晉正為御叔儆使不論聘晉之意故杜原公之未歸而遣使使又不書於經

知是魯之守臣使適晉也二十六年鄭伯朝晉而歸使公孫
夏謝不敏御知此亦是為公謝不敏非公命故不書也服虔云
武仲非卿故不書前年傳武仲為司寇
後年出奔書於經此年不得云非卿也

雨過御叔

在其邑將飲酒 御叔魯御邑大夫○過古禾反御叔魚呂反又魚據反

曰焉用聖人 焉於虔反知音智又如字武仲多知時人謂之聖○

疏 注武仲至之聖○正義曰周禮大司徒以鄉三物教萬民一曰六德知仁聖義忠和鄭玄云聖通而先識也尚書洪範云睿作聖者通識之名時人見其多知故以聖人言之非為武仲實是大聖也尚書稱惟狂克念作聖惟聖罔念作狂詩稱人之齊聖皇父孔聖母氏聖善皆非大聖也

我將飲酒而已雨行何以聖為穆叔聞之

曰不可使也而傲使人 言御叔不任使四方○傲五報反使人所吏反注同任音壬

國之蠹也令倍其賦 古者家有國邑故以重賦為罰傳言穆叔能用教○蠹丁故反

疏 注古者至用教○正義曰周禮大司徒云凡建邦國諸公之地方五百里其食者半諸侯之地方四百里

諸伯之地方三百里其食者三之一諸子之地方二百里其男之地方百里其食四之一鄭玄云其食者半三之一四之一者土均均邦國地貢輕重之等必足其國禮俗喪紀祭祀之用乃貢其餘大國貢重正之也小國貢輕字之也此是諸侯之國貢王之差也司勳職云凡頒賞地三之一食鄭玄云賞地之稅三分計稅王食其一二全入於臣此采邑貢王之數也然則諸侯之臣受其采邑者亦當三分之一而歸於公政云古者家出國邑言以國邑爲己之家有貢於公者是減已而貢之故以重賦爲罰言重倍其賦當以三分而二入公也○夏晉人徵朝于鄭召鄭使朝鄭人使少正公孫僑對少正鄭卿官也公孫僑子產○少詩照反注及下少年同僑其驕反

疏注少正鄭卿官也○正義曰十九年傳云立子產爲卿知少正是鄭之卿官名也春秋之時官名變改周禮無此名也

曰在晉先君悼公九年我寡君於是即位魯襄八年即位八月即位年之八月而我先大夫子駟從寡君以朝于執事執事不禮於寡君言朝

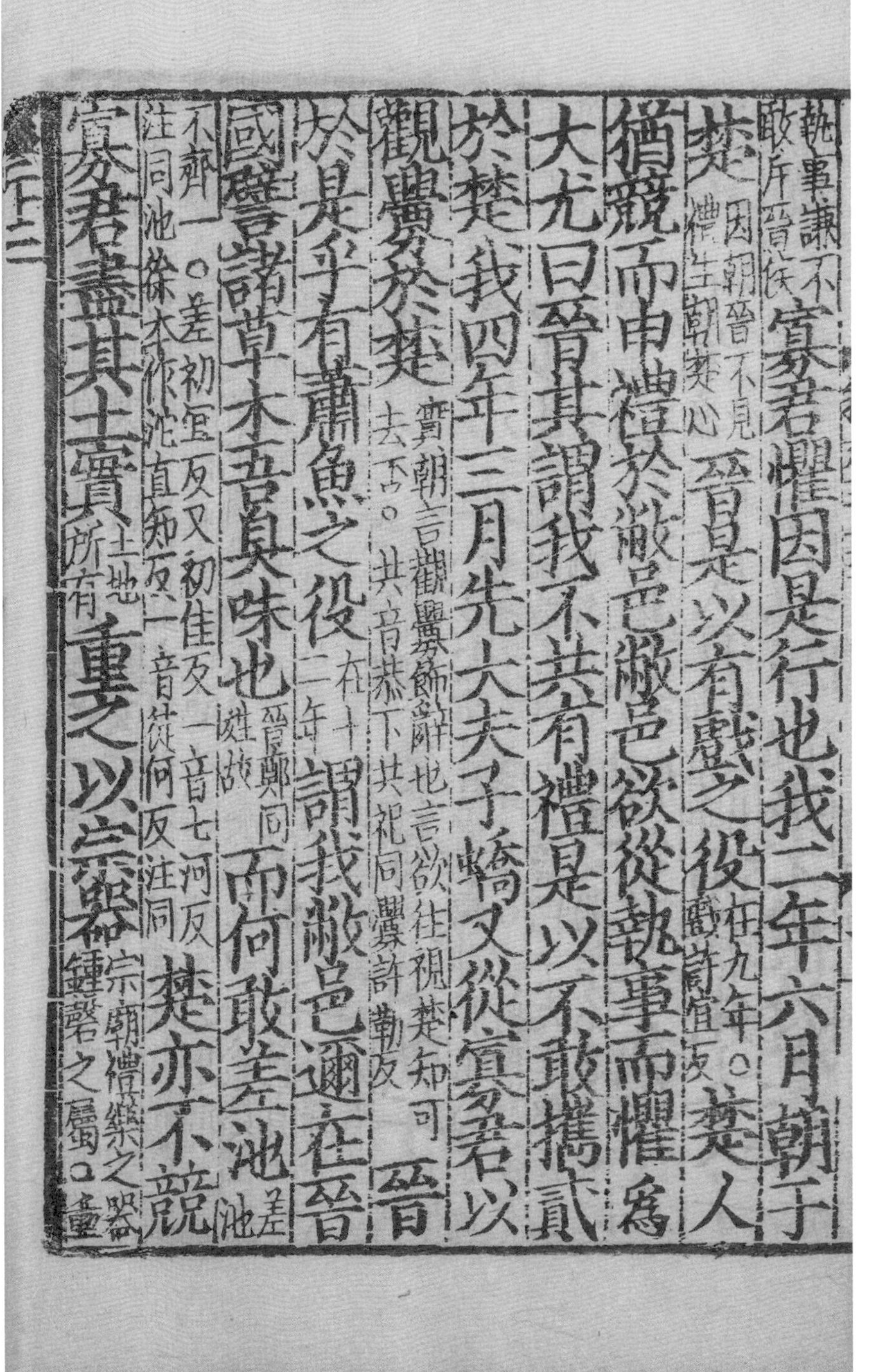

執事謙不敢斥晉侯寡君懼因是行也我二年六月朝于
楚因朝晉不見禮生朝楚心晉是以有戲之役在九年○戲許宜反楚人
猶競而申禮於敝邑敝邑欲從執事而懼為
大尤曰晉其謂我不共有禮是以不敢攜貳
於楚我四年三月先大夫子蟜又從寡君以
觀釁於楚齊朝言觀釁飾辭也言欲往視楚知可去不○共音恭下共祀同釁許靳反晉
於是乎有蕭魚之役在十一年謂我敝邑邇在晉
國譬諸草木吾臭味也晉鄭同姓故而何敢差池差池
不齊一○差初宜反又初佳反一音七河反池直知反一音徒何反注同楚亦不競
寡君盡其土實土地所有重之以宗器宗器宗廟禮樂之器鐘磬之屬○重直

直用反以受齊盟齊同也遂師羣臣隨于執事以會

歲終朝正【疏】注朝正也○正義曰言以會歲終則歲事終以至正月朔正也朝正二十九年傳文也

貳於楚者子侯石盂歸而討之石盂石㚖○盂音于㚖勑畧反溴

梁之明年溴梁在十六年子蟜老矣公孫夏從寡君

以朝于君見於嘗酎酒之新孰重者為酎嘗新飲酒為嘗酎○夏戸雅反下同見賢

遍反又如字酎直又反【疏】注酒之至嘗酎○正義曰月令孟夏天子飲酎用禮樂鄭玄云酎之言醇也謂重釀

之酒也春酒至此始成與羣臣以禮樂飲之於朝正尊卑也彼言飲酎當是夏祭之後此言嘗酎謂見於夏祭故云與執

膰焉謂祭末受胙肉也與執膰焉助祭○與音預膰又作膰音煩祭肉也閒二年

聞君將靖東夏謂二十年澶淵盟○閒閒廁之閒又如字四月又朝

以聽事期先澶淵二月往朝以聽會期○先悉薦反不朝之間無歲

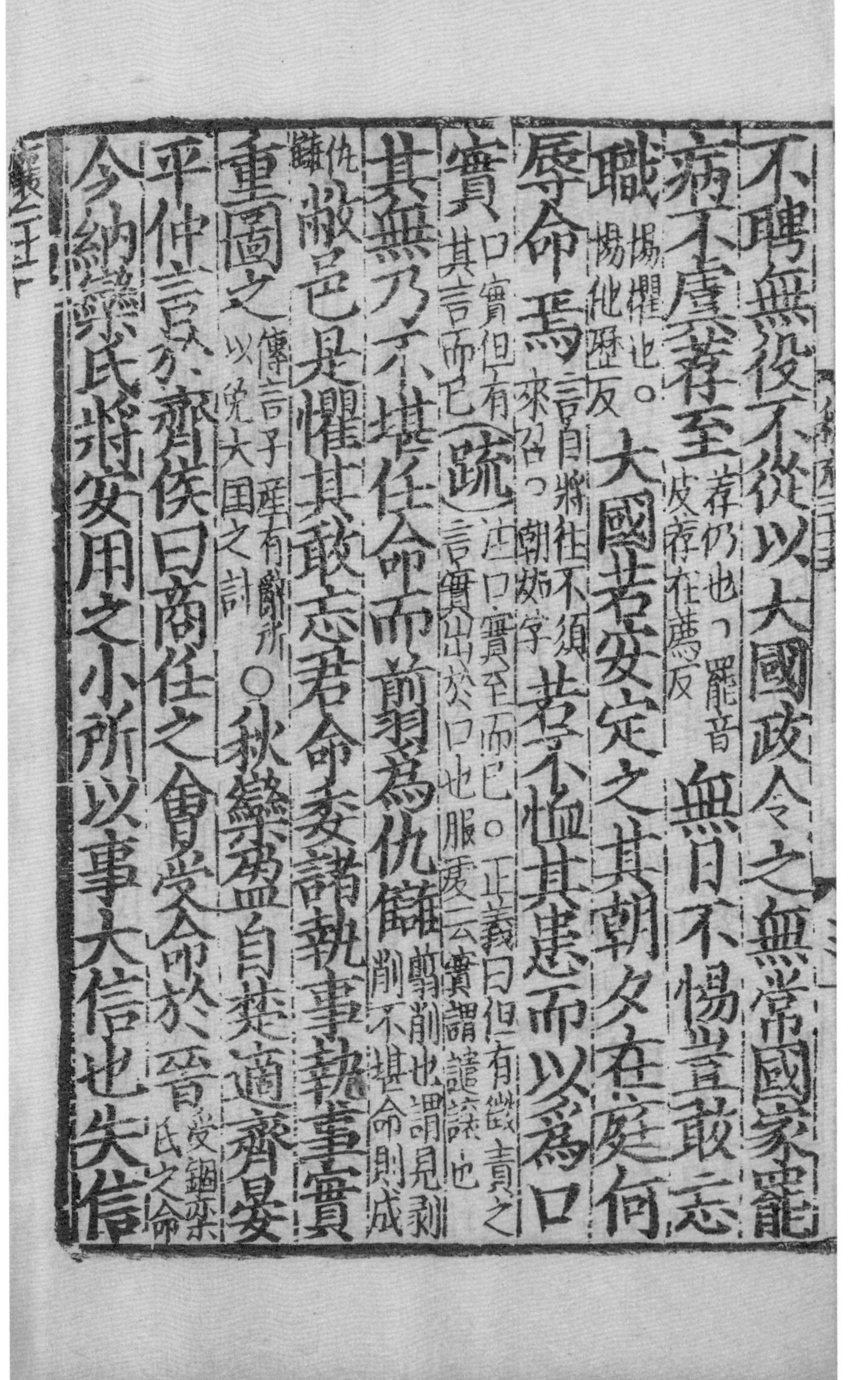

不聘無役不從以大國政令之無常國家罷病不虞荐至荐仍也○罷音皮荐在薦反無日不惕豈敢忘職惕懼也○惕他歷反大國若安定之其朝夕在庭何辱命焉言自將往不須來召○朝如字若不恤其患而以為口實口實但有其言而已疏注口實至而已○正義曰但有譏責之言實不出於口也服虔云實謂譴誚也其無乃不堪任命而翦為仇讎翦削也謂見剝削不堪命則成仇讎敝邑是懼其敢忘君命委諸執事執事實重圖之傳言子産有辭所以免大國之討○秋欒盈自楚適齊晏平仲言於齊侯曰商任之會受命於晉受錮欒氏之命今納欒氏將安用之小所以事大信也失信

不立君其圖之弗聽退告陳文子曰君人執信臣人執共忠信篤敬上下同之天之道也君自棄也弗能久矣爲二十五年齊弒其君光傳○九月鄭公孫黑肱有疾歸邑于公黑肱子張肱古弘反召室老宗人立段段子石黑肱子而使黜官薄祭黜官無多受祭以特羊殷以少牢四時祀以一羊三年盛祭以羊豕殷盛也疏注四時至盛也○正義曰少牢饋食禮者諸侯之大夫特祭之禮也是時祭用少牢今公孫黑肱使黜官薄祭故特祭用特羊殷祭乃少牢諸侯之大夫止用少牢而禮器云君子大牢而祭謂之禮匹士大牢而祭謂之攘鄭玄云君子謂大夫以上是大夫之祭有用大牢時也又雜記云上大夫之虞也少牢卒哭成事祔皆大牢據此二文大夫得用大牢者禮器之文據天子大夫故也雜記據喪祭故進用等士喪禮士遣奠用少牢是也大夫無禘祫而而云殷三年祭者禮記言大夫有善於君祫及五世是大夫

有功或得禘祫也劉炫云禮器云君子大牢而祭謂之禮四士大牢而祭謂之攘鄭玄云君子謂大夫以上是大夫然有用大牢時也雜記云大夫之虞也皆少牢卒哭與祔皆大牢喪祭有大牢明吉祭亦有也此言特羊必是時祭殷以少牢明是三年一為大祭猶天子諸侯禘也禮大夫時祭少牢大祭大牢今黑肱全減之盛也足以共祀盡歸其餘邑曰吾聞之生於亂世貴而能貧民無求焉可以後亡敬共事君與二三子生在敬戒不在富也已巳伯張卒君子曰善戒詩曰慎爾侯度用戒不虞鄭子張其有焉詩大雅侯維也義取慎法度戒未然○盡歸津忍反凡此例可求故特音之

疏詩曰至有焉○正義曰詩大雅抑之篇侯維也言謹慎尔身唯在依法度用此以戒不億度之事鄭子張其有此詩之義焉言生在敬戒是慎法度也貴而能貧是戒不虞也○冬會于沙隨復錮欒氏也晉知欒盈在齊故復錮也○復

扶又反注同下復使下注復生不復行皆同欒盈猶在齊晏子曰禍將作矣齊將伐晉不可以不懼爲明年齊伐晉傳○楚觀起有寵於令尹子南未益祿而有馬數十乘言子南偏寵觀起令富○數所主反乘繩證反令力呈反楚人患之王將討焉子南之子棄疾爲王御士御王車者王每見之必泣棄疾曰君三泣臣矣敢問誰之罪也王曰令尹之不能爾所知也國將討焉爾其居乎問能比事我否對曰父戮子居君焉用之洩命重刑臣亦不爲漏泄君命罪之重○焉於虔反下焉入同泄息列反又以制反王遂殺子南於朝轘觀起於四竟轘車裂以徇○轘音患竟音境下同子南之臣謂

棄疾請尸於朝欲犯命取殯○殯必刃反曰君臣有禮
唯二三子不欲犯命殺尸三月棄疾請尸王許之既葬
其徒曰行乎行去也曰吾與殺吾父行將焉入曰
然則臣王乎曰棄父事讎吾弗忍也於孝是讎於實是君
故非讎讎而不敢報○與音預殺如字一音試遂縊而死傳譏康王與人子謀其父失君臣之義○
縊一賜反復使薳子馮爲令尹公子齮爲司馬屈
建爲莫敖屈建子木也○齮五綺反屈居勿反有寵於薳子者八
人皆無祿而多馬他日朝與申叔豫言弗應
而退從之入於人中申叔辟薳子不欲與語○應應對之應又從之遂
歸退朝見之薳子就申叔家見之曰子三困我於朝吾懼

不敢不見吾過子姑告我何疾我也對曰吾不免是懼何敢告子〔言以公與子所罪故不敢與子語○不見賢遍反〕曰何故對曰昔觀起有寵於子南子南得罪觀起車裂何故不懼自御而歸不能當道〔薳子惶懼意不在御〕至謂八人者曰吾見申叔夫子所謂生死而肉骨也〔已死復生白骨更肉〕知我者如夫子則可〔夫子謂申叔也如夫子謂以義匡己〕不然請止〔止不相知〕辭八人者而後王安之〔辭遣之〕○十二月鄭游眅將歸晉〔游眅公孫蠆子○眅普板反〕未出竟遭逆妻者奪之以館于邑〔舍止其邑不復行〕丁巳其夫攻子明殺之以其妻行〔十二月無丁巳丁巳十一月十四日也〕子展廢

良而立大叔良游眅子大叔眅弟○太音泰曰國卿君之貳也民之主也不可以苟請舍子明之類子明有罪而良又不賢故○舍音捨求二子妻者使復其所使游氏勿怨鄭國不討專殺之人所以抑强扶弱臨時之宜曰無昭惡也交怨則交之不脩益明也〔疏〕注交怨至明也○正義曰君游氏報殺此人則人知其父被殺其父所以見殺爲奪人妻故也報殺則人知其父是父之行不修益以明也

經二十有三年春王二月癸酉朔日有食之無傳○三月己巳杞伯匄卒五同盟○匄古害反〔疏〕二十三年注五同盟○正義曰匄以七年即位九年盟于戲十一年于亳城北十六年于湨梁十九年于祝柯二十年于澶淵皆曾杞俱在是五同盟○夏邾畀我來奔無傳畀我是庶其之黨同有竊邑叛君之罪來奔故書○畀必

杞反【疏】注畀我至故書○正義曰杜從二傳說以爲庶其之黨同有竊邑叛君之罪劉炫規過云杜此注云庶其之黨庶其奔魯二十一年若是其黨邾人即應討之何因至今始奔庶其以邑奔魯魯人還以賜之畀我不得彼邑竊邑之狀復何在焉釋例又曰小國之卿或命而禮儀不備或未加命數皆不書之邾畀我之等其奔亦多所書雖數人而已知其合制者少也如彼所說又以畀我是卿何爲兩說自相矛盾乎炫以爲釋例是集解非今刪定知不然者原杜之意以二十一年邾庶其竊邑來奔去此既近邾更無事今畀我來奔必是庶其之黨同有竊邑叛君之罪春秋之例命卿有罪出奔皆書名畀我書名罪其與庶其同黨非謂畀我是命卿與釋例不違劉不曉杜旨妄爲規非也○葬杞孝公無傳○陳殺其大夫慶虎及慶寅書名皆罪其專國叛君言及使異辭無義例【疏】注書名至義例○正義曰二慶被殺書名是罪之文故以專國叛君爲二慶罪狀成十八年晉殺其大夫郤錡郤犫郤至哀四年蔡殺其大夫公孫姓公孫霍皆不言及文九年晉殺其大夫士穀及箕鄭父與此並言及傳無其說知是史異辭無義例也○陳侯之弟黃自楚歸于陳

諸侯納之曰歸黃至楚自理得言欲爲楚所納○晉欒盈復入于晉以惡入曰復入○復扶又反注同入于曲沃兵敗奔曲沃據曲沃衆還與君爭非欲出附他国故不言叛○還戶關反爭爭鬭之爭

疏注兵敗至言叛○正義曰案傳欒盈潛入曲沃之甲以入晉都及敗又入于曲沃潛入之時晉人不覺及敗後更入晉人以其洑告故先書復入于晉後言入于曲沃謂其後入故云兵敗奔曲沃也不言叛者叛謂以邑叛屬他国欒盈既入曲沃據曲沃之衆與君戰爭兵敗而死終亦不附他国故不言叛也然則昭二十一年宋華亥入于宋南里以叛定十一年宋公之弟辰入于蕭以叛十三年晉趙鞅入于晉陽以叛荀寅入于朝歌以叛皆非叛屬他国而並書叛者彼皆與国相距不勝而即出奔得歸乃言復国皆有叛屬他国之意故本国告以叛告此欒盈與君爭勝不勝即死未有叛屬他国之意故晉人不以叛告也○秋齊侯伐衛遂伐晉兩事故言遂

疏注兩事故言遂○正義曰遂者因上事上下事之辭是兩事故曰遂僖二十八年晉侯侵曹晉侯伐衛亦是一季而爲兩事不言遂者於彼注云再舉晉侯者曹衛兩來告故則此言遂者齊人來告以齊告爲文故乃言遂也

○八月，叔孫豹帥師救晉，次于雍榆。豹救晉後命于雍榆，故書次。雍榆，晉地，汲郡朝歌縣東有雍城。○雍，於用反。朝，如字。○己卯，仲孫速卒。孟莊子也。

○冬十月乙亥，臧孫紇出奔邾。書名者，阿順季氏，為之廢長立少，以取奔亡，罪之。○為，于偽反。長，丁丈反。少，詩照反。【疏】注書名至罪之。○正義曰：書名是罪之文。案傳紇為孟氏所譖，其奔非紇之罪，故杜以阿順季氏廢長立少為紇之罪狀也。

○晉人殺欒盈。○齊侯襲莒。輕行掩其不備曰襲，因伐晉還遂襲莒，不言遂者，間有事。○輕，遣政反。【疏】注輕行掩其不備曰襲，因伐晉還至有事。○正義曰：莊二十九年傳例曰：凡師有鐘鼓曰伐，無曰侵，輕曰襲，是輕者舍其輜重，倍道輕行，掩其不備曰襲。傳言齊侯還自晉，不入，遂襲莒。經不言遂者，間有他事故也。若然，僖六年夏公會齊侯云云伐鄭，秋，楚人圍許，諸侯遂救許；二十八年公會晉侯云云于溫，天王狩于河陽，云云，諸侯遂圍許。彼亦間有他事而言遂者，兩事言遂，取其省文。彼二者公皆親在，事不待告，故遠承上事，總言諸侯遂。此書齊事，雖告冊遂行襲莒，亦不可書遂，為間有數事與前文

南絕故也

傳二十三年春杞孝公卒晉悼夫人喪之悼夫人晉平公母杞孝公姊妹○喪如字徐息浪反平公不徹樂非禮也徹去也○去起呂反禮為鄰國闕禮諸侯絕期故以鄰國責之○為于偽反下注為召下而為注同期居其反

疏傳注禮諸侯至責之○正義曰杞孝公晉平公之舅也尊同則相為不降平公於禮為舅當服緦麻三月但緦服既輕其恩不過鄰國故傳言禮為鄰國闕也杜言諸侯絕期者據禮之正法言諸侯尊降其親雖有本服賜者亦當為之闕故以鄰國責之禮父在為母服期喪絕旁期非母也○陳侯如楚朝也公子黃愬二慶於楚楚人召之二慶虎慶寅也二十年二慶譖黃黃奔楚自理今陳侯往楚乃信黃為召二慶○愬息路反使慶樂往殺之慶樂二慶之族二慶畏罪故不敢自往○使慶樂往絕句慶氏以陳叛因陳侯在楚而叛之不書叛以不以告夏邾

建從陳侯圍陳。陳人城，治城以距君。屈建，楚莫敖。○從，才用反，又如字。板隊而殺人。役人相命，各殺其長。慶氏怨其板隊，遂殺築人，故役人怒而作亂。○隊，直類反，注同。長，丁丈反。遂殺慶虎、慶寅。楚人納公子黃。君子謂慶氏不義，不可肆也。肆，放也。故書曰惟命不于常。周書康誥。言有義則存，無義則亡。【疏】君子至于常。○正義曰：杜言慶氏以陳叛，叛不書，不以告，則傳載君子之言，其意不爲經也。君子自論慶氏之罪，所爲不義，不可放肆，以爲宜其誅滅，故引尚書康誥言天命之不于常，有義則存，無義則亡。慶氏族有二卿，爲不義之故而並喪亡，故君子論其事，傷之也。服虔以爲傳發此言爲不書慶氏以陳叛，爲楚所圍，稱國以殺，不成惡人，肆其志也。服虔以爲元年圍宋彭城，追書繫宋，不與叛人，謂此亦宜然，故爲此解。然叛是大罪，若書爲叛，其惡益明，何當隱其罪名謂之不可肆也？若慶氏不可放肆，故不書其叛，則林父以單身逃歸，荀寅之徒豈皆可使放肆而書其叛乎？且傳文不言書經之意，知之不爲經也。故杜以爲叛不告，故不書耳。

晉將嫁女于吳，齊侯使析歸父媵之，以藩載欒盈及其士。藩車之有障蔽者，使若媵妾在其中。○析，星曆反。媵，以證反，又繩證反。藩，方元反，注同。障，之亮反，又音章。【疏】晉將至媵之。○正義曰：晉將嫁女爲吳之夫人，齊以女爲媵，使析歸父送媵女於晉，令與適俱行也。禮，媵同姓，適異姓。今晉嫁女於同姓，齊以異姓爲媵，皆非禮也。而不言非禮者，此傳本主說欒盈，不言事之可否。納諸曲沃。欒盈邑也。欒盈夜見胥午而告之。胥午，守曲沃大夫。對曰：不可。天之所廢，誰能興之？子必不免。吾非愛死也，知不集也。集，成也。○知，音智，又如字。盈曰：雖然，因子而死，吾無悔矣。我實不天，子無咎焉。言我彊不爲天所祐，子無咎天然，故可因。○咎，其九反。祐，音又。許諾。伏之而觴曲沃人。胥午匿盈而飲其衆。○觴，式羊反。匿，女力反。飲，於鴆反。樂作，午言曰：今也得欒孺子何如（孺子，欒盈）對曰得主而爲之死猶不死也皆歎有泣者爵行又言皆曰得主何貳之有盈出徧拜之（謝衆人思己）四月欒盈帥曲沃之甲因魏獻子以晝入絳（獻子，魏舒。絳，晉國都）初欒盈佐魏莊子於下軍（莊子，魏絳，獻子之父）獻子私焉故因之（私相親愛）趙氏以原屏之難怨欒氏（成八年莊姬譖之，欒、郤爲徵。○屏，薄經反。難，乃旦反）韓趙方睦（韓起讓趙武，故和睦）中行氏以伐秦之役怨欒氏（十四年晉伐秦，欒黶違荀偃命曰：余馬首欲東）而固與范氏和親（范宣子佐中行偃於中軍）知悼子少而聽於中行氏（悼子，知罃之子荀盈也。少，年十七。知氏、中行氏同祖，故相親聽從。○知音智。少，詩照反，注同）【疏】注悼子至聽從○正義曰：十三年傳云荀罃卒，十四年傳言盈生六年而武子卒，是其少也知悼子荀首之孫中行吳荀林父之曾孫首是林父之弟首爲知氏林父爲中行氏是同祖也悼子是荀罃二從叔父故相聽從計悼子年十六不得爲十七是故沈氏云後人傳寫誤劉炫以此而規杜氏非也程鄭嬖於公鄭亦荀氏宗○嬖必計反〔疏〕程鄭嬖於公○正義曰鄭雖非卿亦是疆族言嬖於公見其不助欒氏唯魏氏及七輿大夫與之七輿官名○輿音餘〔疏〕注七輿官名○正義曰傳十年傳言七輿大夫杜云侯伯七命副車七乘謂副車每車有一大夫主之則此七輿大夫杜亦爲主副車之官也劉炫云若是主公車則當情親於公不應曲附欒氏服虔云下軍輿帥七人然謂服言是樂王鮒侍坐於范宣子或告曰欒氏至矣宣子懼桓子曰奉君以走固宮必無害也桓子樂王鮒○鮒音附坐如字一音才卧反走如字一音奏且欒氏多怨子爲政欒氏自外子在位其利多矣既有利權又執民柄賞罰爲民柄○柄彼

命反【疏】且欒至民柄○正義曰欒氏多怨言易克既有為利之權又執民之八柄也○注賞罰為民柄○正義曰周禮大宰以八柄詔王馭羣臣一曰爵二曰祿三曰予四曰置五曰生六曰奪七曰廢八曰誅此八者爵祿予置生是賞也奪廢誅是罰也賞罰二事分為八名此時臨與敵戰唯賞罰而已故以賞罰言之鄭玄云柄所秉執以起事者也然則柄以器物為喻劍出石用斧之執其柄也將何懼焉欒氏所得其唯魏氏乎而可強取也夫克亂在權子無懈矣公有姻喪夫人有杞喪○強其丈反下注強取同懈佳賣反【疏】注夫人有杞喪○正義曰隱元年傳說葬之節云士踰月外姻至則姻是外親之總名杞孝公卒夫人有兄弟之服是有杞喪也傳言公有姻喪注言夫人有杞喪者下文樂王鮒使宣子墨縗冒絰詐為夫人故也案經葬杞孝公之下始書欒盈復入于晉則欒盈之入在孝公葬後杜解諸侯既葬除服而夫人猶有服者葬杞孝公書晉使去之日欒盈入晉當在葬杞孝公之前故夫人猶有服故得詐為之王鮒使宣子墨縗冒至○晉自殽戰還遂常墨縗○縗七雷反本又作衰

同冒莫報反絰直結反冒絰以絰冒其首也一云縗冒絰三者皆墨之【疏】墨縗冒絰○正義曰夫人爲其兄弟
當大功喪服大功布衰裳牡麻絰冒絰者言以絰冒其首也樂王鮒使宣子謂爲夫人孝服也二婦人
輦以如公恐欒氏有內應距之故爲婦人服而入奉公以如固宮
固宮宮之有臺觀備守者○觀古喚反守手又反【疏】奉公以如固宮○正義曰晉語云范宣子以公入于襄公
之宮蓋襄公有別宮牢固故謂之固宮范鞅逆魏舒用王鮒計欲強取之則成列
既乘將逆欒氏矣趨進曰欒氏帥賊以入鞅
之父與二三子在君所矣二三子諸大夫○乘繩證反下驂乘超乘并注
同使鞅逆吾子鞅請驂乘持帶驂乘必持帶備隋隊○隋徒果
反隊直類反遂超乘跳上獻子車○跳他彫反上時掌反右撫劍左援帶劫之
○援音袁命驅之出僕請請所至鞅曰之公宣子逆諸

階逆獻子也執其手賂之以曲沃恐不與己同心初斐豹隸也著於丹書蓋犯罪沒爲官奴以丹書其罪○斐音非一音芳匪反**【疏】**注蓋犯至其罪　正義曰周禮司厲職云其奴男子入于罪隸女子入于舂稾鄭玄云奴從坐而沒入縣官者男女同名杜用鄭說以奴正文故云蓋以斐豹請焚丹書知以丹書其罪近世魏律緣坐配沒爲工樂雜戶者皆用赤紙爲籍其卷以鉛爲軸此亦古人丹書之遺法欒氏之力臣曰督戎國人懼之斐豹謂宣子曰苟焚丹書我殺督戎宣子喜曰而殺之所不請於君焚丹書者有如日言不負要盟如日○督丁毒反乃出豹而閉之閉著門外○著直略反督戎從之踰隱而待之隱短牆也督戎踰入豹自後擊而殺之范氏之徒在臺後公臺之後欒氏乘公門乘登也宣子謂

鞅曰矢及君屋死之鞅用劍以帥卒用短劍兵接敵欲致死○卒子忽反欒氏退攝車從之鞅攝宣子戎車遇欒樂樂欒盈之族曰樂免之死將訟女於天言雖死猶不告女罪○女音汝注同樂射之不中又注注屬矢於弦也○射食亦反中丁仲反注之住反注同屬之玉反則乘槐本而覆欒樂車轢槐而覆○槐音懷覆芳服反注同轢音歷或以戟鉤之斷肘而死欒魴傷欒盈奔曲沃晉人圍之魴欒氏族○斷音短肘張九反

【疏】注魴欒氏族○正義曰服虔云魴盈之子但無文也昔欒盈宣子之外孫胥午謂爲儒子未得有子已堪戰十九年欒魴已帥師伐齊必非欒盈子故杜以爲欒氏族世族譜欒魴爲欒氏族以欒樂爲雜人不知杜意何故也○

秋齊侯伐衛先驅穀榮御王孫揮召揚爲右申驅齊前以驛軍○揮許韋反召上照反中驅成秩御莒

恒申鮮虞之傳摯爲右申驅次前軍傳摯申鮮虞之子○鮮音仙之傳摯
本或作申鮮虞之子傳摯疏申鮮虞之傳摯爲右○正義曰俗本多云申鮮虞之子今案注云傳摯申鮮虞
之子若傳先有子字無須此注故今定本皆無曹開御戎晏父戎爲右公御
右也○晏父音甫貳廣上之登御邢公盧蒲癸爲右貳廣
公副車○廣古曠反注同邢音刑啓牢成御襄罷師狼蘧疏爲
右左翼曰啓○牢魯刀反一本作牢成罷音皮徐音疲一音皮買反狼音郎蘧其居反疏注左翼曰啓○
正義曰左翼曰啓右翼曰胠賈逵以爲此言或當有成文也且此傳上下先驅申驅是前軍也大殿是後軍也明啓胠是
在旁之軍說文云胠掖下也胠是在旁明矣凡言左右以左爲先知啓是左也名之曰啓或使之先行詩云以先啓行服
虔引司馬法謀帥篇曰大前驅啓乘車大晨倅車屬焉大晨大殿也音相似如服言古人有名軍爲啓者胠商
子車御侯朝桓跳爲右右翼曰胠○胠起居反徐又音脅或起業反朝如字

一音直居反 跳扶彫反 大殿商子游御夏之御寇崔如為右大殿後軍○殿都練反注同夏戶雅反御魚呂反 燭庸之越駟乘四人共乘殿車也齊具載此言莊公驕盡臣在武力○駟乘繩證反 自衛將遂伐晉晏平仲曰君恃勇力以伐盟主若不濟國之福也不德而有功憂必及君崔杼諫曰不可臣聞之小國閒大國之敗而毀焉必受其咎君其圖之弗聽陳文子見崔武子文子陳完之孫須無武子崔杼也○閒閒廁之閒反 咎字咎其九反 曰將如君何武子曰吾言於君君弗聽也以為盟主而利其難羣臣若急君於何有言有急不能顧君欲弒之以說晉○難乃旦反弒申志反下同說音悅一音如字 子姑止之文

子狠告其人曰崔子將死乎謂君甚而又過之弑君之惡過於背盟主。○背音佩不得其死過君以義猶自抑也況以惡乎自抑損齊侯遂伐晉取朝歌朝歌今屬汲郡爲二隊入孟門登大行二隊分兵爲二部孟門晉隘道大行山在河内郡北。○隊徒對反徐徒猥反大音泰行徐戶郎反一音如字隘於解反張武軍於熒庭張武軍謂築壘壁熒庭晉地。○熒戶扃反庭音廷本亦作庭壘力軌反壁亦作辟音壁

疏注張武至壘壁。○正義曰宣十二年傳稱楚既戰勝潘黨請築武軍昭十三年傳子干帥陳蔡之師入楚陳蔡請爲武軍蔡公曰欲速且役病矣請藩而已乃藩爲軍以此知武軍謂築壘壁也張謂張設築作之耳服虔云張設旗鼓也

戍郫邵取晉邑而守之。○郫婢支反封少水封晉尸於少水以爲京觀。○少詩照反地名下注孟氏之少並同觀古喚反以報平陰之役乃還平陰役在十八年趙勝帥東陽

之師以追之獲晏氂趙勝趙旃之子東陽晉之山東魏郡廣平以北晏氂齊大夫○勝音升一音申證反氂力之反徐音來【疏】注趙勝至大夫○正義曰昭二十二年傳曰荀吳略東陽遂襲鼓滅之鼓在鉅鹿居山之東山東曰朝陽知東陽是寬大之語揔謂晉之山東故爲魏郡廣平以北二年齊晏弱城東陽以偪萊哀八年吳伐魯克東陽而晉齊魯皆有東陽名同而實異服虔以東陽爲魯邑繆之甚矣東陽之師謂下文叔孫豹所帥者也

八月叔孫豹帥師救晉次于雍榆禮也救盟主故曰禮【疏】注救盟主故曰禮○正義曰公羊傳曰曷爲先言救而後言次先通君命也僖元年齊師宋師曹師次于聶北救邢公羊傳曰曷爲先言次而後言救君也其意言君則進止自由故先次後救臣則先通君命故先救後次賈氏取以爲說謂此傳云禮者言其先救後次爲得禮也釋例曰所說或次在事前次以成事也或次在事後事成而次也皆隨事實無義例也叔孫豹次于雍榆傳曰禮者善其宗助盟主非以次爲禮也齊桓次于聶北救邢亦存邢具其器用師人無私見善不在次也以和以此故○言救盟主故曰禮所以明異舊說也

季武子無適

子公彌長而愛悼子欲立之公彌公鉏悼子紇也○[illegible]下及[illegible]長丁丈反下皆同鉏仕居反紇恨發反訪於申豐曰彌與紇吾皆愛之欲擇才焉而立之申豐趨退歸盡室將行申豐季氏屬大夫○他日又訪焉對曰其然將具敝車而行其然猶必然○敝婢世反徐扶滅反乃止止下立紇訪於臧紇臧紇曰飲我酒吾爲子立之季氏飲大夫酒臧紇爲客爲上實○飲於鴆反下皆同吾爲于僞反下注爲安爲公鉏同既獻已獻酒臧孫命北面重席新樽絜之酒樽既刷復絜澡之○重直恭反樽音尊本亦作尊復扶又反下非復下文復戰同澡音早召悼子降逆之大夫皆起臧孫下迎悼子及旅而召公鉏獻酬禮畢通行爲旅疏注獻酬至爲旅○正義曰案鄉飲酒禮主人席於阼

階上西面賓席於堂戶西南面介席於西階上東面衆賓席於上賓之西南面初賓介及衆賓至立於門外東面主人出迎于門外西面主人延賓入及介衆賓等立於西階下主人揖賓升主人酌酒於阼階上拜獻賓賓西階上拜受飲卒爵酌酒以酢主人主人阼階上飲卒爵又酌酒先自飲以酬賓賓拜受酬酒奠于薦東賓降主人又酌酒於西階上獻介介於西階上受爵飲卒爵酌以酢主人主人於西階上受爵飲卒爵介降主人又酌酒於西階上獻衆賓衆賓飲訖降引樂工入歌詩主人獻樂工又引笙入立於堂下主人獻笙師訖主人及賓介衆賓等皆升就席乃立相者爲司正使弟子一人舉觶於賓賓酬主人主人酬介介酬衆賓衆賓其爲旅也杜言獻酬禮畢者謂獻酬賓介及衆賓禮畢也言通行爲旅者謂一人舉觶於賓旅衆相酬遍至於下案鄉飲酒禮末旅以前賓介皆立此傳云大夫皆起則季氏飲大夫酒未必純如鄉飲酒禮則獻酬事訖大夫皆坐然則既獻召悼子者謂獻獻緘終及大夫訖而召悼子至旅酬之時而召公鉏**使與之齒**使從庶子之禮列在悼子之下**季孫失色**恐公鉏不從**季氏以公鉏爲馬正**馬正家司馬**慍而不出閔子馬見之**閔子

馬閔馬父○愠紆運反怨也怒也曰子無然禍福無門唯人所召爲人子者患不孝不患無所所位處○處昌慮反敬共父命何常之有言廢置在父無常位也若能孝敬富倍季氏可也公父寵之則可富【疏】注若能至民可也○正義曰悼子自爲適子將承季氏之後故謂悼子爲季氏下言爲孟孫其意亦然富倍季氏言可過悼子也姦回不軌獲罪非徒貧賤而已是爲倍下民故杜云禍甚於貧賤也姦回不軌禍倍下民可也禍甚於貧賤公鉏然之敬共朝夕恪居官次次舍也○朝如字恪苦各反季孫喜使飲已酒而以具往盡舍旃具饗燕之具○舍音捨故公鉏氏富又出爲公左宰出季氏家臣仕於公孟孫惡臧孫不相善○惡烏路反下之惡子之惡我君所惡皆同季孫愛之愛其成己志孟氏之御騶豐

黜好羯也羯孟莊子之庶子孺子秩之弟孝伯也○騶側留反黜勑律反又之廉反好呼報反羯居竭反曰從余言必爲孟孫爲孟孫後（疏）孟氏之御騶○正義曰成十八年傳曰程鄭爲乘馬御六騶屬焉使訓群騶知禮注云六騶六閑之騶則騶是掌馬之官孟莊子掌御事謂之御騶再三云羯從之孟莊子疾豐點謂公鉏苟立羯請讎臧氏使孟氏與公鉏共憎臧孫公鉏謂季孫曰孺子秩固其所也固自當立若羯立則季氏信有力於臧氏矣臧氏因季孫之欲而爲定之猶爲有力今若專立孟氏之少則季氏有力過於臧氏（疏）信有力於臧氏矣○正義曰不應得而得之則彼荷其恩故功力多也弗應己卯孟孫卒公鉏奉羯立于戶側戶側喪主○應應對之應（疏）立于戶側○正義曰喪大記云大夫之喪主人坐于東方此立于戶側則在室戶之東西面立也禮記云坐此云立者以季孫來故立耳季孫

至入哭而出曰秩焉在公鉏曰羯在此矣季孫曰孺子長公鉏曰何長之有唯其才也季孫廢鉏立紇云欲擇才故以此荅之○焉在於虔反且夫子之命也遂誣孟孫遂立羯秩奔邾臧孫入哭甚哀多涕出其御曰孟孫之惡子也而哀如是季孫若死其若之何臧孫曰季孫之愛我疾疢也常志相順從身之害○疢恥刃反孟孫之惡我藥石也常志相違為戾猶藥石之療疾

疏　孟孫至石也○正義曰治病藥分用石本草所云鍾乳礬磁石之類多矣

美疢不如惡石夫石猶生我愈己疾也

疏　夫石猶生我○正義曰服虔云夫謂孟孫也桓十三年傳夫固謂君夫豈不知服虔云夫謂鬬伯比也二十六年傳夫不惡女乎服杜並云夫謂大子也其年又曰夫獨無族姻乎杜云夫謂晉也三十一年傳夫亦愈知治

矣杜云夫謂尹何皆謂所序前人為夫此言之類也疢之美其毒滋多孟孫死吾亡無日矣孟氏閉門告於季孫曰臧氏將為亂不使我葬欲為公鉏譖臧氏季孫不信臧孫聞之戒戒為備也冬十月孟氏將辟藉除於臧氏辟穿藏也於臧氏借人除葬道○辟婢亦反徐甫亦反注同藉除音借又如字藉亦借也藏才浪反臧孫使正夫助之正夫隧正○隧音遂下文之隧同

【疏】注正夫遂正○正義曰七年傳稱叔仲昭伯為隧正謂南遺請城費吾多與而役是役夫遂正所主知此正夫是遂正也遂正當屬司徒臧氏為司寇而借之於臧氏者蓋當時臧氏兼主掌之

除於東門甲從己而視之畏孟氏故從甲士視作者○從才用反注同一音如字孟氏又告季孫季孫怒命攻臧氏見其有甲故乙亥臧紇斬鹿門之關以出奔邾

魯南城東門【疏】注魯南城東門。○正義曰：蓋舊名猶在，相傳如此也。且郕在魯之東南，奔郕出此門，以爲便。○

初臧宣叔娶于鑄，生賈及爲而死。鑄國，濟北蛇丘縣所治。○娶，七住反。鑄，之樹反。蛇音移。治，直吏反。繼室以其姪，女子謂兄弟之子爲姪。○姪，大結反，又丈一反。穆姜之姨子也。姪，穆姜姨母之子，與穆姜爲姨昆弟。【疏】注姪穆至昆弟。○正義曰：釋親云：妻之姊妹同出爲姨。孫炎曰：同出，俱已嫁也。然則據父言之謂之姨，據子言之當謂之從母。但子效父語，亦呼爲姨。姨子昆弟，即喪服從母昆弟是也，故曰姨昆弟。生紇，長於公宮。姜氏愛之，故立之。立爲宣叔嗣。臧賈、臧爲出在鑄。還舅氏也。臧武仲自郕使告臧賈，且致大蔡焉。大蔡，大龜。○大蔡，龜名也。一云龜出蔡地，因以爲名。【疏】注大蔡大龜。○正義曰：漢書食貨志云：元龜爲蔡。論語云：臧文仲居蔡。家語稱漆彫平對孔子云：臧氏有守龜，其名曰蔡。文仲三年而爲一兆，武仲三年而爲二兆。是大蔡爲大龜，蔡是龜之名耳。鄭玄云：出

蔡地因以名名焉非也曰紇不佞失守宗祧遠祖廟為祧○祧他彫反敢

告不弔不為天所弔恤紇之罪不及不祀言應有後【疏】注言應有後○

正義曰禮天子封諸侯以國諸侯賜大夫以族天子不滅國諸侯不滅族有小罪則廢其身擇立次賢使紹其先祀論語

云興滅國繼絕世謂此也必有大罪乃得滅之周禮大司馬云外內亂鳥獸行則滅之是也武仲自言罪輕不及於不祀

言其應有後也子以大蔡納請其可請為先人立後○請為于偽反下為已請自為

請為其先人下文遂自為也皆同賈曰是家之禍也非子之過

也賈聞命矣再拜受龜使為以納請賈使為為已請遂

自為也為自為請臧孫如防防臧孫邑使來告曰紇非能

害也知不足也言使甲從已但慮事淺耳○知音智非敢私請為其先人請也

苟守先祀無廢二勳二勳文仲宣叔【疏】注二勳文仲宣叔○正義曰哀二十

聞年傳曰晉侯將伐齊使來乞師曰昔臧文仲以楚師伐齊取穀臧宣叔以晉師伐齊取汶陽寡君欲徼福於周公願乞靈於臧氏是二勳謂文仲宣叔也敢不辟邑辟邑請後故孔子以為要君○要一遥反下同乃立臧為臧紇致防而奔齊其人曰其盟我乎謂陳其罪惡盟謂大夫以為戒臧孫曰無辭發長立少季孫所惡故謂無辭以罪己將盟臧氏季孫召外史掌惡臣而問盟首焉惡臣謂奔亡者盟首載書之章首【疏】季孫召外史○正義曰周禮外史掌書外令掌四方之志今季孫召外史蓋謂亦立此官也對曰盟東門氏也曰毋或如東門遂不聽公命殺適立庶文公命立子惡公子遂殺之立宣公○毋音無聽吐定反適丁歷反盟叔孫氏也曰毋或如叔孫僑如欲廢國常蕩覆公室謂譖公與季孟於晉○覆芳服反季孫曰臧孫之罪

皆不及此。孟椒曰：盍以其犯門斬關？季孫用之。乃盟臧氏曰：無或如臧孫紇干國之紀，犯門斬關。（關十亦和也。闘盍乃臘反）○臧孫聞之曰：國有人焉！誰居其孟椒乎。（孟椒，孟獻子之孫子服惠伯。居猶與也。○居音基，與音餘。）○晉人克欒盈于曲沃，盡殺欒氏之族黨。欒魴出奔宋。書曰晉人殺欒盈，不言大夫，言自外也。（自外犯君而入，非復晉大夫。）○齊侯還自晉，不入，（不入國）遂襲莒，門于且于，（且于，莒邑。○于，子餘反。）傷股而退。（齊侯傷）明日將復戰，期于壽舒。（壽舒，莒地。）杞殖、華還載甲，夜入且于之隧，宿於莒郊。（二子齊大夫。且于隧，狹路。○殖市力反，華戶化反，還音旋，狹戶夾反）〔疏〕交入且于之隧○正義曰既入而又得出宿知所入非城邑也故杜以爲狹道檀弓說此事云齊莊公襲莒于奪杞梁死焉言于奪則當爲地名鄭玄引此傳云隧奪聲相近言其與此一事則此亦爲地名若是地名不得云且于之隧即如記文蓋當且于之旁别也奪地非此且于之隧也 明日先遇莒子於蒲侯氏蒲侯氏近莒之邑。近附近之近 莒子重賂之使無死曰請有盟欲以盟要二子無致死戰 華周對曰貪貨棄命亦君所惡也華周即華還 昏而受命日未中而棄之何以事君莒子親鼓之從而伐之獲杞梁杞梁即杞殖 莒人行成勝大國益懼故行成 齊侯歸遇杞梁之妻於郊梁戰死妻行迎喪 使弔之辭曰殖之有罪何辱命焉言君有罪不足弔 若免於罪猶有先人之敝廬在下妾不得與郊弔婦人無外事故下猶賤也○盧力居反與音預【疏】注婦人至賤也○正義曰檀弓云哀公使人弔蕢尚遇諸道辟於路畫宮而受弔焉曾子曰蕢尚不如杞梁之妻之知禮也鄭玄云行弔禮於野非也然則男子亦不得受野弔而言婦人無外弔者檀弓云君遇柩於路必使人弔之鄭玄云君於民臣有父母之恩是男子從柩在野則得野受弔婦人無外事雖從柩亦不得野受弔耳若男子得受野弔而曾子非蕢尚者以蕢尚在朝顯著故宜弔於其家君遇柩於路使人弔之者謂庶人又微小之臣也檀弓因蕢尚而論此事云杞梁死其妻迎其柩於路而哭之哀則杞梁之妻於時從杞梁柩雖從柩而辭不受弔是由異於男子故也服虔以下從上讀言敝廬在下禮記無下知下猶賤謙言賤妾也

齊侯弔諸其室傳言婦人有禮○齊侯將為臧紇田與之田邑臧孫聞之見齊侯與之言伐晉齊侯陳自道伐晉之功○臧孫聞之見賢遍反齊侯絕句一讀以見字絕句齊侯向下讀對曰多則多矣抑君似鼠夫鼠晝伏夜動不穴於寢廟畏人故也

今君聞晉之亂而後作焉作起兵也【疏】不穴於寢廟正義曰一解鼠不敢穿寢廟壙以爲穴者即畏人故也但寢則近人廟則幽靜鼠不穿廟豈是畏人故知寢廟閒稚鼠不即以爲穴必須穿壁始敢安處止是畏人故也計燕巢鼠穴自是其常假喻言之不可執此爲難也寧將事之非鼠何如乃弗與田臧孫知齊侯將敗不欲受其邑故以比鼠欲使怒而止仲尼曰知之難也有臧武仲之知謂能辟齊過○知之音智而不容於魯國抑有由也作不順而施不恕也夏書曰念茲在茲逸書也念此事在此身言行事當常念如在己身也【疏】作不至恕也○正義曰服虔云不順謂阿季氏廢長立少也不恕謂惡孟氏立庶也然則作而不順當如服言傳無惡孟氏之事故不取當謂知其不可而爲之是不恕也順事恕施也

經二十有四年春叔孫豹如晉賀克欒氏○仲孫羯

帥師侵齊。夏楚子伐吳。秋七月甲子朔日有食之既無傳〔疏〕秋七至之既。正義曰漢書律歷志分月之二十乃爲一交以爲交在望前朔則日食望則月食交在望後望則月食後月朔則日食交正在朔則日食既前後望不食交正在望則月食既前後朔不食而二十一年九月十月頻月日食此年七月八月日食凡交前十五度交後十五度並是食竟去交遠則日食漸少去交近則日食漸多正當交則日食既若前月在交初一度日食則至後月之朔日猶在交之末度未出食竟月行天既帀來及於日或可更食若前月日在交初二度以後則後月復食無疑今七月日食既而八月又食於推步之術必無此理蓋古書磨滅致有錯誤劉炫云漢末以來八百餘載考其注記莫不皆爾都無頻月日食之事計天道轉運古今一也後世既無其事前世理亦當然而今有頻食於術不得有交之所在日月必食日食在朔月食在望日月共盡一体日食少則月食多日食多則月食少日食盡則前後望月不食月食盡則前後朔日不食以其交道既不復其相掩故也此與二十一年頻月日食理必不然但其字則變古爲篆改篆爲隸書則縑以代簡紙以

代謙多歷世代年數遥遠衰亂或轉寫誤失其本真先儒因循莫能改易執文求義理必不通後之學者宜知此意也

○齊崔杼帥師伐莒○大水無傳○八月癸巳朔日有食之無傳○公會晉侯宋公衛侯鄭伯曹伯莒子邾子滕子薛伯杞伯小邾子于夷儀○冬楚子蔡侯陳侯許男伐鄭公至自會無傳○陳鍼宜咎出奔楚陳鍼子八世孫慶氏之黨書名惡之也○鍼其廉反咎其九反惡烏路反

〔疏〕注陳鍼子八世孫 正義曰世本文也

○叔孫豹如京師○大饑無傳

傳二十四年春穆叔如晉范宣子逆之問焉曰古人有言曰死而不朽何謂也穆叔未對宣子曰昔匄之祖自虞以上爲陶唐氏陶唐堯所治地

大原晉陽縣也終虞之世以爲號故曰自虞以上○上時掌反注同治直吏反【疏】注陶唐至以上正義曰如杜此注陶唐共爲一名即是晉陽縣也釋例云晉大鹵大原大夏參虛晉陽六名大原晉陽縣也唯載六名而言不及唐釋例又別記小国所都唐大原晉陽縣也亦云唐是晉陽而言不及陶則以陶與唐別不是共爲一名也史記云帝堯爲陶唐氏韋昭云陶唐皆国名猶湯稱殷商也案經傳契居商故湯以商爲国號后盤庚遷殷故殷商雙舉歷檢書傳未聞帝堯居陶而以陶冠唐蓋地以二字爲名所稱或单或複也張晏云堯爲唐侯国於中山唐縣然則唐是中山縣名非晉陽也堯自唐侯而升爲天子既爲天子乃治於晉陽故杜於晉陽六名言不及唐記其諸国之都乃云唐是晉陽言堯爲天子號曰陶唐其治在晉陽耳唐非晉陽縣內之地名也舜受堯禪封堯子丹朱爲王者之后猶稱爲唐其名不易終虞之世以陶唐爲號故曰自虞以上也

在夏爲御龍氏 謂劉累也事見昭二十九年○見賢遍反【疏】注刘至九年○正義曰昭二十九年傳曰陶唐氏既衰其后有劉累學擾龍于豢龍氏以事孔甲夏后加之賜氏曰御龍

在商爲豕韋氏 豕韋国名東郡白馬縣東南有韋城【疏】注豕韋至韋城○正

義曰鄭語云祝融之後八姓大彭豕韋為商伯矣又曰彭姓
彭祖豕韋則商滅之矣賈逵云大彭豕韋為商伯其後世失
其業殷德復興而滅之然則商之初豕韋国君為彭姓也其後
所以劉累之後代之亦不知殷之何王滅彭姓而封累後也
昭三十九年傳稱夏王孔甲嘉劉累賜氏曰御龍以更豕韋
之後則賜劉累身封豕韋而此云在商為豕韋氏者杜於彼
注云劉累代彭姓之豕韋累尋遷魯縣豕韋復国至商而滅
累之後世復承其国為豕韋氏是杜解劉累及其後世再封
豕韋之事**在周為唐杜氏**唐杜二國名殷末豕韋国於唐周成王滅唐遷之於杜為杜伯
杜伯之子隰叔奔晉四世及士會食邑於范氏
姓今京兆杜縣○隰徐入反後扶又反下同【疏】注唐杜至杜縣
○正義曰以国語杜伯文不連唐知唐杜二国名又以豕韋
為一嫌唐杜亦一故辯之也昭元年傳稱堯遷實沈于大夏
唐人是因以服事夏商其季世曰唐叔虞及成王滅唐而封
大叔是言周成王滅唐也周語曰周之衰也杜伯射宣王於
鎬是周有杜国故杜以為成王滅唐遷之於杜為杜伯也晉
語訾祏對范宣子云昔隰叔子違周難奔於晉生子輿為司
空世及武子佐文襄為卿以輔成景後之人可則是以受隨
范賈逵云宣王殺杜伯其子逃而奔晉子輿士蔿字武子士

會也會士蔿之孫是隰叔四世及士會食邑於范爲范氏也刘炫云案杜於昭元年注云唐人若刘累之等累迁魯縣此在大夏即如彼言則居唐之人非累之裔此注何云豕韋国於唐也又據何文知初封於唐後封於杜乎今知刘説非者彼注雖似有異其義與此不殊後傳云唐人是因杜以唐人非一人之稱故云刘累之等謂累之子孫故云之等也累迁魯縣傳云唐人是因因居大夏則累之子孫迁居大夏也杜知殷末封之於唐者以周成王滅唐故也知後封於杜者以宣王時有杜伯故也是成王之時有唐無杜宣王之時有杜無唐故杜爲此解刘炫又規云唐非豕韋之胤杜亦未必是後安知滅唐迁於杜也賈逵注国語云武王封堯後爲唐杜二国以爲並時爲国非滅唐封杜刘以爲唐非刘累之後又取賈逵注国語武王封堯後爲唐杜二国以爲二国並封而規杜氏非也炫謂宣子歷言已之宗族於上世有国有家本必繼躰相承炫於處秦爲刘謂非丘明之筆豕韋唐杜不信元愷之言已之遠祖數自譏訐或聞此義必將見嗤但傳言於人懼誤後學意之所見不敢有隱唯賢者裁之晋主夏盟爲范氏其是之謂乎晋爲諸夏盟主范氏復爲之佐言已世爲興家○夏戶雅反注同穆叔曰以

豹所聞此之謂世禄非不朽也魯有先大夫曰臧文仲既没其言立立謂不廢絶○既没其言立今俗本皆作其言立於世撿元熈以前本則無於世二字其是之謂乎豹聞之大上有立德黄帝堯舜○大音泰其次有立功禹稷其次有立言史佚周任臧文仲○佚音逸任音壬【疏】大上至立言○正義曰大上其次以人之才知淺深爲上次也大上謂人之最上者上聖之人也其次次聖者謂大賢之人也其次又次大賢者也立德謂創制垂法博施濟衆聖德立於上代惠澤被於無窮故服以伏羲神農杜以黄帝堯舜當之言如此之類乃是立德也礼運稱禹湯文武成王周公後代人主之選計成王非聖但欲言周公不得不言成王耳禹湯文武周公與孔子皆可謂立德者也立功謂拯厄除難功濟於時故服杜皆以禹稷當之言如此之類乃是立功也祭法云聖王之制祭祀也法施於民則祀之以死勤事則祀之以勞定国則祀之能禦大菑則祀之能捍大患則祀之法施於民乃謂上聖當是立德之人其餘勤民定国禦災捍患皆是立功者也立言謂

言得其要理足可傳記傳冊史逸有言論語稱周任有言及此臧文仲既沒其言存立於世皆其身既沒其言尚存故服杜皆以史佚周任臧文仲當之言如此之類乃是立言也老莊荀孟管晏楊墨孫吳之徒制作子書屈原宋玉賈逵楊雄馬遷班固以後撰集史傳及制作文章使後世學習皆是立言者也此三者雖經世代當不朽腐故穆子歷言之雖久不廢此之謂不朽若夫保姓受氏以守宗祊祊廟門○祊布彭反注同【疏】注祊廟門○正義曰釋宮云祊謂之門李巡曰祊故廟門名也孫炎曰詩云祝祭於祊謂廟門也世不絕祀無國無之祿之大者不可謂不朽傳善穆叔之知言○范宣子爲政諸侯之幣重鄭人病之二月鄭伯如晉子產寓書於子西以告宣子寓寄也○寓音遇曰子爲晉國四鄰諸侯不聞令德而聞重幣僑也惑之僑聞君子長

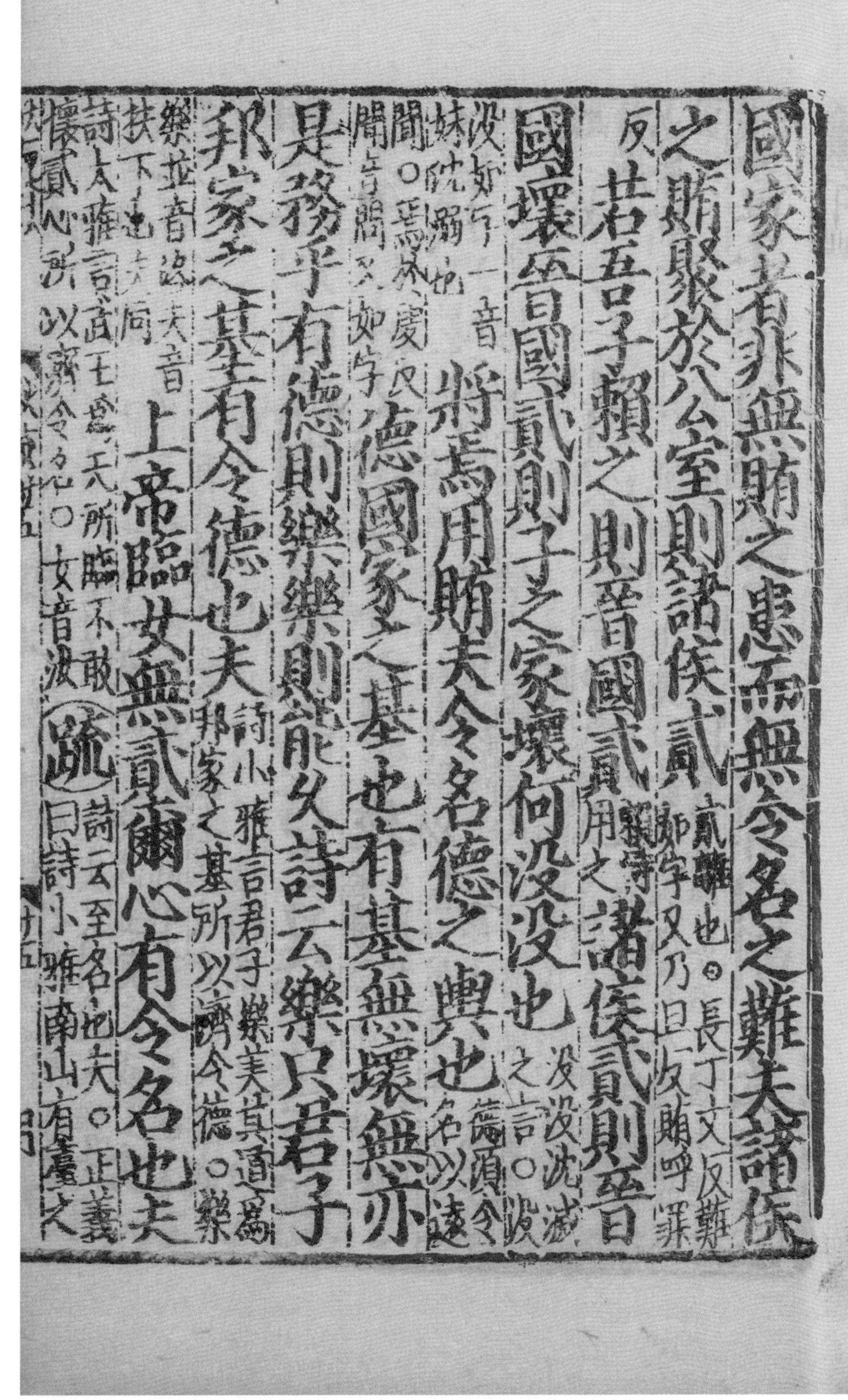
國家者，非無賄之患，而無令名之難。夫諸侯之賄聚於公室，則諸侯貳。貳，離也。○長，丁丈反。難，乃旦反。賄，呼罪反。若吾子賴之，則晉國貳。賴，恃用之。諸侯貳則晉國壞，晉國貳則子之家壞，何沒沒也？沒沒，沈滅之言。○沒沒，如字，一音妹。沈溺也。將焉用賄？夫令名，德之輿也。名以遠聞。○焉，於虔反。聞，音問，又如字。德，國家之基也。有基無壞，無亦是務乎？有德則樂，樂則能久。詩云「樂只君子，邦家之基」，有令德也夫！詩小雅。言君子樂美其道，為邦家之基，所以有令德。○樂只，音洛。夫，音扶，下「也夫」同。「上帝臨女，無貳爾心」，有令名也夫！詩大雅。言武王為天所臨，不敢懷貳心，所以有令名也。○女音汝。疏 注「詩云」至「名也夫」。○正義曰：詩小雅南山有臺之

知節言旨美也言有樂美之德君子以有樂美之德故爲邦家之基本也此詩所言言此君子有令德也夫又引詩大雅大明之篇詩人美周武王云上天之意臨視女武王矣言武王爲天所臨不敢懷貳於民之心此詩所言言武王有令名也未樂美君子者言君子有可樂可美之德也劉炫云詩人謂武王云上天之意臨視女武王故在下臣民無懷貳於女之心也

恕思以明德則令名載而行之是以遠至邇安毋寧使人謂子子實生我毋寧寧也○毋音無而謂子浚我以生乎浚取也言取我財以自生○浚思俊反【疏】毋寧至生乎○正義曰毋寧寧也言人寧作二事爲不取人財寧使人謂子實能生養我民也爲多取人財使人言子不能自活而須我民財以生活乎此二者寧勝也象有齒以焚其身賄也焚斃也○焚扶云反服云焚讀曰僨僨僵也斃婢世反【疏】注焚斃也○正義曰焚是燒也象不燒死故訓爲斃服虔云焚讀曰僨僨僵也爲生齒牙僵仆其身

宣子說乃輕幣是行也鄭伯朝晉爲重幣

故且請伐陳也鄭伯稽首宣子辭子西相曰以陳國之介恃大國而陵虐於敝邑介因也大國楚也○說音悅為于偽反下注皆為同相息亮反介音戒注及下同寡君是以請罪焉請得罪於陳也○是以請罪焉一本作是以請請罪焉請並七井反徐上請字音情敢不稽首為明年鄭入陳傳○孟孝伯侵齊晉故也前年齊伐晉魯為晉報侵○夏楚子為舟師以伐吳舟師水軍不為軍政不設賞罰之差無功而還為下吳召舒鳩起本○齊侯既伐晉而懼將欲見楚子楚子使薳啓彊如齊聘且請期請會期○彊其良反又居良反齊社蒐軍實使客觀之祭禮因閱數軍器以示薳啓彊○蒐所求反閱音悅數所主反陳文子曰齊將有寇吾聞之兵不戢必

取其族 取藏也族類也取其族還自害也○取側立反 ○秋齊侯聞將有晉師 夷儀之師 使陳無宇從薳啓彊如楚辭且乞師 齊自晉師未得相見 崔杼帥師送之遂伐莒侵介根 介根莒邑今城陽黔陬縣東北計基城是也齊既與莒平因兵出侵之言無信也○黔其廉反又其令反如淳音琴陬側留反又子侯反韋昭音鄒陬本又作其音基計如字漢書作斤如淳斤音基 會于夷儀將以伐齊水不克 晉合諸侯以報朝年見伐 ○冬楚子伐鄭以救齊門于東門次于棘澤 以齊無宇乞師故也 諸侯還鄭 夷儀諸侯 晉侯使張骼輔躒致楚師求御于鄭 欲得鄭人自御知其地利故也○骼庚百反一音古洛反躒力狄反徐音洛 鄭人卜宛射犬吉 射犬鄭公孫○宛於元反射食亦反徐神石反 子大叔戒之曰大國之人不

襄二十四

可與也言不可與等也欲使卑下之大叔游吉○大叔音泰下遐嫁反對曰無有衆
寡其上一也言在己上若有常分無大小國之異○分扶問反疏無有至一也○正義
曰射犬之意言我與彼俱是大夫無有國土大小人民衆寡
之異其在我上彼此一也其意言我下鄭卿亦下晉卿彼若
是卿我當下之彼是大夫我不下之大叔曰不然部婁無松柏部婁小阜松柏
大木喻小國異於大國○部蒲口反徐扶苟反婁本或作樓路口反徐力侯反阜扶有反疏注部婁至大國○正
義曰釋地云大陸曰阜大阜曰陵李巡曰大陸謂土地高大
名曰阜阜最大爲陵則阜地之高者是丘陵之類也部婁小
阜相傳爲然大山有松柏小阜無松柏小阜異於大山喻小
國異於大國不得與大國之人等也服虔云喻小國無賢材
知勇之人而與大國爭訟二子在幄坐射犬于外二子張骼輔躒幄帳也○
幄於角反既食而後食之使御廣車而行廣車兵車○後食音
嗣廣古曠反注同已皆乘乘車乘車安車○下乘字繩證反注及下皆同將及楚

師而後從之乘皆踞轉而鼓琴轉衣裝。○踞居慮反轉張戀反

注及下同一音張轡反裝側良反一本作囊（疏）注轉衣裝。○正義曰踞謂坐其上也戰車所有門坐其上明是

衣囊囊耳當是盛衣甲之囊也下云取冑於櫜櫜當別有小囊盛冑定本作衣裝近不告而馳之

射犬恨故近敵不告而馳皆取冑於櫜而冑入壘皆下搏人

以投收禽挾囚禽獲也○冑直救反櫜古老反壘力軌反搏音博徐甫各反挾古協弗

待而出射犬又不待二子皆超乘抽弓而射既免復

踞轉而鼓琴曰公孫同乘兄弟也言同乘義如兄弟○復扶

又反下復討同故再不謀謂不告而馳不待而出對曰曩者志入

而已今則怯也皆笑曰公孫之亟也亟急也言其性急○亟

[illegible]反○曩奴黨反曩鄉也怯去業反亟居力反注同（疏）曩者至怯也○正義曰曩[illegible]向也向者志入前敵而[illegible]

入遇淫而出非是故不告也○楚子自棘澤還使薳啓彊帥師送陳無宇傳言齊楚固相結也○吳人為楚舟師之役故在此年夏○為于偽反下注同召舒鳩人舒鳩人叛楚舒鳩楚屬國召欲與共伐楚楚子師于荒浦荒浦舒鳩地○浦判五反使沈尹壽與師祁犁讓之二子楚大夫○犁力兮反又利之反舒鳩子敬逆二子而告無之且請受盟二子復命王欲伐之薳子曰不可令尹薳子馮彼告不叛且請受盟而又伐之伐無罪也姑歸息民以待其卒卒終也卒而不貳吾又何求若猶叛我無辭有庸乃還彼無辭我有功為明年楚滅舒鳩傳○陳人復討慶氏之黨鍼

宜咎出奔楚言宜咎所以罹名○齊人城郟郟王城也於是穀雒鬭毀王宮齊叛晉欲求媚於天子故為王城之○郟古洽反疏注郟王至城之○正義曰傳稱成王定鼎于郟鄏周公就而營之謂之洛邑亦名王城其地舊名為郟故以郟為城名周語云靈王二十二年穀洛鬭毀王宮計靈王以二年即位往年為二十二年往年毀壞其城故齊人今歲為王城之也穆叔如周聘且賀城王嘉其有禮也賜之大路大路天子所賜車之揔名為昭四年叔孫所以賜路葬張本○晉侯嬖程鄭使佐下軍代欒盈也鄭行人公孫揮如晉聘揮子羽也揮許韋反○程鄭問焉曰敢問降階何由問自降下之道○下遐嫁反又如字疏注問自降下之道○正義曰下注階猶道也知問降階者問自降下之道程鄭既得為卿以卿是高位欲降意下人故問自降下之道子羽不能對歸以語然明然明鬷蔑○語魚據反鬷子公反然明曰是將死

襄二十四

矣不然將亡貴而知懼懼而思降乃得其階階猶道也下人而已又何問焉言易知○下戶嫁反易以豉反且夫既登而求降階者知人也不在程鄭其有亡釁乎不然其有惑疾將死而憂也言鄭亦小人爲明年程鄭卒張本○夫音扶知音智釁許覲反

疏其有亡釁也○正義曰程鄭忽問降階然明謂其將死故云此非程鄭身有罪禍懼弃亡之釁而輒問降階也若不然則有迷惑之疾將死而憂乎何休難此云善言者君子所尚有小人道之輒爲死徵是善言不可出口此未得傳之意也然明者鄭之知人知程鄭以佞媚嬖幸得升卿位非有謙退止足之心今忽問降階是改其常度以其改常知其將死故疑其知將有亡釁惑疾而憂故能出此語耳善言非其常所以知其死非謂口出善言即當死也趙文子賢人也將死其語偷程鄭小人也將死其言善俱是失常無所怪惑也

附釋音春秋左傳註疏卷第三十五

附釋音春秋左傳註疏卷第三十六　襄二十五年盡二十五年

杜氏註　　孔穎達疏

經二十有五年春齊崔杼帥師伐我北鄙。○

夏五月乙亥齊崔杼弑其君光齊侯雖背盟主未有無道於民故書臣罪杼直呂反○背音佩○公會晉侯宋公衛侯鄭伯曹伯莒子邾子滕子薛伯杞伯小邾子于夷儀。○

六月壬子鄭公孫舍之帥師入陳子產之言陳以不義見入故舍之無譏釋例詳之

（疏）注子產至詳之。○正義曰釋例曰陳蔡楚之與國鄭欲求親於晉故伐而入之晉士莊伯詰其侵小問陳之罪子產荅以東門之役故免於譏及其侵蔡既無晉命又無直辭若死主少興師以求媚於晉義取亂略不能以德懷親又不能以自報怨故二大夫異於子產也陳之見伐本以助晉晉不逆勞而以法詰之得盟主遠理故仲尼曰晉爲伯鄭入陳○非文辭不爲功善之也。秋八月己巳諸侯同盟于重丘夷儀之諸侯也重丘齊地己巳七月十二日經誤○重直龍反疏○注夷儀至經誤正義曰僖五年公及齊侯云云會王世子于首止秋八月諸侯盟于首止公羊傳曰諸侯何以不序一事而再見者前目而後凡也是言前序後總取省文之義故此直言諸侯猶上夷儀之諸侯也劉炫云定四年公會劉子云云于召陵五月公及諸侯盟于皐鼬杜云復稱公者會盟異處故此亦異處而不言公者炫謂史異辭於彼有規傳云七月經言八月杜以長歷校之七月十二日有己巳知是經誤也公至自會無傳○衛侯入于夷儀夷儀本邢地衛滅邢而爲衛邑晉愍衛衎失國使衛分之一邑書入者自外而入之辭非國逆之例○衎苦旦反疏注夷儀至之例○正義曰僖元年邢遷于夷儀是夷儀本是邢地僖二十五年衛滅邢而有之還名其地爲夷儀故爲衛之邑也釋例曰春秋稱入其例有二施於師旅則曰不地在於歸復則曰國逆國逆又以立爲例逆而不立則皆非例所及諸在例外稱入直是自外入內記事者常辭義無所取而賈氏雖夫人姜氏之入皆以爲例如此甚多是杜以先儒妄以入例故顯言非國逆也於時剽爲衛君非國逆又不得位而稱侯若晉人稱爲衛侯以告魯故書侯也桓十五年鄭伯突入于櫟與此同也○楚屈建帥師滅舒鳩傳在衛侯入夷儀上經在下從告

○冬鄭公孫夏帥師伐陳陳猶未服○十有二月

吳子遏伐楚門于巢卒遏諸樊也爲巢牛臣所殺不書滅者楚人不獲其尸吳以卒告未同盟而赴以名○遏於葛反徐音謁疏吳子至巢卒○正義曰諸侯不生名此吳子名在伐楚上者爲卒書名上之以省文猶鄭伯髠頑如會丙戌卒于鄵也

傳二十五年春齊崔杼帥師伐我北鄙以報孝伯之師也前年魯使孟孝伯爲晉伐齊○爲晉于僞反下爲巳娶同公患之使告于晉孟公綽曰崔子將有大志志在弒君孟公綽魯大夫○綽昌若反徐本作卓音同不在病我必速歸何患焉其來

也不寇（不爲寇害）使民不嚴（欲得民心）異於他日齊師徒歸（徒空也）○齊棠公之妻東郭偃之姊也（棠公齊棠邑大夫）【疏】注棠公至大夫。○正義曰楚僭號稱王故縣尹稱公齊不僭號亦邑長稱公者蓋其家臣僕呼之曰公傳即因而言之猶伯有之臣云吾公在壑谷也東郭偃臣崔武子棠公死偃御武子以弔焉見棠姜而美之（美其色也）使偃取之（爲己取也。○取如字又七住反注同注或作娶字）偃曰男女辨姓（辨別也○別彼列反）今君出自丁（齊丁公崔杼之祖）【疏】注丁公。○正義曰謚法述義不克曰丁臣出自桓不可（齊桓公小白東郭偃之祖同姜姓故不可昏）武子筮之遇困䷮（坎下兌上困。○坎苦感反兌徒外反）之大過䷛（巽下兌上大過困六三變爲大過○巽音孫）【疏】遇困之大過。○正義曰坎下兌上爲困兌爲澤坎爲水水在澤下則澤中無水也易困象曰澤無水困澤以鍾水澤潤生萬物今澤無水則萬物病故名其卦爲困也巽下兌上爲大過彖曰大過大者過也陽大陰小二陰而爻四陽大者過也 史皆曰吉 阿崔子 【疏】史皆曰吉　正義曰史者筮人也史有多人皆言爲吉阿崔子之意也服虔云皆言二卦妾也 示陳文子文子曰夫從風 坎爲中男故曰夫變而爲巽故曰從風○中丁仲反 風隕妻不可娶也 風能隕落物者變而隕落故曰妻不可娶○隕于敏反娶亦作取七住反注同 且其繇曰困于石據于蒺蔾入于其宮不見其妻凶 困六三爻辭○繇直又反蒺音疾蔾力利反 困于石往不濟也 坎爲險爲水水之險者石不可以動也

【疏】注坎爲至以動○正義曰坎彖云習坎重險也說卦坎爲水求水之險者爲石也石不可動往而遇石是往不濟也

據于蒺蔾所恃傷也 坎爲險兌爲澤澤之生物而險者蒺蔾恃之則傷○

【疏】注坎爲至則傷○正義曰兌爲澤說卦文也釋草云茨蒺蔾郭璞曰布地蔓生細葉子有三角刺人蒺藜有刺

是草之險者踐之則棘刺故恃之則傷也入于其宮不見其妻凶無所歸也易曰非所困而困名必辱非所據而據身必危旣辱且危死其將至妻其可得見耶今卜昏而遇此卦六三失位無應則喪其妻失其所歸也○應應對之應懇息浪反【疏】注易曰至所歸　正義曰所引易曰易下繫辭文也孔子引此爻之辭而以此言述之非所困而困者謂六三是坎坎爲水水之險者爲石遇石當須辟之非合所困而困之故名必辱也非所據而據謂六三在坎之上澤之下故蒺藜之間應當辟之非合所據而乃據之故身必危也石未有困辱且復須危此死時其將至矣妻其可得見乎孔子述此爻之義如是今卜昏而遇此卦是不吉之象也六三以陰居陽位是失位也三應在上上亦陰爻是無應也動而無應是喪失所歸故不見其妻也劉炫云困卦六三上承九四非三應而三欲附之附之不入自取其困不應爲此困而爲之名必辱也六三失位而下乘九二以柔乘剛非安身之道不應據而據之身必危也崔子曰嫠也何害先夫當之矣寡婦曰嫠言棠公已當此凶○嫠本又作釐力之反遂

取之莊公通焉驟如崔氏以崔子之冠賜人言雖不爲崔子猶自應有冠〇驟愁又反徐在遘反侍者曰不可公曰不爲崔子其無冠乎【疏】不爲至冠乎 正義曰公意言冠易得不足惜縱使餘人不爲崔子若其可無冠乎況崔子富貴其當自有冠也劉炫云冠是首服之大名周禮司服卿玄冕此崔子之冠蓋玄冕也今知非者以禮運云冕弁兵革藏於私家非禮也崔子冕在公府非助君祭不得用之將以賜人人非是卿何處施用案傳云驟如崔氏以崔子之冠賜人當謂就崔子家以崔子冠賜人當是玄冠也或冠模制作有異故以賜人崔子因是因是怒公又以其間伐晉也間晉之難而伐之〇間間廁之間注同難乃旦反曰晉必將報欲弑公以說于晉而不獲間公鞭侍人賈舉而又近之乃爲崔子間公伺公間隙〇弑由志反說音悅又如字近附近之近下近於公宮幷注同爲于僞反下昔爲下注爲崔子同夏五

月莒爲且于之役故莒子朝于齊（且于役在二十三年。○且子餘反）甲戌饗諸北郭崔子稱疾不視事（欲使公來）乙亥公問崔子（問疾）遂從姜氏姜入于室與崔子自側戶出公拊楹而歌（歌以命姜。○拊芳甫反相也楹音盈）侍人賈舉止衆從者而入閉門（侍人賈舉爲崔子閉公也。重言侍人者別下賈舉○從才用反重直用反別彼列反）甲興公登臺而請弗許（請免）請盟弗許請自刃於廟弗許（求還廟自殺也）皆曰君之臣杼疾病不能聽命（不能親聽公命）近於公宮（言崔子宮近公宮或淫者詐稱公）陪臣干掫有淫者不知二命（干掫行夜言行夜得淫人受崔子命討之不知它命○陪臣干徐云讀曰犴胡旦反注同服音如字掫側柳反徐又子侯反一音作侯反說文云掫夜戒有所擊也從手取聲字林同音子侯反服本作諏子須反謀也今傳本或作諏猶依服音行夜音下孟反下同[疏]注干掫至他命。○正義曰昭二十年傳說齊公孫青聘衛之事云賓將掫主人辭賓曰若不獲扞外役是不有寡君也乃親執鐸終夕與於燎燎即是掫之事扞外役即是干之義也故先儒相傳皆以干掫為行夜鄭玄云掫夜戒有所擊從手取夜扞盜手有所擊故以干掫為夜行官名也服虔云一曰干扞也掫謀也言受崔子命扞禦謀淫之人有此謬說故掫字或誤從言也今定本作干掫受崔子之命又云受公命爲二命故云受崔子命討之不知他命也

公踰墻又射之中股反隊遂弒之賈舉州綽邴師公孫敖封具鐸父襄伊僂堙皆死八子皆齊勇力之臣爲公所嬖者嬖必計反共死於崔子之宮○射食亦反中丁仲反股音古隊直類反具求付反鐸待洛反僂力侯反堙音因[疏]又射之中股。○正義曰上未有射公之文而云又射之者以公未踰牆公已射公但射公不中傳文不載以踰牆射之中股故傳言其事而云又也

祝佗父祭於高唐高唐有齊別廟也○佗徒河反至

復命不說弁而死於崔氏爵弁祭服○說他活反弁皮彦反申蒯侍漁者侍漁監取魚之官○蒯苦怪反監古銜反退謂其宰曰爾以帑免帑妻子○帑音奴我將死其宰曰免是反子之義也與之皆死反死君之義崔氏殺鬷蔑于平陰鬷蔑平陰大夫公以嬖傳言莊公所養非國士故其死難皆嬖寵之人○鬷子公反難乃旦反下皆同晏子立於崔氏之門外聞難而來其人曰死乎曰獨吾君也乎哉吾死也言己與衆臣無異曰行乎曰吾罪也乎哉吾亡也自謂無罪曰歸乎曰君死安歸言安可以歸君民者豈以陵民社稷是主臣君者豈為其口實社稷是養言君不徒居民上臣不徒求祿皆為社稷○為于偽反注皆為及下

文同故君爲社稷死則死之爲社稷亡則亡之謂以公義死亡若爲己死而爲己亡非其私暱誰敢任之私暱所親愛也非所親愛無爲當其禍○暱女乙反任音壬當也且人有君而弒之吾焉得死之而焉得亡之言己非正卿見待無異於衆臣故不得死其難也○弒申志反焉於虔反下同將庸何歸將用死亡之義何所歸趣門啓而入枕尸股而哭以公尸枕已股○枕之鴆反注同興三踊而出人謂崔子必殺之崔子曰民之望也舍之得民舍置也○踊羊寵反盧蒲癸奔晉王何奔莒二子莊公黨爲二十八年殺慶舍張本叔孫宣伯之在齊也宣伯魯叔孫僑如成十六年奔齊叔孫還納其女於靈公嬖生景公還齊羣公子納宣伯女於靈公○還音旋丁

丑，崔杼立而相之，慶封爲左相，盟國人於大宮（大宮大公廟○相息亮反下同大音泰注同）曰：所不與崔慶者。晏子仰天歎曰：嬰所不唯忠於君利社稷者是與，有如上帝。乃歃（盟書云所不與崔慶者有如上帝讀書未終晏子抄荅易其辭因自歃○曰所不與崔慶者本或此下有有如此盟四字者後人妄加歃所洽反又所甲反）。辛巳，公與大夫及莒子盟（莒子朝齊遇崔杼作亂未去故復與景公盟○復扶又反）。大史書曰：崔杼弒其君。崔子殺之。其弟嗣書而死者二人（嗣續也弟嗣書有三人死）。其弟又書，乃舍之。南史氏聞大史盡死，執簡以往，聞既書矣，乃還（傳言齊有直史崔杼之罪所以聞）。閭丘嬰以帷縛其妻而載之，與申鮮虞

乘而出 二子莊公近臣。推位悲反縛直轉反乘繩證反 鮮虞推而下之 下嬰妻也。推如字又他回反 曰君昏不能匡危不能救死不能死而知匿其暱 匿藏也暱親也。匿女力反暱女乙反 其誰納之行及弇中將舍 弇中狹道。弇於檢反又於廉反狹音洽 嬰曰崔慶其追我鮮虞曰一與一誰能懼我 言道狹雖衆無所用 遂舍枕轡而寢 恐失馬也。枕之鴆反 食馬而食駕而行出弇中謂嬰曰速驅之崔慶之衆不可當也遂來奔 道廣衆得用故不可當。食馬音嗣 崔氏側莊公于北郭 側瘞埋之不殯於廟。瘞於滯反埋無皆反 丁亥葬諸士孫之里 士孫人姓因名里死十三日便葬不待五月 四翣 翣棺車之飾諸侯六翣。翣所甲反 疏 注喪車至六翣。○正義曰周禮縫人掌衣翣柳之材

鄭玄云以先纏衣其木乃以張飾也喪大記云飾棺君龍翣
二黻翣二畫翣二鄭玄云漢禮翣以木為筐廣三尺四寸方
兩角高衣以白布畫者畫雲氣其餘各如其象柄長五尺車
行使人持之而從既窆樹於壙中檀弓曰周人牆置翣是也
是說翣之制也方言云自關而東謂扇為翣則翣是扇之類
也禮器云天子八翣諸侯六翣大夫四翣鄭玄云八翣者加
龍翣二 不蹕○蹕止行人○蹕音必 下車七乘不以兵甲 下車送葬之車
齊舊依上公禮九乘又有甲兵今皆
降損○乘繩證反注及下七百乘同【疏】不蹕○正義曰禮喪車乘人專道而
行無貴賤一也蹕者止行人也此不止行人略賤之○注下
車至降損○正義曰服虔云下車遣車也雜記云遣車視牢
具鄭玄云言車多少各如所包遣奠牲體之數也然則遣車
載所包遣奠而藏之者與遣奠天子太牢包九个諸侯亦大
牢包七个大夫亦太牢包五个士少牢包三个大夫以上乃
有遣車如鄭之所言遣車者乃是明器塗車芻靈載所包遣
奠藏之於壙中下車若是明器則甲兵亦是明器當云無甲
兵不得云不以甲兵也杜言送葬之車則謂此為貳車非遣
車也言下車者蓋謂麤惡之車非良車也周禮大行人云上
公貳車九乘侯伯貳車七乘子男貳車五乘則齊是侯爵法

嘗車七乘耳今傳并七乘言其不依舊法知齊舊依上公之禮貳車九乘其送葬又有甲兵今皆降損也用甲兵者葬是送終大禮法當備列軍陳若漢葬霍光發材官輕車北軍伍校士軍陳至茂陵以送其葬所以榮之也○晉侯濟自泮泮普半反會于夷儀伐齊以報朝歌之役朝歌役在二十三年不書伐齊齊人逆服兵不加齊人以莊公說以弒莊公說晉也○說如字又音悅注同疏注以弒莊公說晉也○正義曰劉炫云杜意晉謀伐齊齊人乃弒莊公以說晉也炫謂莊公死後晉始謀伐齊齊人以莊公說晉晉欲報伐之莊公既以此說晉言晉雖既死今新君服從晉也使隰鉏請成慶封如師慶封獨使於晉不通諸侯故不書鉏隰明之曾孫○鉏仕居反使所吏反男女以班賂晉侯以宗器樂器宗器祭祀之器樂器鍾磬之屬疏男女以班○正義曰劉炫云哀元年蔡人男女以辨與此同杜意男女分別將以賂晉也炫謂男女分別示晉以恐懼服罪非以爲賂也自六正三軍之六卿五吏三十帥五吏文職三十

帥武職皆軍卿之屬官○帥所類反注及下注將帥同【疏】注五吏至屬官○正義曰此齊以晉將來伐就會賂家則五吏三十帥皆軍內之官也三軍將佐有六與六正數同故以六正爲六卿也其五吏三十帥皆是軍內之官以三軍與六正數同必是在軍之官但軍官不復可知下句言三軍之大夫百官之正長則軍內羣官足包之矣於大夫之上言五吏三十帥此吏帥未必貫於大夫當以有所掌故先言之耳以吏者治也故爲文職帥者有所率領故爲武職杜氏以意而解不能審悉故云皆軍卿之屬官略言之耳既以帥爲武職則帥是大帥下句復云師旅明當小於此帥故杜以下師旅爲小將帥董遇云五吏謂一正有五吏爲三十帥之長亦以意言之耳俗本三十帥爲三十帥非也

三軍之大夫百官之正長師旅百官正長羣有司也師旅小將帥○長丁丈反注同及處守者皆有賂皆以男女爲賂処守守國者○處守手又反注處守同守國如字或手又反【疏】注皆以男女爲賂○正義曰杜以上句男女必班與賂連文故云皆以男女爲賂劉炫以爲男女以班示降服於晉有賂者乃是有貨財賂之賂以男女爲賂與杜異也

晉侯許之晉侯受賂還不

讖者齊有喪師自宜退〔疏〕注晉侯至宜退。正義曰案傳會于夷儀伐齊以報朝歌之役齊人以莊公說則晉初伐齊之日未知莊公已弒齊人以說方始知之齊既有喪師自須退縱令受賂未合致讖故杜為此解而劉以為齊弒君之後晉始來伐而規杜氏非也

使叔向告於諸侯告齊服公使子服惠伯對曰君舍有罪以靖小國君之惠也寡君聞命矣。晉侯使魏舒宛沒逆衛侯衛獻公以十四年奔齊。宛於元反將使衛與之夷儀崔子止其帑以求五鹿崔杼欲得衛之五鹿故留衛侯妻子於齊以質之

〔疏〕崔子至五鹿。正義曰衛侯本以妻子奔齊今衛侯將入夷儀崔子止其帑於齊所以止之以求五鹿故也衛侯若得衛國望以五鹿與齊故止其妻子以質之也

〇初陳侯會楚子伐鄭在前年當陳隧者井堙木刊隧徑也堙塞也刊除也。〇隧音遂徐又徒很反下同堙音因刊苦干反徑古定反鄭人怨之

六月鄭子展子産帥車七百乘伐陳宵突陳城（突穿也）遂入之陳侯扶其大子偃師奔墓（欲逃冢間）遇司馬桓子曰載余（陳之司馬）曰將巡城（不欲載公以巡城辭）遇賈獲（賈獲陳大夫）載其母妻下之而授公車公曰舍而母辭曰不祥（雖急猶不欲男女無別。別彼列反下文同）與其妻扶其母以奔墓亦免子展命師無入公宮與子産親御諸門（欲服之而已故禁侵掠。御魚呂反掠音亮）陳侯使司馬桓子賂以宗器陳侯免擁社（免喪服擁社抱社主示服。免音問注同徐音方衰冠也擁於勇反）使其衆男女別而纍以待於朝（纍自因係以待命。纍類悲反一音呂執反）

【疏】注纍自至待命。正義曰宣十二年楚子入鄭

襄二十五年

鄭伯肉袒牽羊示所以不別以男女因繫以待命者此雖降服
猶望國存故以因繫男女爲鄭之僕隸彼則恐其遂滅請
俘在陳國已云滅男女非已之有所故與此不同子展執縶而見見陳侯○縶陟立反見賢
遍反再拜稽首承飲而進獻承飲奉觴示不失臣敬子美入
數俘而出子美子產也但數其所獲人數不將以歸○數俘所主反注及注數同下方夫反祝
祓社司徒致民司馬致節司空致地乃還祓除
也節兵符陳亂故正其衆官悉順其所職以安定之乃還也○祓方弗反又音沸【疏】注祓除至還也○正義曰周禮
女巫掌歲時祓除釁浴鄭玄云歲時祓除如今三月上巳如水上之類釁浴謂以香薰草藥沐浴祓言祓除如此祓社是
祓除也其祓除之事當如鄭之言也周禮有掌節之官節爲兵符若今之銅虎符竹使符也陳國既亂致使官司廢闕民
人分散符節失亡故令陳之司徒招致民人司馬集致符節司空檢致土地使各依其舊師乃迴還也劉炫云陳國既亂
民節與地非復陳有子展子產心不滅陳各使已之官屬各依其職事致之於陳使民依職領受其衆官備其所職以

安定之乃還也諸官皆鄭人在軍有此官者盡權使攝爲之未必是正官服虔以爲祝與司徒等皆是陳人各致其所任於子産案傳陳侯擁社自抱以逆又何須祝祓之子美數俘獲尚不取何當取其民也使陳致之既致乃還則是歸矣何以云入陳也 ○秋七月己巳同盟于重丘齊成故也伐齊而稱同盟以明齊亦同盟

（疏）注伐齊至同盟 ○正義曰杜以經言同盟傳言伐齊直言諸侯同盟齊人不序於列故據同盟之言以明齊亦與盟劉炫以爲齊直遣要封如師齊侯不與盟今知非者以五月齊弒莊公之後即立景公及七月始盟傳言齊成故也明齊侯在會莊十六年同盟于幽傳云鄭成也二十七年同盟于幽傳云陳鄭服也並與此文同又傳稱重丘之盟未可忘也故知齊亦同盟劉以爲齊侯不與盟而規杜氏非也

○趙文子爲政趙武代匄令薄諸侯之幣而重其禮以重禮待諸侯穆叔見之謂穆叔曰自今以往兵其少弭矣弭止也弭亡氏反 ○齊崔慶新得政將求善於

諸侯武也知楚令尹令尹屈建【疏】注令尹屈建。○正義曰：趙文子初始爲政，與令尹相知，望其在後兵息，知其新令尹也。下文始言屈建爲令尹者，因伐舒鳩而追言之。且傳言子木爲令尹在宋盟前，故服杜皆以令尹爲屈建也。若敬行其禮，道之以文辭，以靖靖音靜諸侯，兵可以弭。爲二十七年晉楚盟于宋傳。○弭音彌。楚薳子馮卒，屈建爲令尹，屈建子木。屈蕩爲莫敖。代屈建。宣十二年邲之役，楚有屈蕩爲左廣之右，世本屈蕩屈建之祖父，今此屈蕩與之同姓名。○邲扶必反，廣古曠反。舒鳩人卒叛前年辭不叛。楚令尹子木伐之，及離城。離城，舒鳩城。吳人救之。子木遽以右師先，先至舒鳩。○遽其據反。子彊、息桓子、捷子駢、子盂帥左師以退。五人不及子木，與吳相遇而退。○捷在接反，駢蒲賢反，又蒲丁反，盂音于。吳人居其間七日。居楚兩軍之間。子彊曰：久將墊隘隘乃禽也不如速戰墊隘慮水雨。墊丁念反，方言云下也。隘於懈反。【疏】注墊隘慮水雨。○正義曰：成六年注云墊隘羸困，此方言云墊下也。吳地下溼，久駐於此，慮水雨大至，民將困病，故恐為人所禽制也。請以其私卒誘之，簡師陳以待我。簡閱精兵，駐從為陳。○卒子忽反，下同。陳直覲反，以往同。駐張住反。我克則進，奔則亦視之，視其形勢而救助之。乃可以免，不然，必為吳禽。從之。五人以其私卒先擊吳師，吳師奔，登山以從之，見楚師不繼，復逐之，傍諸其軍。吳還逐五子，至其本軍。○復扶又反，下復伐陳同。傍音附。簡師會之，吳師大敗，遂圍舒鳩。舒鳩潰。八月，楚滅舒鳩。五子既敗吳師，遂前及子木共圍滅舒鳩。○潰戶內反。○衛獻公入于夷儀。為下自夷儀與甯喜言張本。○鄭子產

襄二十五

獻捷于晉獻入陳之功而不獻其俘疏注獻入至其俘　正義曰上云數俘而出不將以歸知其空獻功不獻俘也戎服將事戎服軍旅之衣異於朝服疏注戎服至朝服　正義曰周禮司服云凡兵事韋弁服鄭玄云韋弁以韎韋爲弁又以爲衣裳也諸侯之朝服玄冠緇布衣素積以爲裳是戎服異於朝服也晉人問陳之罪對曰昔虞閼父爲周陶正以服事我先王閼父舜之後當周之興閼父爲武王陶正○閼於葛反我先王賴其利器用也與其神明之後也舜聖故謂之神明庸以元女大姬配胡公庸用也元女武王之長女胡公閼父之子滿也○大音泰配亦作妃音配長丁丈反疏注庸用至滿也　正義曰庸聲近用故爲用也史記陳世家云陳胡公滿者虞帝舜之後也舜傳禹而舜子商均爲封國夏后之時或失續周武王克殷求舜後得嬀滿封之於陳以奉帝舜祀是爲胡公而封諸陳以備三恪周得天下封夏殷二王後又封舜後謂之恪并二王

後爲一國其禮轉降示敬而已故曰三恪○恪苦各反疏注周得至三恪　正義曰樂記云武王克殷未及下車而封黃帝之後於薊封帝堯之後於祝封帝舜之後於陳下車而封夏后氏之後於杞投殷之後於宋郊特牲云天子存二代之後猶尊賢也尊賢不過二代鄭玄以此謂杞宋爲二王之後薊祝陳爲三恪杜今以周封夏殷之後爲二王後又封陳幷二王後爲三恪杜意以此傳言以備三恪則以陳備三恪而已若遠取薊祝則陳近矣何以言備以其稱備知其通二代而備其數耳二代之後則名自行其正朔用其禮樂王者尊賢之深也舜在二代之前其禮轉降恪敬也封其後示敬而已故曰恪雖通一代爲三其二代下假稱恪時陳爲恪耳則我周之自出至于今是賴言陳周之甥至今賴周德桓公之亂蔡人欲立其出陳桓公鮑卒於是陳亂事在魯桓五年蔡出桓公之子厲公也我先君莊公奉五父而立之五父陀桓公弟殺大子免而代之鄭莊公因而定其位○陀徒何反蔡人殺之欲立其出故我又與蔡人奉戴厲公奉戴猶奉事至

襄二十五

於莊宣皆我之自立陳莊公宣公皆厲公子夏氏之亂成公播蕩又我之自入君所知也播蕩流移失所宣十一年陳有夏徵舒討殺靈公成公靈公之子成公奔晉自晉因鄭而入也○夏戶雅反播補賀反今陳忘周之大德蔑我大惠棄我姻親介恃楚衆以馮陵我敝邑不可億逞億度也逞盡也○介音界馮皮冰反億於力反逞勑景反度待洛反我是以有往年之告謂鄭伯稽首告晉請伐陳未獲成命未得晉伐陳命則有我東門之役前年陳從楚伐鄭東門當陳隧者井堙木刊敝邑大懼不競而恥大姬上恐辱大姬之靈天誘其衷啓敝邑心啓開也開道其心故得勝○衷音忠陳知其罪授手于我用敢獻功晉人曰何故侵小對曰

先王之命唯罪所在各致其辟辟罪也○辟婢亦反注同疏何故侵小○正義曰陳大於鄭而謂之侵小者言陳鄭皆爲小不言小於鄭也子展伐陳此言侵者侵陵之非用兵之侵也且昔天子之地一圻方千里○圻音祈列國一同方百里疏列國一同○正義曰周法大國五百里此爲一同者引夏殷時國小以譏晉國之寬大權以拒晉耳自是以衰衰差降○衰初危反注同疏衰差降○正義曰中國七十小國五十是降差今大國多數圻矣若無侵小何以至焉晉人曰何故戎服對曰我先君武莊爲平桓卿士鄭武公莊公爲周平王桓王卿士○數色主反下數甲兵以數疆潦各并注同城濮之役文公布命曰各復舊職晉文公○濮音卜命我文公戎服輔王以授楚捷不敢廢王命故也城濮在僖二十八年士莊伯不能

詰士莊伯士弱也○詰起吉反 復於趙文子文子曰其辭順犯順不祥乃受之冬十月子展相鄭伯如晉拜陳之功謝晉受其功○相息亮反 子西復伐陳陳及鄭平前雖入陳服之而已故更伐以結成 仲尼曰志有之志古書 言以足志文以足言足猶成也○足將住反又如字下及注同 不言誰知其志言之無文行而不遠雖得行猶不能及遠 晉為伯鄭入陳非文辭不為功慎辭哉樞機之發榮辱之主

疏注樞機至之主○正義曰易係辭文也鄭玄云樞戶樞也機弩牙也戶樞之發或明或闇弩牙之發或中或否以譬言語之發有榮有辱傳言子産善為文辭於鄭有榮也

○楚蒍掩為司馬蒍子馮之子 子木使庀賦庀治○庀匹婢反

疏注庀治○正義曰庀訓為具而言治者以下說治賦之事治之使具故以庀為

治也數甲兵閱數之甲午蒍掩書土田書土地之所宜度山林度量山林之林以共國用○度待洛反注及下注同共音恭鳩藪澤鳩聚也聚成藪澤使民不得焚燎壞之欲以備田獵之處○藪素口反燎力召反處昌慮反疏注鳩聚至之處○正義曰鳩聚釋詁文也釋地有十藪李巡曰藪澤之別名也周禮澤虞有大澤大藪小澤小藪鄭玄云澤水所鍾也水希曰藪其職云若大田獵則萊澤野是藪為田獵之處或焚其草則散失澤藪之用故聚成使不得焚燎之也辨京陵辨別也絕高曰京大阜曰陵別之以為冢墓之地○別彼列反下同疏注辨別至之地○正義曰釋丘云絕高為之京非人為之丘李巡曰丘高大者為京也孫炎曰為之人所作也則京為丘類人力所作也釋地云大陸曰阜大阜曰陵李巡曰大陸謂土地高大名曰阜阜最大為陵也檀弓稱趙文子與叔譽觀于九原晉諸大夫之墓地僖三十二年傳云殽有二陵焉其南陵夏后皐之墓也故知別丘陵以為塋墓之地表淳鹵淳鹵埆薄之地表異輕其賦稅○淳音純鹵音魯說文云鹵西方鹹也埆音學疏注淳鹵至賦稅○正義曰賈逵云淳鹹也說文云鹵西方鹹地

也從西省象鹽形安定有鹵縣東方謂之斥西方謂之鹵呂氏春秋稱魏文侯時吳起爲鄴令引漳水以灌田民歌之曰決漳水以灌鄴旁終古斥鹵生稻粱是鹹鹵之地名爲斥鹵禹貢云海濱廣斥是也湧鹵之地薄收穫常少故表之輕其賦稅

數疆潦疆界有流潦者計數減其租入○疆居良反注同覆又其兩反潦音老

疏注疆界至租入○正義曰賈逵以疆爲疆界境埸之地鄭衆以爲疆界內有水潦者案周禮草人凡糞種疆檗用蕡鄭玄云疆檗疆堅者則疆是地猶堪種植非水潦之類故從鄭衆之說數其疆界有水潦者計數減其租稅也孫毓讀爲疆潦注云疆潦之田

規偃豬偃豬下濕之地規度其受水多少○偃於建反又一名豬字豬陟魚反尚書傳云停水曰豬

疏注偃豬至多少○正義曰禹貢徐州大野既豬孔安國云水所停曰豬檀弓云有殺其父者洿其宮而豬焉是豬者停水之名偃豬謂偃水爲豬故爲下溼之地規度其地受水多少得使田中之水注之

町原防廣平曰原防隄也隄防間地不得方正如井田別爲小頃町○町徒頂反隄丁兮反頃苦穎反

疏注廣平至頃町○正義曰廣平曰原釋地文李巡曰謂土地寬博而平正名曰原釋丘云墳大防孫炎曰謂隄也隄防之間或有平地不得爲井

正以為井田取其可耕之處別為小頃町也說文云町田踐處曰町史游急就篇云頃町界畝是町亦頃類故連言之也謂廣平為原者因尔雅之文其實此原濕隄防之間也劉熙云廣平曰原以土地寬平當與隰相配非是不得為井田也釋也於陸阜陵阿之下一云可食者曰原孫炎曰可食謂有井田也陸阿山田可種穀者亦曰原也謂彼陵阿之間可食之地處廣平也牧隰皋隰皋水崖下濕為芻牧之地○牧州牧之牧疏注隰皋至之地正義曰釋地云下濕曰隰李巡曰下濕謂土地窊下名為隰也詩云鶴鳴于九皋毛鄭皆以皋為澤之坎是皋為水岸也下濕與水岸不任耕作故使牧牛馬於中以為芻牧之地井衍沃衍沃平美之地則如周禮制以為井田六尺為步步百為畝畝百為夫九夫為井○衍以善反賈云下平曰衍有流曰沃疏注衍沃至為井正義曰周禮大司徒以土會之法辨五地之物生四曰墳衍五曰原隰衍地高於原傳稱郇瑕氏之地沃饒魯語云沃土之民逸則衍沃俱是平美之地衍是高平而美者沃是高平而美者二者並是良田故如周禮之法制之以為井田賈逵云下平曰衍有溉田曰沃所指雖異俱謂良美之田也六尺為步以下皆司馬法之文自度山林以下至此有九事賈逵以為賦稅差品其注云山

林之地九夫爲度九度而當一井也藪澤之地九夫爲鳩八鳩而當一井也京陵之地九夫爲辨七辨而當一井也淳鹵之地九夫爲表六表而當一井也疆潦之地九夫爲數五數而當一井也偃豬之地九夫爲規四規而當一井也原防之地九夫爲町三町而當一井也隰皋之地九夫爲牧二牧而當一井也衍沃之地畝百爲夫九夫爲井周禮小司徒云乃經土地而井牧其田野鄭玄云隰皋之地九夫爲牧二牧而當一井今造都鄙授民田有不易有一易有再易通率二而當一是之謂井牧是鄭賈同此說也案周禮所授民田不過再易唯有三當一耳不得有九當一也山林藪澤京陵偃豬本非可食之地不在授民之限雖九倍與之何以充稅而使之當一井也且以度鳩之等皆爲九夫之名經傳未有此目故杜不用其說

量入脩賦 量九土之所入而治理其賦稅○量音良又音亮注同

〔疏〕量入脩賦○正義曰量其九土所宜觀其收入多少乃差其所入脩其賦稅其九土之內偃豬京陵无物可入而言九土之所入者總言之

賦車籍馬 籍疏其毛色歲齒以備軍用

〔疏〕賦車籍馬○正義曰賦與籍俱是稅也稅民之財使備車馬因車馬之異故別爲其文

賦車兵徒卒 車兵甲士步卒○卒子忽

反〔疏〕賦車兵徒卒。正義曰車兵者甲士也徒兵者步卒也知非兵器者上云數甲兵下云甲楯之數故知此兵謂人也劉炫云兵者戰器車上甲士與步卒所執兵各異也司兵掌五兵鄭衆云五兵者戈殳戟酋矛夷矛此軍事律車之五兵鄭玄云車之五兵鄭司農所云者是也步卒之五兵无夷矛而有弓矢事或當然甲楯之數使器杖有常數。楯食準反又音尹杖直亮反既成以授子木禮也得治國之禮傳言楚之所以興。十二月吳子諸樊伐楚以報舟師之役舟師在二十四年也門于巢攻巢門巢牛臣曰吳王勇而輕若啓之將親門啓開門也。輕遣政反我獲射之必殪殪死也。射食亦反下同殪於計反是君也死疆其少安從之吳子門焉牛臣隱於短牆以射之卒。疆居良反。楚子以滅舒鳩賞子木辭曰先大夫蒍子之功也以與蔿掩注年楚子聘伐舒鳩蔿子馮請退師以須其叛楚子從之卒獲舒鳩故子木舉賞以與其子。○晉程鄭卒子產始知然明前年然明謂程鄭將死今如其言故知之問為政焉對曰視民如子見不仁者誅之如鷹鸇之逐鳥雀也子產喜以語子大叔且曰他日吾見蔑之面而已蔑然明名○鷹於陵反鸇之然反徐又居延反語魚據反今吾見其心矣子大叔問政於子產子產曰政如農功日夜思之思其始而成其終朝夕而行之行無越思思而後行○朝如字如農之有畔言有次其過鮮矣○衛獻公自夷儀使與甯喜言謀復國也甯喜許之大叔文子聞之大叔儀也曰烏乎詩

所謂我躬不説皇恤我後者甯喜可謂不恤

其後矣皇暇也詩小雅言今我不能自容説何暇念其後乎謂甯喜必身受禍不得恤其後也○説音悦注

同詩作閱容也（疏）我躬至我後　正義曰□詩小雅小弁之篇將可乎哉殆必不

可君子之行思其終也思使終可成思其復也思其可復

行書曰慎始而敬終終以不困逸書（疏）書曰至不困　正義

曰尚書蔡仲之命云慎厥初惟厥終終以不困此所引者盡是彼文字者各傳所聞而字有改易或引其意而不全其文

故不同也詩曰夙夜匪解以事一人。一人以喻君解佳賣反今甯喜

視君不如弈棊弈圍棊也。弈音亦棊音其（疏）注弈圍棊。正義曰方言云圍棊謂

之弈自關東齊魯之閒皆謂之弈弈蓋此戲名之曰弈故説文弈從其言竦兩手而執之孟子稱弈秋善弈秋人自以善弈

而言者名也棊者所執之子故云弈者舉棊不定不勝其耦謂舉子下之不定則不勝其耦其棊爲子也以子圍而相殺故

謂之圍棊沈氏云圍棊稱弈者取其落弈之義也其何以免乎弈者舉棊不定不勝其耦而況置君而弗定乎必不免矣九世之卿族一舉而滅之可哀也哉甯氏出自衛武公及喜九世也

傳會于夷儀之歲齊人城郟在二十四年不直言會夷儀者別二十五年夷儀會○此傳本為後年修成當續前卷二十五年之傳後簡編爛脫後人傳寫因以在此耳郟音古洽反別彼列反

【疏】注在二至儀會○正義曰凡傳却言前事者皆奉時事為驗二十四年二十五年頻年會于夷儀恐其事無以相別故追言本齊人城郟以明秦晉為成在二十四年也不直言齊人城郟者以其非經故也此已連經本之故下文烏餘奔晉是本年城郟之歲不言會于夷儀其五月秦晉為成晉韓起如秦涖盟秦伯車如晉涖盟伯車秦伯之弟鍼也○涖音利又音類車音居鍼其廉反

成而不結不結固也傳爲後年脩成起本當繼前年之末而特跳此者傳寫失之。爲于僞反跳直彫反傳寫直專反一本作轉

疏注不結至失之　正義曰漢書藝文志云左氏傳三十卷則丘明自分爲三十也丘明作傳使文勢相接爲後年之事而年前發端者多矣文十年傳云厥貉之會麇子逃歸十一年云楚子伐麇宣十一年傳云厲之役鄭伯逃歸十二年而云楚子圍鄭皆傳在前卷之末豫爲後卷之始此爲後年脩成發其前成不結其事與彼相類不宜獨載卷首知其當繼前年之末也而特跳出在於卷之首者是傳寫失之也今者以此語字多欲令與下相接故輒斷彼末寫於此首後人因循不敢改易故失之言失其本真也說文云跳躍也謂足絕地而高舉也魏晉儀注寫章表別起行頭者謂之跳出故杜以跳言之

附釋音春秋左傳註疏卷第三十六

襄二十五

附釋音春秋左傳註疏卷第三十七 襄二十六年盡二十六年

杜氏註　孔穎達疏

經二十有六年春王二月辛卯衞甯喜弒其君剽。剽匹妙反衞孫林父入于戚以叛衎雖未居位林父專邑背國猶爲叛也。背音佩疏注衎雖至叛也。正義曰叛者背君之名嫌無君不得爲叛故注明之林父邑衎入殺乃以邑先叛故衎今雖未居位林父以背國之故猶爲叛也甲午衞侯衎復歸于衞復其位曰復歸名與不名傳無義例疏注復其至義例。正義曰復其位曰復歸成十八年傳例也僖二十八年衞侯鄭復歸于衞曹伯襄復歸于曹與此衞侯衎皆書其名成十六年曹伯歸自京師不書名俱是歸國立文不同傳無義例史異辭也。夏晉侯使荀吳來聘吳荀偃子。八公會晉侯鄭良霄宋人曹人于澶淵御會公侯皆應貶故績宋向戍後期故書良霄以駮之若皆稱人則嫌向戍直以會公貶之。○諠市延反。駁邦角反。【疏】注卿會至貶之。○正義曰：僖二十九年傳曰：在禮，卿不會公侯，會伯子男可也。是卿會公侯皆合貶，良霄亦當貶也。但向戍會公已自當貶，而又有後期之責。仲尼書經方責向戍後期，故書良霄以駮之。書良霄所以責向戍，非是舍霄罪也。若良霄與晉宋皆貶稱人，則嫌向戍直以會公被貶，其後期之責不見，故書良霄名。退宋班，明向戍有二罪也。案春秋諸國之會，後至者多，唯退班在下，不褒進先至之人。此直退宋人在鄭人之下，於文自足，以特書良霄以駮向戍者，以向戍宋之執政上卿，會魯公親自在會，後期而至，惰慢之甚，故特書良霄，深責向戍，異於他例也。○秋，宋公殺其世子痤。稱君以殺，惡其父子相殘害。○痤才何反。惡烏路反。○晉人執衛寗喜。○八月壬午，許男寗卒于楚。未同盟而赴以名。【疏】注未同盟而赴以名。○正義曰：宣十七年許男錫我卒，寗即錫我之子，嗣立以來，未與魯會盟，而赴以名也。○冬，楚子蔡侯陳侯伐鄭。○葬許靈公。

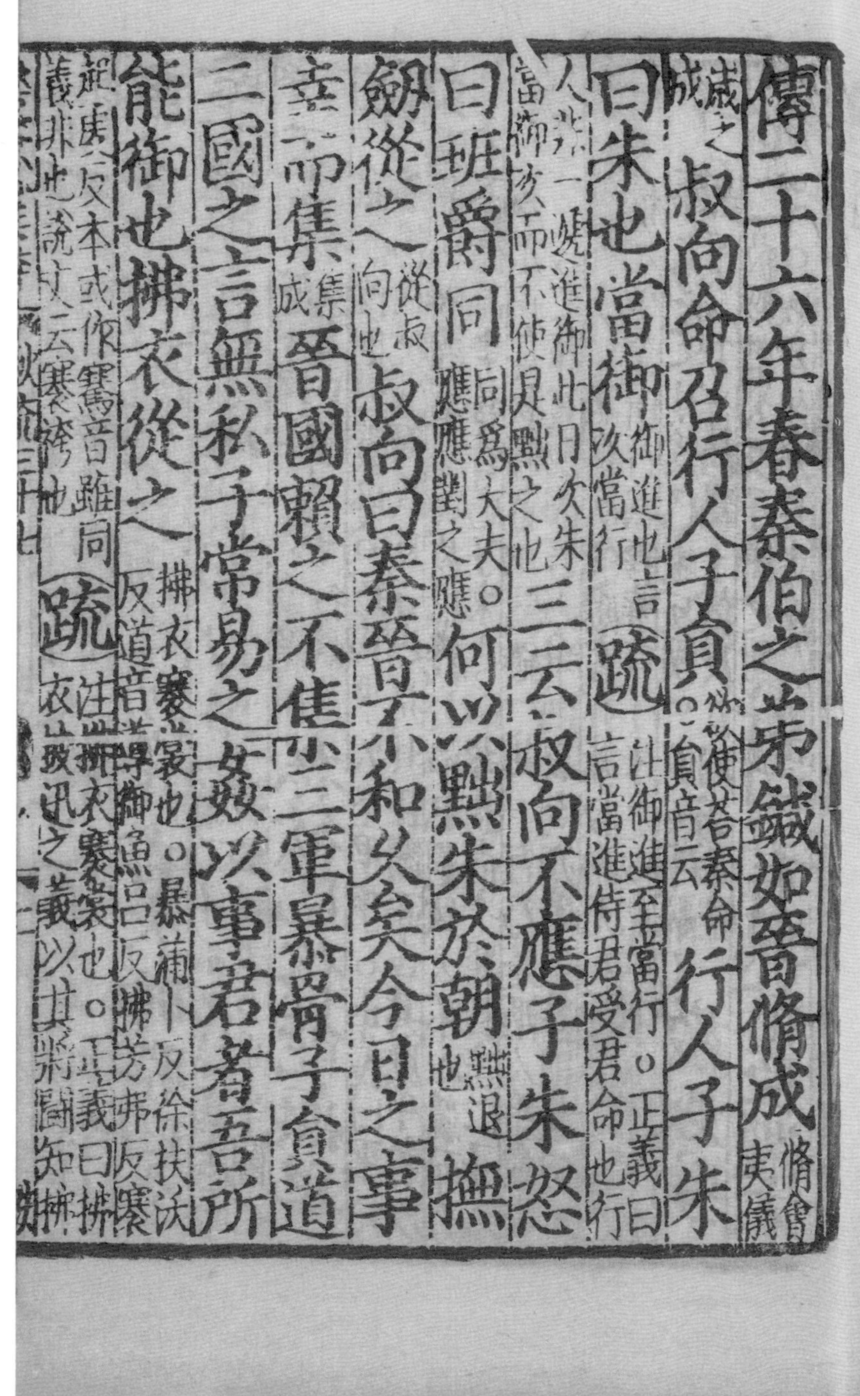

傳二十六年春秦伯之弟鍼如晉脩成脩會夷儀歲之成叔向命召行人子員[illegible]使若秦命○員音云行人子朱曰朱也當御御進也言汝當行疏注御進至當行○正義曰言當進侍君受君命也行人非一號進御此日次朱當御汝而不使是黜之也三云叔向不應子朱怒曰班爵同同爲大夫○應應對之應何以黜朱於朝黜退也撫劍從之從叔向也叔向曰秦晉不和久矣今日之事幸而集集成晉國賴之不集三軍暴骨子員道二國之言無私子常易之姦以事君者吾所能御也拂衣從之拂衣褰裳也○暴蒲卜反徐扶沃反道音導御魚呂反拂芳弗反褰起虔反本或作騫音同疏注拂衣褰裳也○正義曰拂衣以其將鬭知拂衣是褰衣之義非拂去衣之義

衣即褰裳也對則上衣下裳散則可以相通故以褰裳解拂衣人救之。平公曰晉其庶乎庶幾於治治直吏反。吾臣之所爭者大。師曠曰公室懼卑臣不心競而力爭謂二子不心競爲忠而抗劍拂衣。爭爭鬭之爭不務德而爭善爭謂所行爲善私欲已侈能無卑乎私欲侈則公義廢。侈昌氏反又尺氏反【疏】平公至卑乎。正義曰平公見其臣鬭而言其廢卑者以其臣爭爲國國事必興故庶幾於治也劉炫云不心競而力爭不務德而爭善皆道子朱之心非叔向之罪杜言二子不心競似亦并責叔向者以鬭雖一曲一直乃是兩人爭理故以二子言之據其鬭而言力爭則叔向亦爭爭善則叔向無之叔向以子員爲私欲令應容亦非叔向無可爭杜云爭謂所行爲善唯言子朱之心也。衛獻公使子鮮爲復使爲已求反國。鮮音仙爲于僞反注同辭辭不能敬姒強命之。敬姒獻公及子鮮之母姒音似強其丈反對曰君無信臣懼不免敬姒曰雖然以吾故也許諾初獻公使與甯喜言言衛國甯喜曰必子鮮在不然必敗子鮮賢國人信之必欲使在其間故公使子鮮子鮮不獲命於敬姒不得止命以公命與甯喜言曰苟反政由甯氏祭則寡人甯喜告蘧伯玉伯玉曰瑗不得聞君之出敢聞其入十四年孫氏逐獻公瑗走從近關出○蘧其居反瑗于眷反又于萬反遂行從近關出告右宰穀衛大夫右宰穀曰不可獲罪於兩君前出獻公今弒剽○弒申志反天下誰畜之畜猶容也○畜許六反徐許又反一音勑六反悼子曰吾受命於先人不可以貳悼子甯喜也受命在二十年穀曰我請使焉而觀

之[觀知可還不○使所吏反還音環]遂見公於夷儀反曰君淹
恤在外十二年矣[淹久也○見賢遍反一音如字淹於廉反徐於檢反]而無
憂色亦無寬言猶夫人也[言其為人猶如故○夫人音扶]若不
已死無日矣[已止]悼子曰子鮮在右宰穀曰
子鮮在何益多而能亡於我何為[言子鮮為義多不過亡出]
悼子曰雖然弗可以已孫文子在戚孫嘉聘
於齊孫襄居守[二子孫文子之子○守手又反]二月庚寅甯喜
右宰穀伐孫氏不克伯國傷[伯國孫襄也以兄皆不在故乘弱攻之]
甯子出舍於郊[欲奔]伯國死孫氏夜哭國人召
甯子甯子復攻孫氏克之辛卯殺子叔及大

子角子叔衛侯剽言子叔剽无謚故。復扶又反下復𦐙同【疏】辛卯角殺子叔及太子角。正義曰服虔云殺太子角不書與舉重者案齊侯宋公殺其世子及陳侯之弟招殺陳世子皆書經則世子不輕於大夫也孔父荀息之徒弑君之下并亦言大夫大夫既書於經則弑君并殺世子世子亦當書不得為舉重也杜既不解當以不告故耳○注子叔至謚故。正義曰此剽是穆公之孫黑背之子於獻公為從父昆弟成十年衛侯之弟黑背帥師侵鄭傳云衛子叔黑背侵鄭是黑背字子叔即以子叔為族也元年衛侯使公孫剽來聘傳云衛子叔來聘是舉族而稱之也今云殺子叔亦是舉其族為剽無謚故稱族也書曰甯喜弒其君剽言罪之在甯氏也嫌受父命納衎君无罪故發之孫林父以戚如晉戚邑屬晉書曰入于戚以叛罪孫氏也臣之祿君實有之義則進否則奉身而退專祿以周旋戮也林父專制而行入義可以退惟以專邑自隨為罪故傳發之【疏】書曰至戮也。正義曰春秋書叛者有此孫林父與宋華亥宋公之弟辰晉趙鞅晉荀寅五者經皆書叛邾庶其莒牟夷邾黑肱皆以地來奔雖文不稱叛傳謂此三人爲三叛人則三者亦是叛也所言叛者或據邑而距其君或竊地他國皆爲有地適已故稱爲叛昭二十二年宋華亥向寧華定自宋南里出奔楚定十四年宋公之弟辰自蕭來奔地不隨已則不稱叛是叛雖反背之辭皆由地以生名也叛者判也欲分君之地以從他国故以叛爲名焉叛無凡例傳言書曰是仲尼書爲叛也人君賜臣以邑以爲祿食臣之所謂所食邑也非實有之言其不得專以爲已有也君臣以義而合義則進以事君受此祿食否則奉身而退當身奔他国而以祿歸君專君之祿以周旋從已於法爲罪戮之人故書入於戚以叛罪孫氏也釋例曰古之大夫或錫之田邑或分之都城故有千室之邑百乘之家君之祿義則進否則奉身而退若專祿以周旋雖无危国害主之實皆書曰叛叛者反背之辭也愚惑之人不顧於外故雖有善惡不章顯名氏若乃披邑害国則以地重必書其名且終顯其惡也適魯則書地曰來奔來奔則叛可知蓋記事外內之辭也劉賈說三叛人以地來奔不書叛謂不能專也此直外內之辭既以地來妻公之姑姊還其大邑不得復言不能專也是杜以庶其之等皆爲叛也專祿者謂專君之祿以爲已有東西隨已謂之

爲專服虔云專祿謂以戚叛也既叛衛亦不臣於晉自謂若小国是爲專祿其意言專獨有之不屬人也若不屬晉何敢彼衛遂而愬於晉也若不入晉晉復何以成之傳言言以戚如晉服言不臣於晉是反注明以解傳也

甲午衛侯入書曰復歸國納之也本晉納之夷儀今從夷儀入国嫌若晉所納故發国納之例言国之所納而復其位

大夫逆於竟者執其手而與之言道逆者自車揖之逆於門者頷之而已頷経其頭言衎驕心易生○竟音境頷戸感反本又作頭易以豉反

公至使讓大叔文子曰寡人淹恤在外二三子皆使寡人朝夕聞衛國之言二三子諸大夫○大音泰朝如字

吾子獨不在寡人在存問之公聞文子荅甯喜之言故怨之〔疏〕注公聞至之言○正義曰沈氏云大叔文子聞甯喜許公之言而發歎不非面荅甯喜之言而云荅者時聞甯喜之言遂自評論不許於甯子與對面相荅无異故言荅也

古人

有言曰非所怨勿怨寡人怨矣所怨在親親對曰臣
知罪矣臣不佞不能負羈絏以從扞牧圉臣
之罪一也有出者有居者出謂衎居謂剽也○羈居宜反絏息列反扞戶
幹反圉魚呂反下同臣不能貳通外內之言以事君臣之
罪二也有二罪敢忘其死乃行從近關出公
使止之傳言衛侯不能安和大臣○衛人侵戚東鄙以林父叛故孫
氏愬于晉晉戍茅氏茅氏戚東鄙○愬悉路反下同殖綽伐茅
氏殺晉戍三百人殖綽齊人今來在衛孫蒯追之弗敢
擊文子曰厲之不如厲惡鬼也遂從衛師敗之圉
蒯感父言更還逐殖綽圉衛地雍鉏獲殖綽雍鉏孫氏臣復愬于晉爲下

晉討衛張本○鄭伯賞入陳之功入陳在前年三月甲寅朝享子展賜之先路三命之服先路次路皆王所賜車之揔名蓋請之於王○路本亦作輅音路【疏】注先路至於王○正義曰周禮巾車云服車五乘孤乘夏篆卿乘夏縵大夫乘墨車則礼於卿大夫所當乘者名車不名路也而傳爵王賜叔孫豹鄭子蟜者皆云大路知此先路次路皆王所賜車之揔名也賜車稱路從王賜之名必是尊王之命故云蓋請之於王也宣十六年傳云晉侯請于王以黻冕命士會知諸侯命臣有請王之法故云蓋也先八邑以路及命服爲邑先八邑三十二井○先餘悉薦反下同或如字【疏】注以路至二井○正義曰礼遺人以物皆以輕先重後故以路及命服爲邑之先也周礼小司徒四井爲邑故杜以八邑爲三十二井劉炫云案論語有千室之邑又杜注免餘邑爲一乘之邑又宋鄭之間六邑嵒戈錫等杜何以知此邑非彼等之邑必以爲四井之邑今知不然者邑之爲名大小无定子展子産爲卿曰以先有采邑今以入陳有功加賜田土不應更以八个大邑而又與之至於免餘辭邑云唯卿備百邑故杜以爲一乘之邑合論語百乘之家其實

千乘稱邑文元所出周礼稱四井爲邑杜以正邑解之故云三十二井得爲漸賜士田之義又八邑六邑爲節級之差劉以爲大邑六命晛杜氏非也賜子產次路再命之服先六邑子產辭邑曰自上以下隆殺以兩禮也臣之位在四上卿子展次卿子西十一年良霄見經十九年乃立子産爲卿故位在四○殺所界反見賢遍反疏注上卿至在四○正義曰十五年傳云鄭人以子西伯有子產之故納賂于宋是伯有在子西之下也廿九年傳曰子展當國子西聽政當國謂攝君事聽政謂爲上卿是子西次子展故此注以子西爲二良霄爲三二十七年鄭伯享趙孟于垂隴子展伯有子西子産子大叔二子石從如彼文次伯有在子西之上二十九年裨諶論子産位次云天又除之奪伯有魄子西即世政焉辟之先言伯有後言子西又是子西在伯有之下者據十九年傳子西必在伯有之上蓋其後更有進退杜據傳上文以次之且子展之功也臣不敢及賞禮請辭邑賞礼以礼見賞謂六邑也公固予之乃受三邑位次當受三邑以公

國與之故受三邑公孫揮曰子產其將知政矣知國政讓不失禮○晉人爲孫氏故召諸侯將以討衞也夏中行穆子來聘召公也召公爲澶淵會○爲于僞反○楚子秦人侵吳及雩婁聞吳有備而還雩婁今屬安豐郡○雩音于徐況于反如淳同韋昭音虛戲一呼反婁力俱反如淳音樓遂侵鄭五月至于城麇鄭皇頡戍之皇頡鄭大夫守城麇之邑○麇九綸反頡戶結反出與楚師戰敗穿封戌囚皇頡公子圍與之爭之公子圍共王子靈王也○戌音恤正於伯州犂正曲直也伯州犂曰請問於囚乃立囚伯州犂曰所爭君子也其何不知言王子圍及穿封戌皆非細人易別識也○易以豉反別彼列反上其手曰

夫子爲王子圍，寡君之貴介弟也。介，大也。○上時掌反，下注同。介音界。下其手，曰："此子爲穿封戌，方城外之縣尹也。誰獲子？"上下手，以道囚意。○道音導。囚曰："頡遇王子，弱焉。"弱，敗也。言爲王子所得。戌怒，抽戈逐王子圍，弗及。楚人以皇頡歸。印堇父與皇頡戍城麇，印堇父，鄭大夫。○抽，勑留反。印，一刃反。堇音謹。楚人囚之，以獻於秦。鄭人取貨於印氏以請之，子大叔爲令正以爲請。令正，主作辭令之正。子産曰："不獲。謂大叔辭以貨請堇父必不得。○爲，于僞反，又如字。受楚之功而取貨於鄭，不可謂國，秦不其然。受楚獻功，大名也；以貨免之，小利也。故謂秦不爾。（疏）秦其不然。○正義曰：秦不肯其如是也。若曰：'拜君之勤鄭國，微君之

襄二十六

惠楚師其猶在敝邑之城下其可辭如此堇父可得弗從遂行秦人不予更幣從子產而後獲之更遣使執幣用子產辭乃得堇父傳稱子產之善○使所吏反○六月公會晉趙武宋向戌鄭良霄曹人于澶淵以討衛疆戚田正戚之封疆○疆居良反注同取衛西鄙懿氏六十以與孫氏戚城西北五十里有懿城因姓以名城取田六十井也疏注戚城至井也○正義曰傳言西鄙懿氏則西鄙之地以懿氏爲名也謂之懿氏則以懿爲氏族之名蓋上世有大夫號懿氏食邑於此地因以其邑名其城也杜以懿氏既爲邑名下云取其六十故以爲取田六十井服虔云六十邑劉炫以服言爲是今知非者此六十之文繼屬懿氏懿氏不見經傳則甲細可知既非卿大夫何得廣有土地分六十之邑而與孫氏且直言六十本无邑文故杜以爲六十井劉從服說以規杜氏非也趙武不書尊公也罪武會公侯向戌不書後也

後會期

鄭先宋不失所也至如期

〔疏〕趙武至所也。正義曰僖二十九年諸侯之卿會公于翟泉皆貶之稱人傳曰卿不書罪之也八年諸侯之卿會晉侯于邢丘亦貶稱人傳曰大夫不書尊晉侯也然則尊公侯罪大夫其義一也傳文互相見耳此言趙武不書尊公也亦是罪武也故杜云罪武會公侯也其會公侯之罪向戌良霄與趙武亦同但爲別有貶義不貶良霄不得與云卿不書罪之故特言趙武不書尊公明良霄向戌亦爲尊公不應書也向戌不書後也言既爲會公侯復爲後會期故不得加良霄書名氏也會之班次以國大小爲序諸會鄭在宋後此會鄭先於宋爲鄭依期而至不失所也如不失其所自是常事非有善可襃而得進其班者鄭班常在衛下此會齊衛不至先常班宋自當次晉此直退宋耳非進鄭也言其不失所者直是不失常班亦非襃文也計良霄會公亦應合貶所以得書名氏者方責向戌後期故書良霄以駁向戌非爲會霄罪也釋例曰澶淵之會趙武向戌良霄以大夫而會魯侯違在禮之制其罪一也戌加後會之咎霄有不失所之進文不得並言卿不書罪之故特言尊公明公尊非三人之所敢三人之罪既正而二人獨以他義則敘也以是杜言良霄會公亦合貶也言霄有不失所之進者亦嫌不使與宋俱退得進復其本班耳非有升進異於常也宋以後至退班不在曹人下者宋是大國退居鄭下足以爲責故令仍在曹上此會曹國最小其班正當居宋曹人非後至也案翟泉之盟諸卿敵公則没公此亦諸卿敵公不没公者翟泉之盟社注云魯侯諱盟天子大夫是以没公然則此大夫敵公非公有罪是以不没公也 於是衛侯會之 晉將執之不得與會故不書○與會音預 疏 注晉將至不書○正義曰下云衛侯如晉晉人執而因之是於此會爲將執之不得與會也不得與會而傳云衛侯會之言其至會所耳 晉人執甯喜北宮遺使女齊以先歸 討其弒君伐孫氏也遺北宮括之子女齊司馬侯歸晉而後告諸侯故經書在秋○女音汝 衛侯如晉晉人執而因之於士弱氏 士弱晉主獄大夫 秋七月齊侯鄭伯爲衛侯故如晉 欲共請之○爲于僞反下爲臣注爲林父爲臣皆同 晉侯兼享之晉侯賦嘉樂 嘉樂詩大雅取其嘉樂君子顯顯令德宜民宜人受祿于天○嘉戶嫁反注同 疏 注嘉樂至于天○正義曰嘉樂君子以下

皆詩之文也晉侯賦此言已嘉樂二君也二君以晉侯樂已之故故齊賦蓼蕭言澤及於已鄭賦緇衣言不敢違晉所以荅嘉樂也服虔云晉侯自嘉樂愚之甚也國景子相齊侯景子國弱○相息亮反賦蓼蕭蓼蕭詩小雅言太平澤及遠若露之在蕭以喻晉君恩澤及諸侯○蓼音六大音泰子展相鄭伯賦緇衣緇衣詩鄭風義取適子之館兮還予授子之粲兮言不敢違遠於晉○緇側其反粲七旦反遠于萬反叔向命晉侯拜二君曰寡君敢拜齊君之安我先君之宗祧也敢拜鄭君之不貳也蓼蕭緇衣二詩所趣各不同故拜二君辭異○祧他彫反

【疏】叔向至貳也○正義曰沈氏云賦蓼蕭喻晉侯德澤及諸侯言晉侯有德是安我宗廟也其言與注合緇衣首章云緇衣之宜兮敝予又改爲兮適子之館兮還予授子之粲兮欲常進衣服獻飲食是其不二心也劉炫云蓼蕭首章云既見君子燕笑語兮是以有譽處兮言晉侯有声譽常處位是得宗廟安也國子使晏平仲私於叔向私與叔向語曰

晉君宣其明德於諸侯，恤其患而補其闕，正其違而治其煩，所以爲盟主也。今爲臣執君，若之何？謂晉爲林父執衛侯。叔向告趙文子，文子以告晉侯。晉侯言衛侯之罪，使叔向告二君。言自以殺晉戍三百人爲罪，不以林父故。國子賦轡之柔矣，逸詩，見周書。義取寬政以安諸侯，若柔轡之御剛馬。○見，賢遍反。

【疏】注"逸詩"至"剛馬"。○正義曰：漢書藝文志無周書篇目，其書今在，或云是孔子删尚書之餘。案其文非尚書之類。彼引詩云"馬之剛矣，轡之柔矣，馬亦不剛，轡亦不柔，志氣麃麃，取與不疑"，比詩餘無所見，故謂彼文是也。

子展賦將仲子兮，將仲子，詩鄭風。義取衆言可畏，衛侯雖別有罪，而衆人猶謂晉爲臣執君。○將仲子兮，將，七羊反，注同。本亦無兮字，此依詩序。晉侯乃許歸衛侯。叔向曰："鄭七穆，罕氏其後亡者也，子展儉而壹。

子展鄭子罕之子居身儉而用心壹鄭穆公十一子子然二子孔三族已亡子羽不爲卿故唯言七穆○鄭七穆謂子展公孫舍之罕氏也子西公孫夏駟氏也子産公孫僑國氏也伯有良霄良氏也子大叔游吉游氏也子石公孫段豐氏也伯石印段印氏也穆公十一子謂子良公子去疾也子罕公子喜也子駟公子騑也國公子發也子孔公子嘉也子游公子偃也子豐也子印也子羽也子然也士子孔

疏注子展至七穆

正義曰居身儉而用心壹叔向自以察貌觀言而知之其知不由賦詩也子然二子孔三族已亡十九年傳文也子羽不爲卿者案成十三年鄭公子班自訾求入于大宫不能殺子印子羽不書於經故知不爲卿也杜注彼云皆穆公子也又世族譜云子羽穆公子其後爲羽氏即羽師頡是其孫此非行人子羽公孫揮也世族譜以公孫揮爲雜人自外唯有罕駟豐游印國良七族見於經傳皆出穆公故稱七穆也

○初宋芮司徒生女子芮司徒宋大夫○芮如鋭反赤而毛棄諸堤下共姬之妾取以入共姬宋伯姬也○堤亦作隄徐丁兮反沈直兮反共音恭名之曰棄長而

美平公入夕平公共姬之子也○長丁丈反共姬與之食公見

棄也而視之尤尤甚也姬納諸御嬖生佐佐公元惡

而婉佐貌惡而心順○婉於阮反大子痤美而很貌美而心很○很胡懇反

合左師畏而惡之合左師向戌○惡烏路反下皆同寺人惠牆

伊戾爲大子內師而無寵惠牆氏伊戾名○牆或作嗇音嗇戾力計反

疏注惠牆氏伊戾名○正義曰服虔云惠伊皆發聲字實爲牆戾杜以下文單稱伊戾是舍族稱名故以惠牆爲氏

伊戾爲名也內師者身爲寺人之官公使之監知大子內事爲在內人之長也秋楚客聘於晉

過宋上已有秋復發傳者中間有朔不言秋則嫌楚客過在他年○復扶又反大子知之

請野享之公使往伊戾請從之公曰夫不惡

女乎夫謂太子也○夫音扶注同女音汝疏大子知之○正義曰知之謂與楚客舊相知故請野享之

對曰小人之事君子也惡之不敢遠好之不敢近敬以待命敢有貳心乎縱有共其外莫共其內伊戾爲大子內師不行恐內侍發覺○遠于万反又好呼報反近附近之近共音恭本又作供下同臣請往也遣之至則歃用牲加書徵之詐作盟處爲大子反歃驗也○歃口咸反處昌慮反而騁告公騁馳也○騁勑景反曰大子將爲亂既與楚客盟矣公曰爲我子又何求對曰欲速言欲速得公位公使視之則信有焉有盟徵焉問諸夫人與左師夫人佐母弃也則皆曰固聞之公囚大子大子曰唯佐也能免我以其能也召而使請曰日中不來吾知死矣左師聞之聒而與之語聒讙也欲

左傳卷二十六

使佐失期○聒古活反下同讙呼端反　疏注聒讙也○正義曰聲亂叫謂之聒多爲言語人讙亂其耳故聒爲讙也
過期乃縊而死佐爲大子公徐聞其無罪
也乃亨伊戾左師見夫人之步馬者　步馬習馬○縊一賜反亨普庚反
問之對曰君夫人氏也左師曰誰爲
君夫人余胡弗知圉人歸以告夫人夫人使
饋之錦與馬先之以玉　以玉爲錦馬之先○饋其位反先悉薦反又如字
曰君之妾棄使某獻左師改命曰君夫人而
後再拜稽首受之　左師令餽者改命也傳言宋公闇左師諛大子所以無罪而死○令力呈反使所吏反下文遣使同諛羊朱反
疏左師至受之○正義曰夫人氏者氏猶家也言夫人家之馬也平公死佐爲大子棄卽正爲夫人步馬之時夫人名已定矣故對云君夫人氏也但棄本是妾左師欲令夫人重已故佯不知之

夫人歸寧之禮己不得爲夫人故自稱爲妾謂之謚焉也左師喜得其賜故以妾音改命曰君夫人而後拜受之欲兼成爲夫人寵言之師一人諂也○鄭伯歸自晉謝館侯歸使子西如晉聘辭曰寡君來煩執事懼不免於戾言自懼失禮於大國而得罪使夏謝不敏夏子西名○夏戶雅反○君子曰善事大國將求於人必先下之言鄭所以能自安○下遐嫁反○初楚伍參與蔡太師子朝友其子伍舉與聲子相善也聲子子朝之子伍舉子胥祖父椒舉也○朝如字

【疏】注聲子至椒舉○正義曰聲子則經傳所云蔡公孫歸生是也傳言其子伍舉定明舉爲參之子聲子文不繫朝故云子朝之子以辨明之

伍舉娶於王子牟王子牟爲申公而亡獲罪出奔○娶七住反牟亡侯反爲申如字舊于僞反楚人曰伍舉實送之伍舉奔鄭將遂奔晉聲子將如晉

襄二十六

遇之於鄭郊，班荆相與食，而言復故。班，布也。布荆坐地，共議歸楚事，朋友世親。

【疏】伍舉至復故。○正義曰：楚語云椒舉將奔晉，蔡聲子遇之於鄭，饗之以璧賄，曰：子尚良食，尚能事晉君以為諸侯主。辭曰：非所願也。若得歸骨於楚，死且不朽。聲子曰：子尚良食，吾歸子。故椒舉降三拜，納其乘馬，聲子受之。是杜所云共議歸楚之事，傳但云言復故，謂此也。

聲子曰：子行也，吾必復子。及宋向戌將平晉楚，平在明年。

【疏】注平在明年。○正義曰：明年聲子始許之，子木傳於此言之者，若為(?)伍舉以此年去楚，故傳說之於此年也。

聲子通使於晉，為國通平事。○為，于偽反。還如楚。令尹子木與之語，問晉故焉，故，事。且曰：晉大夫與楚孰賢？對曰：晉卿不如楚，其大夫則賢，皆卿材也。如杞梓、皮革，自楚往也。杞梓皆木名。○杞梓，徐上音起，下音子。雖楚有材，晉實用之。言楚

已臣多在晉 子木曰夫獨無族姻乎夫謂晉對曰雖有

而用楚材實多歸生聞之歸生声子名善爲國者

賞不僭而刑不濫賞僭則懼及淫人刑濫則

懼及善人若不幸而過寧僭無濫與其失善

寧其利淫無善人則國從之從之亡也○僭子念反下皆同濫力暫反

【疏】賞不僭而刑不濫○正義曰僭謂僭差濫謂濫溢賞不僭所賞必有功不僭差也刑不濫所刑必得罪不監佚

也詩曰人之云亡邦國殄瘁無善人之謂也

詩大雅殄盡也瘁病也【疏】詩曰至謂也○正義曰詩大雅

○殄徒典反瘁在醉反【疏】瞻卬之篇也言国内賢人之既云已喪亡矣則邦国盡皆困病此詩之意言無善人之謂也故夏書曰與其殺不

辜寧失不經懼失善也逸書也不經不用常法【疏】故夏至善也○

正義曰此在大禹謨之篇皐陶論用刑之法也經常也言若用刑錯失等與其殺不罪之人寧失於不常之罪謂實有罪而失於妄免也此書之意懼失善也商頌有之曰不僭不濫不敢怠皇命于下國封建厥福詩商頌言殷湯賞不僭差刑不濫溢不敢怠解自寬暇則能爲下國所命爲天子○解佳賣反疏注爲下至天子○正義曰此商頌殷武之篇詩注謂天命湯於在下之國此云爲下国所命謂下國諸侯推命湯爲天子則商書云東征西夷怨南征北狄怨又云室家相慶曰后來其蘇是也此湯所以獲天福也古之治民者勸賞而畏刑樂行賞而憚用刑恤民不倦賞以春夏刑以秋冬順天時是以將賞爲之加膳加膳則飫賜飫饜也酒食賜下无不厭足所謂加膳也○爲之于僞反下爲之不舉同飫於據反厭食本亦作厭於豔反下同此以知其勸賞也將刑爲之不舉不舉則徹樂不舉盛饌○饌士眷

反【疏】將刑至徹樂。正義曰周礼膳夫職云王日一舉鼎十有二物皆有俎以樂侑食鄭玄云殺牲盛饌曰舉又曰大喪則不舉大荒則不舉大札則不舉天地有災則不舉邦有大故則不舉鄭衆云大故刑殺也莊二十年傳曰同冠行戮君為之不舉是礼法將刑為之不舉也舉則以樂勸食不舉故徹去樂縣大司樂云大札大凶大災大臣死国之大憂令弛縣鄭玄云弛釋下之釋下即是徹縣也大司樂弛縣之内不言刑殺大故文不具耳此以知其畏刑也夙興夜寐朝夕臨政此以知其恤民也三者禮之大節也有禮無敗今楚多淫刑其大夫逃死於四方而為之謀主以害楚國不可救療所謂不能也療治也所謂楚人不能用其材也。朝如字療力召反子儀之亂析公奔晉在文十四年。析星歷反晉人寘諸戎車之殿以為謀主殿後軍。寘之豉反殿多練反注同繞角之役

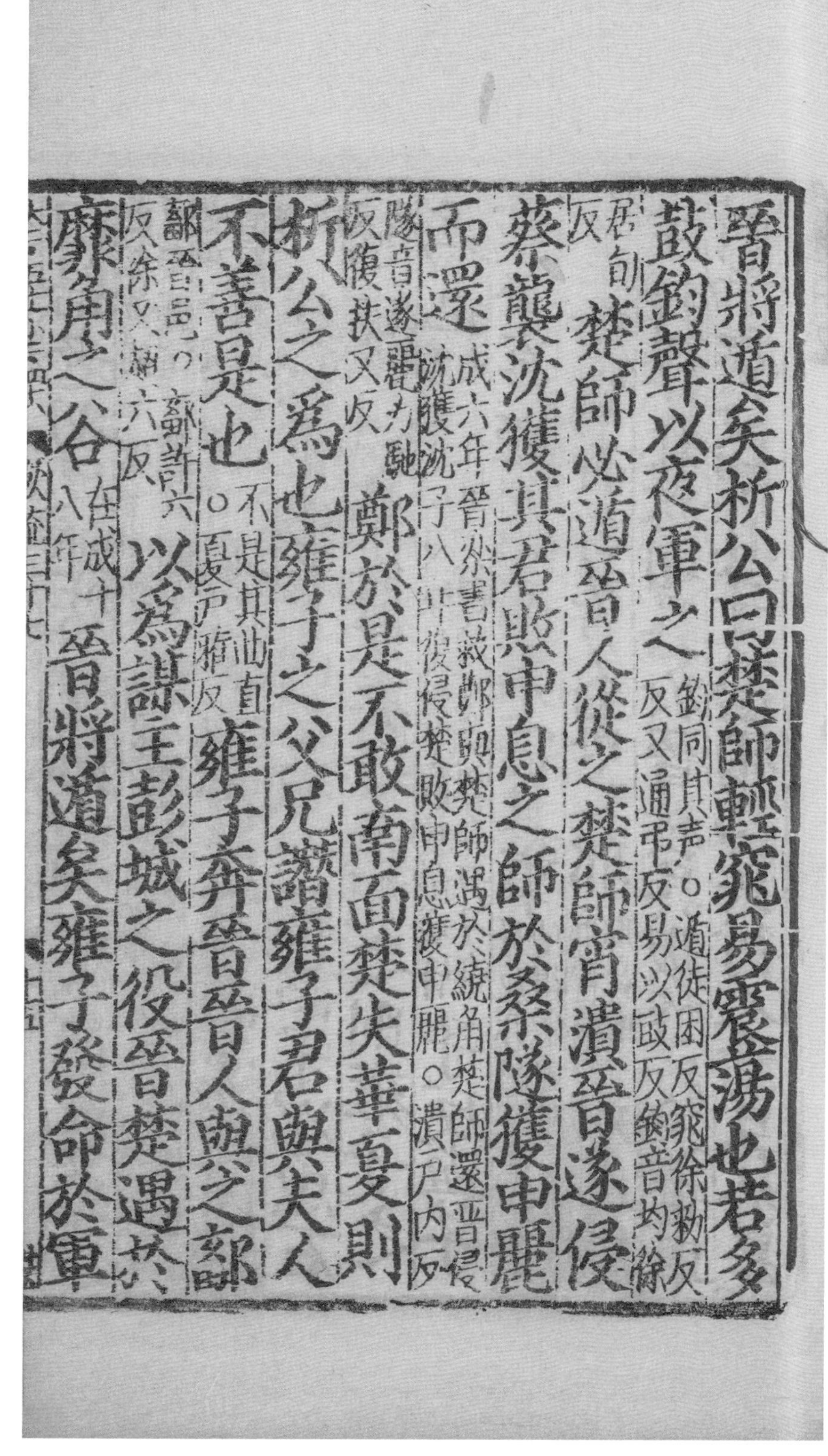

晉將遁矣析公曰楚師輕窕易震蕩也若多鼓鈞聲以夜軍之（鈞同其声。○遁徒困反窕徐勑反又通弔反易以豉反鈞音均徐居旬反）楚師必遁晉人從之楚師宵潰晉遂侵蔡襲沈獲其君敗申息之師於桑隧獲申麗而還（成六年晉欒書救鄭與楚師遇於繞角楚師還晉侵沈獲沈子八年復侵楚敗申息獲申麗○潰户内反隧音遂麗力馳反復扶又反）鄭於是不敢南面楚失華夏則析公之爲也雍子之父兄譖雍子君與大夫不善是也（不是其曲直○惡烏路反）雍子奔晉晉人與之鄐（鄐丑六反○鄐許六反徐又勑六反）以爲謀主彭城之役晉楚遇於靡角之谷（在成十八年）晉將遁矣雍子發命於軍

曰歸老幼反孤疾二人役歸一人簡兵蒐乘
簡擇蒐閱。○蒐所留反乘繩證反閱音悅秣馬蓐食師陳焚次次舍也焚舍示
必死。○秣音末蓐音辱陳直覲反明日將戰行歸者而逸楚囚欲使
楚知之楚師宵潰晉降彭城而歸諸宋以魚石
歸在元年。○降戶江反楚失東夷子辛死之則雍子之
為也楚東小國及陳見楚不能救彭城皆叛五年楚人討陳叛故殺令尹子辛子反與子
靈爭夏姬子靈巫臣而雍害其事子反亦雍害巫臣不使得取夏姬。○雍於
勇反注同子靈奔晉晉人與之邢邢晉邑。○邢音刑以為謀
主扞禦北狄通吳於晉教吳叛楚教之乘車
射御驅侵使其子狐庸為吳行人焉吳於是

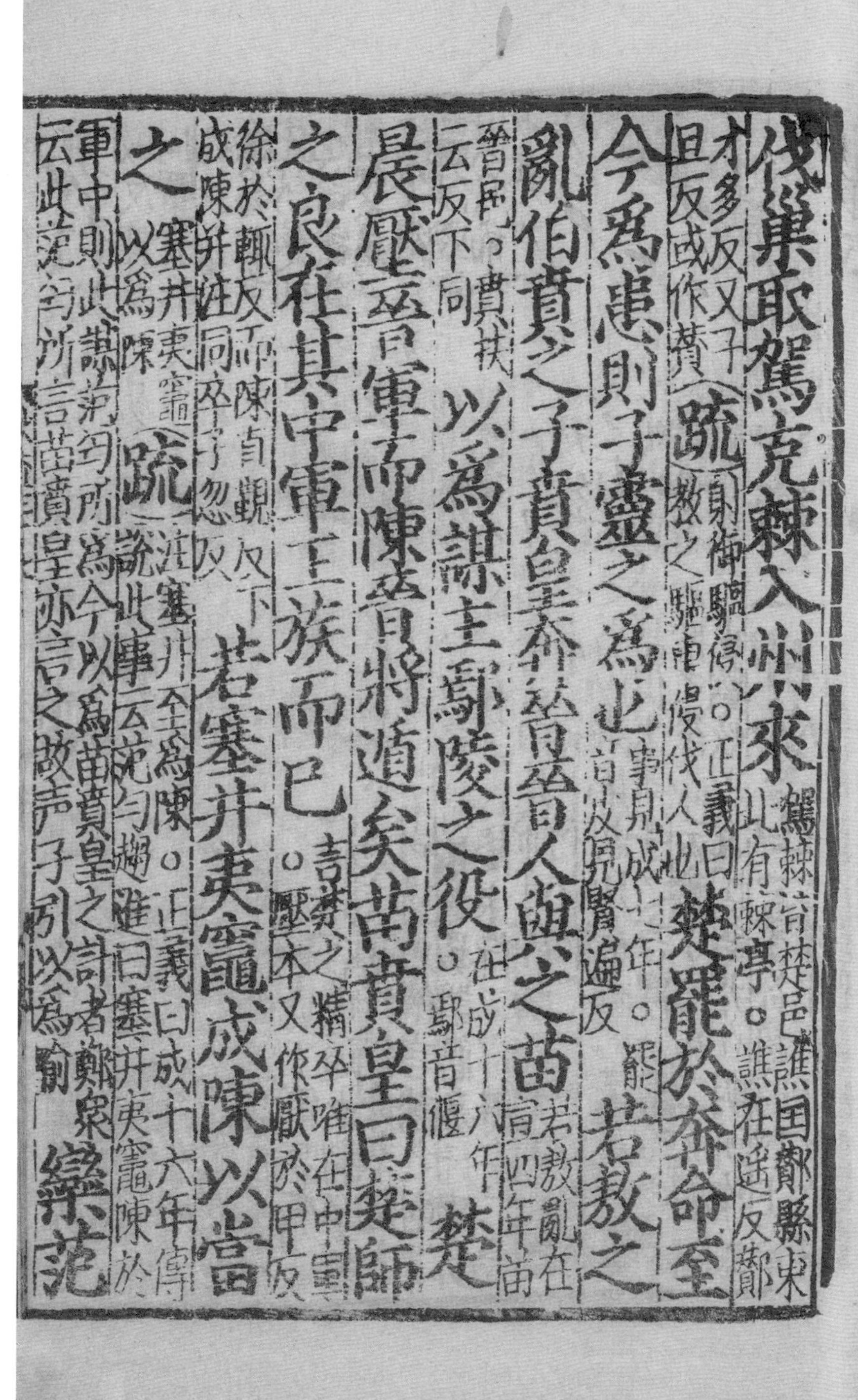
伐巢取駕克棘入州來駕棘皆楚邑譙國酇縣東北有棘亭○譙在遙反酇
才多反又子旦反或作贊【疏】射御驅侵○正義曰敎之驅車侵伐人也楚罷於奔命至
今爲患則子靈之爲也事見成七年○罷音皮見賢遍反若敖之
亂伯賁之子賁皇奔晉晉人與之苗若敖亂在宣四年苗
晉邑○賁扶云反下同以爲謀主鄢陵之役在成十六年○鄢音偃楚
晨壓晉軍而陳晉將遁矣苗賁皇曰楚師
之良在其中軍王族而已言楚之精卒唯在中軍○壓本又作厭於甲反
徐於輒反○陳直覲反下成陳并注同卒子忽反若塞井夷竈成陳以當
之塞井夷竈以爲陳【疏】注塞井至爲陳○正義曰成十六年傳說此事云范匄趨進曰塞井夷竈陳於
軍中則此謀范匄所爲今以爲苗賁皇之計者鄭衆
云此范匄所言苗賁皇亦言之故声子引以爲喻欒范

附釋音春秋左傳註疏　卷第三十七　襄公二十六年

易行以誘之欒書時將中軍范燮佐之易行謂簡易兵備欲令楚貪已不復顧二穆之兵○易以豉反注及下易成同賈音亦行戶郎反注及下同賈音衡令力呈反下同復扶又反下復注同【疏】欒范易行以誘之○正義曰賈逵鄭衆皆讀易為變易之易賈以行為道也欒為將范為佐二人分中軍別將之欲使欒與范易道令范先誘楚欒以良卒從而擊之鄭謂易行中軍與下軍易卒伍也計為謀之時軍既未動道未定分何以言改道也將卒相附數素嘗以交元容臨戰而改易將卒且言易行行非卒伍之名安得為易卒伍也二者之說皆不可通以傳言誘之則謂羸師敗軍不弱以誘敵故讀易為簡易之易謂簡易行陳也其兵備令楚貪已不復顧二穆之兵後中行二郤得克二穆也楚語說此事云欒書曰楚師可料也在中軍王族而已若易中下楚必歆之韋昭云中下中軍之上下也歆猶貪也簡易欒范之行示之弱以誑楚也是韋昭已讀為簡易之易故杜從之也此與楚語俱述声子之言傳言鄢陵之敗苗賁皇之為楚語亦論鄢陵之役而云雍子之為二文不同或丘明傳聞兩說兩存之也劉炫以為国語非丘明所作為有此類往往與左傳不同故也中行二郤必克二穆郤錡時將上軍中行偃佐之郤

至佐新軍令此二人分良以攻二穆之兵楚子重子辛皆出穆王故曰二穆○錡魚綺反吾乃四萃於其王族必大敗之四萃四面集攻之○萃在醉反【疏】注四萃至攻之○正義曰楚語云三萃以攻其王族必大敗之韋昭云時晉有四軍言三萃者中軍見入而上下及新軍乃三集以致攻之韋昭見彼爲三字故說之使通耳蓋二文不同必有一誤晉人從之楚師大敗王夷師熸夷傷也吳楚之間謂火滅爲熸○熸子潛反【疏】注夷傷至爲熸○正義曰月令云瞻傷察傷知夷亦傷也於詩呂錡射王中目是王傷也吳楚之間謂火滅爲熸相傳有此語也言軍師之敗若火滅然子反死之鄭叛吳興楚失諸侯則苗賁皇之爲也子木曰是皆然矣聲子曰今又有甚於此椒舉娶於申公子牟子牟得戾而亡君大夫謂椒舉女實遣之懼而奔鄭引領南望曰庶

幾赦余亦弗圖也言楚亦不以爲意。數之本又作取子佳反女音汝今在晉矣晉人將與之縣以比叔向言材能比叔向彼若謀害楚國豈不爲患子木懼言諸王益其祿爵而復之聲子使椒鳴逆之椒鳴伍舉子傳言聲子有辭伍舉所以得反子孫復仕於楚【疏】子木至逆之。正義曰楚語說此事云子木懼然曰夫子何如召之其來乎對曰亡人得復何爲不來子木曰不來則若之何對曰資東陽之盜殺之其可乎子木曰不可我爲楚卿而賂盜以賊一夫於晉非義也子爲我召之吾倍其室乃使椒鳴召其父而復之○許靈公如楚請伐鄭十六年晉伐許他國皆大夫獨鄭伯自行故許恚欲報之。恚一睡反曰師不興孤不歸矣八月卒于楚楚子曰不伐鄭何以求諸侯冬十月楚子伐鄭爲許。○爲于僞反下爲国同鄭人將禦之子産曰晉楚將平諸侯將和〔和在明年〕楚王是故昧於一來〔昧猶貪冒。昧音妹，冒亡報反，又亡北反〕不如使逞而歸乃易成也〔逞使也〕夫小人之性釁於勇嗇於禍以足其性而求名焉者非國家之利也若何從之〔釁動也嗇貪也言鄭之欲與楚戰者皆釁勇貪名之人非欲為國計慮以利不可從也。釁許覲反足子住反又如字〕

【疏】夫小至從之。正義曰於時鄭國勇夫皆貪欲樂寇欲楚以成已名故子産為此言以破之夫此鄭國欲得戰者小人之性貪動於勇貪於禍乱冀得戰鬭以足滿其性而自求成武勇之名焉欲得樂寇者皆自為其身非國家之利也若何得從之言樂寇之計不可從也。注釁動至從也。正義曰賈鄭先儒皆以釁為動也王肅云釁謂自矜奮以奪人王延壽魯靈光殿賦云佹奮釁以軒翥是釁為奮動之意也嗇是吝惜之名故為貪也詩云民之貪亂寧為荼毒是小人之性貪禍亂也言鄭人欲得與楚戰者皆是奮動於勇貪求名誉之人欲望因有禍亂以成己名非能為國家計慮希長久之利不可從也宋今本云齊寢也非也 子展説不禦寇十二月乙酉入南里墮其城 南里鄭邑○説音悦下注同禦魚呂反墮許規反 涉於樂氏 樂氏津名 門于師之梁 鄭城門 縣門發獲九人焉涉于氾而歸 於氾城下涉汳水南歸○縣音玄氾音凡徐扶嚴反 （疏）注於氾至南歸○正義曰杜於氾是地名非水名而云涉于氾是於氾地涉水耳釋例土地名云楚伐鄭師于氾襄城縣南氾城是也汳水出南陽魯陽縣東南經襄城是知於氾城下涉汳水而南歸也 而後葬許靈公 卒靈公之志而後葬之 ○衛人歸衛姬于晉乃釋衛侯 衛侯以女説晉而後得免 君子是以知平公之失政也 傳言晉之衰 ○晉韓宣子聘于周王使請事 問何事來聘 對曰晉士起將歸時事於宰旅無他事矣 起宣子名禮諸侯大夫入天子國稱士時事四時貢職宰旅冢

宰之下士言獻職貢於宰旅不敢斥尊【疏】注起宣至斥尊。正義曰：周禮大国之卿三命，天子上士亦三命。曲禮云列国之大夫入天子之国曰某士，是諸侯大夫入天子之国，礼法當稱士也。以其人官卑，故下士獨得旅稱。周礼大宰之屬官有旅下士三十有二人，是知宰旅爲冢宰之下士也。劉炫云知時事四時貢職者，小行人云春入貢，秋獻功，王親受之。鄭玄云貢謂六服所貢，功謂考績之功，是諸侯大夫貢時事之義也。

王聞之曰：韓氏其昌阜於晉乎！辭不失舊。阜，大也。傳言周衰，諸侯莫能如礼，唯韓起不失舊。

○齊人城郟之歲，在二十四年。其夏，齊烏餘以廩丘奔晉，烏餘，齊大夫。廩丘，今東郡廩丘縣故城是。○廩，力甚反。

【疏】注烏餘至城是。○正義曰：釋例土地名以廩丘爲齊地。案廩丘地在東郡，則是衛之邦域，齊意不至此也。羊角、高魚皆在東郡，廩丘與之相近，齊不得別有廩丘。烏餘，齊之大夫，得以廩丘奔晉者，蓋齊人往前取得衛邑以賜烏餘，如鄭公孫段之得州，宋樂大心之有原也。宋、鄭大夫得以晉地爲采邑，是知齊大夫得之衛地爲采邑。杜見齊人以之奔晉，故釋例以爲齊地。明年討烏餘，皆反其邑。

而歸諸侯盡以廩丘歸齊也襲衛羊角取之今廩丘縣所治羊角城是○治直吏反遂襲我高魚高魚城在廩丘縣東北有大雨自其竇入雨故水竇開○竇音豆介于其庫入高魚庫而介其甲○介音界以登其城克而取之取魯高魚无所諱而不書其義未聞疏注取魯至未聞○正義曰服虔云取魯高魚及反之皆不書蓋諱之杜以被人取邑无所可諱故云其義未聞莊十八年公追戎于濟西傳云不言其來諱之也戎來不覺國以爲諱盜竊魯邑而云無可諱者所言諱者諱國惡禮也候不在疆戎來不覺是國無政令故諱之此守高魚者不覺介於其庫直是守者罪耳非國之恥故諸被伐取魯邑皆不諱也昭二十五年齊侯及鄆書而不諱知失邑無可諱也此亦戰于麻隧之類蓋經文脫漏耳又取邑于宋於是范宣子卒宣子范匄諸侯弗能治也及趙文子爲政乃卒治之文子言於晉侯曰晉爲盟主諸侯或相侵也

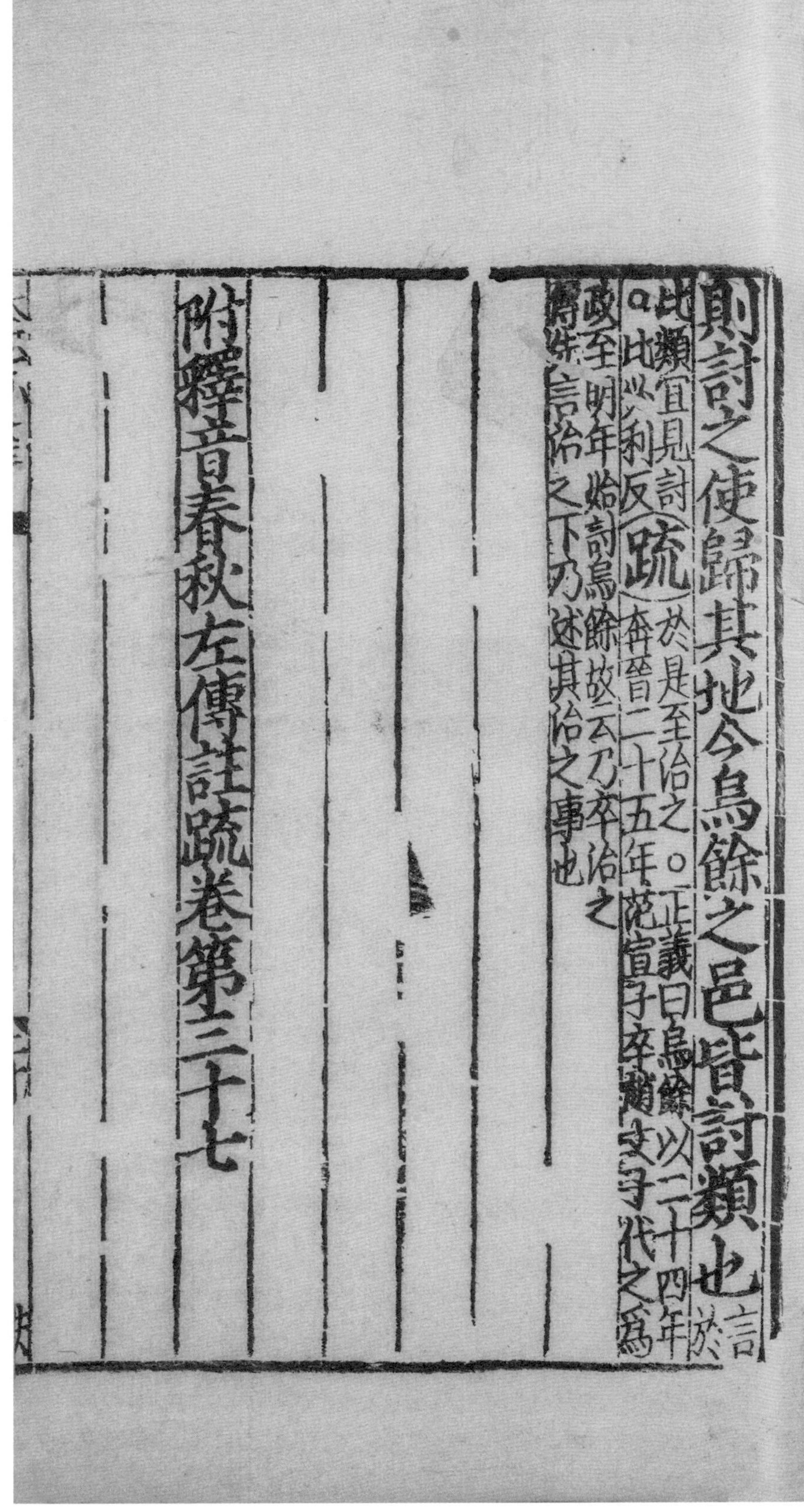
則討之使歸其地今烏餘之邑皆討類也言於比類宜見討○比必利反【疏】於是至治之○正義曰烏餘以二十四年奔晉二十五年范宣子卒趙文子代之爲政至明年始討烏餘故云乃卒治之傳於言治之下乃述其治之事也

附釋音春秋左傳註疏卷第三十七

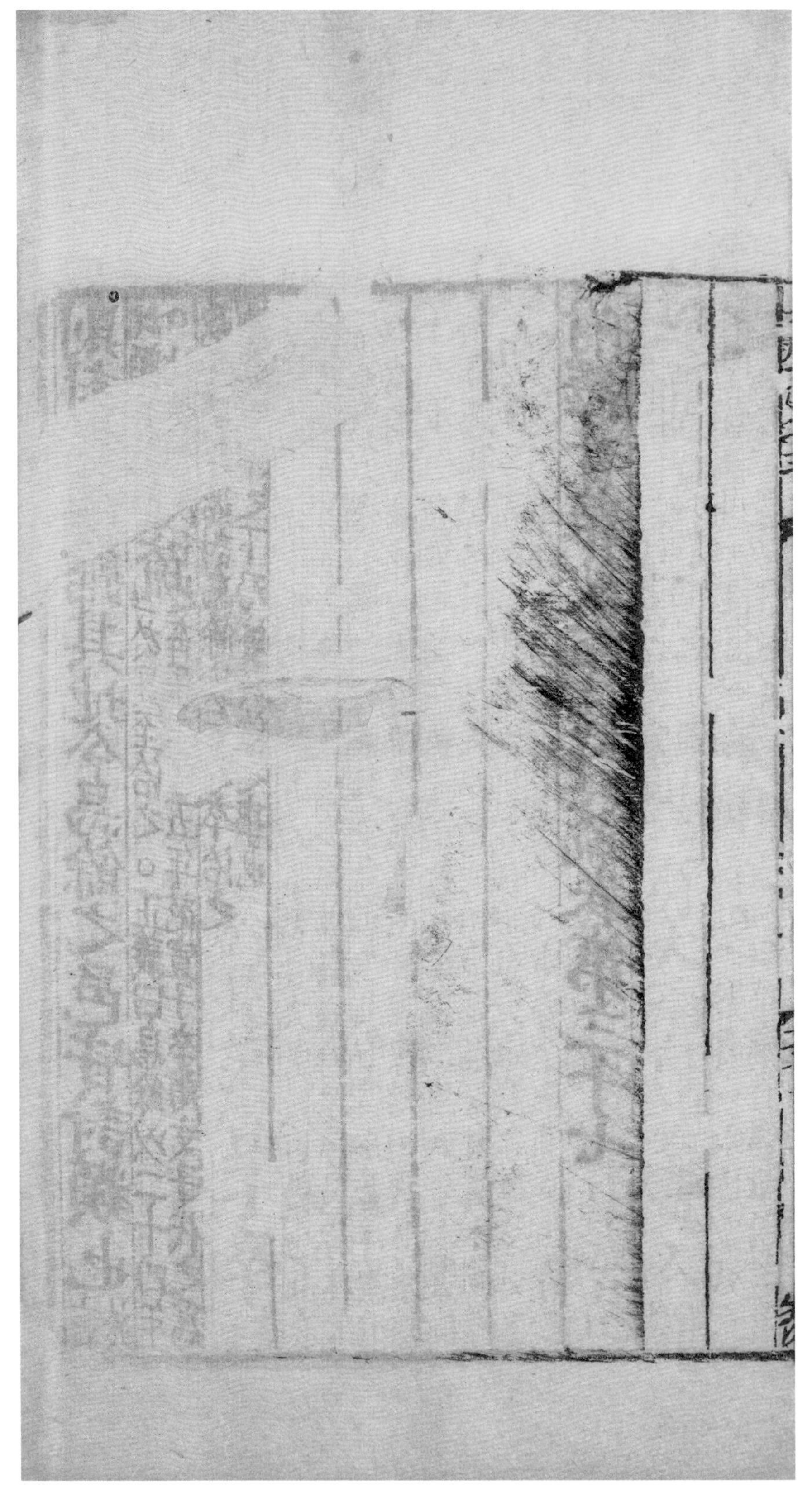

附釋音春秋左氏註疏卷第三十八 起二十七年盡二十八年

杜氏註　孔穎達疏

經二十有七年春齊侯使慶封來聘景公即位通嗣君也

○夏叔孫豹會晉趙武楚屈建蔡公孫歸生衛石惡陳孔奐鄭良霄許人曹人于宋案傳會者十四国齊秦不交相見邾滕爲私屬皆不與盟宋爲主人地於宋則與盟可知故經惟序九国大夫楚先晉歃而書先晉貴信也陳于晉會常在衛上孔奐非上卿故在石惡下○奐呼亂反與音預下同先悉薦反又如字歃所洽反

疏 註案傳至惡下○正義曰案傳諸国大夫及諸侯之身至宋者有晉楚齊秦魯衛陳蔡鄭許曹邾滕并宋爲主人凡十四國地齊秦不交相見邾滕爲人私屬皆不與於盟爲盟而爲此會故不盟者會亦不序也宋爲地主法當不序於列故經唯序九国大夫也案傳楚先晉歃則當先書楚傳言書先晉晉有信也是仲尼貴晉有信故先書趙武也釋例班序譜晉合諸

侯二十国起僖二十八年盡哀十四年大率皆陳後次蔡蔡後次衛是陳于晉會常在衛上也今孔奐乃降於蔡衛在右惡之下故知奐非上卿故也成三年傳曰次国之上卿當大国之中中當其下是計卿位爲班也知非奐後至者以傳稱與蔡公孫歸生同至故也案傳七月之下乃云庚辰子木等至自陳陳孔奐蔡公孫歸生至則諸侯大夫七月始集於宋而此會書在夏者事雖在秋行還乃告追以叔孫豹發時書之十年夏會于柤而經書在春注云經書春書始行此亦發之類也○

衛殺其大夫甯喜甯喜弑剽立衎衎今雖不以弑剽致討於大義宜追討之故經以国討爲文書名也書在宋會下從赴

疏注甯喜至從赴○正義曰大夫見殺書名者皆是罪之文案此殺喜之傳乃爲專而殺之言之於衎未爲罪當死也故杜具懸死之狀弑君之賊於當誅衎雖不以弑剽致討其於大義宜追討之故雖非国人討賊因其被殺亦以国討爲文書其名以罪喜也不以弑君之罪討之故言追也○

衛侯之弟鱄出奔晉衛侯始者云政由甯氏祭則寡人而今復患其專經云免餘既負其前信且不能友于賢弟使至出奔故書弟以罪兄○鱄市轉反又音專復扶又反

疏注衛侯至罪兄○正義曰

釋例曰仲尼因母弟之例以興義鄭伯懷害弟之心天王縱羣臣以殺其弟夫子探書其志故顯書二兄以首惡夜夫甯弟不聞反謀也鄭段云弟身爲謀首也然則兄而害弟者稱弟以首兄罪弟又害兄則去弟以罪弟身也推此以觀其餘秦伯之弟鍼陳侯之弟黃衛侯之弟鱄皆是兄害其弟者也統論其義兄弟二人交相殺害各有曲直書弟則示兄曲也是杜以鱄之出奔非鱄之罪故跡其事以爲衛侯罪狀也衛侯始者使鱄與甯喜言云苟得反國政由甯氏祭則寡人如是則甯喜專權未爲負約而今公患其專政故免餘請殺公復綫共免餘任令殺喜既負其言信又不能友于賢弟使至出奔故書其弟以罪兄也昭元年秦伯之弟鍼出奔晉傳曰罪秦伯知此亦罪衛侯也○秋七月辛巳豹及諸侯之大夫盟于宋夏會之大夫也豹不倚順以顯弱命之君而辨小是以自從故以違命貶之釋例論之備矣○倚於綺反

疏注夏會至備矣○正義曰杜云夏會之大夫者因經書在夏故云夏會其實會在秋目諸國朝會而因有他事者皆前目而後凡故此不復序而揔云諸侯之大夫還是夏會之大夫也豹去叔孫者傳言季孫以公命命豹使視邾滕而叔孫不從不書其族言違公命故貶之也從公之命於理

順也不視邾滕其界小也順君之命其礼大不視邾滕爲是
小弱不倚此順道以顯弱命之君而辨小是以自從故以違
命貶之也於時魯国君弱臣彊政令出於季氏魯君不得有
命臣之理臣之小者季氏以己意命之皆不敢不從也叔孫
豹秉心彊直季氏所憚恐不從己意故假以公命命之諸傳
言以公命者實非公命而假稱公耳其時魯君未嘗有命此
稱公命是假可知豹雖心知是假若其即以爲眞共敬從命
則国内義士皆將生心必相告云豹是国之大賢我等仰以
取法聞是公命雖非亦從則知公之所命悉不可違豈不使
季氏懼而公室尊也從公之命是爲順也如此雖實非公命
豹但倚此順道以從公命則弱命之君命得顯矣尊君卑臣
在此一事比視邾滕未爲大夫豹乃辨其小是以從己心違
君之命故貶之釋例曰季氏專魯祿之去公室三世矣制命
出於私門非国所知也叔孫豹魯之賢臣欲匡難以矯時敝
季孫憚之不敢以己意假公命以敕叔孫也邾滕之班不列
於會貿以不登朝固請受命而行邾滕降次事非機危礼不虧
請又不辭會而率意役命失命之甚其君氏食於深宮今一
出命共命之使所宜崇長雖有小失遂而伸之国内固知誠
君之命不可以違則季氏有懼而義士生心君子以象不倚
順以顯弱命之君而辨小是以自從故以違命貶之也註言

辦小是者劉云宋衛吾匹不視邾滕於理是也

但比於中弱君之命使臣卑而君尊此爲小耳○冬十有

二月乙卯朔日有食之今長曆推十一月朔非十二月傳曰辰在申再失閏若是十二月則爲三失閏故知經誤【疏】注今長至經誤。正義曰此經言十二月而傳言十一月今以長曆推之乙亥是十一月朔非十二月也傳曰辰在申再失閏矣若是十二月當爲辰在亥以申爲亥則是三失閏非再失也推歷與傳合知傳是而經誤也

傳二十七年春胥梁帶使諸喪邑者具車徒以受地必周諸喪邑謂齊魯宋也周密也必密来勿以喪地爲名。喪息浪反注同使烏餘具車徒以受封烏餘以地来故許封之【疏】傳使烏餘具車徒。正義曰此使烏餘具車徒者以三國皆具車徒若不使亦具車徒恐其驚而覺也且烏餘竊邑諸侯不能治之則烏餘之衆彊也慮其逆戰欲聚以執之下云盡獲之是也烏餘以衆出出受封也使諸侯僞

效烏餘之封者效致也使齊魯宋爲若致邑封烏餘者而遂執之盡
獲之皆獲其徒衆皆取其邑而歸諸侯諸侯是以
睦於晉傳言趙文子賢故平公雖失政而諸侯猶睦〔疏〕皆取至於晉。正義曰古本亦有不重言
諸侯言今定本重有諸侯若重言諸侯則天下諸侯以此事故皆睦於晉也劉炫云晉失古本皆不重言諸侯則唯魯齊
宋三國睦耳不重是也。○齊慶封來聘其車美孟孫謂叔
孫曰慶季之車不亦美乎季慶封字叔孫曰豹聞
之服美不稱必以惡終美車何爲叔孫與慶
封食不敬爲賦相鼠亦不知也相鼠詩鄘風曰相鼠有皮人而無儀
人而無儀不死何爲慶封不知此詩爲己言其闇甚爲明年慶封來奔傳。稱尺證反爲賦于僞反注同相息亮反注同
鄘音容。○衛甯喜專公患之公孫免餘請殺之

免餘衛大夫公曰微甯子不及此及此反國也吾與之言矣言政由甯氏事未可知恐伐之未必勝祗成惡名止也祗適也○祗音支注同對曰臣殺之君勿與知乃與公孫無地公孫臣謀二公孫衛大夫○勿與音預使攻甯氏弗克皆死無地及臣皆死公曰臣也無罪父子死余矣獻公出時公孫臣之父爲孫氏所殺

〔疏〕注獻公所殺○正義曰十四年傳曰公使子蟜子伯子皆殺之彼所殺者皆是公子而此臣是公孫公言臣也無罪父子死余知是爾時死耳亦不知彼所殺者誰是臣之父也

夏免餘復攻甯氏殺甯喜及右宰穀尸諸朝穀不書非卿也○復扶又反石惡將會宋之盟受命而出衣其尸枕之股而哭之欲斂以亡懼不免且曰受命矣乃

行（行會于宋爲明年石惡奔傳。衣於旣反杬之鴆反斂力驗反）子鮮曰逐我者出（謂孫林父）納我者死（謂甯喜。納本又作内音納）賞罰無章何以沮勸君失其信而國無刑不亦難乎（難以治国）○沮在呂反

【疏】子鮮至難乎。正義曰逐我者應死而得生出納我者有功而更身死章明也沮止也罰有罪所以止人爲惡賞有功所以勸人爲善今賞罰既無章明何以得爲止勸乎刑法也君失其信違信而殺甯喜而国無法賞罰無所章明以此爲国不亦難乎言治国難也

且鱄實使之（使甯喜納君）遂出奔晉公使止之不可（不肯留）及河又使止之止使者而盟於河（誓不還。○使所吏反）託於木門（木門晉邑）不鄉衛國而坐（怨之深也。○鄉許亮反本亦作嚮）木門大夫勸之仕不可曰仕而廢其事罪也從之昭吾所以出也

將誰懟乎從之謂治其事也事治則明己出欲仕無所自懟。懟息路反吾不可以立於人之朝矣終身不仕自誓不仕終身疏注自誓不仕終身。正義曰終身不仕叙事辭也言自誓不仕以終其身故傳言終身不仕也此終身者子鮮之身終也下云公喪之終身者獻公之身終也獻公以二十九年夏卒其子鮮之卒蓋孱在獻公之前耳故公喪服以終身也公喪之如稅服終身稅即繐也喪服繐縗裳縷細而希非五服之常本無月數痛愍子鮮故特爲此服此服無月數而獻公尋薨故言終身。喪息郎反又息浪反稅除云讀繐音歲注同服音吐外反縗本亦作衰音七雷反疏注稅即至言終身。正義曰傳云公喪之者言公爲之服喪服也禮無稅服之名如稅服者不知何服也服虔云喪麻已除日月已過乃聞喪而服是爲稅服服之輕者案禮記過而追服實名爲稅以聞凶之日爲服喪之始其服追過而服之喪麻不爲有異何云服之輕者公若依彼稅服法其兄弟之服則還是齊衰期耳何以得云如也杜以言義不通故云稅即繐也當是声相近而字改易耳喪服有繐衰裳牡麻絰既葬除之其章唯有諸侯大夫爲天子以外無人服此服也喪服傳曰繐衰者小功之繐也鄭玄云治縷如小功而成布四升半細其縷者以恩輕升數少者以服至尊凡布細而疏者謂之繐是繐者縷細而希疏也喪服之文在大功之下小功之上是非五服之常也既葬除之是本無月數也礼天子諸侯絶旁期計公於子鮮不應爲之服獻公痛愍子鮮特爲服此服也此服既無月數獻公服之不自云幾月當止獻公尋自身薨至死未釋此服故云終身也兄弟之服本服期耳獻公驕淫之君不應過其常月杜言獻公尋薨謂此子鮮之卒差在獻公前耳公與免餘邑六十辭曰唯卿備百邑臣六十矣下有上禄亂也此一乘之邑非四井之邑論語稱十室又云十室明通稱○乘繩證反通稱尺證反疏注此一至通稱○正義曰司馬法成方十里出革車一乘此一乘之邑每邑方十里也論語云百乘之家大夫稱家邑有百乘是百乘爲采邑之極此云唯卿備百邑知所言邑者皆是一乘之邑非四井之邑也杜以一乘名邑專傳無文故引論語十室十室明其人小通稱邑也臣弗敢聞且寗子唯多邑故死臣懼死之速及也公固與之

受其半以爲少師公使爲卿辭曰大叔儀不貳能贊大事[贊佐也。○少詩照反]君其命之乃使文子爲卿[文子大叔儀]○宋向戌善於趙文子又善於令尹子木欲弭諸侯之兵以爲名[欲獲息民之名。○弭徐武婢反]如晉告趙孟趙孟謀於諸大夫韓宣子曰兵民之殘也財用之蠹[蠹蝕害物之虫。○蠹本又作蠹丁故反]【疏】[注蠹害物之虫。○正義曰釋虫云蝎桑蠹李巡云蝎木虫也穆天子傳云天子上蠹書於羽陵摽去書內簡中之虫是虫在木中謂之爲蠹昭二年傳云公聚朽蠹則在諸物之中皆名爲蠹故二云害物之虫也害物之虫既名爲蠹故害於物者皆以蠹言之孫子兵書二云興軍千万日費千金是兵爲財用之蠹也]小國之大菑也將或弭之雖曰不可必將許之[言雖知兵不得久弭今不可不許。○菑音災]弗許楚將許之以召諸侯則我失爲盟主矣晉人許之如楚楚亦許之如齊齊人難之陳文子曰晉楚許之我焉得已且人曰弭兵而我弗許則固攜吾民矣將焉用之齊人許之告於秦秦亦許之皆告於小國爲會於宋五月甲辰晉趙武至於宋丙午鄭良霄至六月丁未朔宋人享趙文子叔向爲介司馬置折俎禮也折俎體解節折升之於俎合卿享宴之禮故曰禮也周禮司馬掌會同之事○難乃旦反下擢難同焉於虔反下將焉用焉能皆同介音界後注同折之設反注同徐又音制俎莊呂反【疏】注折俎至之事○正義曰折俎謂體解節折升之於俎周語文也宣十六年傳曰王享有體薦宴有折俎公當享卿當宴王室之禮也彼傳之意言享公

當依享法有体薦也享卿當如宴法有折俎也彼王自言之故云王室禮耳其諸侯之待公卿禮法亦當然也故此享趙孟而置折俎合卿享宴之禮故曰禮也周禮大司馬云大會同則帥士庶子而掌其政令大祭祀饗食羞牲魚是司馬掌會同饗燕羞之事故宋人此享令司馬置折俎也仲尼使舉是禮也以爲多文辭宋向戌自美弭兵之意敬逆趙武趙武叔向因享宴之會展賓主之辭故仲尼以爲多文辭○使舉是禮也沈云舉謂記録之也

【疏】仲尼至文辭○正義曰此文甚略本意難知蓋於此享也賓主多有言辭時人迹而記之仲尼見其事善其言使弟子舉是宋享趙孟之禮以爲後人之法且明述其意仲尼所以特舉此禮者以爲此享多文辭以文辭可爲法故特舉而施用之○注宋向至文辭○正義曰杜以賓主之辭禮有定式於此享也何以獨多故解其多辭之意服虔云以其多文辭故特舉而用之後世謂之孔氏聘辭以孔氏有其辭故傳不復載也所言孔氏聘辭不知事何所出實享禮而謂之爲聘舉舊辭而目曰孔氏事亦不必然也

戊申叔孫豹齊慶封陳須無衛石惡至須無陳文子甲寅晉荀盈從

趙武至（趙武命盈追己故言從 趙武後武遣盈如楚）【疏】（注趙武命盈追己○正義曰沈氏曰知非 晉侯命者若是晉侯遣之云甲寅荀盈下今云從武 至故知趙武命也杜云後武遣盈如楚見此意耳）丙辰邾

悼公至（小國故君自來）壬戌楚公子黑肱先至成言於

晉（時令尹子木止陳遣黑肱就晉大夫 成盟載之言兩相然可○肱古弘反）丁卯宋戌如

陳從子木成言於楚（就於陳成 楚之要言）戊辰滕成公至

（亦小國 君自來）子木謂向戌請晉楚之從交相見也（使諸 侯從晉楚者更相朝見 ○更音庚見賢遍反）庚午向戌復於趙孟趙孟

曰晉楚齊秦匹也晉之不能於齊猶楚之不

能於秦也（不能服 而使之）楚君若能使秦君辱於敝

邑寡君敢不固請於齊（請齊使 朝楚）壬申左師復言

於子木子木使馹謁諸王馹傳也謁告也○馹人實反傳張戀反
曰釋齊秦他國請相見也經所以不書齊秦秋七月戊
寅左師至從陳還是夜也趙孟及子晳盟以齊
言子晳公子黑肱素要齊其辭至盟時不得復訟爭○晳星歷反復扶又反庚辰子木至
自陳陳孔奐蔡公孫歸生至二國大夫與子木俱至曹許
之大夫皆至以藩爲軍藩籬示不相忌○藩方元反【疏】以藩爲軍○正義曰
古人行兵止則築爲壘塹以備不虞此藩籬爲軍者方欲弭兵以示不相忌也晉楚各處其偏
晉處北楚處南伯夙謂趙孟伯夙荀盈【疏】注伯夙荀盈○正義曰伯夙即是荀盈於傳亦
無明據未測何以知之服虔云伯夙晉大夫其意以爲別有伯夙非荀盈也曰楚氛甚惡懼
難氛氣也言楚有襲晉之氣○氛芳云反徐扶云反趙孟曰吾左還入於

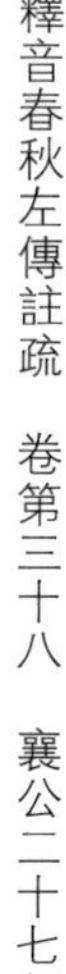

宋若我何營在宋北東頭為上故晉營在東有急可左迴入宋東門辛巳將盟於宋西門之外楚人衷甲甲在衣中欲因會擊晉○衷音忠徐丁仲反伯州犂曰合諸侯之師以為不信無乃不可乎夫諸侯望信於楚是以來服若不信是棄其所以服諸侯也固請釋甲子木曰晉楚無信久矣事利而已苟得志焉焉用有信大宰退大宰伯州犂告人曰令尹將死矣不及三年求逞志而棄信志將逞乎志以發言言以出信信以立志參以定之志言信三者具而後身安存信亡何以及三為明年子木死起本【疏】志將至及三○正義曰志將逞乎言其不得逞也在心為志出口為言志

有所之言乃出口故志以發言也與人爲信必言以告之故言以出信也於人有信志乃得立故信以立志也人之處身於世常恐不得安定參即三也言也信也志也三者俱備然後身得安定欲安其身用此三者以定之信亡則志不立矣志必死矣不久何以得及三年

趙孟患楚衷甲以告叔向叔向曰何害也匹夫一爲不信猶不可單斃其死單盡也斃踣也。單音丹注同斃婢世反踣蒲北反【疏】匹夫至其死。正義曰匹夫謂賤人也賤人一爲不信猶尚不可况國卿也不信之人盡踣其死言無得生者前覆曰踣謂倒地死也

若合諸侯之卿以爲不信必不捷矣食言者不病不病者單斃於死【疏】食言者不病。正義曰不病者不唯病害而已必至於死也言之不用若食之消散故謂無信爲食言也

非子之患也楚食言當死晉不食言故無患夫以信召人而以僭濟之濟成也。僭子念反不信也必莫之與也安能害我且吾

因宋以守病爲楚所病則欲入宋城則夫能致死與宋致死雖倍楚可也宋爲地主致死助我則力可倍楚。夫如字或音扶子何懼焉又不及是曰弭兵以召諸侯而稱兵以害我也稱舉也(疏)夫能至及是。正義曰夫謂宋也宋能致死助我今晉師與宋致死不但唯敵於楚雖更力倍於楚可也子何須懼焉又想楚人之情不應及是之惡吾庸多矣非所患也晉獨取信故其功多季武子使謂叔孫以公命曰視邾滕兩事晉楚則貢賦重故欲比小国武子恐叔孫不從其言故假公命以敦之(疏)注兩事至敦之。正義曰案傳上文六月戊申叔孫豹至丁卯向戌如陳從子木成言於楚子木乃請晉楚之從交相見則叔孫發魯之時未有此交相見之議也子木既有此請季孫在国聞之季孫使謂叔孫者使人就宋謂之也於時季氏專魯国之利害季孫所量自慮兩屬貢賦必重疑邾滕將爲人之私故令豹比視小国此直季孫意耳非公意也若是餘人爲使季孫以己意命之無嫌書者但言叔孫豹直季孫所憚告以己意恐不見從故假稱公命以敕之堅其欲公命而遂己志也長歷丁卯是六月二十一日辛巳是七月五日也丁卯已有此議辛巳乃始結盟則叔孫既得公命其去盟日猶遠反魯覆請足得往來叔孫知非公命不復更請臨盟則率己之意自從所欲故經但云豹[illegible]不登朝面請受命而行邾滕降次事非機危既不敢請又不辭會率意改命失命之甚是言其間足得反請而叔孫不請故責之也

既而齊人請邾，宋人請滕，皆不與盟。私屬二國故。○與音預

叔孫曰：邾滕人之私也。我列國也，何故視之？宋衛吾匹也。

乃盟。故不書其族，言違命也。季孫專政於國，魯君非得有命。今君雖以此命告豹，豹宜崇大順以顯弱命之君，而遂其小是，故貶之。

【疏】注季孫至貶之。○正義曰：季孫專政於國，魯君非得有命。此以公命，非公可知。叔孫亦知非公命，故不肯從之。其實叔孫違命，止違季孫意耳。但季孫假以公命請之，叔孫雖內知非公，而其辭稱公，即須從命。叔孫既得此命，宜應內自思省：我君由來無命，今君雖以此命命我，事雖非理，亦

豈聽從如是則敬君之情深矣豹宜崇此大順之道以顯弱命之君而乃欲違公言是非不肯同於小國遂其私是以志大順故貶之此義至妙唯杜始得之矣賈逵云叔孫義也魯侯之非也服虔云叔孫欲尊魯國不為人私雖以違命見貶其於尊國之義得之案經去其族是文貶也傳言違命是實貶也賈服違經反傳背左氏異孔子孔子貶之賈逵賞之丘明言其違命服虔善其尊國是不以丘明之言解左傳不以孔子之意說春秋也

晉楚爭先爭先

歃血晉人曰晉固為諸侯盟主未有先晉者也

楚人曰子言晉楚匹也若晉常先是楚弱也

且晉楚狎主諸侯之盟也久矣狎更也○先晉悉薦反或如字狎戶甲反下文同音嬰

疏且晉至久矣○正義曰陳蔡鄭許宋爾宋比成二年楚公子嬰齊為蜀之盟諸夏之國大夫皆在是晉楚更代主諸侯之盟實久也

豈專在晉叔向謂趙孟曰諸侯

歸晉之德只只辭○只之氏反非歸其尸盟也尸主也子

經二十七

務德無爭先且諸侯盟小國固必有尸盟者小國主辦具。辦，步莧反疏注小國主辦具。正義曰盟實大國爲主而此云小國主盟知其主辦具也哀十七年公會齊侯盟于蒙孟武伯問於高柴曰諸侯盟誰執牛耳季羔曰鄫衍之役吳公子姑曹發陽之役衛石魋武伯曰然則彘也所言主辦具者如彼執牛耳之類皆小國主備之法當小國執牛耳鄫衍吳公子執之者於時吳爲盟主吳不知禮故自使其人執之也盟法大國制其言小國尸其事此盟爭先歃不爭主備叔向以小國主盟爲言者叔向以久爭不決或將戰鬭因盟時小國有所主歃令趙孟下楚假此以勸之耳楚爲晉細不亦可乎欲推使楚主盟乃先楚人書先晉晉有信也蓋孔子追正之壬午宋公兼享晉楚之大夫趙孟爲客客一坐所尊故季孫飲大夫酒臧紇爲客。坐，才卧反。飲，於鴆反疏注客一至爲客。正義曰享宴之禮賓旅雖多特以一人爲客燕禮者諸侯燕臣之禮也經云小臣納卿大夫卿大夫皆入門右北面東上乃云射人請賓公曰命某爲

賓賓出立于門外吏使射人納賓公降一等揖之賓即客也
是客一坐所尊也季孫飲大夫酒臧紇爲客二十三年傳也
魯語云公父文伯飲南宮敬叔酒路堵父爲客羞鼈焉小堵父
怒相延食鼈辭曰將使鼈長而食之遂出文伯母聞之怒曰
吾聞之先子曰祭養上尸享養上賓鼈於何有而使夫人怒
也是一坐所尊敬之事也案燕禮記曰公與燕則大夫爲賓
與大夫燕亦大夫爲賓又聘礼燕聘賓則以上介爲賓此宋
公享大夫以趙孟爲客者燕礼謂與已之臣子燕嫌卿敵公
故以大夫爲賓聘禮據特來聘者敬其使人故使介爲賓此
則嫌享晉楚大夫異於常禮以尊敬霸主之国故令趙孟爲
客服虔云楚君恒以大夫爲賓者大夫卑雖尊之猶遠君也
楚先敵爲臨主故尊趙孟爲客案此享宋爲主非楚爲主服
之意也劉炫云兼享晉楚之大夫不以
屈建爲賓者賓唯一人出自當時意耳子木與之言弗
能對使叔向侍言焉子木亦不能對也乙酉
宋公及諸侯之大夫盟于蒙門之外前盟諸大夫不敢敵
公礼也今宋公以近在其国故謙而重盟重盟
故不書蒙門宋城門。重直用反下二字同【疏】子木至對也。

襄二十七

正義曰上云晉卿不如楚此大夫問賢是也 子木問於趙孟曰范武子之德何如 上會賢聞於諸侯故問之○聞音問又如字 對曰夫子之家事治言於晉國無隱情其祝史陳信於鬼神無愧辭 祝陳馨香德足副之故不愧○治直吏反愧九位反 子木歸以語王王曰尚矣哉 尚上也○語魚據反下同 能歆神人 歆享也使神享其祭人懷其德○歆所金反 宜其光輔五君以為盟主也 五君謂文襄靈成景

【疏】注五君謂文襄靈成景○正義曰晉語訾祏對范宣子曰武子佐文襄諸侯無二心為卿以輔成景軍無敗政及為元帥居大傅国無姦民是以受隨范是其光輔五君也服虔云文公為戎右襄靈為大夫成公為卿景公為大傅也

子木又語王曰宜晉之伯也有叔向以佐其卿楚無以當之不可與爭晉荀寅遂如楚涖

盟重結晉楚之好○好呼報反○鄭伯享趙孟于垂隴自宋還過鄭○隴力勇反子展伯有子西子產子大叔二子石從二子石印段公孫段○從才用反趙孟曰七子從君以寵武也請皆賦以卒君貺武亦以觀七子之志詩以言志子展賦草蟲草虫詩召南曰未見君子憂心忡忡亦既見止亦既覯止我心則降以趙孟爲君子○虫直忠反召上照反下同忡勅忠反覯古豆反降戶江反又如字下注同趙孟曰善哉民之主也在上不忘降故可以主民抑武也不足以當之辭君子伯有賦鶉之賁賁鶉之賁賁詩鄘風衛人刺其君淫亂鶉鵲之不若義取人之無良我以爲兄我以爲君也○鶉順倫反賁音奔疏注鶉之至君也○正義曰伯有賦此詩者義取人之無善行者我以此爲君是有嫌君之意於時鄭簡公是穆公之玄孫良霄是穆公之曾孫君與良霄之兄杜言并取人之無良我以爲兄

者因詩成文故違言之劉君以爲非兄而規其非也趙孟曰牀笫之言不踰閾況在野乎非使人之所得聞也牀笫簀也此詩刺淫亂故云牀笫之言閾門限使人趙孟自謂○笫側里反閾音域徐況逼反使所吏反注同簀音責【疏】注牀笫簀也○正義曰釋器云簀謂之笫孫炎曰牀也郭璞曰牀版也然則牀是大名簀是牀版檀弓云大夫之簀與簀名亦得統牀故孫炎以爲牀也子西賦黍苗之四章黍苗詩小雅四章曰肅肅謝功召伯營之烈烈征師召伯成之比趙孟於召伯趙孟曰寡君在武何能焉推善於其君子產賦隰桑隰桑詩小雅義取思見君子盡心以事之曰既見君子其樂如何○盡津忍反樂音洛下注及文至樂以安民並同趙孟曰武請受其卒章卒章曰心乎愛矣遐不謂矣中心藏之何日忘之趙武欲子產之見規誨子大叔賦野有蔓草野有蔓草詩鄭風取其邂逅相遇適我願兮○蔓音萬邂戶賣反逅戶豆反趙孟曰吾子之惠

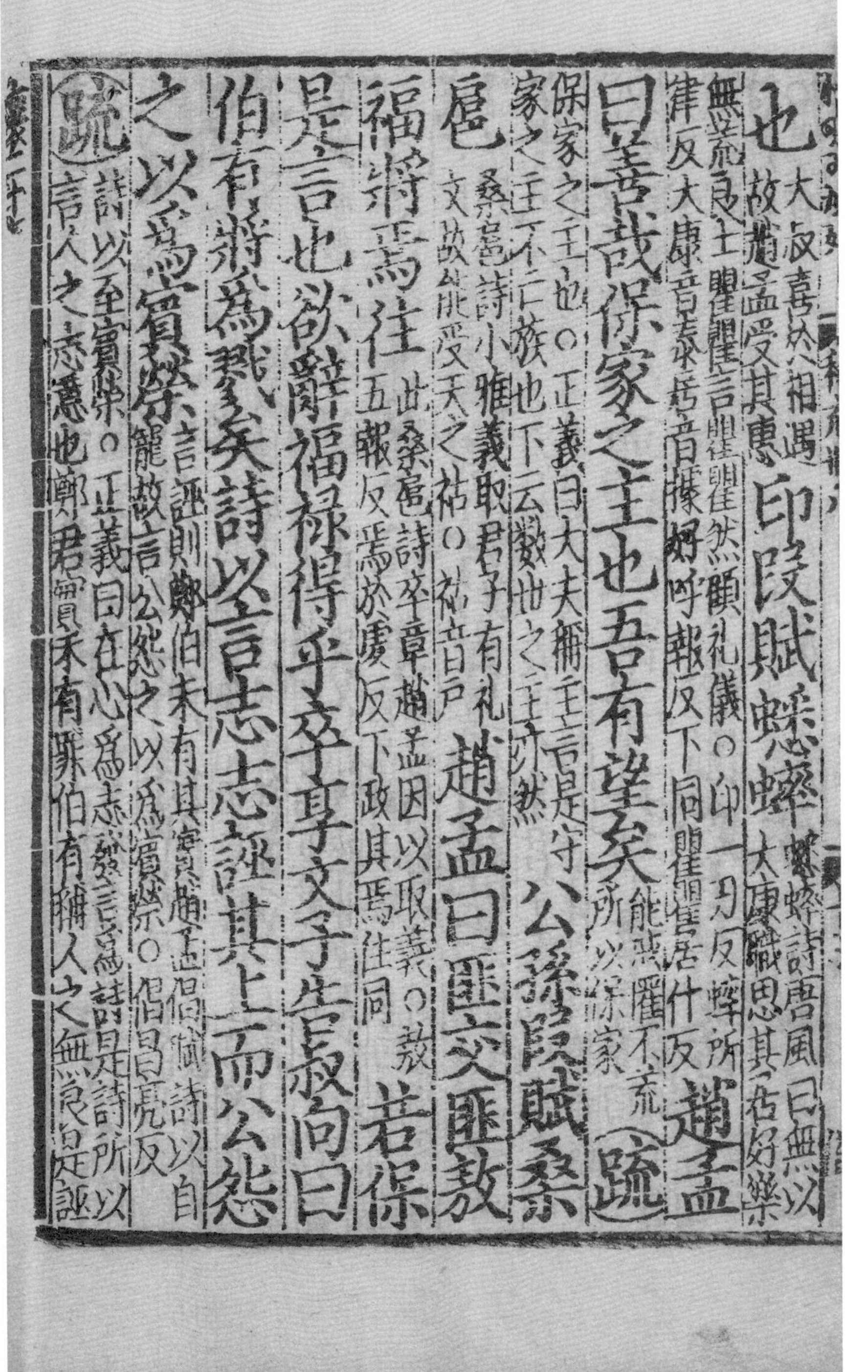

也大叔喜於相遇故趙孟受其惠印段賦蟋蟀蟋蟀詩唐風曰無以大康職思其居好樂無荒良士瞿瞿言瞿瞿然顧禮儀○印一刃反蟀所律反大康音泰居音據好呼報反下同瞿瞿居什反趙孟曰善哉保家之主也吾有望矣能戒懼不荒所以保家疏保家之主也○正義曰大夫稱主言是守家之主不亡族也下云數世之主亦然公孫段賦桑扈桑扈詩小雅義取君子有禮文故能受天之祜○祜音戶趙孟曰匪交匪敖福將焉往此桑扈詩卒章趙孟因以取義○敖五報反焉於虔反下致其焉往同若保是言也欲辭福祿得乎卒享文子告叔向曰伯有將為戮矣詩以言志志誣其上而公怨之以為賓榮言誣則鄭伯未有其實趙孟過倡誣詩以自寵故言公怨之以為賓榮○倡昌亮反疏詩以至賓榮○正義曰在心為志發言為詩是詩所以言人之志意也鄭君實未有罪伯有稱人之無良是誣

其上也但伯有不臣被公之所怨以公怨怨當自須掩蓋而賦詩道公無良反將公之所怨以爲賓之榮寵如此云云而公
顯然將出來之怨以爲制賓之榮樂也其能久乎幸而後亡言必先亡叔
向曰然已後所謂不及五稔者夫子之謂矣
稔年也爲三十年鄭殺良霄傳○後昌氏反又戶反字林充甚反稔而甚反熟也穀一熟故爲一年文子
曰其餘皆數世之主也子展其後亡者也在
上不忘降謂賦草蟲曰我心則降○數所主反印氏其次也樂而
不荒謂賦蟋蟀曰好樂無荒樂以安民不淫以使之後亡
不亦可乎○宋左師請賞曰請免死之邑欲宋
君撫功加厚賞故謙言免死之邑也疏樂以至可乎○正義曰印段賦蟋蟀義取好樂無荒即不淫也好樂則用
樂以安民也其使民也又不淫以使之民皆愛之守位必固在人後亡不亦可乎○注欲宋君稱功無之邑也○正義曰

服虔云向戌自以止兵民不戰鬬自今其功故求免死之賞也如服此言免死謂止兵不鬬民免死也杜以爲謂則向戌自以爲已免死也若使計謀不當則罪台死自矜其功言已得免死故請賞邑也公與之邑六十以示子罕子罕曰凡諸侯小國晉楚所以兵威之畏而後上下慈和慈和而後能安靖其國家以事大國所以存也無威則驕驕則亂生亂生必滅所以亡也天生五材金木水火土也民並用之廢一不可誰能去兵兵之設久矣所以威不軌而昭文德也聖人以興謂湯武○去起呂反下皆同亂人以廢謂桀紂廢興存亡昏明之術皆兵之由也而子求去之不亦誣乎以誣道蔽諸侯

罪莫大焉縱無大討而又求賞無厭之甚也

削而投之削賞左師之書○潎必出反徐亡出反服虔王肅董遇並作弊婢世反云踣也厭於鹽反徐於廉反

（疏）廢興至諸侯○正義曰言之術者謂德刑禮義是興存盛明之法術也貪爲殘賊是廢亡昏闇之法術也皆由兵之由者謂皆畏懼此兵行善不行惡畏之則興不畏則亡故云皆由兵之由也言不亦誣乎者謂廢興存亡悉皆由兵向戌之意以爲廢興存亡不須用兵是實須而誣罔云不須故云不亦誣乎服虔曰躄踣也一曰罷也則知服本作弊王肅董遇本皆作蔽謂以誣人之道掩諸侯也杜本作蔽當如王董爲蔽掩之也○削而投之○正義曰宋公當邑書之於札向戌執之以示子罕子罕削其字而又投之於地也向戌初謀此事子罕不即止之而至此始怒者蓋初謀子罕不知戌子罕曰亦不覺以思乃知其非也

左師辭邑向氏欲攻司城司城子罕左師曰我將亡夫子存我德莫大焉又可攻乎君子曰彼己之子邦之司直詩鄭風司主也○己音記

樂喜之謂乎樂喜子罕也善其不阿向戌何以恤我我其收之逸詩恤憂也收取也向戌之謂乎善向戌能知其過○齊崔杼生成及彊而寡偏喪曰寡寡特也○喪息浪反娶東郭姜生明東郭姜以孤入曰棠無咎無咎棠公之子○娶七住反無咎音無本亦作无咎其九反與東郭偃相崔氏東郭偃姜之弟○相息亮反崔成有疾而廢之有惡疾也（疏）注有惡疾也○正義曰若非惡疾猶堪爲後以疾而廢明是惡疾疾之惡者也不知其何疾也論語稱伯牛有疾不欲見人淮南子云伯牛癩此崔成猶能作乱未必是癩也彊無疾亦不得立者愛後妻欲立明故也而立明成請老于崔濟南東朝陽縣西北有崔氏城成欲居崔邑以終老○朝鄭字一音直遥反崔子許之偃與无咎弗予曰崔宗邑也必在宗主宗邑宗廟所在宗主謂崔明成與彊怒將

襄二十七

殺之告慶封曰夫子之身亦子所知也唯无咎與偃是從父兄莫得進矣大恐害夫子敢以告夫子謂崔杼【疏】注父兄莫得進矣○正義曰成彊是崔杼之子而云父兄者成彊之意以崔杼任无咎與偃棄遠宗族不可自白斥於己故變言宗族父兄也慶封曰子姑退吾圖之告盧蒲嫳嫳慶封屬大夫封以成彊之言告嫳○嫳普結反徐敷結反盧蒲嫳曰彼君之讎也天或者將棄彼矣彼實家亂子何病焉君謂齊莊公爲崔杼所弒崔之薄慶之厚也崔敗則慶專權他日又告成彊復告○復扶又反慶封曰苟利夫子必去之難吾助女九月庚辰崔成崔彊殺東郭偃棠无咎於崔氏之朝崔子怒而出其衆皆

逃求人使駕不得使圉人駕寺人御而出圉人養馬者寺人奄士○難乃旦反女音汝圉魚呂反且曰崔氏有福止余猶可恐滅家禍不止其身遂見慶封慶封曰崔慶一也言如一家是何敢然請為子討之使盧蒲嫳帥甲以攻崔氏崔氏堞其宮而守之堞短垣使其眾居短垣內以守○請為于偽反下注嫳為為齊并同堞音牒徐養涉反弗克（疏）崔氏堞其宮○正義曰謂新築小女牆而守之使國人助之遂滅崔氏殺成與彊而盡俘其家其妻縊妻東郭姜嫳復命於崔子且御而歸之嫳為崔子御至則無歸矣乃縊縊縊於其宮不留死其妻凶崔明夜辟諸大墓開先人之冢以藏之○辟婢亦反徐甫亦反辛巳崔明來奔慶

封當國當國秉政○楚薳罷如晉涖盟罷令尹子蕩報荀盈也○罷音皮晉侯享之將出賦既醉既醉詩大雅曰既醉以酒既飽以德君子萬年介爾景福以美晉侯比之太平君子也叔向曰薳氏之有後於楚國也宜哉承君命不忘敏子蕩將知政矣敏以事君必能養民政其焉往言政必歸之○崔氏之亂在二十五年中鮮虞來奔僕賃於野以喪莊公為齊莊公服喪○賃女鴆反以喪如字又息浪反冬楚人召之遂如楚為右尹傳言楚能用賢○十一月乙亥朔日有食之辰在申司歷過也再失閏矣謂斗建指申周十一月今之九月斗當建戌而在申故知再失閏也文十一年三月甲子至今年七十一歲應有二十六閏今長歷推得二十四閏通計少再閏釋例言之詳矣

法謂斗至詳矣。正義曰斗建從甲至癸十者謂之日從子至亥十二者謂之辰傳言辰在申者謂其日昏時斗柄所指於十二辰爲在申也九月當建戌而建申故爲再失閏也文十一年三月至今七十一歲應有二十六閏者歷法十九年爲一章章有七閏從文十一年至襄十三年凡五十七年已成三章當有二十一閏又從襄十四年至今爲十四年又當有五閏故爲應有二十六閏也長歷推得二十四閏者杜以長歷實於其間分置二十四閏釋例云閏者會集數年餘日因宜以安之故閏月無中氣斗建斜指兩辰之間也魯之司歷漸失其閏至此年日食之月以儀審望知斗建之在申斗建在申乃是周家九月也而其時歷稱十一月故知再失閏也於是始覺其謬遂頻置兩閏以應天正以敘事期然則前閏月爲建酉後閏月爲建戌十二月爲建亥而歲終焉是故明年經書春無冰傳以爲時災也若不復預置二閏則明年春是今之九月十月十一月也今之九月十月十一月無冰非天時之異無緣總書春也尋案今世所謂魯歷者不與春秋相符殆來世好事者爲之非真也今俱不知其法術具依春秋經傳反覆其終始以求之近得其實矣杜言以儀審望者大史鑄銅作渾天儀列二十八宿之度設機關候望以測七曜所在故於彼鑄銅儀而審望之知此月斗建申也長歷釋大凡經傳有七百七十九日漢末宋仲子集七曆以考春秋案殷曆得五百三十九日失二百五十日是其不與春秋相符也劉炫云遠取文十一年三月甲子者以三十年絳縣老人云臣生之歲正月甲子朔以今日故又云言通計者若據前閏以來短計不得有再失之理今遠從文十一年以來計之是爲通計也

經二十有八年春無冰前年知其再失閏頓置兩閏以應天正故此年正月建子得以無冰爲災而書○應應對之應○夏衛石惡出奔晉衛喜之黨書名惡之○惡烏路反○邾子來朝○秋八月大雩○仲孫羯如晉告將朝楚○羯居謁反○冬齊慶封來奔崔杼之黨耆酒荒淫而出書名罪之自魯奔吳不書以絕位不爲卿○耆市志反○十有一月公如楚爲宋之盟故朝楚○爲于僞反○十有二月甲寅天王崩靈王也○乙未楚子昭卒康王也十二月無乙未日誤

疏注十二至日誤○正義曰甲寅之後四十一日始得乙未

則甲寅乙未不得同月長歷推此年十二月戊戌朔甲寅是十七日其月無乙未也經有十一月十二月月不容誤故曰誤也

傳二十八年春無冰梓愼曰今茲宋鄭其饑乎梓愼魯大夫今年鄭游吉宋向戌言之明年饑甚傳乃詳其事○梓音子

【疏】注梓愼至其事　正義曰此年傳鄭游吉云歲之不易宋向戌云飢寒之不恤是今年言之也明年傳云鄭饑子皮餼國人粟於是宋亦饑子罕請於平公出公粟以貸是詳其事也

歲在星紀而淫於玄枵歲歲星也星紀在丑斗牛之次玄枵在子虛危之次十八年晉董叔曰天道多在西北是歲歲星在亥至此年十一歲故在星紀明年乃當在玄枵今已在玄枵淫行失次○枵許驕反

【疏】注歲歲至失次　正義曰左傳及國語所云歲在若皆謂歲星所在故云歲歲星也五星者五行之精也歷書稱木精曰歲星火精曰熒惑土精曰鎭星金精曰大白水精曰辰星此五者皆右行於天二十八宿則著天不動故謂二十八宿爲經五星爲緯言若織之經緯然也天有十二次地有十二辰丑

子亥北方之辰也次之與辰上下相值故云星紀在丑玄枵在子釋天云星紀斗牽牛也玄枵虛也孫炎曰星紀日月五星之所終始也故謂之星紀虛在正北北方色玄故曰玄枵枵之言耗耗虛之意也漢書律歷志云星紀初斗十二度終於婺女七度玄枵初婺女八度終於危十五度是星紀爲斗牛之次玄枵爲虛危之次也九年傳稱晉侯問公生歲乃曰十二年矣是謂一終一星終也言歲星大率十二年而一周天也十八年晉董叔曰天道多在西北是言其年歲星在亥也歲星右行於天至此年十一年身行未及周故此年歲星常法當在星紀明年乃當在玄枵今年已在玄枵是其淫行失次也漢書律歷志載劉歆三統歷歆以爲歲星一百四十四年行天一百四十五次一千七百二十八年爲歲星歲數言數滿此年則得行天一周也三統之歷以庚戌爲上元此年距上元積十四萬二千六百八十六歲置此歲數以歲星歲數一千七百二十八除之得積終八十二去之歲餘九百九十以一百四十五乘歲餘得十四萬三千五百五十以一百四十四除之得九百九十六爲積次不盡一百二十六爲次餘以十二除之得八十三去之盡是爲此年更發初在星紀也欲知入次早者以次餘一百二十六乘一次三十度以百四十四除之得二十六度餘是歲星本平行此年之初已

入星紀之次二十六度於爵當在婺女四度於法未入於玄枵也傳言淫於玄枵未知已在玄枵幾度此舉其大率耳而五星之次行有遲有疾有留伏逆順於歷法更自別有推步之術此不可詳也

以有時菑陰不堪陽

時菑無冰也盛陰用事而溫無冰是陰不勝陽地氣發洩○菑音災注同洩息列反下同

疏注時菑至發洩　正義曰傳先言無冰乃載梓慎之語則梓慎之語爲無冰而發知時菑謂春無冰也言以有時菑者以此歲星淫行之年而有天時溫煖之菑四時之序冬月當寒故溫則爲菑害也冬月盛陰用事陰寒在地當遏陽使不出時應寒而溫無冰是陰陽相競陰氣不能勝陽故陽氣出地地氣發洩而使時溫無冰也歲星自淫行天時自溫暖其溫不由歲星梓慎以其年有二事而總言其占耳服虔云歲爲陽玄枵爲陰歲乘陰進至玄枵陰不勝陽故溫無冰按下云蛇乘龍乃謂玄枵乘歲星非歲星乘玄枵也若必以此無冰謂歲乘玄枵所致則成元年春無冰者豈謂歲星乘玄枵乎成十六年雨木冰者復是玄枵乘歲星也

蛇乘龍

蛇玄武之宿虛危之星龍歲星歲星木也木爲青龍失次出虛危下爲蛇所乘○宿音秀下同

疏注蛇玄至所乘　正義曰蟲獸在地而有象在天二十八宿分在四方方有七

宿共成一象東方爲青龍之象西方爲白虎之象皆南首北尾也南方爲朱鳥之象北方爲玄武之象皆西首東尾也曲禮說軍陳象物云行前朱鳥後玄武左青龍右白虎是玄武在北方也虛危二宿共爲玄武故此是玄武之宿虛危之星也七星共爲玄武今歲星淫行在虛危之分故特指虛危言之耳傳言蛇乘龍龍即歲星也歲星木精木位在東方東方之宿爲青龍之象故以歲星亦以龍爲名焉龍行疾而失次出於虛危宿下龍在下而蛇在上是龍爲蛇所乘也歲星天之貴神所經之星今被蛇乘勢屈是不能得其本國之象故知宋鄭饑也

龍宋鄭之星也歲星本位在東方東方房心爲宋角亢爲鄭故以龍爲宋鄭之星○亢音剛又苦浪反

疏注歲星至之星 正義曰歲星屬木木位在東方東方之次皆是龍分天之分野卯爲大火辰爲壽星大火房心爲宋分壽星角亢爲鄭分故龍爲宋鄭之星也然則寅爲析木之津析木燕之分野特據言不及燕則當有以知之非吾徒所能測也

宋鄭必饑玄枵虛中也玄枵三宿虛星在其中枵耗名也土虛而民耗不饑何爲歲爲宋鄭之星今失常淫入虛耗之次時復無冰地氣發洩故曰土虛民耗○

秏呼報反復扶又反

疏「枵秏至何爲」　正義曰：枵聲近秏，故枵是秏之名也。次有三宿，虛爲其中，土虛不實，而人民秏損，不饑何爲也。地氣發洩，而使時溫無冰，即是土虛之事也。於時魯國無冰，是魯亦地氣發洩。下子服惠伯云：飢寒之不恤，是魯亦饑矣。經不書饑，饑當差於宋鄭，故梓慎唯言宋鄭饑耳。

○夏，齊侯、陳侯、蔡侯、北燕伯、杞伯、胡子、沈子、白狄朝于晉，宋之盟故也。陳侯、蔡侯、胡子、沈子，楚屬也。宋盟曰：晉楚之從交相見，故朝晉。燕國，今薊縣。○燕，烏賢反。薊音計。

疏注「陳侯至薊縣」　正義曰：傳言宋之盟故，雖文在諸國之下，止爲楚屬發傳，欲明之陳、蔡、胡、沈爲宋盟朝晉，其齊、燕、杞、狄，先非楚屬，其朝不爲宋之盟也。譜云：北燕，姬姓，召公奭之後也。周武王封之於燕，今漁陽薊縣。其國辟小，不與諸夏會。自召公至簡公款二十九世，始見經。簡公子獻公十二年，獲麟之歲也。獻公子孝公七年，春秋之傳終矣。孝公立十五年卒。孝公以下六世，始大稱王。十二世二百二十五年，秦滅之。

齊侯將行，慶封曰：「我不與盟，何爲於晉？」以宋盟釋齊秦。○與音預，下同。陳文子曰：

先事後賄禮也事大國當先從其政事而後薦賄以副已心○賄呼罪反小事大未獲事焉從之如志禮也言當從大國請事以順其志【疏】小事至禮也○正義曰言小國之事大國也當每事順從若未獲大國所命之事但如其志之所欲即不待彼命逆即從之如其志意恐禮也禮者自卑而尊人故先承意亦是事大之禮也雖不與盟敢叛晉乎重丘之盟未可忘也子其勸行重丘盟在二十五年○重直龍反○衛人討甯氏之黨故石惡出奔晉衛人立其從子圃以守石氏之祀禮也石惡之先石碏有大功於衛國惡之罪不及不祀故曰禮○從子才用反圃布古反○碏七略反○邾悼公來朝時事也傳言來朝於宋盟宋盟雖應於朝晉楚○秋八月大雩旱也○蔡侯歸自晉入于鄭鄭伯享之不敬子產曰蔡侯其不

免乎不免禍日其過此也往日至晉時○日人實反過古禾古臥二反君

使公子展逆勞於東門之外而傲迋往也○迋子況反後同勞力報反

吾曰猶將更之今還受享而惰乃其心也

君小國事大國而惰傲以爲己心將得死乎

若不免必由其子其爲君也淫而不父通太子班之妻○傲五報反下同惰徒卧反君小国事大国古本无小字【疏】君小国事大国○正義曰晉宋古本及王肅注其文皆然此君亦謂爲国君言其爲君之難也今宋本作小国

僑聞之如是者恒有子禍爲三十年蔡世子般弒其君傳○子孟孝伯如晉告將爲宋

之盟故如楚也宋盟曰晉楚從故告晉而行○將爲于僞反蔡侯之如晉

也鄭伯使游吉如楚及漢楚人還之曰宋之

盟君實親辱○君謂鄭伯○還音環今吾子來寡君謂吾子姑還吾將使馹奔問諸晉而以告問鄭君應來朝否○馹人實反子大叔曰宋之盟君命將利小國而亦使安定其社稷鎮撫其民人以禮承天之休休福祿也○休許虯反注同此君之憲令而小國之望也憲法也寡君是故使吉奉其皮幣聘用束皮束帛○束[illegible]諸反以歲之不易聘於下執事言歲有饑荒之難故鄭伯不得自朝楚○易以豉反難乃旦反今執事有命曰女何與政令之有必使而君棄而封守跋涉山川蒙犯霜露以逞君心小國將君是望敢不唯命是聽無乃非盟載之

言以闕君德而執事有不利焉小國是懼不然其何勞之敢憚（疏）今執至敢憚○正義曰執事謂楚也楚人詰大叔雖有此罪之語耳今游吉還使鄭伯來故游吉原其意爲此辭作甚之言曰而執事有不利焉違盟言闕君德是於楚爲不利也小國是懼懼楚不利耳不敢自憚勞也子大叔歸復命告子展曰楚子將死矣不脩其政德而貪昧於諸侯以逞其願欲久得乎周易有之在復䷗震下坤上復○女音汝向與音預政涉白末反草行爲跋水行爲涉憚徒旦反之頤䷚震下艮上頤復上六變得頤○頤以之反曰迷復凶復上六爻辭也復反也極陰反陽之卦上處極位迷而復反失道已遠遠而無應故凶○應應對之（疏）注復上至故凶○正義曰卦從下起從下而畫陰爻至上六爲純坤又將從下變之故復爲極陰反陽之卦也上處極位也極更无所往故爲迷也既迷而後反本從下積而至迷是爲失道已遠上應在三三亦陰爻遠而

無應故凶也復易注云復反也還也陰氣侵陽陽失其位至此始還反起於初故謂之復陽君象君失国而還反道德更爲也頤養也易注云頤者口車輔之名震動於下艮止於上口車動而上因輔嚼物以養人故謂頤爲養也其楚子之謂乎欲復其願謂欲得與鄭朝以復其願〔疏〕注謂欲至其願○正義曰楚子本意願與鄭伯來朝今不顧道理唯欲復其本願而棄其本不脩德復歸無所是謂迷復失道已遠又无所歸能無凶乎君其往也送葬而歸以快楚心言楚子必死君往當送其葬楚不幾十年未能恤諸侯也幾近也言失道遠者復之亦難○幾居依反又音祈〔疏〕注幾近至亦難○正義曰幾近釋詁文也十者數之小成言失道遠者復之亦難故卒成數以言之周易復卦上六爻云迷復凶有災眚用行師終有大敗以其国君凶至于十年不克征是易有十年之語故游吉覩之以十年服虔云此行也楚康王卒至昭四年楚靈王合諸侯于申距今八年故曰不幾十年是謂十年不克征也吾乃休吾民矣休息

也言其不能復為害。復扶又反下復顧同裨竈曰今茲周王及楚子皆將死。裨竈鄭大夫○裨避支反歲棄其次而旅於明年之次以害鳥帑周楚惡之旅客處也歲星棄星紀之次客在玄枵歲星所在其國有福失次於此禍衝在南南為朱鳥鳥尾曰帑鶉火鶉尾周楚之分故周王楚子受其咎俱論歲星過次梓慎則曰宋鄭饑裨竈則曰周楚王死傳故備舉以示卜占惟人所在○帑音奴惡烏路反衝尺容反分扶問反

【疏】注旅客至所在○正義曰易有旅卦傳言羇旅旅皆是客故為客處也歲星常行之度此年當在星紀是其所居之次也今歲星棄其所居星紀之次乃客處在於明年所居之次言其未應往而往向後玄枵之次為客寄也昭三十二年傳云越得歲而吳伐之必受其凶是歲星所在其國有福當福之衝其國有禍今失次於此故禍衝在南子午之位南北相衝客於玄枵衝當鶉火南方為朱鳥之宿帑者細弱之名於人則妻子為帑於鳥則鳥尾曰帑妻子為人之後鳥尾亦鳥之後故但以帑為言也天之分野鶉火周分鶉尾楚分歲星之衝當此周楚之分故周王楚子受其咎也歲星客在玄枵惟

衝鶉火而鶉尾亦有咎者蓋以歲星漸西衝則漸東星之於鳥猶是一身故衝其身而及其尾此則裨竈能知亦非吾徒所測也此與上文俱論歲星過次所占不同其事俱驗二而立明兩載之是傳故備文以示下占效驗惟人所在言其治之在於人各自有意見也○九月鄭游吉如晉告將朝于楚以從宋之盟子產相鄭伯以如楚舍不為壇至敵國郊除地封土為壇以受郊勞○相息亮反下同壇徒丹反勞力報反【疏】注至敵至郊勞○正義曰聘禮賓至于近郊君使卿用束帛勞无設壇之法下云先君適四國未嘗不為壇蓋以朝禮君親行事重故有之地禮有壇墠者先儒以為除地曰墠封土曰壇此并言除地封土者尚書金縢云三壇同墠是作壇在除地之內故除地封土并言之服虔本作墠解云除地為墠壇本作壇而解云除地坦坦者則讀為墠也故下云作壇以昭其功昭其禍若是除地草穢尋生不足以昭示後人杜言壇是也于言草舍者不為壇則不除地故為草舍耳外僕言曰昔先大夫相先君適四國未嘗不為壇外僕掌次舍者自是至

今亦皆循之今子草舍無乃不可乎子產曰大適小則爲壇小適大苟舍而已焉用壇僑聞之大適小有五美宥其罪戾赦其過失救其菑患賞其德刑〔刑法也○焉用於虔反下焉用作壇焉辟之又焉用盟皆同宥音又〕教其不及小國不困懷〔菑音災〕

（疏）〔亦皆循之○正義曰因循不廢也〕

服如歸是故作壇以昭其功宣告後人無怠於德〔怠解也○解佳賣反〕小適大有五惡說其罪戾〔自解說也〕請其不足行其政事〔奉行大國之政〕共其職貢從其時命〔從朝會之命○共音恭〕不然則重其幣帛以賀其福而弔其凶皆小國之禍也焉用作壇以昭其

禍所以告子孫無昭禍焉可也（無昭禍以告子孫。）○齊慶封好田而耆酒，與慶舍政。（舍，慶封子。慶封當國，不自爲政，以付舍。○好，呼報反。耆，市志反。）則以其內實遷于盧蒲嫳氏，易內而飲酒。（內實，寶物妻妾也。移而居嫳家。）數日，國遷朝焉。（就盧蒲氏朝，見封。○數，所主反。見，賢遍反。）

【疏】國遷朝焉○正義曰：慶封雖與舍政，使舍知政事耳，封猶有當國之重，故國之卿大夫皆遷就嫳家朝焉。

使諸亡人得賊者，以告而反之，（亡人辟崔氏難出奔者。○難，乃旦反。）

【疏】使諸至反之○正義曰：崔氏之亂，但是莊公之黨，崔氏以之爲賊，當時辟難，並悉出奔。崔氏既亡，慶封召令還國，故言使諸逃亡之人得賊名而出者，以己情告而悉反之。

故反盧蒲癸。癸臣子之，（子之，慶舍。）有寵，妻之。（子之以其女妻癸。○妻，七計反，注及下注皆同。）慶舍之士謂盧蒲癸曰：「男女辨姓，子不辟宗，何

左疏卅八

也辨別也別姓而後可相取慶氏盧蒲氏皆姜姓○別彼列反下同相取七住反本亦作娶曰宗不余辟言舍欲妻己疏宗不余辟○正義曰男女辨姓則妻亦辟宗然謂慶舍為宗言彼宗不於我相辟也余獨焉辟之賦詩斷章余取所求焉惡識宗言己苟欲有求於慶氏不能復顧礼譬如賦詩者取其一章而已○斷音短惡音烏安也注同癸言王何而反之二人皆嬖二子皆莊公黨二十五年崔氏弒莊公癸何出奔今還求寵於慶氏欲為莊公報讎○嬖必計反下同欲為于偽反使執寢戈而先後之寢戈親近兵杖○先悉薦反後戶豆反近附近之近杖直亮反公膳日雙雞卿大夫之膳食○膳市戰反謂公家供卿大夫之常膳疏公膳日雙雞○正義曰按禮記玉藻云天子日食少牢朔月大牢諸侯日食特牲朔月少牢其大夫則日食特豚朔月特牲舉膳日雙雞者齊國臨時之事不如礼也饔人竊更之以鶩御者知之則去其肉而以其洎饋御進

食者饔食人御者欲使諸大夫怨慶氏減其膳盡盧蒲癸王何之謀○鶩徐音木鴨也去起呂反藏也洎其器反肉汁也說文云洎灌釜也字林巨位反饋其位反

【疏】更之以鶩○正義曰釋鳥云舒鳧鶩舍人曰鳧野名也鶩家名也李巡曰野曰鳧家曰鶩郭璞曰鴨也然則謂之舒者舒遲也家養馴不畏人故飛行遲以遲別野名耳其為鴨一也○而以其洎饋○正義曰說文云洎灌釜也周禮士師職云祀五帝則洎鑊水鄭玄云洎謂增其沃汁也然則洎者添釜之名添水以為肉汁遂名肉汁為洎去肉而空以汁饋欲其怒之深也

子雅子尾怒二子皆惠公孫

【疏】注二子皆惠公孫○正義曰昭三年傳云二惠競爽猶可又十年傳曰齊惠欒高氏皆耆酒是知皆惠公孫也

慶封告盧蒲嫳以二子怒告嫳盧蒲嫳曰譬之如禽獸吾寢處之矣言能殺而席其皮使析歸父告晏平仲欲與共謀子雅子尾平仲曰嬰之衆不足用也知無能謀也言弗敢出不敢洩謀○知無音智有盟可也子家

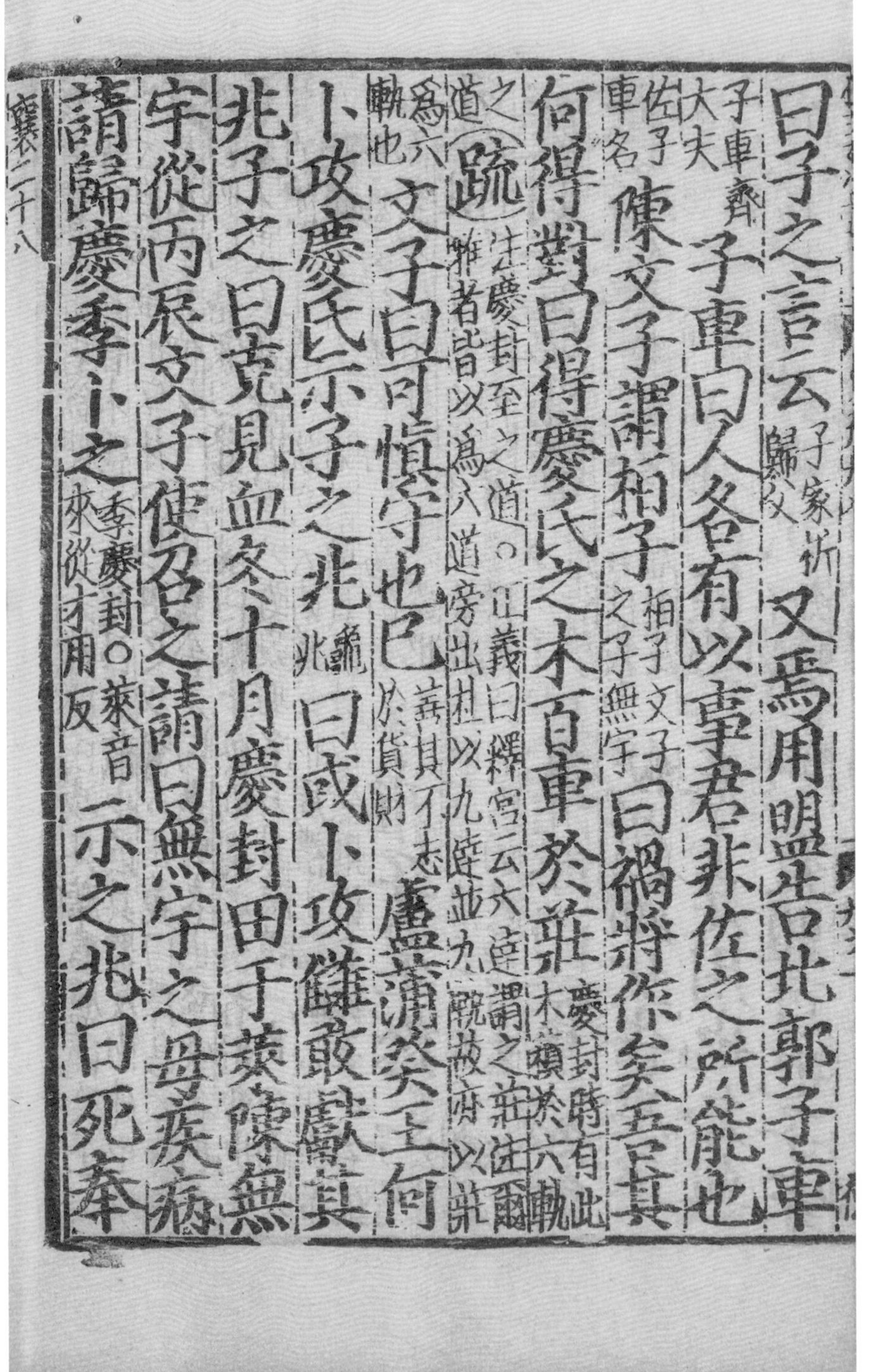

曰子之言云（子家析歸父）又焉用盟吾北郭子車（子車齊大夫）子車曰人各有以事君非佐之所能也（佐子車名）陳文子謂桓子（桓子文子之子無宇）曰禍將作矣吾其何得對曰得慶氏之木百車於莊（慶封時有此木積於六軌之道）

〔疏〕注慶封至之道○正義曰釋宮云六達謂之莊注爾雅者皆以為六道旁出杜以九達並九軌故亦以莊為六軌也

文子曰可慎守也已（善其不志於貨財）盧蒲癸王何卜攻慶氏示子之兆（龜兆）曰或卜攻讎敢獻其兆子之曰克見血冬十月慶封田于萊陳無宇從丙辰文子使召之請曰無宇之母疾病請歸慶季卜之（季慶封○萊音來從才用反）示之兆曰死奉

龜而泣（無宇泣。○奉芳勇反）乃使歸慶嗣聞之（嗣慶封之族。○慶嗣繼嗣之嗣，本或作慶氏嗣，誤）曰：禍將作矣，謂子家速歸。（子家，慶封字）禍作必於嘗，（嘗，秋祭）歸猶可及也。子家弗聽，亦無悛志。（悛，改也。○悛，七全反。寤，五故反）子息曰：亡矣，幸而獲在吳越。（子息，慶嗣）陳無宇濟水而戕舟發梁。（戕，殘壞也。不欲慶封得救難。○戕，在羊反。難，乃旦反。下外難同）盧蒲姜謂癸曰：有事而不告我，必不捷矣。（姜，癸妻，慶舍女）癸告之。（告欲殺慶舍）姜曰：夫子愎，莫之止，將不出，我請止之。（夫子謂慶舍。○愎，皮逼反）癸曰：諾。十一月乙亥，嘗于大公之廟，慶舍涖事。（臨祭事。○大音泰）盧蒲姜告之，且止之。弗聽，曰：誰敢者？

遂如公至公所麻嬰爲尸爲祭尸慶舍爲上獻上獻先獻尸者○舍尸結反【疏】慶舍爲上獻○正義曰祭祀之禮主人先獻下文慶舍死公懼而歸則於時公親在矣又此祭慶舍位事公與慶舍不爲上獻而舍爲上獻者慶舍使爲之不可以禮責也舍即繩也爲下殺慶繩張本盧蒲癸王何執寢戈慶氏以其甲環公宮廟在宮內○環如字徐音患陳氏鮑氏之圉人爲優優俳○優於求反俳皮皆反○【疏】注優俳○正義曰優者戲名也晉語有優施史記滑稽傳有優孟優旃皆善爲優戲而以優著名史游急就篇云倡優俳笑是優俳一物而二名也今之散樂戲爲可笑之語而令人之笑是也宋大尉袁淑取古之文章令人笑者次而題之名曰俳諧集慶氏之馬善驚士皆釋甲束馬束絆之也○絆音半【疏】慶氏之馬善驚○正義曰善驚謂數驚古人有此語今人謂數驚爲好驚好亦善之意也而飲酒且觀優至於魚里魚里里名優在魚里就觀之【疏】注魚里至觀之

正義曰杜以憂在魚里士往觀之劉炫以爲國人從旁爲優引行以至魚里以規杜氏但傳文不顯古事難知劉輒以爲規一何煩碎 欒高陳鮑之徒介慶氏之甲欒子雅高子尾陳須無鮑鮑國○介音界 子尾抽桷擊扉三桷椽也扉門闔也以桷擊扉爲期○桷音角扉音非門扇也椽直專反闔户蓋反 盧蒲癸自後刺子之王何以戈擊之解其左肩猶援廟桷動於甍甍屋棟○刺七亦反援音爰甍亡耕反字林亡成反

疏注甍屋棟○正義曰先儒相傳爲然也張衡西京賦曰甍宇齊平言諸屋棟甍高下等也說文云甍棟梁也是又名爲梁此是屋上之長林椽所以馮依者也今俗謂之屋春

以俎壺投殺人而後死言其多力 遂殺慶繩麻嬰慶繩慶黨 公懼鮑國曰羣臣爲君故也言欲尊公室非爲亂○爲君于僞反下爲之誦同 陳須無以公歸稅服而如內宮言公懼於外難○稅吐活反一音如

字慶封歸遇告亂者丁亥伐西門弗克還伐北門克之入伐內宮陳鮑在公所故弗克反陳于嶽嶽里名○陳直覲反嶽五角反請戰弗許遂來奔獻車於季武子美澤可以鑑光鑑形也○鑑古暫反展莊叔見之魯大夫曰車甚澤人必瘁宜其亡也叔孫穆子食慶封慶封氾祭禮食有祭示有所先也氾祭遠散所祭不共○瘁在醉反本或作萃同食慶音嗣氾芳劒反

疏注禮食至不共○正義曰禮法食必先祭祭古之先食以示有所先也公食大夫禮云賓升席坐取韭菹以徧擩于醢上豆之間祭又言祭鉶羹於上鉶之間祭飲酒於上豆之間是祭食之禮各有其處論語云汎愛衆汎是寛博之語故知氾祭爲遠散所祭言其不共也

穆子不說使工爲之誦茅鴟工樂師茅鴟逸詩刺不敬○說音悅茅亡交反鴟尺之反刺七賜反亦不知既而齊人

來讓讓魯受慶封奔吳吳句餘予之朱方句餘吳子夷末也朱方吳邑○句古候反下句瀆同疏注句餘至吳邑○正義曰此時吳君是餘祭也明年餘祭死乃夷末代立昭十五年吳子夷末卒是也服虔以句餘爲餘祭杜以爲夷末者以慶封此年之末始來奔魯齊人來讓方更奔吳明年五月而閽弒餘祭計其間未得賜慶封以邑故以句餘爲夷末也聚其族焉而居之富於其舊子服惠伯謂叔孫曰天殆富淫人慶封又富矣穆子曰善人富謂之賞淫人富謂之殃天其殃之也其將聚而殲旃殲盡也旃之也爲昭四年殺慶封傳○殲子潛反○癸巳天王崩未來赴亦未書禮也嫌時已聞喪當書故發例○崔氏之亂喪羣公子故鉏在魯叔孫還在燕賈在句瀆之丘在襄二十一年○喪息浪反故鉏仕居反公子

鉏也本或作故公鉏者非瀆音豆及慶氏亡皆召之具其器用而反其邑焉反還也與晏子邶殿其鄙六十邶殿齊别都以邶殿邊鄙六十邑與晏嬰○邶蒲對反殿多薦反又如字注及下同疏注六十邑○正義曰傳直言六十社知六十邑者下文與北郭佐邑六十則此亦是六十邑也弗受子尾曰富人之所欲也何獨弗欲對曰慶氏之邑足欲故亡吾邑不足欲也益之以邶殿乃足欲足欲亡無日矣在外不得宰吾一邑不受邶殿非惡富也恐失富也且夫富如布帛之有幅焉爲之制度使無遷也遷移也○惡烏路反且夫音扶幅音福疏外不得宰○正義曰外猶以外宰猶益也以邶殿爲外也言吾先有邑更不得益邶殿耳夫民生厚而用利於

是乎正德以幅之（言厚利皆人之所欲，唯正德可以爲之幅。疏「夫民至幅之」○正義曰：人皆欲生計重厚而多財用，利益心既無厭於足，惟用正德以幅之，言用正德以爲邊幅，使有度也。）使無黜嫚（黜猶放也。○黜，勑律反。嫚，徐音慢。）謂之幅利，利過則爲敗。吾不敢貪多，所謂幅也。」與北郭佐邑六十，受之。與子雅邑，辭多受少。與子尾邑，受而稍致之。（致還公。）公以爲忠，故有寵。釋盧蒲嫳于北竟。（釋，放也。竟音境。）求崔杼之尸，將戮之，不得。叔孫穆子曰：「必得之。武王有亂臣十人，（亂，治也。○治，直吏反。疏「武王有亂臣十人」○正義曰：尚書泰誓文也。亂，治也。以武王自言能有治理政事者十人。鄭玄論語注云：十人謂文母、周公、大公、召公、畢公、榮公、大顛、閎夭、散宜生、南宮适。）崔杼其有乎？不十人，不足以葬葬必須十人崔氏不能令十人同心故必得○令力呈反疏不十人不足以葬正義曰案武王有亂臣十人而得天下崔子若有十人容得葬者武王聖人十人皆大德故有天下崔子是罪人又有十人是凡人故崔可以葬也所引武王十人若唯取同心之義既崔氏之臣曰與我其拱璧崔氏大璧○拱居勇反徐音恭疏與我其拱璧○正義曰其者其崔杼也故云崔氏大璧拱謂合兩手也此璧兩手拱抱之故爲大璧吾獻其柩於是得之十二月乙亥朔齊人遷莊公殯于大寢更殯之於路寢也十二月戊戌朔乙亥誤○柩其救反以其棺尸崔杼於市崔氏殺莊公又葬不如禮故以莊公棺著崔杼尸邊以章其罪○著丁略反國人猶知之皆曰崔子也始求崔杼之凡不得故傳云國人皆知之疏注始求而知之○正義曰始求崔杼尸不得嫌以他尸代之傳言國人猶知之皆曰崔子言猶尚識其形知是眞崔子也○爲宋之盟故公及宋公陳侯鄭伯許

男如楚公過鄭鄭伯不在（已在楚○爲于僞反過古禾反）伯有廷勞於黃崖不敬（熒陽宛陵縣西有黃水西南至新鄭城西入洧○勞力報反廷本又作迋魚往反）穆叔曰伯有無戾於鄭鄭必有大咎（伯有不受戮必還爲鄭國害）敬民之主也而棄之何以承守（言無以承先祖守其家）鄭人不討必受其辜濟澤之阿（言薄土○濟子礼反）行潦之蘋藻（言賤菜○潦音老蘋音頻藻音早）寘諸宗室（爲宗廟○寘之豉反）季蘭尸之敬也（言取蘋藻之菜於阿澤之中使服蘭之女而爲之主神猶享之以其敬也）

【疏】濟澤至尸之敬也○正義曰此意取采蘋之詩也詩云于以采蘋南澗之濱于以采藻于彼行潦于以奠之宗室牖下誰其尸之有齊季女彼詩采蘋於澗采藻於潦此并言行潦之蘋藻又別言濟澤之阿者以其所是出菜之處故先言之也獨言濟者以濟在魯國故穆叔獨舉所見而言也女將行嫁就宗子之家教之以四德三月教成設祭於宗子之廟此詩述教成之

祭賓於宗室謂薦於宗子之家廟也詩言季女而此言季蘭謂季女服蘭草也案宣三年傳曰蘭有國香人服媚之如是女之服蘭也敬可棄乎爲三十年鄭殺良霄傳及漢楚康王卒公欲反叔仲昭伯曰我楚國之爲豈爲一人行也昭伯叔仲帶○爲于僞反下除而爲之備一字並反子服惠伯曰君子有遠慮小人從邇邇近也飢寒之不恤誰遑其後遑暇也不如姑歸也叔孫穆子曰叔仲子專之矣言足專任子服子始學者也言未識遠榮成伯曰遠圖者忠也成伯欒駕鵞○駕音加鵞五河反公遂行從昭伯謀宋向戌曰我一人之爲非爲楚也飢寒之不恤誰能恤楚姑歸而息民待其立君而爲之備宋公遂反

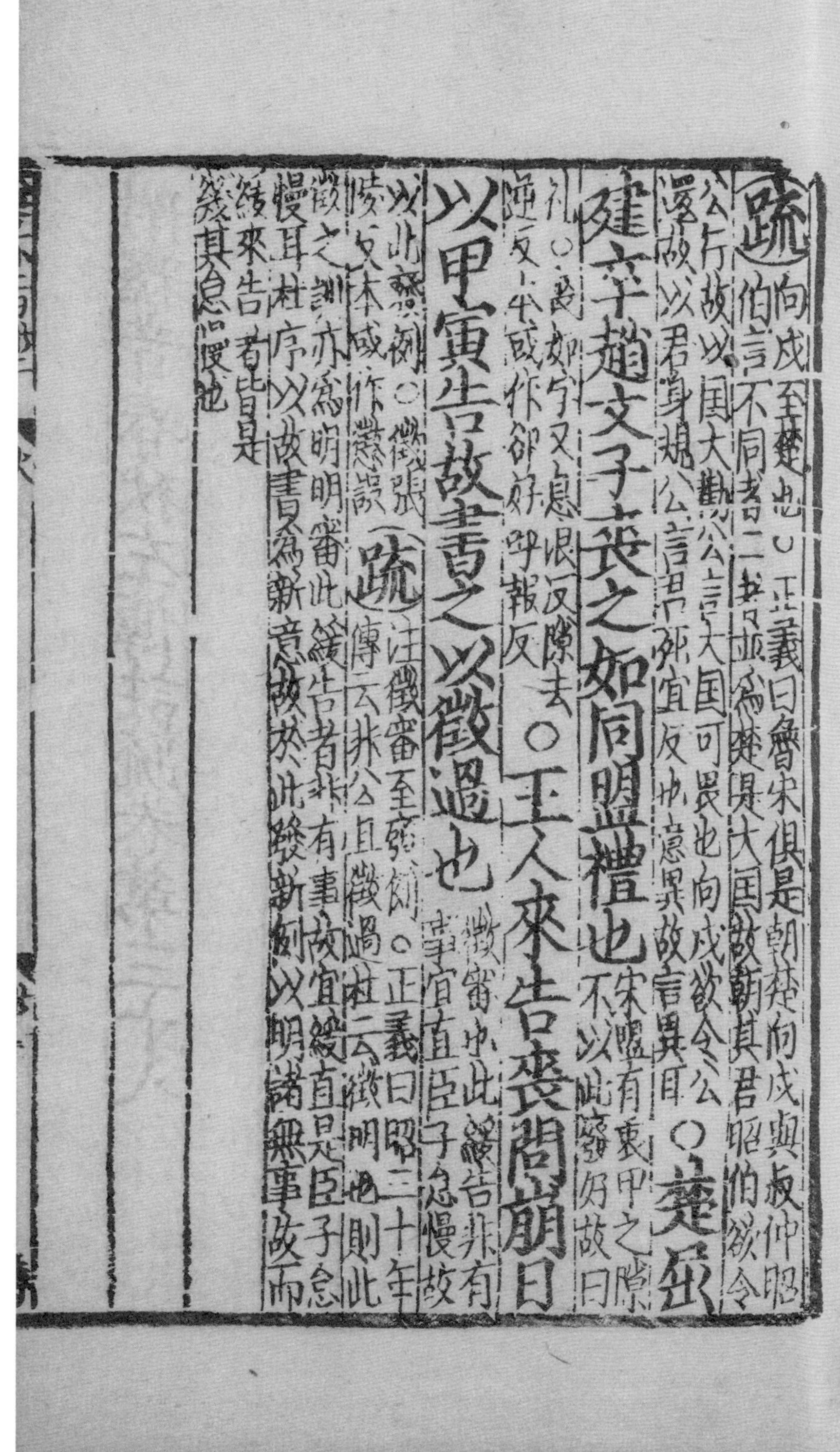

疏向戌至楚也○正義曰魯宋俱是朝楚向戌與叔仲昭伯言不同者二子並爲楚是大國故朝其君昭伯欲令公行故以國大勸公言大國可畏也向戌欲令公還故以君身規公言君所宜反也意異故言異耳○楚屈建卒趙文子喪之如同盟禮也宋盟有衷甲之隙不以此廢好故曰禮○喪如字又息浪反隙去逆反上字或作郤好呼報反○王人來告喪問崩日以甲寅告故書之以徵過也徵審也此經告非有事宜直臣子怠慢故以此發例○徵張陵反本或作懲誤疏注徵審至發例○正義曰昭二十年傳云非公且徵過杜云徵明也則此徵之訓亦爲明明審此經告者非有事故宜經直是臣子怠慢耳杜序以故書爲新意故於此發新例以明諸無事故而經來告者皆是發其怠慢也

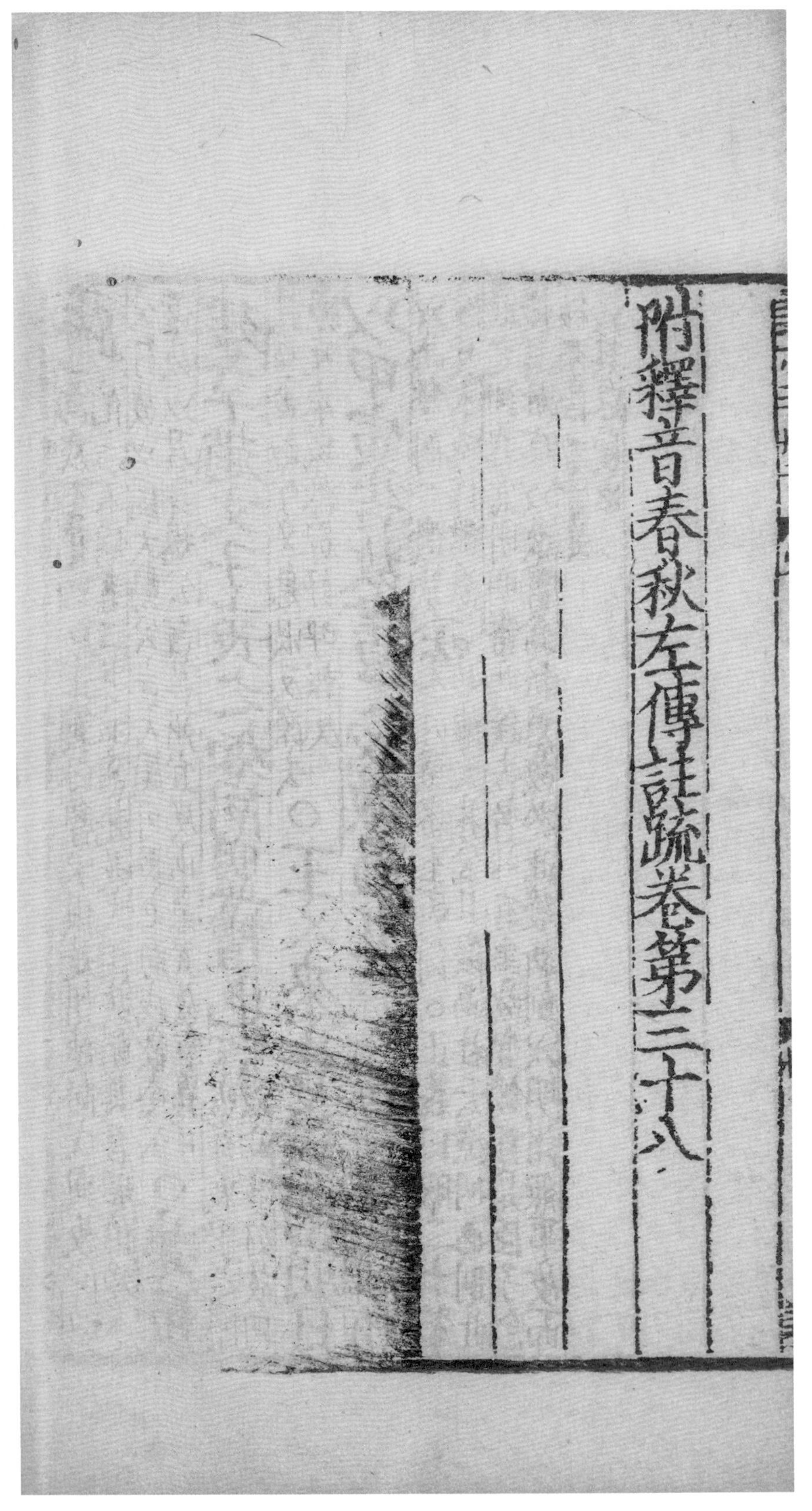
附釋音春秋左傳註疏卷第三十八

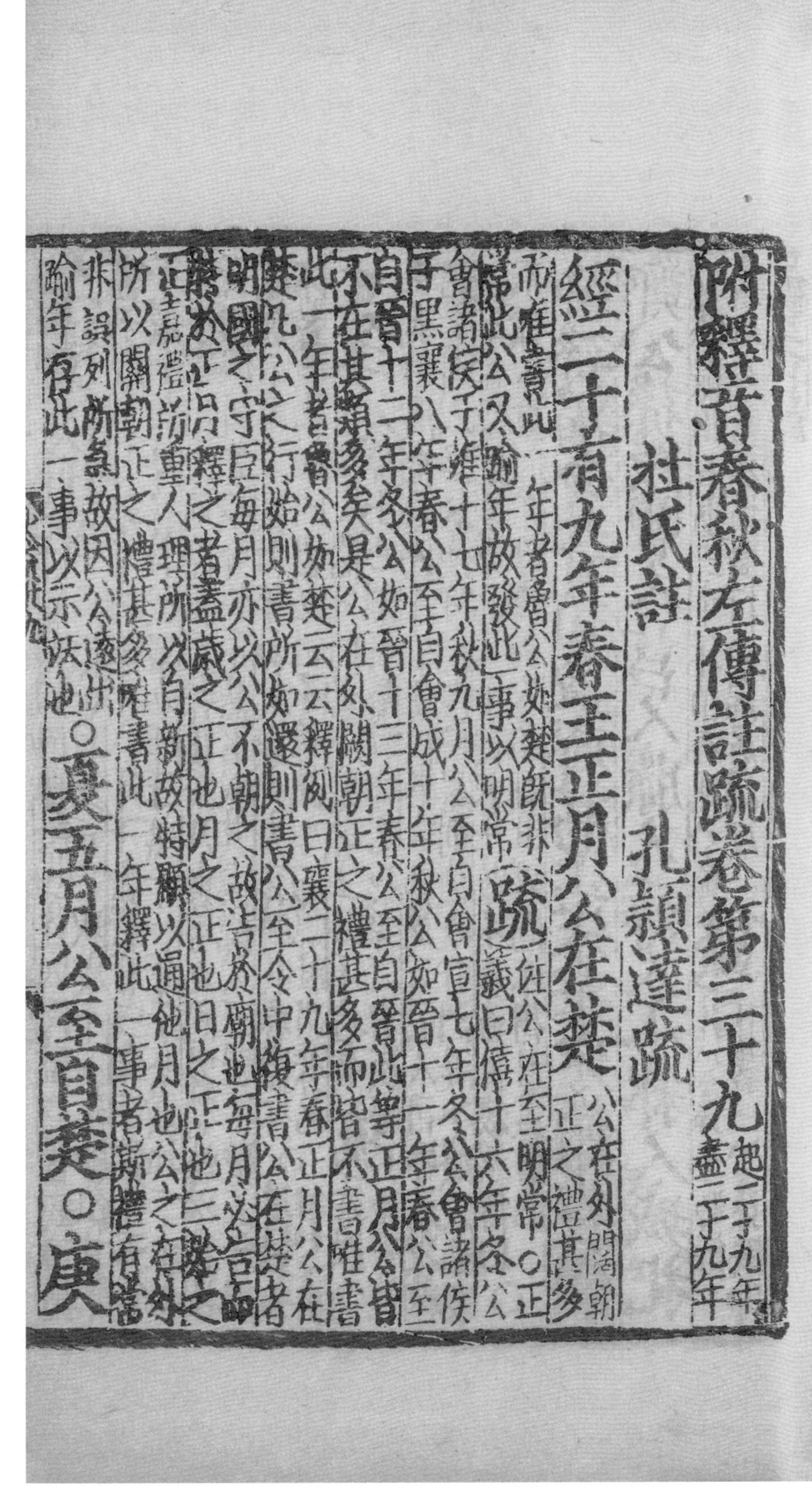

附釋音春秋左傳註疏卷第三十九 起二十九年 盡二十九年

杜氏註　孔穎達疏

經二十有九年春王正月公在楚 公在外闕朝正之禮甚多而唯書此一年者魯公如楚既非嫌此公又踰年故發此一事以明常 疏 注公在至明常○正義曰僖十六年冬公會諸侯于淮十七年秋九月公至自會宣七年冬公會諸侯于黑壤八年春公至自會成十年秋公如晉十一年春公至自晉十二年冬公如晉十三年春公至自晉此等正月公皆不在其闕多矣是公在外闕朝正之禮甚多而皆不書唯書此一年者魯公如楚云云釋例曰襄二十九年春正月公在楚乃公之行始則書所如還則書公至今中復書公在楚者明國之守臣每月亦以公不朝之故告於廟也每月必告朔聽政於正月釋之者蓋歲之正也月之正也日之正也三始之正嘉禮所重人理所以自新故特顯以通他月也公之在外所以闕朝正之禮甚多唯書此一年釋此一事者新禮有常非誤列所急故因公遠出踰年存此一事以示法也○夏五月公至自楚○庚

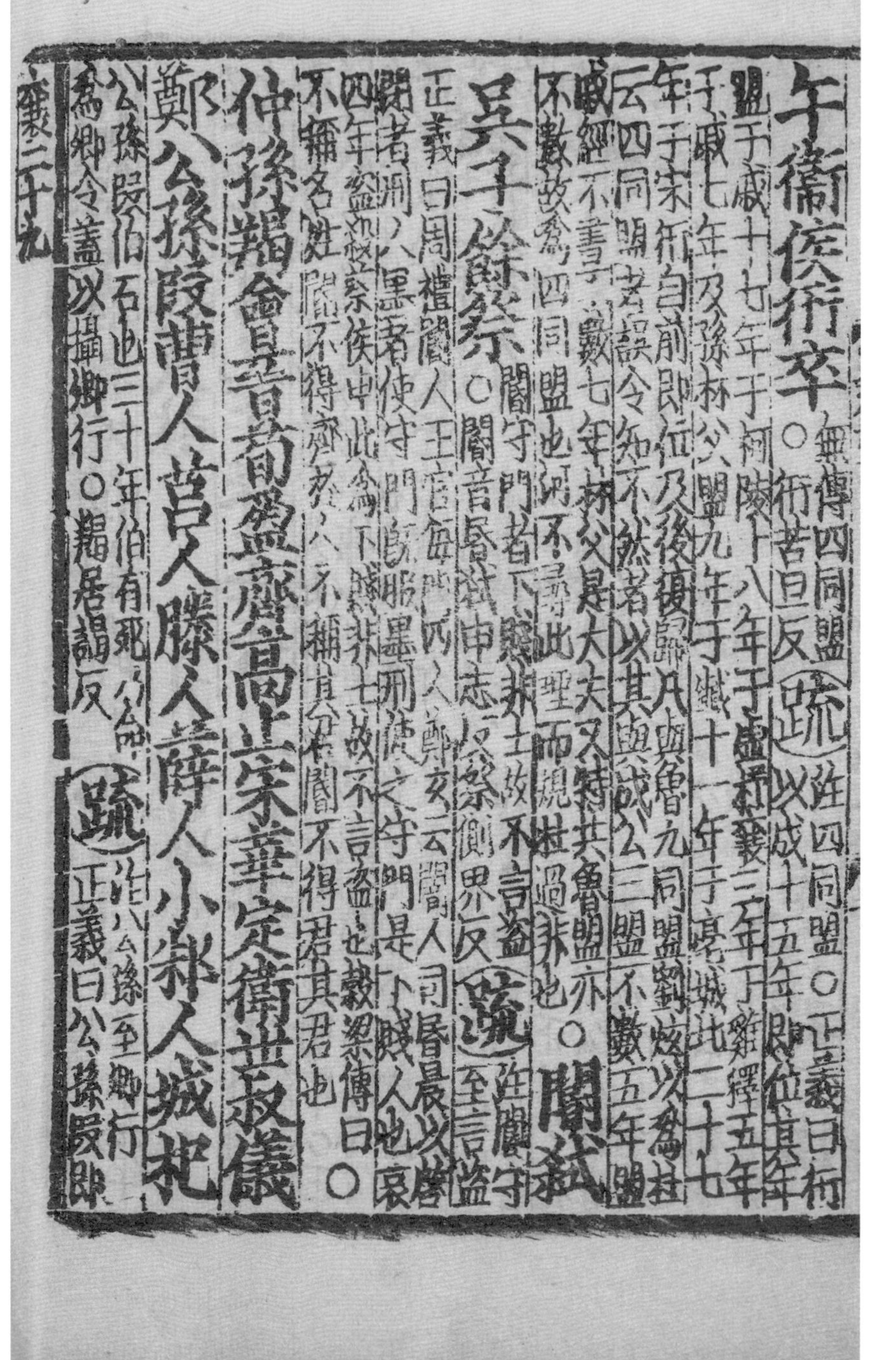

午衛侯衎卒無傳四同盟衎苦旦反【疏】注四同盟○正義曰衎以成十五年即位其年盟于戚十七年于柯陵十八年于虛朾襄三年于雞澤五年于戚七年及孫林父盟九年于戲十一年于亳城北二十七年于宋衎自前即位及後復歸凡與魯九同盟劉炫以為杜云四同盟者誤今知不然者以其與成公三盟不數五年盟戚經不書于戲七年林父是大夫又特共魯盟亦不數故為四同盟也何不尋此理而規杜過非也○閽弒吳子餘祭閽守門者下賤非士故不言盜○閽音昏弒申志反祭側界反【疏】注閽守至言盜正義曰周禮閽人王宮每門四人鄭玄云閽人司昏晨以啓閉者刑人墨者使守門既服墨刑使之守門是下賤人也哀四年盜殺蔡侯申此為下賤非士故不言盜也穀梁傳曰○不稱名姓閽不得齊於人不稱其君閽不得君其君也

仲孫羯會晉荀盈齊高止宋華定衛世叔儀鄭公孫段曹人莒人滕人薛人小邾人城杞公孫段伯石也三十年伯有死公命為卿令蓋以攝卿行○羯居謁反【疏】注公孫至卿行正義曰公孫段即

襄二十九

伯石也據三十年傳伯有死始命伯石爲卿則此時未爲卿矣未爲卿而得書其名故疑之云蓋以攝卿行也以隱公攝位爲君而國人君之諸侯與之知攝位爲卿者諸侯亦即以爲卿待之於列故亦得以卿書也文七年傳稱晉使先蔑如秦逆公子雍荀林父謂蔑曰攝卿以往可也何必子是知有使大夫攝卿之法也○**晉侯使士鞅來聘○杞子來盟**杞復稱子用夷禮也○復扶又反【疏】注杞復至禮也

正義曰杞入春秋書爵稱侯又稱伯僖二十三年二十七年稱子傳曰用夷禮故曰子自爾以來常稱爲伯今復稱子傳云書曰子賤之也明爲用夷禮也故賤之知杞復稱子用夷禮也○**吳子使札來聘**吳子餘祭既遣札聘上國而後死札以六月到魯未聞喪也不稱公子其禮未同於上國○札側八反【疏】注吳子至上國

○正義曰上云閽弒吳子此言吳子使聘傳曰其出聘也通嗣君也不知通嗣君通誰嗣也賈逵服虔皆以爲夷末新即位使來通聘案隱三年武氏子來求賻文九年毛伯來求金並不言王使傳皆云王未葬也是知先君未葬嗣君不得命臣此與閽弒吳子文不隔月吳魯相去經塗三千豈以君死之月即命臣乎而得書吳子使也且傳稱季札至魯徧

觀周樂至武感聞鍾聲焉孫文子云君又在殯而可以樂乎自請觀樂譏人聽樂曠世大賢豈當若是故杜以爲逼嗣君逼餘祭嗣也二十五年遏爲巢牛臣所殺餘祭嗣立至此始使札通上國吴子未死之前命札出使既遣札聘而後身死札以六月到魯衣及聞喪故每事皆行吉禮也經傳皆無札至之月知以六月到者以城杞在五月之下城杞既訖乃有士鞅來聘杞子來盟若共在月中則不容此事下文有利知札以六月至也札去之後吴始告喪告以三月被弑故追書在聘上耳札實公子不書公子者吴是東夷其禮未同於上國故使不書氏以札是卿故書其名耳釋例曰吴晚通上國故其君臣朝會不同於例亦猶楚之初始也昭二十七年○秋傳稱延州來季子聘于上國是吴謂諸夏爲上國也

九月葬衛獻公無傳○齊高止出奔北燕止高厚之子燕音烟○冬仲孫羯如晉

傳二十九年春王正月公在楚釋不朝正于廟也釋解也告廟在楚解公所以不朝正【疏】注釋至朝正○正義曰公本在國每月之朔常以朝享之

禮親自祭廟今以在外之故闕於此禮國之守臣於此朔日告廟云公在楚史官因書於策傳解其告廟之意告云公在楚者解釋公所以不得親自朝正也楚人使公親襚諸侯有遣使賵襚之禮今楚欲遣使之此○襚音遂說文云衣死人衣遺使所吏反下同賵芳鳳反一本作贈此必利反【疏】楚人使公親襚至此○正義曰檀弓云襄公朝于荊康王卒荊人曰必請襲魯人曰非禮也荊人強之巫先拂柩荊人悔之記之所言即是此事所異者此言請襚彼言請襲此言祓殯彼言拂柩雖俱說此事先後不同禮死而浴浴即襲襲後始小斂大斂乃殯案往年傳公及漢聞康王卒公欲反則康王之卒公未至楚楚人使公親襚傳在此年言之則此年始令公親襚襚不得為襲也卒已踰月不得柩仍在地而知殯是而祓非記虛而傳實也然則襚衣所以衣尸既殯而使公襚者致襚所以結恩好其衣不必充用雜記說致襚之禮云委衣于殯東是既殯猶致襚也文九年秦人來歸僖公成風之襚僖薨十年猶致之況既殯也○注諸侯至之此○正義曰雜記云君者含襚賵臨是諸侯之臣使於鄰國之禮也楚人以諸侯相於有遣使賵襚之禮今以公身既在意在輕魯欲以公依遣使之此使公親行之也公患之穆叔曰祓殯而

襚則布幣也先使巫祓除殯之凶邪而行襚禮與朝而布幣無異○祓音拂除音廢邪似嗟反

【疏】祓殯至幣也○正義曰案雜記諸侯使臣致襚之禮云委衣於殯東今楚人以公身在意欲輕魯公依禮使之比公以楚之輕己所以患之故穆叔云若使巫人先往祓殯則是君臨臣喪之禮祓除既了而行襚禮布陳衣物與行朝之時布陳幣帛無異有向可患劉炫云朝禮兩君相見先設玉然後致享乃布陳幣帛於庭也祓殯者君臨臣喪之禮先使祓殯行臨喪之禮然後致襚則全是布幣之禮言與朝而布幣無異也君臨臣喪者由先見臣故以祓殯比行朝禮自然致襚似布幣是以親襚屈辱魯以祓殯自尊今替自疏云以殯有凶邪畏惡患之不肯親襚穆叔云先使巫人祓除殯之凶邪既無可行襚禮布陳衣物與行朝之時布陳幣帛無異言俱無咎有何可患

乃使巫以桃茢先祓殯茢黍穰○茢音列徐音例穰如羊反鄭注周禮云茢苕帚

【疏】乃使至祓殯○正義曰巫者接神之官周禮男巫王弔則與祝前檀弓云君臨臣喪以巫祝桃茢執戈惡之也鄭玄云為有凶邪之氣在側桃鬼所惡茢萑苕可埽不祥君臨臣喪禮有此法故使巫以桃茢先祓殯君以楚子為臣然所以辱楚也茢是苕帚蓋桃為棒

也詩毛傳曰薍爲萑萑若謂薍穗也杜云菼黍穰者今並所謂苕帚者或用薍穗或用黍穰是二者皆得爲之也楚人弗禁既而悔之禮君臨臣喪乃祓殯故楚悔之○二月癸卯齊人葬莊公於北郭兵死不入兆域故葬北郭疏注兵死至北郭○正義曰周禮冢人掌公墓之地下其兆域凡死於兵者不入兆域○夏四月葬楚康王公及陳侯鄭伯許男送葬至于西門之外諸侯之大夫皆至于墓楚郟敖即位郟敖康王子熊麇也王子圍爲令尹圍康王弟鄭行人子羽曰是謂不宜必代之昌松柏之下其草不殖言楚君弱令尹強物不兩盛爲昭元年圍弑郟敖起本公還及方城季武子取卞取卞邑以自益使公冶問問公起君公冶季氏屬大夫璽書追而與之璽印也疏注璽印也○正義曰蔡邕獨斷云璽印也信也天子璽白

玉螭虎紐古者尊卑共之月令曰固封璽季武子使公冶問璽書此諸侯大夫印稱璽也衛宏云秦以前民皆以金玉為印惟其所好自秦以來唯天子之印獨稱璽又以玉羣臣莫敢用也案周禮掌節貨賄用璽節鄭玄云今之印章也則周時印已名璽但上下通用曰聞守下者將叛臣帥徒以討之既得之矣敢告公冶致使而退致季氏使命及舍而後聞取下發書乃聞之公曰欲之而言叛祇見疏也言季氏欲得下而欺我言

（疏）公曰至疏也○正義曰武子書云聞下將叛則是叛形未著故公猜之言武子自欲得之而誣言其叛多見疏外我也多見疏猶論語云多見其不知量也服虔本作祇見疏解云祇適也晉宋杜本皆作多古人多祇同音張衡西京賦云炙炮夥清酤多皇恩溥洪德施施與多為韻此類衆矣

公謂公冶曰吾可以入乎以季氏家已故不敢入對曰君實有國誰敢違君公與公冶冕服以御服玄冕賞之

（疏）注以御至賞之○正義曰公冶先為大夫今公令

襄二十九

以恩加賜，知以卿服玄冕賞之也。周禮司服云公卿大夫之服，自玄冕而下，是卿與大夫同服玄冕也，其旒當以命數爲異耳。）固辭，強之而後受。公欲無入，榮成伯賦式微，乃歸。（式微，詩邶風，曰式微式微，胡不歸。式，用也。義取寄寓之微陋，勸公歸也。）五月，公至自楚。公冶致其邑於季氏，（本從季氏得邑，故還之。）而終不入焉。（不入季孫家。）曰：「欺其君，何必使余？」季孫見之，則言季氏如他日。不見，則終不言季氏。及疾，聚其臣，（大夫家臣。）曰：「我死，必無以冕服斂，非德賞也。（言公畏季氏而賞其使，非以我有德。○斂，力驗反。）且無使季氏葬我。」○葬靈王，（不書，魯不會。）鄭上卿有事，子展使印段往。伯有曰：「弱，不可。」（印段年少官卑。○少，詩照反。）【疏】（葬靈至段往。○正義曰：鄭之上卿即子展也有事謂君適楚而代守國也計於時鄭卿在國猶有子西伯有不使彼行而使印段者蓋別有所掌乎子展守國故不得行也子展曰與其莫往弱不猶愈乎詩云王事靡盬不遑啓處詩小雅盬不堅固也啓跪也言王事無不堅固故不暇跪處○盬音古跪其委反【疏】注詩小至跪處○正義曰小雅四牡之章盬亦蠱也昭元年傳曰於文皿蟲爲蠱穀之飛亦爲蠱蠱是蟲之害物故爲不牢固也釋言云皇暇也啓跪也季巡曰皇間暇也啓小跪也言王事無有不牢固已當牢固之故不得間暇而跪處也東西南北誰敢寧處謂上卿堅事晉楚以蕃王室也言戎周事晉楚乃所以蕃言王室○蕃芳元反王事無曠何常之有遂使印段如周傳言周衰卑於晉楚○吳人伐楚獲俘焉以爲閽使守舟吳子餘祭觀舟閽以刀弒之言以刀明近刑人○近附近之近○鄭子展卒子皮即位

子皮代父爲上卿。於是鄭饑，而未及麥，民病。子皮以子展之命餼國人粟，戶一鍾，在喪，故以父命也。六斛四斗曰鍾。○餼，許氣反。是以得鄭國之民，故罕氏常掌國政，以爲上卿。

【疏】注「以子展之命」。○正義曰：蓋死日近，時民已饑，故須其以子展之遺命也。

宋司城子罕聞之，曰：「鄰於善，民之望也。」民亦望君爲善。

【疏】注「鄰於善民之望也」。○正義曰：鄰，近也。近於善，民亦望君爲善也。

宋亦饑，請於平公，出公粟以貸，使大夫皆貸。司城氏貸而不書。施而不德。○貸，他代反，下同。施，始豉反，下文同。爲大夫之無者貸。宋無飢人。叔向聞之，曰：「鄭之罕，宋之樂，其後亡者也！二者其皆得國乎！得掌國政。○向，許亮反。民之歸也。施而不德，樂

氏加焉其以宋升降乎升降隨宋盛衰○晉平公杞出也

故治杞治理其地脩其城【疏】注治理至其城○正義曰經書城杞謂築杞城耳下使女叔侯來治

杞田知治杞之地非獨脩其城也六月知悼子合諸侯之大夫以

城杞孟孝伯會之鄭子大叔與伯石往大叔不書卑不親

事○知音智大叔音泰下同子大叔見大叔文子文子衛大叔儀與之語

文子曰甚乎其城杞也子大叔曰若之何哉

晉國不恤周宗之闕而夏肄是屏周宗諸姬也夏肄杞也肄

餘也屏城也○夏戶雅反注下皆倣此肄以二反詩傳云斬而復生曰肄方言云𣡌餘也秦晉之間曰肄【疏】注周至肄

是屏○正義曰方言云肄𣡌餘也秦晉之間曰肄鄭玄云斬而復生曰肄杞是夏後威而復存猶木之𣡌生小栽也其

棄諸姬亦可知也已諸姬是棄其誰歸之吉

也聞之弃同即異是謂離德詩曰協比其鄰昏姻孔云詩小雅言王者和協近親則昏姻甚歸附也○比毗志反晉不鄰矣其誰云之云猶旋旋歸之○齊高子容與宋司徒見知伯女齊相禮子容高止也司徒華定也知伯荀盈也女齊司馬侯也相禮侍威儀也○女音汝相息亮反賓出司馬侯言於知伯曰二子皆將不免子容專專自是也司徒侈皆亡家之主也知伯曰何如對曰專則速及速及禍也○侈昌氏反又尸氏反侈將以其力斃力盡而自斃○斃婢世反專則人實斃之將及矣爲此秋高止出奔燕昭二十年華定出奔陳傳○專則人實斃之絕句將及矣本或作侈將及矣者非○范獻子來聘拜城杞也謝晉爲杞城○爲于僞反下文爲之歌皆同公享之展莊

叔執幣公將以酬賓射者三耦二人爲耦○耦五口反【疏】射者三耦正義曰燕禮云若射則大射正爲司射如鄉射之禮是燕有爲射之時也此云公享之則享法亦有射也周禮射人云諸侯之射以四耦此三耦者彼是畿內諸侯故四耦此及儀禮大射畿外諸侯故三耦或當臣與君異也公臣不足取於家臣家臣展瑕展玉父爲一耦公臣公巫召伯仲顔莊叔爲一耦鄫鼓父黨叔爲一耦言公室卑微公臣不能備於三耦○召上照反鄫才陵反黨音掌○晉侯使司馬女叔侯來治杞田使魯歸前侵杞田所歸少故不書弗盡歸也晉悼夫人慍曰齊也取貨夫人平公母杞女也謂叔侯取貨於魯故不盡歸杞田○慍紆運反怒也怨也先君若有知也不尚取之不尚叔侯之取貨【疏】注不尚至取貨○正義曰服虔云不尚尚也尚當取女叔侯殺之下叔侯云先君而有知也毋寧夫人而焉用老臣服虔

云毋寧寧也寧自取夫人將焉用老臣乎杜以其言大悖無復君臣之禮故改之以爲夫人云不尚取之者先君不高尚此叔侯之取貨也毋寧夫人謂先君當怪夫人之所爲也劉炫以夫人慍而出辭則其言當悖直言不尚此事所譏大輕淺非是慍之意昭八年穿封戌云若此君之及此追恨不殺靈王其意乃悖於此蓋古者不諱之言服虔之說未必非也公告叔侯叔侯曰虞虢焦滑霍揚韓魏皆姬姓也八國皆晉所滅焦在陝縣揚屬平陽郡○虢瓜百反焦子消反滑乎八反晉是以大若非侵小將何所取武獻以下兼國多矣武公獻公晉始盛之君誰得治之杞夏餘也而即東夷行夷禮魯周公之後也而睦於晉以杞封魯猶可而何有焉何有盡歸之魯之於晉也職貢不乏玩好時至公卿大夫相繼於朝史不絕書書魯之朝聘○好呼報反

下好善同府無虛月無月不受魯貢如是可矣可必瘠魯以肥杞且先君而有知也毋寧夫人而焉用老臣言先君毋寧怪夫人之所爲無用責我○瘠在亦反毋音無焉用於虔反○杞文公來盟魯歸其田故來盟書曰子賤之也賤其用夷禮○吳公子札來聘見叔孫穆子說之謂穆子曰子其不得死乎不得以壽終○說音悅壽音授好善而不能擇人吾聞君子務在擇人吾子爲魯宗卿而任其大政不愼舉何以堪之禍必及子爲昭四年豎牛作亂起本【疏】好善而不能擇人○正義曰昔有當塗貴郅國公蘇威嘗問曰知人是善然後好之何以言其不能擇人貴曰好善仁擇人鑒雖有仁心鑒不周[illegible]故好而不能擇也劉炫以此言亦有所切於彼請觀於周樂魯以周公故有天子禮樂

【疏】注"魯以"至"禮樂"。○正義曰：明堂位云：成王以周公爲有
勳勞於天下，是以封周公於曲阜，命魯公世世祀周公
以天子之禮樂。又曰：凡四代之服器官，魯兼
用之。是魯以周公故有天子之禮樂也。使工爲之歌
周南、召南，此皆各依其本國歌所常用聲曲。○召，上照反，本或作邵。【疏】"歌周南召南"。正義
曰：歌周南、召南之詩，而以樂音爲之節也。周南、召南皆文王
之詩也。周、召者，岐山之陽地名。周之先公曰大王者，自豳始
遷焉，而脩德建王業。大王生王季，王季生文王。及時維梁、荆、
豫、徐、揚之民皆歸文王，文王三分天下有其二，以服事殷。文
王改鄷於豐，乃分岐邦周、召之地，賜周公旦、召公奭以爲采
邑，使此二公施教於己所職之國，爲文王行先公賢化，興己
聖化。使二公雜而施行之，但南土感化有深有淺，其作詩也
或感聖化，或感賢化。及武王伐紂定天下，巡守述職，陳諸國
之詩以觀民風俗。其六州所作詩，其得聖人之化者謂之周
南，其得仁賢之化者謂之召南。其實皆是文王之化，而分繫
周、召二公耳。以分繫者，文王以諸侯之身行王者之化，詩人
述其本志，爲作聖賢之風。此詩體實是風，不可以雅名之。文
王身有王號，不可以風繫之，名無所繫，詩不可棄，因二公爲
王行化，是故繫之二公。周公聖，以聖化繫之；召公賢，以賢化

繫之周南十一篇召南十四篇季札此時徧觀周樂詩篇三百不可歌盡或每詩歌一篇兩篇以示意耳未必盡歌之也劉炫云不直言周召者以其實非二公身化也言南者詩序云言化自北而南也謂從岐周南被江漢也○注此皆至聲曲○正義曰詩人觀時政善惡而發憤作詩其所作文辭皆準其樂音令宮商相和使成歌曲樂人采其詩辭以爲樂章述其詩之本音以爲樂之定聲其聲既定其法可傳雖多歷年世而其音不改今此爲季札歌者皆依其本國歌所常用聲曲也由其各有聲曲故季札聽而識之言本國者變風諸國之音各異也曰美哉美其聲疏注美其聲○正義曰先儒以爲季札所言觀其詩辭而知故杜顯而異之季札所云美哉者皆美其聲也詩序稱詩者志之所之也在心爲志發言爲詩情動於中而形於言言之不足故嗟歎之長歌以申意也及其八音俱作取詩爲章則人之情意更復發見於樂之音聲出言爲詩各述己情聲能寫情情皆可見聽音而知治亂觀樂而曉盛衰神瞽人賢師曠季札之徒其當有以知其趣也始基之矣周南召南王化之基猶未也猶有商紂未盡善也盡津忍反然勤而不怨矣未能安樂然其音不怨怒樂音洛下和樂声下文

樂而不施同【疏】注未能至怨怒○正義曰詩序云治世之音安以樂亂世之音怨以怒此作周不也詩其時猶有紂存音雖未能安樂已得不怨怒矣

為之歌邶鄘衛武王伐紂分其地為三監三監叛周公滅之更封康叔并三監之地故三國盡被康叔之化○鄘音容被皮義反

【疏】注武王伐紂分其從西監正義曰邶鄘衛者商紂畿內之地名也漢書地理志云周既滅殷分其畿內為三國詩風邶鄘衛國是也邶以封紂子武庚鄘管叔尹之衛蔡叔尹之以監殷民謂之三監故書序曰武王崩三監叛周公誅之盡以其地封弟康叔故邶鄘衛三國之詩相與同風也注取漢志為說也漢世大儒孔安國賈逵馬融之徒皆以為然故杜亦同之○鄭玄詩譜云武王伐紂以其京師封紂子武庚為殷後庶殷頑民被紂化日久未可以建諸侯乃三分其地置三監使管叔蔡叔霍叔尹而監教之自紂城而北謂之邶南謂之鄘東謂之衛武王崩後五年周公居攝三監導武庚叛成王既黜殷命殺武庚復伐三監更於此三國建諸侯以殷餘民封康叔於衛使為之長後世子孫稍彊兼并彼一國混其地而名之先儒雖無言然康叔以後七世至頃侯仁人不遇邶人作柏舟之詩以刺之以後繼號十九篇為邶風十篇為鄘風十篇為衛風皆美刺衛君而

分爲三耳此三國之風實同是衛詩而必爲三者鄭玄云作
者各有所傷從其本國分而異之故爲邶鄘衛之詩焉其意
以爲邶鄘衛各是大國土風不同作者雖俱有
美刺而各述土風故太師各從其本分而異之**曰美哉**

淵乎憂而不困者也淵深也亡國之音哀以思其民困衛康叔武公德化深遠雖遭
宣公淫亂懿公滅亡民猶秉義不
至於困○思息嗣反下憂思同**吾聞衛康叔武公**

之德如是是其衛風乎康叔周公弟武公康叔九世孫皆衛之令德君也聽聲以
爲別故有疑言○別彼列反

疏注康叔至疑言○正義曰康叔周公弟武公康叔九世孫世本世家文也魯爲
季札作樂爲之歌聲而耳不告季札以所歌之樂名也札言
吾聞康叔武公之德如是是先聞其善今聲合其意雖不知
其名而疑是衛風也言是其衛風乎疑之辭也**爲之歌王**
直聽聲以爲別不因名而後知故有疑言焉

王黍離也幽王遇西戎之禍平王東遷王政
不行於天下風俗下與諸侯同故不爲雅

疏注王黍離至爲雅
正義曰王詩黍離爲首王非國名故舉首篇以表之王者周
東都王城畿內方六百里之地也始武王作邑于鎬是爲西

都周公攝政營洛邑謂之王城是爲東都成王既居洛邑復還歸西都十一世至幽王幽王爲犬戎之禍平王東遷王城於時王室政不行於天下其風俗下同諸侯王畿內之人怨刺者以其政同諸侯皆作風詩不復爲雅其音既是風體故大師別之謂之王國之變風也謂之王者以王當國猶春秋之王人天命未改尚尊之故不言周也曰美哉思而不懼其周之東乎宗周隕滅故憂思猶有先王之遺風故不懼爲之歌鄭詩第七疏爲之歌鄭○正義曰周宣王封母弟友於西都畿內是爲鄭桓公於漢則京兆鄭縣是其都也幽王之時桓公爲大司徒見幽王政荒問於史伯曰王室多故余懼及焉其何所可以逃死史伯教之濟洛河潁之間有虢鄶之國取而守之唯是可以少固及幽王爲犬戎所殺桓公死之其子武公與晉文侯定平王於東都王城卒取史伯所云虢鄶之地而居之於漢則河南郡新鄭縣是其都也武公入作卿士國人作緇衣之篇以美之以後凡二十一篇皆鄭風也曰美哉其細已甚民弗堪也是其先亡乎美其有治政之音譏其煩碎知不能久疏曰美至亡乎○正義曰樂歌詩篇情見於聲矣美哉者美其政治

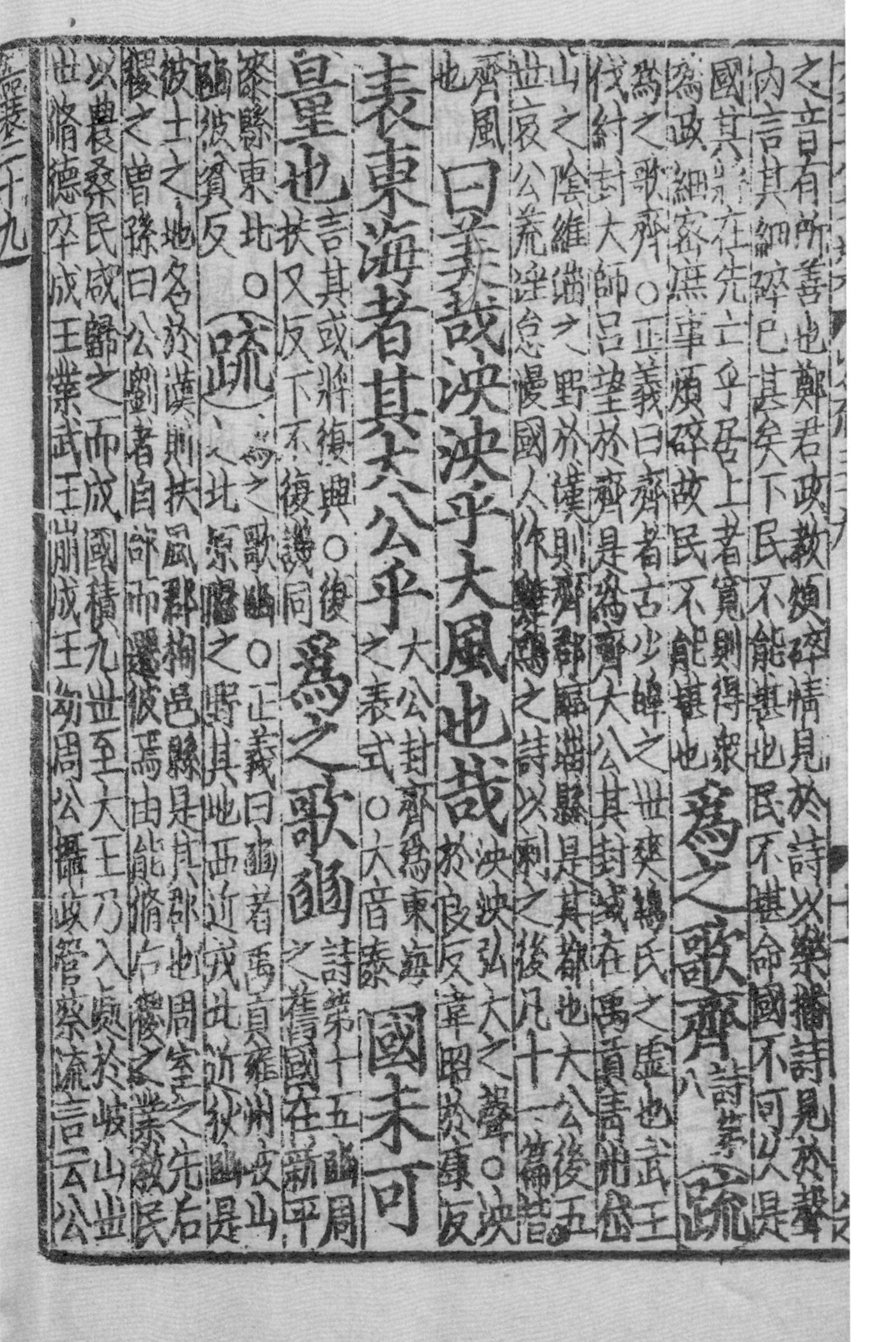
之音有所善也鄭君政教煩碎情見於詩以樂播詩見於聲内言其細碎已甚矣下民不能堪也民不堪命國不可以是國其先亡乎居上者寬則得衆為政細密庶事煩碎故民不能堪也為之歌齊詩第八疏為之歌齊○正義曰齊者古少皞之世爽鳩氏之虛也武王伐紂封大師呂望於齊是為齊大公其封域在禹貢青州岱山之陰維淄之野於漢則齊郡臨淄縣是其都也大公後五世哀公荒淫怠慢國人作雞鳴之詩以刺之後凡十一篇皆齊風也曰美哉泱泱乎大風也哉泱泱弘大之聲○泱於良反韋昭於康反表東海者其大公乎大公封齊為東海之表式○大音泰國未可量也言其或將復興○復扶又反下不復護識同為之歌豳詩第十五豳周之舊國在新平漆縣東北○豳彼貧反疏為之歌豳○正義曰豳者禹貢雍州岐山之北原隰之野其地西近戎北近狄豳是彼士之地名於漢則扶風郡栒邑縣是其郡也周室之先后稷之曾孫曰公劉者自邰而遷彼焉由能脩后稷之業敎民以農桑民咸歸之而成國積九世至大王乃入處於岐山世世脩德卒成王業武王崩成王幼周公攝政管蔡流言云公

左襄二十九

將不利於孺子周公以是舉兵東伐之乃陳后稷先公風化之所由致王業之艱難作七月之詩以表志大師以其主意於先公在豳時之事故別其詩以爲豳國之變風凡七篇皆是周公之事也

曰美哉蕩乎樂而不淫其周公之東乎蕩乎蕩然也樂而不淫言有節周公遭管蔡之變東征三年爲成王陳后稷先公不敢荒淫以成王業故言其周公之東乎○樂而不淫音洛又音洛注同下而又同樂而同以樂故此爲成于僞反王業節字又于況反

【疏】曰美至東乎○正義曰美哉亦美其聲也蕩蕩寬大之意好樂不已則近於荒淫故美其樂而不淫也先聞周公之德此聲同於所聞故疑之云其周公之在東乎言在東之時爲此聲也

爲之歌秦詩第十一後仲尼刪定故不同○刪所姦反

【疏】爲之歌秦○正義曰秦者隴西山谷之名於漢則隴西郡秦亭秦谷是也堯時有伯益者佐禹治水有功帝舜賜之姓曰嬴氏其後世之孫曰非子事周孝王孝王使之養馬於汧渭之間封之爲附庸邑之於秦谷非子曾孫秦仲宣王又命以爲大夫始有車馬禮樂侍御之好國人作車鄰之詩以美之秦仲之孫襄公平王之初興兵討西戎以救周王既東遷乃以岐豐之地賜之始列爲諸侯

更有駟驖以下凡十篇皆秦風也○注詩第至不同○正義
曰此為季札歌詩風有十五國其名皆與詩同唯其次第異
耳則仲尼以前篇目先具其所刪削蓋亦無多記傳引詩亡
逸甚少知本先不多也史記孔子世家云古者詩三千餘篇
孔子去其重取三百五篇蓋馬遷之謬耳曰此之謂夏聲夫能夏則
大大之至也其周之舊乎秦本在西戎汧隴之西秦仲始有車馬禮樂去戎狄之
音而有諸夏之聲故謂之夏聲及襄公佐周平王東遷而受其地故曰周之舊○汧苦賢反去起呂反又如字為
之歌魏詩第九魏姬姓國閔元年晉獻公滅之（疏）為之歌魏○正義曰魏者虞舜夏禹所都
之地在禹貢冀州雷首之北析城之西於漢則河東郡河北縣是其都也周以封同姓世本無魏君名謚不知始封之君
何所名也鄭玄以為周王平桓之世魏君儉嗇自褊急不務施德國人作葛屨之詩以刺之後凡七篇皆魏風也曰
美哉渢渢乎大而婉險而易行以德輔此則
明主也渢渢中庸之聲婉約也險當為儉字之誤也大而約則儉節易行惜其國小無明君也○渢扶弓反

除數劍反皁昭音凡婉紆阮反為之歌唐詩第十唐晉詩疏險依注音儉易以豉反注同為之歌唐○正義曰唐者帝堯舊都之地於漢則大原郡晉陽縣是也周成王封母弟叔虞於堯之故虚曰唐侯其地南有晉水虞子燮父改為晉侯燮父後六世至僖侯甚嗇愛物儉不中禮國人閔之作蟋蟀之詩以刺之以後凡十一篇皆唐風也詩序云此晉也而謂之唐本其風俗憂深思遠有堯之遺風又叔虞初國亦以唐為名故名其詩為唐風曰思深哉其有陶唐氏之遺民乎不然何憂之遠也晉本唐國故有堯之遺風憂深思遠情發於聲○思息嗣反非令德之後誰能若是為之歌陳詩第十二疏曰思深哉至能若是○正義曰陶唐之化遺法猶在作歌之民與唐世民同故聽此歌曰思慮深遠哉見其思深故疑之云其有陶唐氏之遺民乎若其不是唐民何其憂思之遠也非承令德之後誰能如此深慮也令德謂唐堯也○為之歌陳○正義曰陳者大皞伏羲氏之虛也於漢則淮陽郡陳縣是其都也帝舜之胄有虞遏父者為周武王陶正武王賴其利器用又以其人是聖舜神明之後乃封其子

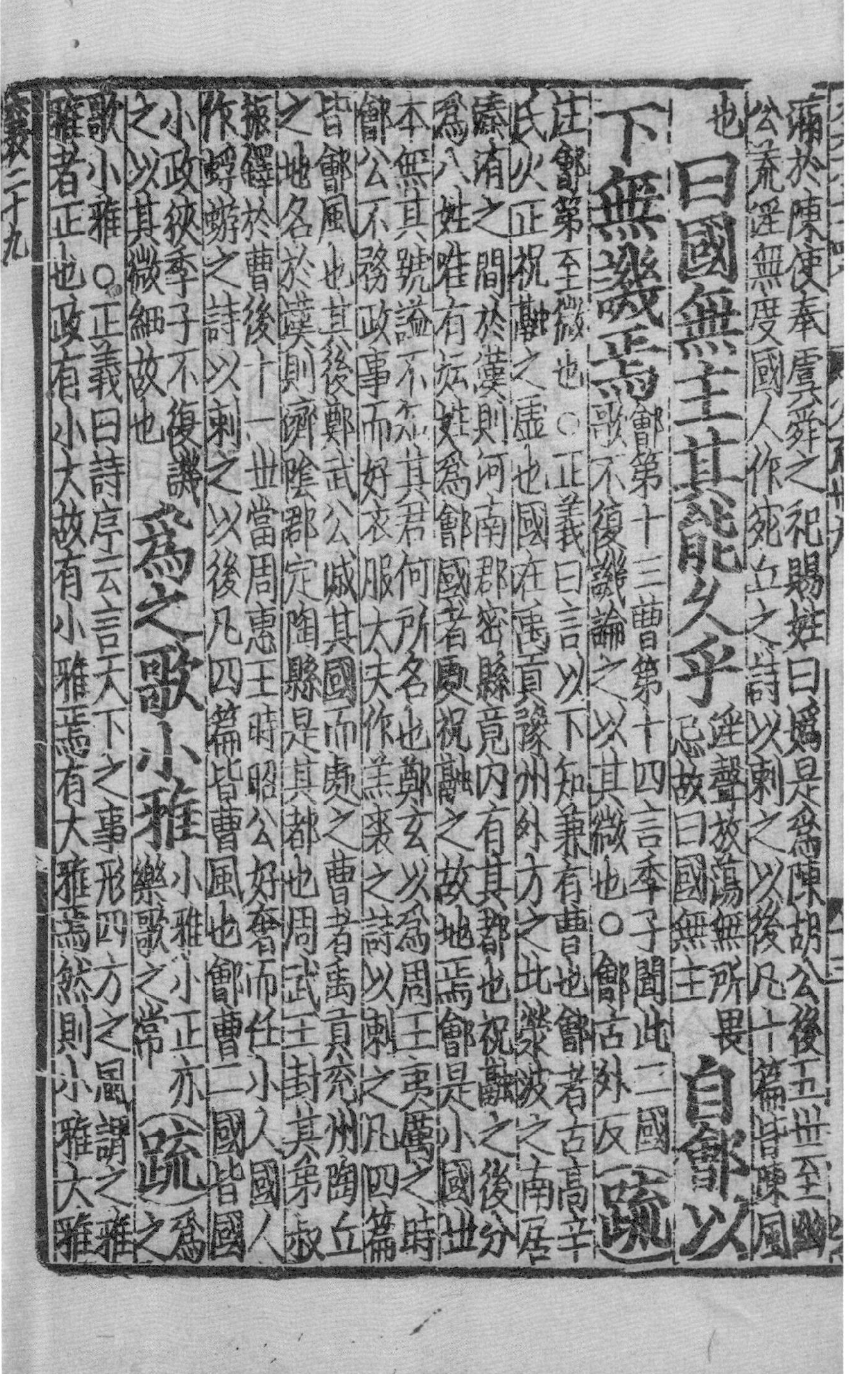

痛於陳使奉虞舜之祀賜姓曰嬀是爲陳胡公後五世至幽公荒淫無度國人作宛丘之詩以刺之以後凡十篇皆陳風也

曰國無主其能久乎淫聲放蕩無所畏忌故曰國無主

自鄶以下無譏焉鄶第十三曹第十四言季子聞此二國歌不復譏論之以其微也○鄶古外反【疏】注鄶第至微也○正義曰言以下知兼有曹也鄶者古高辛氏火正祝融之虛也國在禹貢豫州外方之北滎波之南居溱洧之間於漢則河南郡密縣是其都也祝融之後分爲八姓唯有妘姓爲鄶國者處祝融之故地焉鄶是小國世本無其號謚不知其君何所名也鄭玄以爲周王夷厲之時鄶公不務政事而好衣服大夫作羔裘之詩以刺之凡四篇皆鄶風也其後鄭武公滅其國而處之曹者禹貢兗州陶丘之地名於漢則濟陰郡定陶縣是其都也周武王封其弟叔振鐸於曹後十一世當周惠王時昭公好奢而任小人國人作蜉蝣之詩以刺之以後凡四篇皆曹風也鄶曹二國皆國小政狹季子不復譏之以其微細故也

爲之歌小雅小雅小正亦樂歌之常【疏】爲之歌小雅○正義曰詩序云言天下之事形四方之風謂之雅雅者正也政有小大故有小雅焉有大雅焉然則小雅大雅

皆天子之詩也立政所以正下故詩序訓雅爲正又以政解之天子以政教齊正天下故民述天子之政還以齊正而爲名故謂之雅也王者政教有大有小詩人述之亦有大小故有小雅大雅焉據詩以小雅所陳有飲食賓客賞勞羣臣燕賜以懷諸侯征伐以强中國樂得賢者長育人材於天子之政皆小事也大雅所陳有受命作周代殷繼伐荷先王之福祿尊祖考以配天醉酒飽德官人用士澤被昆蟲仁及草木於天子之政皆大事也詩人歌其大事制爲大體述其小事制爲小體體有大小故分爲二焉詩體既異樂音亦殊其音既定其法可傳後之作者各從其舊二雅正經述小政爲小雅述大政爲大雅既有小雅之體亦有小雅大雅之音王道既衰變雅並作取小雅之音歌其政事之變者謂之變小雅取大雅之音歌其政事之變者謂之變大雅故變雅之美刺皆由音制有大小不復由政事之大小也風述諸侯之政亦無大小但化止一國不足分別頌則功成乃作歸美報神皆是大事無復小體故風頌不分唯雅分爲二也周自文王受命發跡肇基武王伐紂功成業就及成王周公而治致升平頌聲乃作此功成之頌本由此風雅而來故錄周南召南之風鹿鳴文王之雅以爲詩之正經計周南召南之風鹿鳴文王之雅所述文王之事亦有同時者也但文王實是諸侯而

有天子之政詩人所以立意不同述諸侯之政則爲之作風述天子之政則爲之作雅就雅之内又爲大小二體是由體制異於時節異也詩見積漸之義小雅先於大雅故魯爲季札亦先歌小雅

曰美哉思而不貳思文武之德無貳叛之心怨而不言有哀音其周德之衰乎衰小也猶有先王之遺民焉謂有殷王餘俗故未大衰

〔疏〕曰美至民焉○正義曰杜以此言皆歎正小雅也言其時之民思文武之德不有二心也雖怨時政而能忍而不言其是周德衰小之時乎猶有殷先王之遺民故使周德未得大衰也服虔以爲此歎變小雅也其意言思上世之明聖而不貳於當時之王怨當時之政而不有背叛之志也其周德之衰微乎歟其幽厲之政也劉炫以服言爲是而謂杜解錯謬今知不然者以小雅大雅二詩相對今歌大雅云其文王之德乎是歌其善者以大雅准之明知歌小雅亦歌其善者也若其不然何意大雅歌善小雅歌不善且魯爲季札歌詩不應揚先王之惡以示遠夷劉不達此旨以服意而規杜非也○注衰小也○正義曰衰者差也九章筭術謂差分爲衰衰分言從大漸差而小故杜以衰爲小也服虔讀衰爲衰微之衰謂幽厲之時

也爲之歌大雅大雅陳文王之德以正天下疏注大雅至天下○正義曰大雅亦有

武王成王之詩杜惟言文王者以下云其文王之德乎故也曰廣哉熙熙乎熙熙和樂

聲曲而有直體論其聲其文王之德乎雅頌所以詠盛德形

容故但歌其美者不皆歌變雅爲之歌頌頌者以其成功告於神明疏注頌者至神明○正

義曰鄭玄云頌之言容也天子之德光被四表格于上下無不覆燾無不持載此謂之容也詩序云頌者美盛德之形容

以其成功告於神明也言天子盛德有形容可美可美之形容謂道教周備也威功者營造之功畢也天之所營在於

命聖聖之所營在於任賢賢之所營在於養民民安而財豐衆和而事濟如是則司牧之功畢矣故告於神明也劉炫又

云干戈既戢夷狄來賓嘉瑞悉臻遠近咸服羣生遂其性萬物得其所即功成之驗也萬物本於天人本於祖天之所命

者牧人祖之所本者成業人安業就告神明使知雖社稷山川四嶽河海皆以民爲主欲民安樂故作詩歌其成功徧告

神明所以報神明恩也王者政有興廢未嘗不祭羣神祖廟政未大平則神無恩力故大平德洽始報神功也頌詩止法

祭祀之狀不言德神之力者美其祭祀是報德可知言其降福是荷恩可知幽王小雅云先祖非人胡寧忍予則於時之意豈不美其祭乎故美其祭則報情顯以成功告神明之意如此也謂周頌也其商頌則異雖是祭祀之歌祭先祖王廟述其生時之功乃是死後頌德非以成功告神意同大雅與周頌異魯則止頌僖公纔如變風之美者文體類小雅又與商頌異也此當是歌周頌杜解盛德所同兼斁魯三頌皆歌也曰至矣哉言道備○至矣哉一本無矣字直而不倨倨傲○倨音據徐音居傲五報反曲而不屈屈撓○撓乃孝反邇而不偪謙退○偪彼力反遠而不攜攜貳遷而不淫淫過蕩復而不厭常日新○厭於豔反徐於贍反哀而不愁知命樂而不荒節之以禮用而不匱德弘大○匱其位反廣而不宣不自顯施而不費因民所利而利之○施始豉反費芳味反取而不貪義然後取處而不底守之以道○底丁禮反行而不流制之以義

五聲和宮商角徵羽謂之五聲。○徵張里反八風平八方之氣謂之八風節有度守有序八音克諧節有度也無相奪倫守有序也盛德之所同也頌有殷魯故曰盛德之所同

【疏】曰至至同也○正義曰至矣哉言其美之至也以王道周備故爲至美也自直而不倨至行而不流之十四事皆音有此意明王者之德季札或取於人或取於物以形見此德每句皆下字破上字而美其能不然也人性直者失於倨傲此直而能不倨也謂王者體性質直雖富有四海而不倨傲慢易在下物有曲者失於屈撓此曲而能不屈也謂王者曲降情意以尊接下恒守尊嚴不有屈撓相去近者失於相偪此邇而能不偪也謂王者雖爲在下與之親近能執謙退不陵偪在下相去遠者失於乖離此遠而能不攜也謂王者雖爲在下與之疏遠而能不有攜離情疑在下數遷徙者失於淫泆此遷而能不淫也謂王者雖有遷動流去能以德自守不至放蕩去而復反則爲人所厭此復而能使不厭也謂王者政教日新雖反覆而行不爲下之厭薄哀者近於憂愁此哀而能不愁也謂王者雖遇凶災知運命如此不有憂愁樂者失於荒廢此樂而能不荒廢也用之不已物將匱乏此用而不可匱也志寬大者多自宣揚

此雖廣而不自宣揚也好施與者皆貴財物此能施而不費損也取人之物失於貪多此雖取而不爲貪多也處而不動則失於留滯此雖久處而能不底滯也謂王者相時而動時未可行雖復止處意不底滯行而不已則失於流放此雖常行而能不流放也謂王者量時可行施布政教能制之以義不妄流移五等之宣皆和八方之風皆平八音之作有節其節皆有常度音之所守有分其守各有次序周魯與商皆有盛德此上諸事盛德之所同也○注八音至序也○正義曰八音克諧無相奪倫舜典文也倫理也言八音能和諧是其音有節度也八音不相奪道理是音各守其分有次序也○注頌有至所同○正義曰杜以爲之歌頌言其亦歌商魯故以盛德之所同謂商魯與周其德俱盛也劉炫以爲魯頌只美僖公之德本非德洽之歌何知不直據周頌而云頌有商魯乎今知不然者商頌之大體皆述其太平祭祀告神之事魯頌雖非太平經稱皇皇后帝皇祖后稷又云周公皇祖亦其福女美其祭神獲福與周頌相似且季文子請周作頌取其美名又季札至魯欲褒崇魯德取其一善故云盛德所同若直歌周頌宜加周字不得唯云歌頌故杜爲此解劉以爲魯頌不得與周頌同而規杜氏非也

見舞象箾南籥者象箾舞所執南籥以籥舞也皆

文王之樂○箾音朔籥羊略反【疏】見舞象箾南籥者○正義曰樂之爲樂有歌有舞歌則詠其辭而以聲播之舞則動其容而以曲隨之歌者樂器同而辭不一聲隨辭變曲盡更歌故云爲之歌風爲之歌雅及其舞則每樂別舞其舞不同季札請觀周樂魯人以次而舞每見一舞各有所歎故以見舞爲文不言爲之舞也且歌則聽其聲舞則觀其容歌以工人爲文故言爲歌也舞以季札爲文故言見舞也樂有音聲唯言舞諸樂以舞爲主周禮大司樂云以樂舞教國子舞雲門大卷大咸大磬大夏大濩大武又云乃分樂而序之以祭以享以祀舞雲門以祀天神舞咸池以祭地祇舞大磬以祀四望舞大夏以祭山川舞大濩以享先妣舞大武以享先祖凡六樂者文之以五聲播之以八音鄭玄云播之言被也是其以舞爲主而被以音聲故魯作諸樂於季札皆云見舞也禮法歌在堂而舞在庭故郊特牲云歌者在上匏竹在下貴人聲也以貴人聲樂以先歌後舞故魯爲季札先歌諸詩而後舞諸樂其實舞時堂上歌其舞曲也○注象箾至之樂○正義曰賈逵云箾舞曲名言天下樂箾去無道杜云箾舞者所執二者俱無所據各以意言之耳詩述碩人之善舞云左手執籥右手秉翟籥是舞者所執則箾亦舞者所執杜說當得其實但不知箾是何等器耳杜云皆文王之樂則象

籥與南籥各是一舞南籥既是文舞則象籥當是武舞也詩云維清奏象舞則此象籥之舞故鄭玄注詩云象用兵時刺伐之舞是武舞可知其名之曰南其義未聞也知是武王制者以爲人子者貴其成父之事文王旣有文功武王無容不述於周公之時已象伐紂之功作大武之樂不應復象文王之伐制爲别樂故知此舞是武王制焉王者功成禮樂必太平乃得爲之武王未及太平而得作此樂者一代大典須待大平此象文王之功非爲易代大法故雖未制禮亦得爲之周公大平之時作大武尊重文王之功留猶之以爲别樂故六代之樂不數此象也周禮分樂而序之象舞不以祭祀或當祈告所用故魯今亦有之劉炫云知是文王樂者詩云維清緝熈文王之典此象樂之所舞故知是文王樂也鄭玄注象又云此樂名象而已以其象事有舞音故詩序謂之象舞舞非此樂名故此直言舞也其簫籥是可執之物司馬相如上林賦曰拂鷖鳥捎鳳凰則捎亦拂之類今人謂拂爲拂捎此必傳於古其簫捎字同也杜不解南劉炫謂南如周南之意南在簫籥之間蓋二者共有南義

曰美哉猶有憾美哉美其容也文王恨不及己致大平○憾本亦作感胡暗反大平音泰

【疏】注美哉至大平○正義曰歌聽聲而舞觀形故知美者美其容也歌詩田以爲

出樂音以詩爲章人歌君德情見於音聽聲知政容或可爾計聖人之德非舞容可象而季札觀舞皆知其德者聖人之作樂也各象當時之事時事見於舞故觀之可以知也樂記稱賓牟賈問大武之樂云敢問遲之遲而又久何也子曰夫樂者象成者也揔干而山立武王之事也發揚蹈厲大公之志也武亂皆坐周召之治也且夫武始而北出再成而滅商三成而南四成而南國是疆五成而分周公左召公右六成復綴以崇天子夾振之而四伐盛威於中國也分夾而進事早濟也久立於綴以待諸侯之至也彼言大武之舞是象武王之事則知諸樂之舞皆象時王功德也聖王功德見於舉動之容故觀其舞容各知其德也

見舞大武者（武王樂）

疏 見舞大舞者○正義曰鄭玄周禮注云大武武王樂也武王伐紂以除其害言其德能成武功也比舞四代之樂從後代而稍前也象是文王之樂事在大武之先先舞象而後舞武者以象爲一代大樂故先舞之

曰美哉周之盛也其若此乎見舞韶濩者（殷湯樂○韶上招反本或作招濩音獲又戶郭反）

疏 見舞韶濩者○正義曰周禮謂之大濩鄭玄云大濩湯樂也湯以寬治民而除其邪言其德能使天下得其所也然則以

懷陳校

左疏三十九　十八

其防濩下民故稱濩也此言韶濩不解韶之義韶亦紹也言其能紹繼大禹也曰聖人之弘也

而猶有慚德聖人之難也慙於始代見舞大夏者禹之樂【疏】見舞大夏者○正義曰樂記解此樂名夏大也鄭玄云言禹能大堯舜之德又周禮注云禹治水敷土言其德能大中國也季札見此舞歎禹勤苦為民而不以為恩德則鄭周禮注是也曰美哉勤

而不德非禹其誰能脩之盡力溝洫勤也○洫況域反見舞韶箾者舜樂○韶箾音簫【疏】見舞韶箾者○正義曰樂記解此樂名云韶繼也鄭玄云韶之言紹也言舜能繼紹堯之德杜不解箾義箾即簫也尚書曰簫韶九成鳳凰來儀此云韶箾即彼簫韶是也孔安國云言簫見細器之備也蓋韶樂兼簫為名簫字或上或下耳曰德至矣哉大矣如天之無不幬也幬覆也○幬徒報反如地之無不載也

雖甚盛德其蔑以加於此矣觀止矣若有他

樂吾不敢請已魯用四代之樂故及韶箾而季子知其終也季札賢明才博在吳雖已涉見此樂歌之文然未聞中国雅聲故請作周樂欲聽其聲然後依聲以參時政知其興衰也聞秦詩謂之夏聲聞頌曰五聲和八風平皆論声以參政也舞畢知其樂終是素知其篇數

【疏】注魯用至篇數。○正義曰明堂位云四代之服器官魯兼用之是魯之所用四代而已唯用四代之樂不得用雲門大咸故舞及韶箾而季札知其終也先儒以爲季札在吳未嘗經見此樂爲歌諸詩其所歎美皆以詩辭之內求所歎之意故杜辨之在吳雖已見此樂歌之文但未聞中国雅声其所言者皆聽声而知非察其文辭故取傳文證之明是素知其篇數也

其出聘也通嗣君也吳子餘祭嗣立故遂聘于齊說晏平仲謂之曰子速納邑與政納歸之公。○說音悅下皆同無邑無政乃免於難齊國之政將有所歸未獲所歸難未歇也歇盡也。○難乃旦反下皆同歇許謁反故晏子因陳桓子以納

政與邑是以免於欒高之難難在昭八年聘於鄭見子産如舊相識與之縞帶子産獻紵衣焉大帶也呉地貴縞鄭地貴紵故各獻己所貴示損己而不爲彼貨利○縞古老反紵直呂反【疏】注大帶至貨利○正義曰王藻説大帶之制大夫以素爲帶裨其紳三尺者外以玄内以華居士錦帶弟子縞帶季札呉卿也而以縞帶與子産者是其當時之所有耳呉始通上国未必服章依礼也杜以縞是中國所有紵是南邊之物非土所有各是其貴知其示貧已耳不爲彼貨利也若其不然傳不須載明其有此意也孔安国云縞白繒也鄭玄礼記注云白經赤緯曰縞黑經白緯曰纖謂子産曰鄭之執政侈難將至矣政必及子子爲政慎之以禮不然鄭國將敗侈謂伯有【疏】注侈謂伯有○正義曰據二十七年傳伯有次子展之下此年子展卒故伯有執政也上文云子展卒子皮代爲政者蓋鄭人以子展有大功使子皮代父爲上卿耳其父始卒國政猶在伯有下云伯有使公孫黑

如楚，是伯有執政之事也。適衛，說蘧瑗、(蘧伯玉。○蘧，其居反。瑗，于眷反。)史狗、(史朝之子文子。○史朝如字，下文公子朝同。)史鰌、(史魚。○鰌音秋。)公子荊、公叔發、(公叔文子。)公子朝，曰：「衛多君子，未有患也。」自衛如晉，將宿於戚，(孫文子之邑。)聞鍾聲焉，曰：「異哉！吾聞之也，辯而不德，必加於戮。(辯猶爭也。○辯，爭鬭之爭。)夫子獲罪於君以在此，(孫文子以戚叛。)懼猶不足，而又何樂？夫子之在此也，猶燕之巢于幕上。(言至危。○幕音莫。)君又在殯，而可以樂乎？」(獻公卒未葬。)遂去之。(不止宿。)文子聞之，終身不聽琴瑟。(聞義能改。)適晉，說趙文子、韓宣子、魏獻子，(獻子，魏舒。)曰：「晉國其萃於三族乎！」(言晉國之政將集於三家萃在醉反集也○説叔向將行謂叔向曰吾子勉之君侈而多良大夫皆富政將在家富必厚施故政在家○施式豉反【疏】君侈而良多○正義曰謂多以惡人爲良而善之吾子好直必思自免於難○秋九月齊公孫蠆公孫竈放其大夫高止於北燕蠆子尾竈子雅放者宥之以遠○蠆勑邁反宥音又乙未出書曰出奔罪高止也待放書奔所以示罪【疏】注實放至示罪正義曰釋例云奔者迫窘而去逃死四鄰不以禮出也放者受罪黜免宥之以遠也迫窘而奔及以禮見放俱去其國故傳通以違文仲尼脩春秋又以所稱爲優劣也夫立功立事者國之厚益而身之表的也表高的明雖婦人猶欲彎弓而況當塗之士是以君子慎之道家貴善行者無轍跡故遂而身退高止既犯其始又專以終之免死爲幸斯乃聖賢之篤戒故變於言奔又致其罪以示過胥甲父之放命陳招之首惡奔同屬以篤教也杜以高止之罪輕於陳招胥甲而變放言奔

紓音舒解音蟹然明曰政將焉往裨諶曰善之代不善天命也其焉辟子產言政必歸子產○將焉於虔反下同舉不踰等則位班也子產位班次應知政擇善而舉則世隆也世所高也天又除之奪伯有魄喪其精神為子產驅除○喪息浪反除並如字驅一讀上音丘具反下直據反子西即世將焉辟之天禍鄭久矣其必使子產息之乃猶可以戾戾定也不然將亡矣

【疏】裨諶曰善之代不善云云○正義曰：案傳伯有死後子皮授子產政云虎帥以聽命，則子皮於時位在子產上矣。此裨諶論鄭卿位次，其言不及子皮者，蓋以子皮非舊卿，雖繼父而居高位，民望政次未之許也。及伯有既死，子西亦卒，子皮位為上卿，故鄭人使知政耳。

按，此葉應爲第二十二葉，上闕第二十一葉。

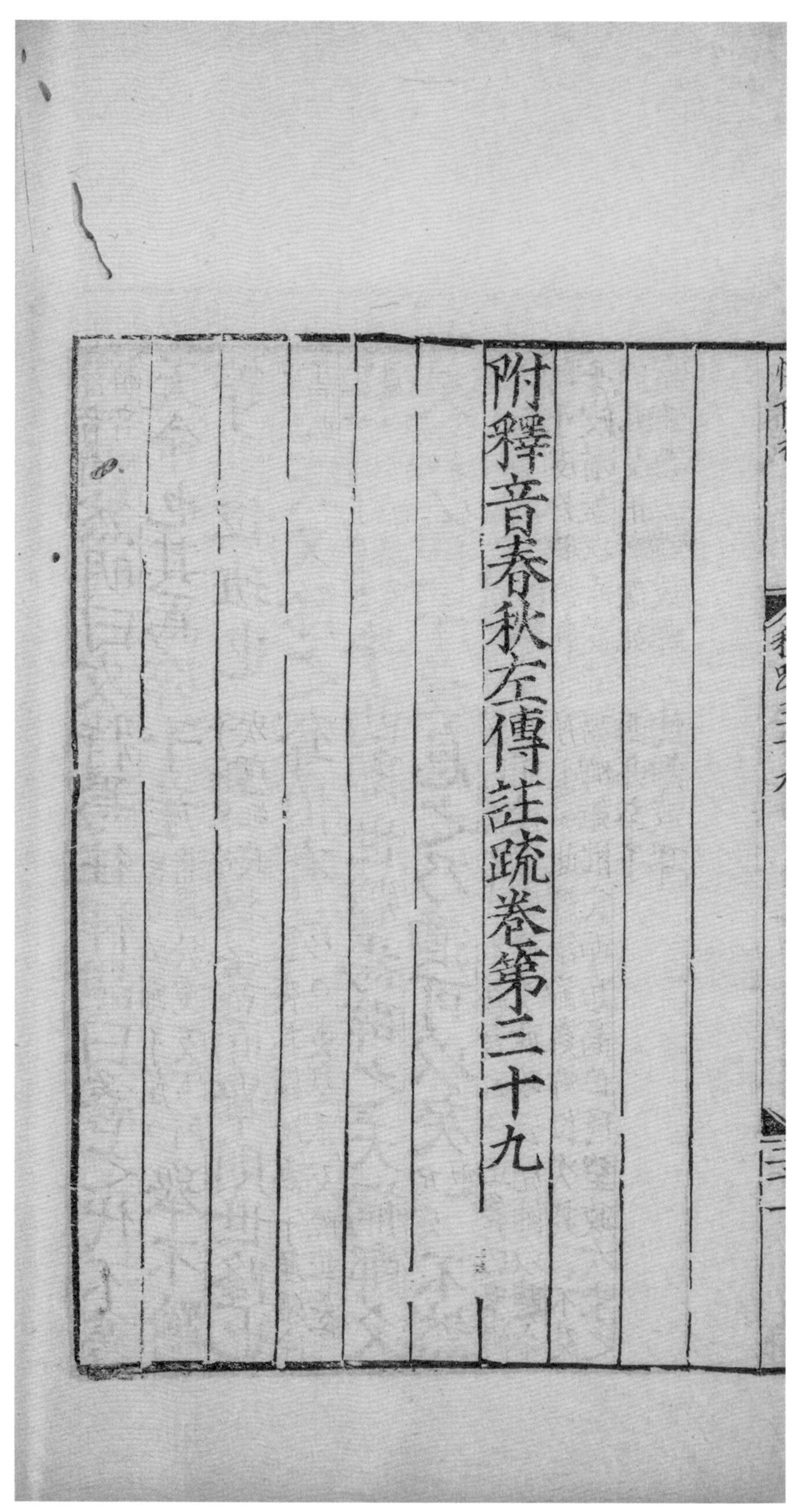

附釋音春秋左傳註䟽卷第三十九

附釋音春秋左傳註疏卷第四十 襄三十年盡三十一年

杜氏註　　孔穎達疏

經三十年春王正月楚子使薳罷來聘罷音皮○夏四月蔡世子般弒其君固般音班○五月甲午宋災天火曰災○宋伯姬卒○天王殺其弟佞夫稱弟以惡王殘骨肉○佞乃定反惡烏路反下惡其同一音如字疏注稱弟至骨肉○正義曰傳言罪在王知稱弟以惡王也○王子瑕奔晉不言出奔周無外○秋七月叔弓如宋葬宋共姬共姬從夫謚也叔弓叔老之子卿共葬事以賢過厚三月而葬速○共音恭注皆同傳亦微詞疏注共姬至過厚○正義曰公羊傳曰其稱謚何賢也術以共非夫人之謚故注顯而異之共謚爲其從夫謚而稱之耳共非夫人之身行也昭三十年傳曰先王之制諸侯之喪士弔大夫送葬則夫人之喪不得過之

也昭三年傳云文襄之霸也君薨大夫弔卿共葬事夫人士弔大夫送葬是法皆不使卿也伯姬魯女以災而死魯人愍之故使卿共葬事禮過厚也。鄭良霄出奔許耆酒荒淫書名罪之。耆市志反

疏注耆酒至罪之。正義曰據傳子皙伐伯有而伯有猶酒罪也奔被出奔書名皆是罪之文故杜跡其罪狀耆酒荒淫故書名也自許入于鄭不言復入獨還無貶。復扶又反

疏注不言至無貶正義曰成十八年傳例曰以惡曰復入謂還而以兵害國為惡事而入若魚石以楚師伐宋取其邑城彭城以曲沃之甲以入于絳如是乃為惡入也良霄獨還無兵入國始為惡非是以惡入故不得書復入直言入者自外而入內耳非復例也成十五年宋華元出奔晉宋華元自晉歸于宋奔之與歸皆書名氏此良霄不重書名氏者彼宋兩告此鄭一告故連書

鄭人殺良霄。冬十月葬蔡景公無傳。晉人齊人宋人衛人鄭人曹人莒人邾人滕人薛人杞人小邾人會于澶淵宋災故會未有言其事者此

言宋災故以惡宋人不克己自責而出會求財○澶市然反字林云丈仙反云水在宋［疏］注會未至求財○正義曰案桓二年會于稷以成宋亂則是會言其事而此言會末有言其事義相違者彼言以成宋亂直連言所會之事與桓十五年會于袤伐鄭相似經不明言事之意故今此言宋災故是丁寧之辭不與彼同按傳責諸侯之卿司及宋人杜此注故以惟言惡宋人不克己自責不剌為諸侯卿者以傳云書曰某人某人宋災故尤之也是宋災之文獨繫向戌一爾人故知宋災特惡宋也

傳三十年春王正月楚子使薳罷來聘通嗣君也郟敖即位穆叔問王子之為政何如王子圍為令尹○問王子之為政一本作問王子圍之為政服虔王肅本同［疏］問王子之為政○正義曰傳無圍字故杜云王子圍為令尹也服虔云王子楚令尹王子圍也王肅云王子楚令尹圍也對曰吾儕小人食而聽事猶懼不給命而不免於戾焉與知政

國問焉不告穆叔告大夫曰楚令尹將有大事子蕩將與焉子蕩薳罷○罷仕皆反焉與上於薳委反下音預下將與與於焉同助之匿其情矣子圍素貴卿數陵彊諸侯皆知其將為亂故穆叔問之○匿女力反○子產相鄭伯以如晉叔向問鄭國之政焉對曰吾得見與否在此歲也駟良方爭未知所成駟氏子晳也良氏伯有也○相息亮反爭爭鬥之爭下注駟良爭同若有所成吾得見乃可知也叔向曰不既和矣乎對曰伯有侈而愎愎很也○愎彼力反很胡懇反子晳好在人上莫能相下也雖其和也猶相積惡也惡至無日矣為此年秋良霄出本傳○好呼報反下遐反○三月癸未晉悼夫人食輿人

之城杞者輿衆也城杞在往年○食音似與音餘絳縣人或年長

矣無子而往與於食有與疑年使之年使言其年

○長丁丈反疏有與至之年○正義曰有與同食者問此老人之年不告以實疑其年也使之年者更使言其

真年也曰臣小人也不知紀年臣生之歲正月甲

子朔四百有四十五甲子矣其季於今三之

一也所稱正月謂夏正月也三分六甲之一得甲子甲戌盡癸未○夏戶雅反吏走問諸

朝皆不知故問之○吏走一本作使走如字速疾之意也一曰走使之人也服虔王肅本作吏云吏不知歷者

疏吏走問諸朝○正義曰俗本吏作使服虔云吏不知歷數故使問於卿大夫王肅云使不知歷也師

曠曰魯叔仲惠伯會郤成子于承匡之歲也

在文十一年疏師曠至歲也○正義曰劉炫云傳之載事自可以魯爲主其載人語則當如其本言此師曠晉

人自道晉事當云郤成子會魯叔仲惠伯所以云叔仲惠伯
會郤成子于承匡之歲者丘明意在以魯爲主遂使此言倒反
耳丘明尚不免於此況後解說者乎今知非者以魯史所記
云公卿會其侯者皆據公卿往會他君他來會我則以他爲
文若衛侯會公于沓鄭伯會公于棐是也今郤成子在承匡
魯往會之以晉爲主晉人之言正是其宜劉炫以爲晉人不
當稱叔仲惠伯會郤成子以爲丘明之誤恐非也是歲也狄伐魯叔孫莊
叔於是乎敗狄于鹹獲長狄僑如及虺也豹
也而皆以名其子七十三年矣叔孫僑如叔孫豹皆取長狄名○鹹音咸僑其驕反虺虛鬼反【疏】是歲至年矣○正義曰敗狄于鹹事在彼歲末以其年頓生三子當是欲表其功雖在後生子追以前事名之
史趙曰亥有二首六身史趙晉大史亥字二畫在上併三六爲身如筭之六○畫音獲下同
下二如身是其日數也下亥上二畫豎置身旁【疏】史趙至數也○正義曰二畫爲首六畫爲身下言之二者畫並之使如其身旁則是生來日數也因亥

畫似筭位故假之以爲言其本作亥字不爲此也案字書古之亥字體殊不然盖春秋之時亥字有二六之體異於古制其說文是小篆之書又異於此說文云亥荄也十月微陽起接盛陰從二二古文上字一人男一人女也從乙象褱子咳咳之形也

士文伯曰然則二萬六千六百有六旬也

文伯士弱之子

【疏】士文至旬也。正義曰文十一年至此年爲七十四年而上云七十三年案文十一年正月甲子朔爲夏之正月是其年三月也此年之二月癸未是夏之十二月當爲七十三年猶尚年未終也假作全年筭之置七十三年以全日三百六十五日乘之已得二萬六千二百四十五日也每年有四分日之一是四年而成一日以四除七十三年又得十八日并全日爲二万六千六百六十三日計終此十二月盡有二萬六千六百六十三日四分日之一今除去三日四分日之一整取六旬合當十二月二十七日今杜長歷云二十三日癸未是少四日所以不與常歷同者盖杜爲長歷約準春秋日月以爲長歷與常歷不同故置閏遠近不定盖七十三年之内於常歷校四个大月而剩用四日故癸未爲二十三日若依常歷是二十七日也劉炫云所以少三日者以十一年非首章年其間閏有前却故長歷此月辛酉朔

二十三日得癸未來月庚寅朔計至朔長二日長曆二十六年閏八月由閏近故也趙孟問其縣大

夫則其屬也武屬趙【疏】趙孟至屬也。正義曰諸是守邑之長公邑稱大夫私邑則稱宰此言問其縣大夫問絳縣之大夫也絳非趙武私邑而云則其屬者孟掌諸是公邑國卿分掌之而此邑屬趙武也召

之而謝過焉曰武不才任君之大事以晉國之多虞不能由吾子由用也使吾子辱在泥塗久矣武之罪也敢謝不才遂仕之使助為政辭以老與之田使為君復陶復陶主衣服之官。復音服【疏】注復陶至之官。正義曰昭十二年傳說楚子出獵云皮冠秦復陶翠被豹舄執鞭以出復陶之文在冠履之間知復陶是衣也此云君復陶知是主君衣服之官也衣服之名復陶其義未聞以為絳縣師縣師掌地域辨其夫家人民【疏】以為絳縣師。正義曰既使為主衣服之官又以為降邑之縣師也周禮縣師上士二人

其職掌邦國都鄙稍甸郊里之地域而辨其夫家人民田萊
之數及其六畜車輦之稽凡造都邑量其地而制其域以歲
時徵野之賦貢天子之縣師掌此諸事則諸侯之縣師亦當
然故杜略引周禮以解之據如周禮則縣師是王朝之官而
此言絳縣師者絳是晉國所都之邑蓋以居在絳邑故繫絳以言之而廢其輿尉以役孤老
故【疏】而廢其輿尉○正義曰服虔云輿尉軍尉主發衆使民於時趙武將中軍若是軍尉當是中軍尉也○注
以役孤老故○正義曰知老者以云无子身孤年七十三是老也於是魯使者在晉歸
以語諸大夫季武子曰晉未可媮也媮薄也○使所吏反
語魚據反媮他侯反有趙孟以為大夫有伯瑕以為佐伯瑕
士文伯有史趙師曠而咨度焉有叔向女齊以師
保其君其朝多君子其庸可媮乎勉事之而
後可傳言晉所以遂不失諸侯且明歷也○度待洛反○夏四月己亥鄭

伯及其大夫盟（駟良爭故）君子是以知鄭難之不已也（鄭伯微弱不能制其臣下君臣詛盟故曰亂未已○難乃旦反詛側慮反）○蔡景侯爲大子般娶于楚通焉大子弑景侯（終子産言有子禍也）（○爲于僞反娶七住反）○初王儋季卒（儋季周靈王弟○儋丁甘反）其子括將見王而歎（括除服見靈王入朝而歎○括古活反見賢遍反注同）單公子愆期爲靈王御士過諸廷（愆期行過王廷○單音善愆起虔反下同廷音庭注同）聞其歎而言曰烏乎必有此夫（欲有此朝廷之權○烏乎本又作嗚呼音同夫音扶）入以告王且曰必殺之不慼而願大視躁而足高心在他矣不殺必害王曰童子何知及靈王崩儋括欲立王子佞夫（佞夫靈王子景

王弟。○蹻，早報反。佞夫弗知。戊子，儋括圍蔿，逐成愆。成愆

蔿邑大夫。○蔿，于委反。成愆奔平畤。平畤，周邑。○畤音止，又音市，本或作疇。五月

癸巳，尹言多、劉毅、單蔑、甘過、鞏成殺佞夫。五子

周大夫。○過音戈。鞏，力勇反。括、瑕、廖奔晉。括、廖不書，賤也。○廖，力彫反，一音勑留反。書

曰天王殺其弟佞夫，罪在王也。佞夫不知，故經書在宋災下，從赴。

○或叫于宋大廟，叫，呼也。○叫，古弔反。大廟音泰，一本無大字。呼，火故反。曰：「譆

譆出出。」譆譆，熱也。出出，戒伯姬。○譆，許其反。出如字。鄭注《周禮》引此作「詘詘」，劉昌宗亦音出。鳥鳴

于亳社，殷社。○亳，步各反。【疏】「鳥鳴于亳社」。○正義曰：哀四年「亳社災」，《穀梁傳》曰：「亳社者，亳之社也。

亳，亡國也。亡國之社以為廟屏，戒也。」然則此亳社是殷社也。殷都於亳，武王伐紂而頒其社於諸侯，以為亡國之戒。此鳥

鳴于宋國之亳社也。服虔云：殷，宋之祖也，故鳴其社。伯姬魯女，欲使魯往語伯姬也。如曰：「譆譆。」告火

妖也甲午宋大災宋伯姬卒待姆也姆女師○姆徐音茂字林音亡又反一音母疏宋大災○正義曰莊二十年齊大災杜云來告以災故書此不書大告者不言大也服虔云不書大非災大災人伯姬坐而待之耳然則昭十八年宋陳鄭災災皆火人何以不言大也○注姆女師○正義曰鄭玄昏禮注云姆婦人年五十無子出而不復嫁能以婦道教人者若今時乳母矣何休云選老大夫妻為姆也大夫之妻當在夫室安得從女而嫁也若言既為夫人選大夫之妻為之則禮言女未嫁而有姆非至夫家始選也君子謂宋共姬女而不婦女待人婦義事也待人而行婦義事也義從宜也伯姬時年六十左右疏注義從至左右○正義曰義者宜也從宜宜辟火也成九年伯姬歸于宋至此四十年故為六十左右也○六月鄭子產如陳涖盟歸復命告大夫曰陳亡國也不可與也不可與結好○好呼報反聚禾粟繕城郭恃此二者而不撫其民其

襄三十

君弱植公子侈大子卑大夫敖政多門政不由一入○繝上戰反植徐直吏反一音時力反敖五報反本亦作傲服本作放云淫放也【疏】其君弱植○正義曰周禮謂草木爲植物植爲樹立君志弱不樹立也○大夫敖○正義曰言大夫驕敖也服虔云言大夫淫放則服本爲大夫放矣故今俗本多爲放字以介於大國介間也○介音界能無亡乎不過十年矣爲昭八年楚滅陳傳○秋七月叔弓如宋葬共姬也爲伯姬之遇災故使卿共葬○共音恭○鄭伯有耆酒爲窟室窟室地室○耆市志反窟口忽反而夜飲酒擊鐘焉朝至未已朝者曰公焉在家臣故謂伯有爲公○焉於虔反其人曰吾公在壑谷壑谷窟室○壑呼洛反皆自朝布路而罷布路分散○罷皮買反徐扶彼反既而朝伯有朝鄭君則又將使子晳如楚歸而飲酒

庚子子晳以駟氏之甲伐而焚之伯有奔雍梁（雍梁鄭地○雍於用反）醒而後知之遂奔許大夫聚謀子皮曰仲虺之志（仲虺湯左相○醒星頂反相息亮反）云亂者取之亡者侮之推亡固存國之利也罕駟豐同生（罕子皮駟子晳豐公孫段也三家本同母兄弟○侮亡甫反）伯有汰侈故不免（三家同出而伯有孤特又汰侈所以亡○汰音泰）人謂子產就直助彊（時謂子晳直三家彊）子產曰豈爲我徒（徒黨也言不以駟良爲黨）國之禍難誰知所敝或主彊直難乃不生（言能彊能直則可弭難今三家未能伯有方爭○難乃旦反下及注同弭彌氏反爭爭鬭之爭）姑成吾所（所欲以無所附著爲所○著直略反）辛丑子產斂伯有氏之死者而殯之不及謀

而遂行不與於国謀○歛刀盟反下同所與音預下文不與同印段從之產

子皮止之眾曰人不我順何止焉子皮曰夫子禮於死者況生者乎遂自止之壬寅子產入癸卯子石入子石印段皆受盟于子皙氏乙巳鄭伯及其大夫盟于大宮大宮祖廟盟國人于師之梁之外師之梁鄭城門伯有聞鄭人之盟己也怒聞子皮之甲不與攻己也喜曰子皮與我矣癸丑晨自墓門之瀆入墓門鄭城門○瀆徐音豆因馬師頡介于襄庫以伐舊北門為師頡子羽孫○頡戶結反介音界下文同駟帶率國人以伐之駟帶子西之子子皙之宗主皆召子產

駟氏伯有俱召子產曰兄弟而及此吾從天所與兄弟恩等

就與所偏助伯有死於羊肆羊肆市列子產襚之枕之股

而哭之斂而殯諸伯有之臣在市側者既而

葬諸斗城斗城鄭地名○襚音遂枕之鴆反股音古子駟氏欲攻子

產子皮怒之曰禮國之幹也殺有禮禍莫

大焉乃止斂葬伯有協于周禮於是游吉如晉還聞難不

入懼禍共及○難乃旦反復命于介八月甲子奔晉駟帶

追之及酸棗與子上盟用兩珪質于河子上駟帶

也沈珪於河爲信也酸棗陳留縣○與子上用兩珪質于河質如字一音致一本作與子上盟用兩珪質于河別爲一

句也沈虛[illegible]又如字使公孫肸入盟大夫己巳復歸游吉歸也○肸

反

書曰鄭人殺良霄不稱大夫言自外入也既出位絕非復大夫○復扶又反於子蟜之卒也子蟜公孫蠆卒在十九年○蟜居表反將葬公孫揮與裨竈晨會事焉會葬事○揮許韋反過伯有氏其門上生莠子羽曰其莠猶在乎子羽公孫揮以莠喻伯有伯有侈汰其不能以存○莠羊九反草也於是歲在降婁降婁中而旦降婁奎婁也周七月今五月降婁中而天明○降戶江反下及注同奎苦圭反【疏】注降婁至天明○正義曰降婁奎婁釋天文也孫炎曰降下也奎為溝瀆故稱降也杜以周七月今五月降婁中而天明劉炫以為五月降婁未中而規杜失今知非者以二月諸星復位合昏奎婁在戌以僅反之平旦在辰又三月日體在胃平旦之時奎婁在胃昴之前亦當在辰既三月平旦在辰則四月在巳五月在午月令旦危中者據夜有長短及星度有廣狹是舉計之數杜據大略而言故與月令不同劉以月令之文而規杜氏非也裨竈指之曰猶

可以終歲指降婁也歲星十二年而一歲歲不及此次也已不及降婁及其亡也歲在娵訾之口娵訾營室東壁二十八年歲星淫在玄枵今三十年在娵訾是歲星停在玄枵二年。娵子須反訾子斯反壁音壁枵許驕反【疏】注娵訾至三十年。正義曰釋天云娵訾之口營室東壁也李巡曰娵訾玄武宿也營室東壁北方宿名孫炎曰娵訾之歎則口開方營室東壁四方似口故因名云十二次子爲玄枵亥爲娵訾二十八年傳稱歲在星紀而淫於玄枵二十八年已在玄枵今三十年始在娵訾二年移一次是歲星住在玄枵二年也其明年乃及降婁僕展從伯有與之皆死僕展鄭大夫伯有黨羽頡出奔晉爲任大夫羽頡馬師頡任晉縣今屬廣平郡。任音壬雞澤之會在三年鄭樂成奔楚遂適晉羽頡因之與之比而事趙文子言伐鄭之說焉以宋之盟故不可宋盟約弭兵故。比毗志反子皮以公孫鉏爲馬師鉏子罕之子代羽頡○鉏仕居反○楚公子圍殺大司馬蔿掩而取其室蔿掩二十五年爲大司馬申無宇曰王子必不免無宇芋尹○芋于付反善人國之主也王子相楚國將善是封殖而虐之是禍國也且司馬令尹之偏偏佐也○相息亮反下善相之同而王之四體也股肱也絶民之主去身之偏艾王之體以禍其國無不祥大焉何以得免爲昭十三年楚弑靈王傳艾魚廢反○去起呂反○爲宋災故諸侯之大夫會以謀歸宋財冬十月叔孫豹會晉趙武齊公孫蠆宋向戌衛北宫佗佗北宫之子○佗徒河反鄭罕虎虎子皮及小

鄭之大夫會于澶淵既而無歸於宋故不書其人君子曰信其不可不慎乎澶淵之會卿不書不信也夫諸侯之上卿會而不信寵名皆弃不信之不可也如是寵謂族也。不信也夫音扶一讀以夫爲下句首。詩曰文王陟降在帝左右信之謂也詩大雅言文王所以能上接天下接人動順帝者唯以信又曰淑慎爾止無載爾僞不信之謂也逸詩也言當善慎容止無載行詐僞書曰某人某人會于澶淵宋災故尤之也傳云既而無歸所以釋說侯大夫之不書也又云宋災故尤之所以釋向戌之貶也戌爲正卿深致少災燒毀其夫人未聞克己之意而以求才合諸侯故與不歸才者同文（疏）注傳云至石文。正義曰諸侯不歸宋才諸國大夫合財耳向戌不合貶也而向戌亦貶稱人故傳明經所由杜又釋傳之意亦云既而無歸者是釋上傳之文故不書其人是也經又別言宋災故者此一句見向戌之并貶釋此傳書曰某人某人之文也向戌若不求財當顯書名氏今貶稱某人與諸國某人同故云所以釋向戌之并貶與不歸財者同文也

不書魯大夫諱之也向戌既以災也財諸大夫許而不歸咎主皆貶君子以尊尊之義也君親有隱故略不書魯大夫以示例○鄭子皮授子產政伯有死子皮知政以子產賢故讓之辭曰國小而偪偪近大国○偪彼力反近附近之近族大寵多不可為也為猶治也子皮曰虎帥以聽誰敢犯子子善相之國無小言在治政○治直吏反小能事大國乃寬為大所恤故也子產為政有事伯石賂與之邑伯石公孫段有事欲使之子大叔曰國皆其國也奚獨賂焉言鄭大夫共憂鄭国事何為獨賂之子產曰無欲實難言人不能無欲皆得其

欲以從其事而要其成非我有成其在人乎

言成猶在我非在他也〇要一遙反下注同何愛於邑邑將焉往言猶在國

〇焉於虔反子大叔曰若四國何恐為四鄰所笑子產曰非相

違也而相從也言賂以邑欲為和順四國何尤焉鄭書有

之鄭國史書曰安定國家必大焉先先和大族而後國家安〇以大焉先

竝如字姑先安大以待其所歸要其成也既伯石懼而

歸邑卒與之卒終也伯有既死使大史命伯石

為卿辭大史退則請命焉請大史更命己復命之又

辭如是三乃受策入拜子產是以惡其為人

也惡其虛飾〇復扶又反三息暫反又如字策初革反惡烏路反注同使次己位畏其作亂

故寵之

子產使都鄙有章 國都及邊鄙車服尊卑各有分部○分扶運反 上下有服 公卿大夫服不相踰 田有封洫 封疆也洫溝也○洫況域反疆居良反 廬井有伍 廬舍也九夫為井使五家相保 大人之忠儉者 謂卿大夫○大人之忠儉者本或作大人之忠者非 從而與之泰侈者因而斃之 因其罪而斃踣之○踣蒲北反 豐卷將祭請田焉弗許 田獵也○卷眷勉反徐居阮反 曰唯君用鮮 鮮野獸 衆給而已 衆臣祭以芻豢為足○芻初俱反豢音患牛羊曰芻犬豕曰豢 子張怒 子張豐卷 退而徵役 召兵欲攻子產 子產奔晉子皮止之而逐豐卷豐卷奔晉子產請其田里 請免公不沒入 三年而復之反其田里及其入焉 田里所收入 從政一年輿人誦之曰取我衣冠而褚

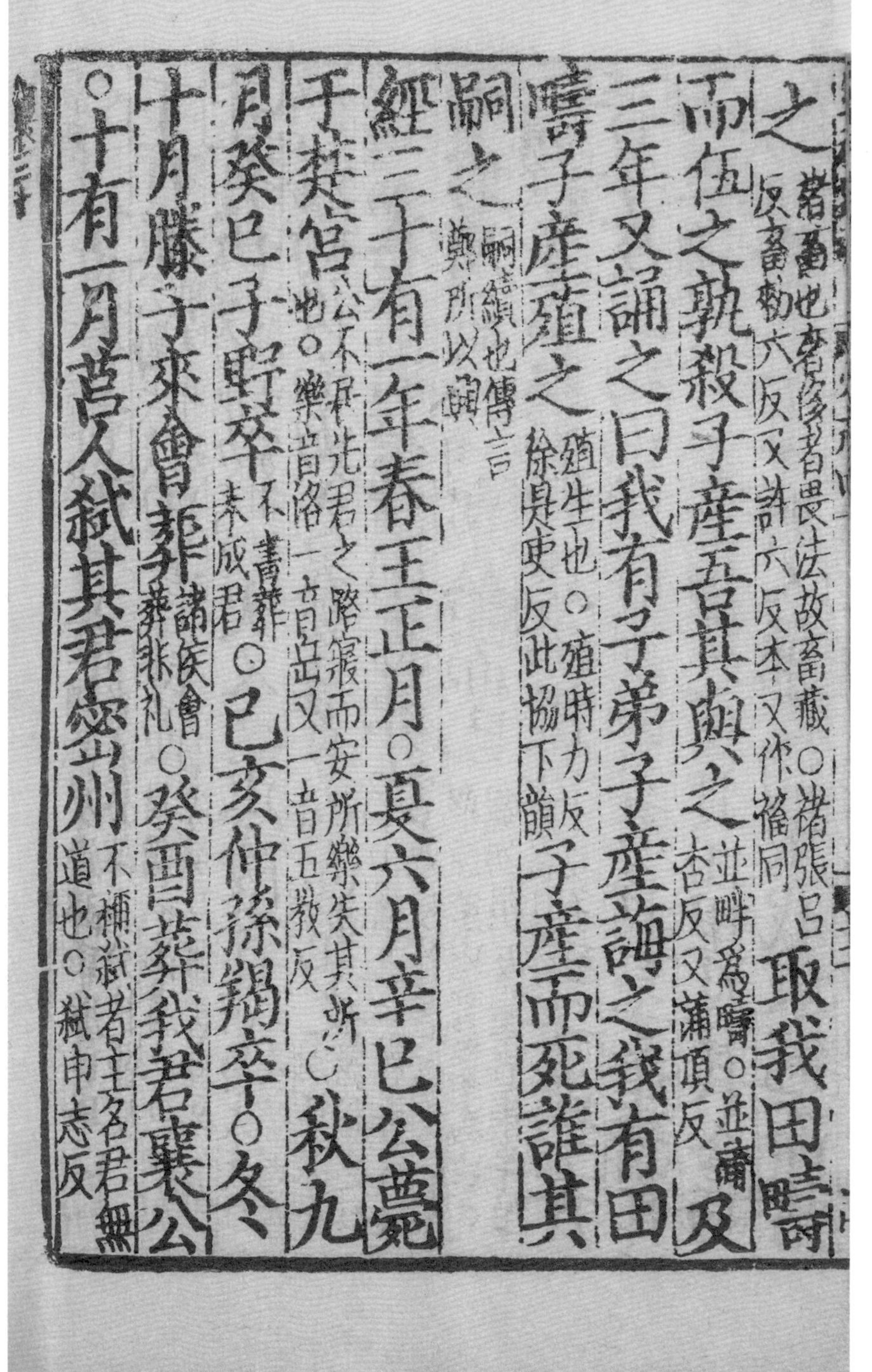
之褚畜也奢侈者畏法故畜藏○褚張呂反畜勑六反又許六反本又作蓄同取我田疇並畔為疇○並蒲杏反又蒲頂反而伍之孰殺子產吾其與之及三年又誦之曰我有子弟子產誨之我有田疇子產殖之殖生也○殖時力反徐息吏反此協下韻子產而死誰其嗣之嗣續也傳言鄭所以興

經三十有一年春王正月○夏六月辛巳公薨于楚宮公不居先君之路寢而安所樂失其所也○樂音洛一音岳又一音五教反秋九月癸巳子野卒不書葬未成君○己亥仲孫羯卒○冬十月滕子來會葬諸侯會葬非禮○癸酉葬我君襄公○十有一月莒人弒其君密州不稱弒者主名君無道也○弒申志反

傳三十一年春王正月穆叔至自會（澶淵會還）見孟孝伯語之曰趙孟將死矣其語偷不似民主（偷苟且〇語之魚據反下吾語諸同偷他侯反）且年未盈五十而諄諄焉如八九十者弗能久矣（成二年戰於鞌趙朔已死於是趙文子始生至襄三十年會澶淵盖年四十七八故言未盈五十〇諄之閏反或一音之純反）若趙孟死為政者其韓子乎（韓子韓起）吾子盍與季孫言之可以樹善君子也（言韓起有君子之德今方知政可素往立善〇盍戶臘反）晉君將失政矣若不樹焉使早備魯（使韓子早為魯備）既而政在大夫韓子懦弱大夫多貪求欲無厭齊楚未足與也魯其懼哉孝伯曰人生幾何誰能

無偷朝不及夕將安用樹穆叔出而告人曰孟孫將死矣吾語諸趙孟之偷也而又甚焉（言朝不及夕偷之甚也○懦乃亂反又厭於監反人生幾何居豈反本或作氏生无幾何朝如字注同）又與季孫語晉故（如与孟孫言）季孫不從及趙文子卒（在昭元年）晉公室卑政在侈家韓宣子為政不能圖諸侯魯不堪晉求讒慝弘多是以有平丘之會（平丘會在昭十三年晉人執季孫意如○慝他得反）○齊子尾害閭丘嬰欲殺之使帥師以伐陽州（陽州魯地）我問師故（魯以師往問齊何故伐我）夏五月子尾殺閭丘嬰以說于我師（言伐魯皆嬰所為也陽州不書不成伐○說如字）工僂灑渻竈孔虺賈寅出奔莒

四子嬖之黨。○僂力侯反灑所蟹反蕢所綺反省生領反徐本作省所幸反一音息井反一音銷溷許混反出

羣公子。爲昭十年欒高之難復羣公子起本。○難乃旦反○公作楚宮。適楚好其宮歸而作之。○好呼報反○穆叔曰大誓云民之所欲天必從之。今尚書大誓亦无此文故諸儒疑之。○大音泰本亦作泰

疏注今尚至疑之。○正義曰今尚書大誓謂漢魏諸儒馬融鄭玄王肅等所注者也自秦焚詩書漢初求之尚書唯得二十八篇故大常孔臧与孔安国書云尚書二十八篇前世以爲放二十八宿都不知尚書有百篇也在後又得僞大誓一篇通爲二十九篇漢魏以來未立於学官馬融尚書傳亭云大誓後得案其文似若淺露又春秋引大誓曰民之所欲天必從之国語引大誓曰朕夢協朕卜襲于休祥戎商必克孟子引大誓曰我武惟揚侵于之疆則取于凶殘我伐用張于湯有光孫卿引大誓曰獨夫紂礼記引大誓曰予克紂非予武惟朕文考无罪紂克予非朕文考有罪惟予小子无良今之大誓皆无此言吾見書傳多矣所引大誓而不在大誓者甚衆不復悉記略舉五事以明之亦可知已王肅亦云大誓近非本經是諸儒疑之也杜氏在晉之初亦未見真本及

江東晉元帝時其豫章内史梅賾始獻孔安国所注古文尚書其内有泰誓三篇記傳所引大誓其文悉皆有之君
欲楚也夫故作其宮若不復適楚必死是宮
也六月辛巳公薨于楚宮叔仲帶竊其拱璧
拱璧公大璧○夫音扶復扶又反拱九勇反以與御人納諸其懷而從
取之由是得罪得罪謂魯人薄之故子孫不得志於魯立胡女敬歸
之子子野子胡歸姓之国野敬歸襄公妾次于季氏秋九月癸巳卒
毀也過哀毀瘠以致滅性○瘠在亦反己亥孟孝伯卒終穆叔言立
敬歸之娣齊歸之子公子裯齊謚裯昭公名○大計反齊歸如字
同裯直由反穆叔不欲曰大子死有母弟則立之無
則立長立庶子則以年○長丁丈反年鈞擇賢義鈞則卜古

之道也先人事後卜筮也義鈞謂賢等非適嗣何必娣之子言子野非適嗣○適丁歷反且是人也居喪而不哀在慼而有嘉容是謂不度不度之人鮮不爲患若果立之必爲季氏憂武子不聽卒立之比及葬三易衰衰衽如故衰言其嬉戲無度○鮮息淺反比必利反一本無及字三易以豉反衰本又作縗七雷反下同衽而甚反徐而鴆反裳下也嬉許其反【疏】衽○正義曰喪服注云衽爲兩燕尾凡用布三尺五寸上正一尺兩燕尾廣裁二尺五寸下廣四寸綴於身旁所以掩裳際也於是昭公十九年矣猶有童心君子是以知其不能終也爲昭二十五年公孫於齊傳○冬十月滕成公來會葬惰而多涕惰不敬也○惰徒臥反涕他礼反子服惠伯曰滕君將死

矣怠於其位而哀已甚兆於死所矣有死兆能無從乎爲昭三年滕子卒傳○癸酉葬襄公公薨之月子產相鄭伯以如晉晉侯以我喪故未之見也子產使盡壞其館之垣而納車馬焉士文伯讓之曰敝邑以政刑之不脩寇盜充斥充滿斥見言其多○相息亮反盡子忍反壞音怪下皆同館古亂反字從食字林云客舍也旁作舍非垣音袁牆也斥見賢遍反無若諸侯之屬辱在寡君者何是以令吏人完客所館館舍也○令力呈反下注同完音丸高其閈閎閎門也○閈戶旦反說文云[illegible]也汝南平輿縣里門一曰閈沈云閈也閎獲耕反杜云門也爾雅云衖門謂之閎是此爾雅又云所以止扉謂之閎然爾雅本止扉之名或作閣以字讀者因改左傳皆作各音案下文云門不容車此云高其閈閎俱謂門耳於義自通無爲[illegible]

疏 高其閈閎○正義曰說文云閈門也汝南平輿里門曰閈釋宫云衖門謂之閎李巡曰衖頭門也然則閈閎皆門名言高為其門耳

厚其牆垣以無憂客使○無令客使憂寇盜使所吏反注同

今吾子壞之雖從者能戒其若異客何以敝邑之為盟主繕完葺牆葺覆也○從才用反下賓從同葺侵入反徐音集一音子入反謂以草覆牆

疏 繕完葺牆○正義曰周禮匠人有葺屋瓦屋葺屋以瓦覆葺屋以草覆此云葺牆謂草覆牆也

以待賓客若皆毀之其何以共命寡君使匄請命注請問毀垣之命○共音恭匄本作丐古害反士文伯名也今傳本皆作匄字或作丐字釋例亦然觧者云士伯是范氏之族不應與范宣子同名作丐是也案士文伯字伯瑕又春秋時人名字皆相配楚令尹陽丐字子瑕即與文伯名字正同又鄭有駟乞字子瑕匄與乞義同則作匄者是又安案魯有仲嬰齊是莊公之孫又有公孫嬰齊是文公之孫仲嬰齊於公孫嬰齊爲從祖同時同名鄭有公孫段字子石又云伯石印段字伯石傳又謂之二子石然印段即

公孫段從父兄弟之子尚同名字伯瑕與宣子何嫌同乎（疏）寡君至匄○正義曰匄士文伯名也晉宋古本及釋文皆作丐俗本作匄此士文伯是范氏之別族不宜與范宣子同名今定本作匄恐非對曰以敝邑褊小介於大國介間也誅求無時誅責也是以不敢寧居悉索敝賦以來會時事隨時來朝會○索所白反一音悉各反逢執事之不間而未得見又不獲聞命未知見時不敢輸幣亦不敢暴露其輸之則君之府實也非薦陳之不敢輸也薦陳猶獻見也○間音閑見賢遍反下及注同暴步卜反下同其暴露之則恐燥濕之不時而朽蠹以重敝邑之罪僑聞文公之為盟主也僑子產名文公晉重耳○燥素早反蠹丁故反蠹敗也以重直用反下重罪同僑其驕反重耳直龍反宮室卑

庳無觀臺榭以崇大諸侯之館館如公寢庫廐繕脩司空以時平易道路易治也○庳音婢亦音卑觀古亂反榭音謝本亦作謝土高曰臺有木曰榭廐九又反易以豉反注同【疏】無觀臺榭○正義曰釋宮云四方而高曰臺有木者謂之榭李巡曰臺上有屋謂之榭然則臺榭皆高可升之以觀望言無觀望之臺榭也○館如公寢○正義曰言往前文公之客館如今日晉君之路寢也圬人以時塓館宮室圬人塗者塓塗也○圬本作污同音烏塓莫歷反【疏】圬人至宮室○正義曰釋宮云鏝謂之杇李巡曰鏝一名杇塗工作具也郭璞云泥鏝也然則圬是塗之所用因謂泥牆屋之人爲圬人塓亦泥也使此泥屋之人以時泥塗客館之宮室也諸侯賓至甸設庭燎庭燎設火於庭○甸徒遍反燎力妙反徐力逆反一音力弔反庭燎大燭【疏】庭燎○正義曰郊特牲云庭燎之百由齊桓公始也鄭玄云僭天子也庭燎之差公蓋五十侯伯子男皆三十僕人巡宮巡宮行夜○行下孟反下巡行同車馬有所有所處賓

從有代（代客役）巾車脂轄（巾車主車之官○巾車如字劉昌宗周禮音居覲反轄户瞎反）隸人牧圉各瞻其事（瞻視客所當得○瞻之廉反）百官之屬各展其物（展陳也謂羣官各陳其物以待賓）公不留賓而亦無廢事（賓得速去則事不廢）憂樂同之事則巡之（巡行也樂音洛）教其不知而恤其不足賓至如歸無寧菑患（言見遇如此寧當復有菑患邪無寧寧也○菑音災復扶又反）不畏寇盜而亦不患燥濕今銅鞮之宮數里（銅鞮晉離宮○鞮丁兮反數所主反）而諸侯舍於隸人（舍如隸人舍）門不容車而不可踰越（門庭之內迫迮又有牆垣之限○迮側百反）

【疏】注門庭之內迫迮○正義曰知非館門卑小不得容車而云門庭之內迫迮者以傳稱舍於隸人明院宇迮小也

盜賊公行而夭厲不戒（厲猶災也言水

隙，乞逆反。○隙音乞賓見無時命不可知若又勿壞是無所藏幣以重罪也敢請執事將何所命之問晉命已所止之宜○見，賢遍反。雖君之有魯喪亦敝邑之憂也言鄭與魯亦有同姓之憂若獲薦幣薦，進也脩垣而行行，去也君之惠也敢憚勤勞文伯復命反命於晉君趙文子曰信信如字產言我實不德而以隸人之垣以贏諸侯言贏受也○贏音盈【疏】注言贏受也○正義曰：晉、服、王注皆讀爲盈，盈是滿也，故皆訓爲受。是吾罪也使士文伯謝不敏焉晉侯見鄭伯有加禮礼加敬厚其宴好而歸之乃築諸侯之館叔向曰辭之不可以已也如是夫子產有辭諸侯賴之若之何其釋辭也詩曰辭之輯矣民之協矣辭之繹矣民之莫矣詩大雅言辭輯睦則民協同辭説繹則民安定莫猶定也○好呼報反如是夫音扶讀者亦以上六爲下句首輯音集又七入反繹本又作懌音亦説音悅其知之矣謂詩人知辭之有益○鄭子皮使印段如楚以適晉告禮也得事大国之礼○莒犂比公生去疾及展輿犂比莒子密州之號○犂力私反或音力兮反比音毗去起呂反輿音餘本又作與音同既立展輿立以爲世子又廢之犂比公虐國人患之十一月展輿因國人以攻莒子弒之乃立展輿立爲君○弒之乃□弒音試本或作乃自立者誤去疾奔齊齊出也母齊女也展輿吳出也爲明年齊吳傳書曰莒人弒其君買朱鉏買朱鉏密州之字○鉏仕居反

言罪之在也罪在鉏也傳始例申明君臣書弑今者父子故復重明例○復扶又反重直用反

○吳子使屈狐庸聘于晉狐庸巫臣之子也成七年適吳爲行人○屈君勿反狐音胡通路也通吳晉之路趙文子問焉曰延州來季子其果立乎延州來季札邑【疏】延州來季札邑○正義曰釋例土地名延州來闕不知其處則杜謂延州來三字共爲一邑服虔云延延陵也州來邑名季子讓王位升延陵爲大夫食邑州來傳家通言之案傳文謂之延陵季子則是延陵與州來必不得爲一但不知何以呼爲延陵耳或延陵亦是邑名蓋並食二邑故連言之巢隕諸樊在二十五年○隕于敏反闇戕戴吳在二十五年戴吳餘祭○闇音昏戕在良反祭側界反天似啓之何如對曰不立是二王之命也非啓季子也若天所啓其在今嗣君乎嗣君謂夷昧甚德而度德不失民民歸德度不失

事畜事情民親而事有𡭊其天所啓也有吳國者必此君之子孫實終之季子守節者也雖有國不立言其三兄雖欲傳國與之終不肯立○傳直專反○十二月北宮文子相衛襄公以如楚文子北宮佗襄公獻公子○相息亮反宋之盟故也晉楚之從交相見也過鄭印段廷勞于棐林如聘禮而以勞辭用聘礼而用郊勞之辭○過五禾反廷于兄反勞力報反下及注同棐芳尾反本又作斐文子入聘報印段子羽爲行人馮簡子與子大叔逆客逆文子事畢而出言於衛侯曰鄭有禮其數世之福也其無大國之討乎詩云誰能執蓺逝不以濯詩大雅濯以水濯手○數所主反濯直角反禮之於政

如熱之有濯也濯以救熱何患之有此以上文子辭○上時掌反子産之從政也擇能而使之馮簡子能斷大事子大叔美秀而文其貌美其才秀○斷丁亂反下同公孫揮能知四國之爲知諸侯所欲爲而辨於其大夫之族姓班位貴賤能否而又善爲辭令裨諶能謀謀於野則獲得所謀也○裨婢支反諶市林反謀於邑則否此才性之敝鄭國將有諸侯之事子産乃問四國之爲於子羽且使多爲辭令與裨諶乘以適野使謀可否而告馮簡子使斷之事成乃授子大叔使行之以應對賓客是以鮮有敗

事北宫文子所謂有禮也傳跡子産行事以明北宫文子之言○乘繩證
反鮮息淺反○鄭人游于鄉校鄉之學校○校户孝反下同鄭國謂學爲校以
論執政論其得失然明謂子産曰毁鄉校如何患人於中
謗議國政○謗布浪反（疏）鄉校○正義曰詩序云子衿刺學校廢是校爲學之別名子産曰
何爲夫人朝夕退而游焉以議執政之善否
其所善者吾則行之其所惡者吾則改之是
吾師也若之何毁之我聞忠善以損怨爲忠善則怨謗
息○夫音扶下并注同朝直遥反舊如字惡烏路反又如字不聞作威以防怨欲毁鄉校
即作威豈不遽止然猶防川遽畏懼也○遽其據反大決所犯
傷人必多吾不克救也不如小決使道道通也○道音

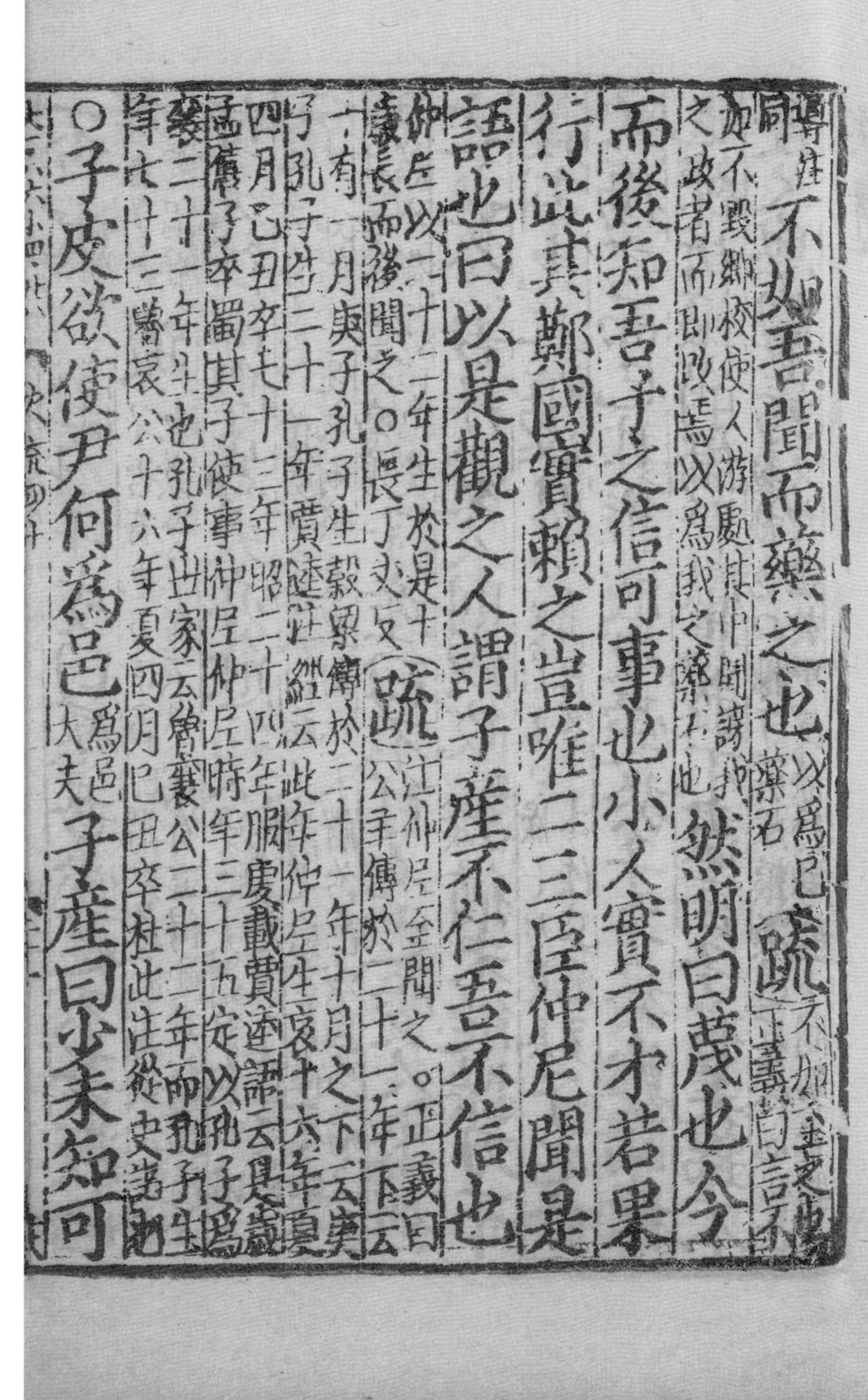

導注同不如吾聞而藥之也以爲己藥石【疏】注不如至藥也正義曰言己加不毀鄉校使人游處其中聞謗我之政者而即改焉以爲我之藥石也然明曰蔑也今而後知吾子之信可事也小人實不才若果行此其鄭國實賴之豈唯二三臣仲尼聞是語也曰以是觀之人謂子產不仁吾不信也仲尼以二十二年生於是十歲長而後聞之○長丁丈反【疏】注仲尼至聞之○正義曰公羊傳於二十一年下云十有一月庚子孔子生穀梁傳於二十一年十月之下云庚子孔子生二十一年賈逵注經云此年仲尼生哀十六年夏四月己丑卒七十三年昭二十四年服虔載賈逵語云是歲孟僖子卒屬其子使事仲尼仲尼時年三十五定以孔子爲襄二十一年生也孔子世家云魯襄公二十二年而孔子生年七十三魯哀公十六年夏四月己丑卒杜此注從史記也○子皮欲使尹何爲邑爲邑大夫子產曰少未知可

否尹何年少。○少，詩照反，注同。子皮曰：愿，吾愛之，不吾叛也。愿，謹善也。○愿音願。【疏】不吾叛也。○正義曰：謂尹何也。劉炫云：叛，違也。欲令子產不於我有違，得使尹何為邑也。使夫往而學焉，夫亦愈知治矣。夫謂尹何。○治，直吏反，下注又治同。【疏】夫亦愈知治矣。○正義曰：病差謂之愈。言不能之病愈，知治以速也。劉炫云：尹何此未解治邑，以為己病，今語遣往學治邑之病差，自然以後知治邑矣。子產曰：不可。人之愛人，求利之也。今吾子愛人則以政，以政與之。猶未能操刀而使割也，其傷實多。多一曰傷。○操，七刀反。其傷實多，一本作其傷多。子之愛人，傷之而已，其誰敢求愛於子？子於鄭國，棟也。棟折榱崩，僑將厭焉，敢不盡言？子有美錦，不使人學製焉。製，裁也。○棟，丁弄反。榱，所追反，椽也。厭，本又作壓，於甲反，餘放此。盡，下同。製音制。

大官大邑身之所庇也而使學者製焉其爲美錦不亦多乎言官邑之重多於美錦○所庇必利反又音祕僑聞學而後入政未聞以政學者也若果行此必有所害譬如田獵射御貫則能獲禽貫習也○貫古患反若未嘗登車射御則敗績厭覆是懼何暇思獲子皮曰善哉虎不敏吾聞君子務知大者遠者小人務知小者近者我小人也衣服附在吾身我知而慎之大官大邑所以庇身也我遠而慢之慢易也○覆芳服反易以豉反微子之言吾不知也他日我曰子爲鄭國我爲吾家以庇焉其可也今

而後知不足自知謀慮不足謀其家自今請雖吾家聽子而行子產曰人心之不同如其面焉吾豈敢謂子面如吾面乎抑心所謂危亦以告也子皮以為忠故委政焉子產是以能為鄭國傳言子產之治乃子皮之力○衛侯在楚北宮文子見令尹圍之威儀言於衛侯曰令尹似君矣將有他志言語瞻視行步不常（疏）令尹似君矣○正義曰言令尹威儀已是國君之容矣服虔云言令尹動作以君威儀故云以君矣服言以君威儀者明年傳云二執戈者前矣是用君儀也俗本作似若然云似君則不須言矣今定本亦作以之恐非雖獲其志不能終也詩云靡不有初鮮克有終終之實難令尹其將不免公曰子何以知之對

曰：詩云：敬慎威儀，惟民之則。令尹無威儀，民無則焉。民所不則，以在民上，不可以終。公曰：善哉！何謂威儀？對曰：有威而可畏謂之威，有儀而可象謂之儀。君有君之威儀，其臣畏而愛之，則而象之，故能有其國家，令聞長世。臣有臣之威儀，其下畏而愛之，故能守其官職，保族宜家。順是以下皆如是，是以上下能相固也。衛詩曰：威儀棣棣，不可選也。詩邶風。棣棣，富而閑也。選，數也。〇衛[illegible]武反。令聞，音問，本亦作問。衛詩，此邶詩，刺衛頃公，故言衛詩。棣，本又作逮，直詩反。選，息兗反，注同。數，所主反，下文同。言君臣上下，父子兄弟，內外大小，皆有威儀也。

周詩曰朋友攸攝攝以威儀詩大雅攸所也攝佐也言朋友之道必相教訓以威儀也周書數文王之德逸書曰大國畏其力小國懷其德言畏而愛之也詩云不識不知順帝之則言則而象之也大雅又言文王行事無所斟酌唯在則象上天○斟之林反疏曰大至其德○正義曰尚書武成篇曰大國以威大小國以德總故大畏力小懷德也○不識至之也○正義曰不識不知謂不妄斟酌以為識知唯順天之法則是言則而象之謂文王法則效象上天而行下傳覆此謂天下則象文王不同者謂文王能則象於天故天下亦則象文王也紂囚文王七年諸侯皆從之囚紂於是乎懼而歸之可謂愛之文王伐崇再駕而降為臣文王聞崇德亂而伐之三旬不降退脩教而復伐之因壘而降○降戶江反復扶又反疏紂囚

文王七年○正義曰：傳言囚文王七年，文王必七年爲囚矣。尚書無逸云"文王受命惟中身，厥享國五十年"，則文王在位歷年多矣，未知何時被囚也。大本紀稱紂囚西伯於牖里，閎夭之徒求美女美寶而獻之紂，紂大説，乃赦西伯，賜之弓矢，使之得征伐。其下乃云虞芮爭獄，俱讓而去，諸侯聞之曰西伯受命之君也。如馬遷所云，虞芮質獄之前被囚也。尚書傳稱文王一年質虞芮，二年伐邘，三年伐密須，四年伐犬夷，紂乃囚之，四友獻寶，乃得免於虎口，出而伐耆。鄭玄尚書注據書傳爲説，云紂聞文王斷虞芮之訟，後又三伐皆勝，始畏而惡之，拘於羑里，紂得散宜生等獻寶而釋文王，文王釋而伐黎，以爲四年因之，五年釋之。即如所言，被囚不盈一年，此傳不得言紂囚文王七年也。文王既已改元，而又專伐諸國，是則反形已露，雖紂之愚，非寶貨所能釋也。馬遷之言當得其實，在質虞芮之前囚之，故因之得七年也。

蠻夷帥服，可謂畏之。文王之功，天下誦而歌舞之，可謂則之。文王之行，至今爲法，可謂象之。有威儀也。故君子在位可畏，施舍可愛，進退可

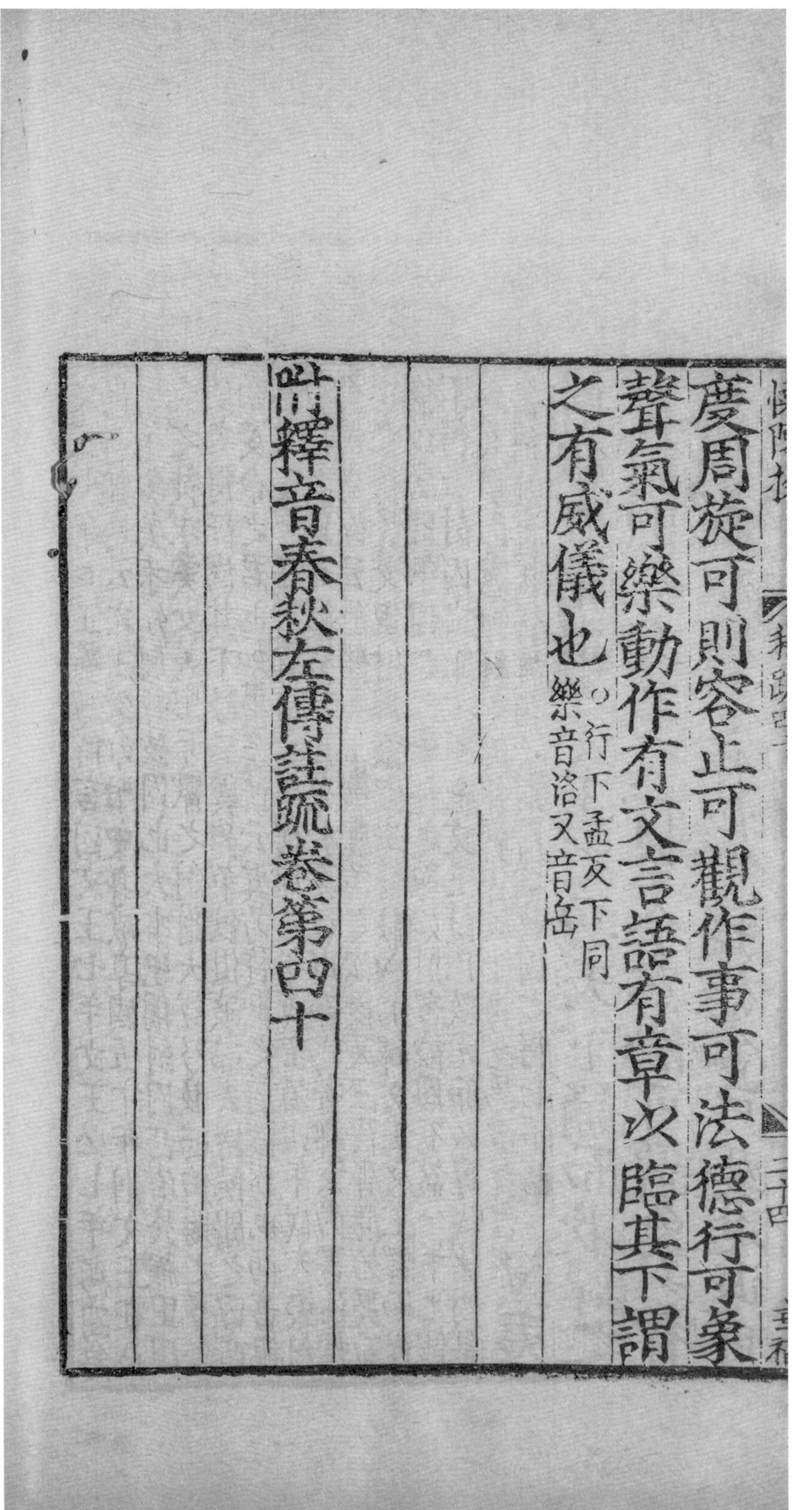

度周旋可則容止可觀作事可法德行可象聲氣可樂動作有文言語有章以臨其下謂之有威儀也○行下孟反下同樂音洛又音岳

附釋音春秋左傳註疏卷第四十

附釋音春秋左傳註疏卷第四十一 起元年盡元年

杜氏註　孔穎達疏

昭公。陸曰昭公名裯襄公子母齊歸在位二十五年遜于齊在外八年凡三十三年薨于乾侯謚法威儀恭明曰昭 疏 正義曰魯世家昭公名裯襄公之子齊歸所生以周景王四年即位謚法威儀恭明曰昭是歲歲在大梁

經元年春王正月公即位無傳 ○叔孫豹會晉趙武楚公子圍齊國弱宋向戌衛齊惡陳公子招蔡公孫歸生鄭罕虎許人曹人于虢招實陳侯母弟不稱弟者義與莊二十五年公子友同今讀舊書則楚當先晉而先晉者趙武者亦取宋盟貴武之信故尚之也衛在陳蔡上先至於會○招常遙反虢瓜百反當先悉薦反 疏 注招實至於會○正義曰八年經書陳侯之弟招故知是陳侯母弟也不稱弟云云莊二十五年注云公子友莊公之母弟稱公子者史策之通言母弟至親異於他臣其相

殺害則稱弟以示義至於嘉好之事兄弟篤睦非例所興或
稱弟或稱公子仍舊史之文也八年招殺世子故稱弟以章
招罪此年使以會諸侯非義例之所興舊史書爲公子而仲
尼因之也公羊傳曰此陳侯之弟招也何以不稱弟貶曷爲
貶殺世子偃師貶大夫相殺稱人此其稱名氏以殺何言將
自是殺君也然則曷爲不於其弑焉貶以親者弑然後其罪
惡甚春秋不待貶絕而罪惡見者不貶絕以見罪惡也貶絕
然後罪惡見者貶絕以見罪惡也今招之罪已重矣曷爲復
貶乎此著招之有罪也何著乎招之有罪言楚之託乎討招
以滅陳也其意言八年楚託討於招以滅陳者招之罪重故
於此須貶之先儒或取公羊爲說釋例云穎氏曰臣無竟外之
交故去弟以貶季友子招樂憂故去弟以懲過鄭段去弟惟
以名通故謂之貶今此二人皆書公子公子者名號之美稱
非貶所也是解招不稱弟之意也春秋之初衛在陳上莊十
六年幽之盟衛在陳下自爾以來常在陳下莊十六年注云
陳国小每盟會皆在衛下齊桓始霸楚亦始彊陳侯介於二
大国之間而爲三恪之客故齊桓因而進之遂班在衛上終
於春秋是衛之班次常在陳下今衛乃在蔡之上必有其故
也襄十年諸侯伐鄭鄭出子光宋在滕子之上傳曰齊崔杼
使大子光先至于師故長於滕是先至有進班之理故謂此

差先至於會故也。○三月，取鄆。不稱將帥，將卑師少，書取，言易也。○鄆音運。將，子匠反，下同。帥，所類反。易，以豉反。

疏 注不稱至易也○正義曰：將卑師少，例當稱人。魯史不得自言魯人，直書所爲之事，闕其有人取之也。若將卑師衆，則言師，取其衆。襄十三年傳例云「凡書取，言易也」，故杜以此爲易耳。賈逵云：「楚以伐莒來討，故諱伐不諱取。」劉炫以賈說爲是，故又規杜云：「案傳武子伐莒，知非將卑師少也。稱伐則是非易也，杜何得以爲易將卑師少乎？」今删定知不然者，以諸稱取，傳皆以易釋之，此取文與彼同，故以爲易也。若以武子伐而取之，則致力難重，當以滅爲文，與滅項同也。案滅項被討，不諱滅，此亦被討，何以諱滅而言取？若必有所諱，當傳有其事。今傳云「莒魯爭鄆，爲日久矣」，魯無大罪，亦何所諱也？傳云武子伐莒者，武子爲伐莒之主耳，別遣小將而行，故不書武子，猶如成二年傳言楚子重侵衛，經書楚師，杜云「子重不書，不親兵」之類是也。不書伐者，以兵未加鄆，鄆人逆服，與襄九年傳稱諸侯圍鄭，經不書，杜云「鄭人逆服，不成圍」相似。劉以賈氏之說而規杜氏，非也。○夏，秦伯之弟鍼出奔晉。稱弟，罪秦伯。○鍼，其廉反。○六月丁巳，邾子華卒。無傳。三同盟。

疏 注三同盟

正義曰華以襄十八年即位十九年盟于祝柯二十年于澶淵二十五年于重丘皆與魯俱在是三同盟○晉荀

吳帥師敗狄于大鹵大鹵大原晉陽縣○大鹵大如字徐音泰鹵音魯穀梁傳云中

國曰大原夷狄曰大鹵○秋莒去疾自齊入于莒國逆而立之曰入○去起

呂反莒展輿出奔吳弒君賊未會諸侯故不稱爵○莒展輿出奔吳一本莒展出奔吳

【疏】注弒君至稱爵○正義曰釋例云諸侯不受先君之命而篡立得與諸侯會者則以成君書之若未得接於諸

侯則不稱爵傳曰會于平州以定公位又云凡君有罪則君列諸會矣此以會為斷也是杜據彼傳之文知此為未

會諸侯不稱爵○叔弓帥師疆鄆田春取鄆今正其封疆○疆居良反注同○

葬邾悼公無傳○冬十有一月己酉楚子麇卒

楚以瘧疾赴故不書弒○麇九倫反以瘧音虐書弒申志反或作殺音同【疏】注楚以至書弒○正義曰傳稱縊而

弒之而經書卒者襄七年鄭子駟使賊夜弒僖公而以瘧疾赴于諸侯經書為卒知此亦以瘧疾赴故不書弒○

公子比出奔晉書名罪之（疏）注書名罪之。正義曰齊崔氏宋司城無罪書氏書官此
傳無罪狀直以不能自固其位耳比奔又無可害無可善即是罪未必犯大罪也
傳元年春楚公子圍聘于鄭且娶於公孫段
氏伍舉爲介伍舉椒舉介副也○娶七住反介音界注同將入館館舍就客鄭
人惡之知楚懷詐○惡烏路反使行人子羽與之言乃館於
外舍於城外既聘將以衆逆以兵入逆婦子產患之使子
羽辭曰以敝邑褊小不足以容從者請墠聽
命欲於城外除地爲墠行昏禮○褊必淺反下同從才用反墠音善令尹命大宰伯
州犁對曰君辱貺寡大夫圍謂圍將使豐氏
撫有而室豐氏公孫段○貺音況圍布几筵告於莊共之

廟而來莊王圍之祖共王圍之父。几本亦作机筵音延又音恭疏圍布至而來。正義曰聘禮臣奉君命聘於鄰國猶尚釋幣于禰乃行況昏是嘉禮之重故圍自布几筵告父祖之廟而來也文王世子曰五廟之孫祖廟未毀爲庶人冠取妻必告鄭玄云告於君也亦既告君必須告廟君尊不主臣昏故圍自告也若野賜之是委君貺於草莽也是寡大夫不得列於諸卿也言不得從卿禮○莽莫湯反疏若野至卿也。正義曰言我君受野賜之禮則是委頓我君之命得貺於草莽之中則是寡大夫不得列於諸卿之位也不寧唯是又使圍蒙其先君蒙欺也告先君而來不得成禮於女氏之廟故以爲欺先君疏不寧至先君。正義曰不寧寧也言寧有唯是之事又使圍蒙其先君連讀爲義也告廟云將向豐氏之家取妻若使受之於野不至豐氏之家是欺先君也言又若既娶今君又辱先君故云又也將不得爲寡君老大臣稱老懼辱命而退其蔑以復矣唯大夫圖之子羽曰小國無罪恃實其罪恃大國而無備則是罪將恃大國之安靖已而無乃包藏禍心以圖之小國失恃而懲諸侯使莫不憾者距違君命而有所壅塞不行是懼言已失所恃則諸侯懲恨以距君命壅塞不行所懼唯此○懲直升反憾户暗反壅本又作雍於勇反注及下注同不然敝邑館人之屬也館人守舍人也其敢愛豐氏之祧祧遠祖廟○祧他彫反疏注祧遠祖廟○正義曰祭法云遠廟爲祧鄭玄云祧之言超也超上去意也以祧是尊遠之意故以祧言廟耳此公孫段是穆公之孫子豐之子其家唯有子豐之廟君若特賜或得立穆公之廟耳其家無遠祖廟也杜言遠祖廟者順傳文且據正法言之伍舉知其有備也請垂櫜而入垂櫜示無弓○櫜古刀反弓衣也許之正月乙未入逆而出遂會於虢虢鄭地尋宋之盟也宋盟在襄二十

七年祁午謂趙文子曰宋之盟楚人得志於晉得志謂先歃午祁奚子○歃所洽反今令尹之不信諸侯之所聞也子弗戒懼又如宋恐楚復得志○復扶又反下雖復同子木之信稱於諸侯猶詐晉而駕焉駕猶陵也詐謂衷甲○駕如字又音加注及下同衷音忠況不信之尤者乎尤甚也楚重得志於晉晉之恥也子相晉國以為盟主於今七年矣襄二十五年始為政以春言故云七年○重直用反相息亮反疏於今七年○正義曰襄二十五年傳云趙文子為政至此八年也而云七年者發周雖改正朔常以夏正為言此春正月故為七年年末醫和則云八年再合諸侯襄二十五年會夷儀二十六年會澶淵疏再合諸侯○正義曰襄二十六年經書公會晉人鄭良霄宋人曹人于澶淵晉人即趙武也時有魯公在會雖則唯公一人即是諸侯不得謂之大夫也故知再會諸侯數澶淵也

三

合大夫（襄二十七年會于宋，三十年會澶淵，及今會虢也）服齊狄，寧東夏（襄二十八年齊侯白狄朝晉○夏戶雅反），平秦亂（襄二十六年秦晉爲成），城淳于（襄二十九年城杞之淳于，杞遷都○淳音純），師徒不頓，國家不罷，民無謗讟（讟，誹也○罷音皮，讟音獨，誹芳畏反）【疏】注讟誹也○正義曰：說文云：謗，毀也；誹，謗也。然則謗、讟、誹其義同，皆是非毀人，古人重言之，猶險阻艱難也。諸侯無怨，天無大災，子之力也。有令名矣，而終之以恥，午也是懼。吾子其不可以不戒。文子曰：武受賜矣（受午言）。然宋之盟，子木有禍人之心，武有仁人之心，是楚所以駕於晉也。今武猶是心也，楚又行僭（僭不信○僭子念反，下同），非所害也。武將信以爲本，循而行之，譬如農夫是穮是蓘穮耘也壅苗爲蓘○穮彼驕反蓘古本反耘音云除草也疏注穮耘至爲蓘○正義曰漢書食貨志云后稷始甽田以二耜爲耦廣尺深尺曰甽長終一畝一畝三甽一夫三百甽而播種於甽中苗生三葉以上稍耨壟草因隤其土以附苗根故其詩云或耘或耔黍稷儗儗耘除草也耔附根也言苗稍壯每耨輒附其根比至盛暑壟盡平而根深能風與旱故儗儗而盛也此言穮蓘即詩之耘耔也故知穮是耨以土壅苗根爲蓘也耨定本耘雖有饑饉必有豐年言耕鉏不以水旱息必獲豐年之收○饉其靳反鉏仕居反收手又反又如字疏雖有至豐年○正義曰言耕鉏不息必有豐年之收以喻禮信不愆必爲諸侯之長也

且吾聞之能信不爲人下吾未能也自恐未能信也詩曰不僭不賊鮮不爲則信也詩大雅僭不信賊害人也○鮮息淺反能爲人則者不爲人下矣吾未能是難楚不爲患楚令尹圍請用牲讀舊書加于牲上而

已舊書宋之盟書楚恐晉先歃故欲從舊書加乎牲上不歃血經所以不書盟○難乃旦反下注並同晉人許之三月甲辰盟楚公子圍設服離衛設君服二人執戈陳於前以自衛離陳也【疏】注設君至陳也○正義曰穆子言似君知設服設君服也唯譏執戈不言衣服則君服即二戈是也離衛之語必爲執戈發端但語畧難明服虔云二人執戈在前在国居君離宮陳衛在門然則執戈在前国君行時之衛非在家守門之衛也守門之衛其兵必多非徒二戈而已縱使在国居君之離宮即明宮門之衛以爲離衛其言大不辭矣故杜以離衛即執戈是也言二人執戈陳列於前以自防衛也離之爲陳雖無正訓兩人一左一右相離而行故稱離衛離亦陳之義叔孫穆子曰楚公子美矣君哉美服似君鄭子皮曰二執戈者前矣禮国君行有二執戈者在前【疏】注禮国至在前○正義曰士喪禮言君臨臣喪之礼云小臣二人執戈先二人後是知国君之行當有二執戈者在前也国君亦有二戈在後子皮唯言前有二戈者當是公子圍不設後戈故也蔡子家曰

蒲宮有前不亦可乎公子圍在會特緝蒲爲王殿屋屏蔽以自殊異言既造王宮而居之雖服君服無所怪也○緝七入反【疏】注公子至怪也○正義曰服虔云蒲宮楚君離宮言令尹在国已居君之宮出有前戈不亦可乎令尹居君離宮事無所出且諸侯大夫見其在會之儀不譏在国所居伯州犂云此行也辭而假之寡君言行而借戈以衛非在国借宮以居也故杜以爲公子圍在會特緝蒲爲王殿屋以自殊異此亦無所案據要愜人情楚伯州犂曰此行也辭而假之寡君聞諸大夫譏之故言假以飾令尹過鄭行人揮曰假不反矣言將遂爲君伯州犂曰子姑憂子晳之欲背誕也襄三十年鄭子晳殺伯有背命放誕子羽曰當璧猶將爲国難言子且自憂此無爲憂令尹不反戈○背音佩注同誕音但在假而不反子其無憂乎子羽行人揮當璧謂棄疾事在昭十三年言棄疾有當璧之命圍雖取国猶將有難不無憂也齊國子曰吾代二子愍矣國子

國殺也二子謂王子圍及伯州犁圍此冬便篡位不能自終州犁亦尋爲圍所殺故言可愍○篡初患反【疏】注國子至可愍○正義曰服虔云愍憂也代伯州犁憂公子圍代子羽憂子晳劉炫從服言而規杜失今知不然者以圍不能自終伯州犁尋爲圍所殺是皆遇凶害故云吾代二子愍矣若以二子爲伯州犁子羽子羽則卒無禍害又何可愍而代之乎劉以服意而規杜過非也○小旻之卒章○正義曰小旻詩小雅刺幽王也陳公子招曰不憂何成二子樂矣言以憂生事事成而樂○樂音洛注及下樂憂而樂同衛齊子曰苟或知之雖憂何害齊子齊惡言先知爲備雖有憂難無所損害宋合左師曰大國令小國共吾知共而已共承大國命不能知其禍福○共音恭下及注同晉樂王鮒曰小旻之卒章善矣吾從之小旻詩小雅其卒章義取非唯暴虎馮河之可畏也不敬小人亦危殆王鮒從斯義故不敢譏議公子圍○鮒音附旻亡巾反馮皮冰反退會子羽謂子皮曰叔

孫紱而婉紱切也譏其似君反謂之美故曰婉○紱古卯反婉紆阮反注同宋左師簡而禮無所臧否故曰簡共事大國故曰禮○否悲矣反舊方九反樂王鮒字而敬字愛也不犯凶人所以自愛敬子與子家持之子子皮子家蔡公孫歸生持之言無所取與○持如字本或作特誤疏注子子至取與○正義曰持謂執持之也子皮直云二執戈者前矣雖意知不可而辭無譏切子家云蒲宮有前不亦可乎意雖弁譏蒲宮言乃謂之爲可不如子羽之譏訐不同伯州犂之飾辭持其內端無所取與是持之也弈棋謂不能相害爲持意亦同於此也皆保世之主也齊衛陳大夫其不免乎國子代人憂子招樂憂齊子雖憂弗害夫弗及而憂與可憂而樂與憂而弗害皆取憂之道也憂必及之大誓曰民之所欲天必從之逸書三大夫兆憂能無至乎

肅憂兆也言以知物其是之謂矣物類也察言以知禍福之類八年陳招殺大子國弱齊惡當身各無患○當丁浪反○季武子伐莒取鄆兵未加莒而鄆服故書取而不言伐莒人告於會楚告於晉曰尋盟未退尋弭兵之盟而魯伐莒瀆齊盟瀆慢也○瀆待木反請戮其使時叔孫豹在會欲戮之○使所吏反下注其使出使下召使者同樂桓子相趙文子桓子樂王鮒相佐也○相息亮反注同欲求貨於叔孫而爲之請使請帶焉難指求貨故以帶爲辭○而爲于僞反下注爲諸侯同弗與梁其踁曰貨以藩身子何愛焉踁叔孫家臣○踁戶定反藩方元反叔孫曰諸侯之會衛社稷也我以貨免魯必受師言不戮其使必伐其國【疏】注言不至其國○正義曰晉語趙文子謂叔孫曰子盍逃之對曰豹也受命於君以從諸侯之盟爲

社稷也若魯有罪受盟者逃魯必不免是吾出而絕之也若為諸侯戮魯誅盡矣必不加請為戮也是言不戮其使必伐其國也是禍之也何衛之為人之有牆以蔽惡也喻已為國衛如牆為人蔽牆之隙壞誰之咎也咎在牆。隙去逆反咎其九反注同衛而惡之吾又甚焉罪甚牆雖怨季孫魯國何罪怨季孫之伐莒叔出季處有自來矣吾又誰怨季孫守國叔孫出使所從來久今遇此戮無所怨也【疏】注季孫至怨也。正義曰歷檢上世以來季孫出使不少於叔孫而云叔出季處從來久者季孫世為上卿法當上卿守國次卿出使以此為從來久耳必須使上卿者上卿非不使也

然鮒也賄弗與不已召使者裂裳帛而與之曰帶其褊矣言帶褊盡故裂裳示不相逆。賄呼罪反趙孟聞之曰臨患不忘國忠也謂言魯國何罪思難不越官信也謂言叔出

季孫處○難乃旦反下同圖國忘死貞也謂不以貨免謀主三者義

也三者忠信貞有是四者又可戮乎并義爲四乃請諸

楚曰魯雖有罪其執事不辟難執事謂叔孫畏威

而敬命矣謂不敢辟戮子若免之以勸左右可也

若子之羣吏處不辟汙汙勞事汙音烏路反下同疏注汙勞事

正義曰處國之所辟者唯有辟勞事耳故以汙爲勞事也言事之勞身若鐵之汙物也出不逃難

不苟免其何患之有患之所生汙而不治難而

不守所由來也能是二者又何患焉不靖其

能其誰從之安靖賢能則衆附從魯叔孫豹可謂能矣請

免之以靖能者子會而赦有罪不伐魯又賞其賢

救叔徐諸侯莫誰不欣焉望楚而歸之視遠如邇疆埸之邑一彼一此何常之有言今衰世疆埸無定主○疆居良反注及下至苦之疆亊同埸音亦注同王伯之令也言三王五伯有令德時〔疏〕注言三至德時　正義曰以傳言王伯故言三王下云虞有三苗則帝時亦有非獨三王也但王亦帝也故傳通言其王耳引其封疆引正也正封界而樹之官樹立也立官以守國舉之表旗旌旗以表貴賤○旗音其〔疏〕夅之表旗○正義曰夅立也爲立表貴而賤之旌旗也故社云旌旗以表貴賤著之制令爲諸侯作制度法令使不得相侵犯過則有刑猶不可壹於是乎虞有三苗三苗饕餮故三危者饕吐刀反餮吐結反夏有觀扈觀國今頓丘衛縣扈邑在始平鄠縣書序曰啓與有扈戰于甘之野○夏戶雅反觀音館舊音官扈音戶鄠音戶商有姺邳二國商諸侯邳今下邳縣○姺西典反又西禮反邳皮悲反周有徐

奄二國皆嬴姓書序曰成王伐淮夷遂踐奄徐即淮夷○嬴音盈自無令王諸侯逐
進逐猶競也狎主齊盟其又可壹乎彊弱無常故更主盟○狎户甲反更
音庚恤大舍小足以為盟主大謂篡弑滅亡之禍又焉用之焉用
治小事○焉於虔反注同封疆之削何國蔑有主齊盟者誰
能辯焉辯治也【疏】注二国至淮夷○正義曰二国皆嬴姓世本文也書序曰成王伐淮夷遂踐奄
淮夷與奄同時伐之此徐奄連文故以為徐即淮夷賈逵亦然是相傳說也服虔云一曰魯公所伐徐戎也案費誓云淮
夷徐戎並興孔安国云淮浦之夷徐州之戎並起為寇則徐亦非国名此徐是国名當謂淮浦之夷其国名徐書序舉其
大號此傳言其国名也僖公時楚人伐徐杜云下邳僮縣東南有大徐城彼近淮旁成王時徐蓋亦在彼地也此傳所云
四代有罪之国其三苗與有扈徐奄尚書略有其事其觀與姺邳則史傳無文傳言王伯之令猶尚有此輩則此輩皆是
王道盛明時諸侯也○封疆至辯焉○正義曰言封疆之相侵削何国無有此乃常事主領齊盟者誰能一一治之吴

濮有釁楚之執事豈其顧盟(吳在東濮在南今建寧郡南有濮夷釁過也○濮音卜釁許靳反)莒之疆事楚勿與知諸侯無煩不亦可乎莒魯爭鄆為日久矣苟無大害於其社稷可無亢也(亢禦○與音預亢苦浪反徐又音剛禦魚呂反)去煩宥善莫不競勸子其圖之固請諸楚楚人許之乃免叔孫令尹享趙孟賦大明之首章(大明詩大雅首章言文王明明照於下故能赫赫盛於上令尹意在首章故特稱首章以自光大○去起呂反宥音又)

疏(去煩至競勸○正義曰不征討魯以諸侯無煩是去煩也叔孫賢人今若赦之是宥善也德義如是餘人莫不競力勸慕為善矣)趙孟賦小宛之二章(小宛詩小雅二章取其各敬爾儀天命一去不可復還以戒令尹○宛紆阮反復扶又反)

疏(注小宛至復還○正義曰詩序云大夫刺幽王也其二章云人之齊聖飲酒溫克彼昏不知壹

醉日富各敬爾儀天命不又注又復也今女君臣各敬慎威儀天命一去不復來也事畢趙孟謂叔向曰令尹自以爲王矣何如問將能成否對曰王弱令尹彊其可哉言可成雖可不終趙孟曰何故對曰彊以克弱而安之彊不義也安於勝君是彊而不義不義而彊其斃必速詩曰赫赫宗周褒姒滅之彊不義也詩小雅褒姒周幽王后幽王惑焉而行不義遂至滅亡言雖赫赫盛彊不義足以滅之○姒音似滅如字詩作威音呼悅反令尹爲王必求諸侯晉少懦矣懦弱也○懦乃亂反諸侯將往若獲諸侯其虐滋甚滋益也民弗堪也將何以終夫以彊取取不以道不義而克必以爲道以不義爲道道以淫虐弗可久已矣

爲十二年楚弑靈王傳（疏）首以至巳矣○正義曰以不義謂之爲賞而淫虐爲之民所不堪不可久矣○

夏四月趙孟叔孫豹曹大夫入于鄭會罷過鄭○過古禾反

鄭伯兼享之子皮戒趙孟戒享期禮終趙孟賦瓠葉受所戒禮畢而賦詩瓠葉詩小雅義取古人不以微薄廢禮雖瓠葉兎首猶與賓客享之○瓠户故反客享之許丈反又晉庚反子皮遂戒穆叔且告之告以趙孟賦瓠葉穆叔曰趙孟欲一獻瓠葉詩義取薄物而以獻酬知其一獻子其從之子皮曰敢乎言不敢穆叔曰夫人之所欲也又何不敢夫人趙孟○夫音扶注同及享具五獻之籩豆於幕下朝聘之制大国之卿五獻○莫亦武博反（疏）注朝聘至五獻○正義曰周禮大行人稱上公饔餼九牢饗禮九獻侯伯七獻子男五獻皆獻數各同饔餼之數也案聘禮卿聘饔餼五牢故知皆五獻至春秋之時大国之卿乃得從卿礼

若次國之卿依大國大夫之制唯三獻耳故杜此注云大國之卿五獻又昭六年傳注云大夫三獻是也趙孟辭趙孟自以今非聘鄭故辭五獻私於子產私語曰武請於冢宰矣冢宰子皮請謂賦瓠葉乃用一獻趙孟為客禮終乃宴卿會公侯享宴皆折俎不體薦○折之設反

【疏】注卿會至體薦○正義曰傳言禮終乃宴謂之享禮既終卽因而為宴不待異日也杜解言享宴禮異所以得相因者以其俎同故也宣十六年傳云王享有體薦宴有折俎公當享卿當宴王室之禮也彼傳之意言享公當依享法有體薦也享卿當如宴法有折俎也彼王自言之故云王室禮耳其實諸侯之待公卿禮亦當然以鄭會公侯享宴皆折俎不體薦享宴俎同故得因行禮也

穆叔賦鵲巢鵲巢詩召南言鵲有巢而鳩居之喻晉君有國趙孟治之趙孟曰武不堪也又賦采蘩亦詩召南義取蘩菜薄物可以薦公侯享其信不求其厚○蘩音煩曰小國為蘩大國省穡而用之其何實非命穆叔言小國微薄猶蘩菜大國能省

愛用之而不棄則何敢不從命牆愛也○省所景反徐所幸反注同 子皮賦野有死麕之卒章 野有死麕詩召南卒章曰舒而脫脫兮無感我帨兮無使尨也吠脫脫安徐帨佩巾義取君子徐以礼來無使我失節而使狗驚吠喻趙孟以義撫諸侯無以非礼相加陵○麕亦作麏君九倫反脫脫吐外反帨始銳反尨武江反吠扶廢反 趙孟賦常棣 常棣詩小雅取其凡今之人莫如兄弟言欲親兄弟之國○常棣直計反 且曰吾兄弟比以安尨也可使無吠 受子皮之詩○比毗志反下注德比同 穆叔子皮及曹大夫興拜 三大夫皆兄弟國興起也 舉兕爵曰小國賴子知免於戾矣 兕爵所以罰不敬言小國蒙趙孟德以安自知免此罰戮○兕徐履反戾力計反下同 飲酒樂趙孟出曰吾不復此矣 不復見此樂○樂音洛注同復扶又反注及下不復年并注同 天王使劉定公勞趙孟於潁館於雒汭 王周景王定公劉夏潁水出陽

成縣雒汭在河南鞏縣南水曲流為汭○勞力報反下以勞之同潁營井反汭如銳反夏戶雅反劉子曰美哉禹功見河雒而思禹功明德遠矣微禹吾其魚乎吾與子弁冕端委以治民臨諸侯禹之力也弁冕冠也端委禮衣言今得共服冠冕有國家者皆由禹之功○弁冕端委本亦作弁端委

疏注弁冕至之力○正義曰冠者首服之揔名弁冕冠中之小別弁冕是首服端委是身服言弁冕端委揔舉冠衣而言非謂定公趙孟身所自衣也哀七年傳云大伯端委以治周禮仲雍嗣之斷髮文身以文身從彼之俗知端委是依禮之衣杜直言端委禮衣不知是何衣也名曰端委又無所說周禮司服於士服之下云其齊服有玄端素端鄭玄云謂之端者取其正也謂士之衣袂皆二尺二寸而屬幅是廣袤等也其袪尺二寸大夫以上侈之侈之者蓋半而益一焉半而益一則其袂三尺三寸袪尺八寸如鄭此言唯士服當端制大夫以上不複端也服虔云禮衣端正無殺故曰端文德之衣尚褒長故曰委案論語鄉黨非帷裳必殺之鄭康成云帷裳謂朝祭之服其制正幅如帷非帷裳者謂深衣削其幅縫齊倍要禮

記深衣制短不見膚長不被土然則朝祭之服當曳地服言是也**子盍亦遠績禹功而大庇民乎**勸趙孟使纂禹功○子盍戶臘反何不也亦遠績禹功本或作亦遠續功庇必利反又音祕【疏】遠績禹功○正義曰績亦功也重其言耳遠績禹功者勸之為大功使遠及後世若大禹也謂勸武向不務纂大禹之績而立大功以庇民也**對曰老夫罪戾是懼焉能恤遠吾儕偷食朝不謀夕何其長也**言欲苟免目前不能念長久○焉於虔反下焉用焉能同儕仕皆反朝如字下同【疏】吾儕偷食○正義曰儕等也言吾等於彼卑賤苟且飲食之人也**劉子歸以語王曰諺所謂老將知而耄及之者**八十曰耄耄亂也○語魚據反知音智耄莫報反**其趙孟之謂乎為晉正卿以主諸侯而儕於隸人朝不謀夕**言其自比於賤人而無恤民之心【疏】注言其至之心○正義曰趙孟自言吾儕偷食是自比於隸役賤人也在

上位者當憂勞百姓卑賤之人勞身而已旨比賤人是無憂民之心也**棄神人矣**民為神主不恤民故神人皆去**神怒民叛何以能久趙孟不復年矣**言將死不復見明年**神怒不歆其祀民叛不即其事祀事不從又何以年**為此冬趙孟卒起本○**叔孫歸**號會歸**曾夭御季孫以勞之旦及日中不出**恨季孫伐莒使己幾被戮**曾夭謂曾阜**曾阜叔孫家臣**曰旦及日中吾知罪矣魯以相忍為國也忍其外不忍其内焉用之**欲受楚戮是忍其外日中不出是不忍其内**阜曰數月於外**言叔孫勞役在外數月○數所主反注同**一旦於是庸何傷賈而欲贏而惡囂乎**言譬如商賈求贏利者不得惡諠囂之聲○賈音古注同贏音盈注同惡烏路反注及下同囂許驕反徐五高反注同諠或作讙呼端反【疏】

注言譬至之聲○正義曰言已伐莒求利而不得惡日中不出譬如商賈求利不得惡諠顣之聲以商賈在市市人多諠
顣之聲皁謂叔孫曰可以出矣叔孫指楹曰雖
惡是其可去乎乃出見之楹柱也以諭魯有季孫猶屋有柱○楹音盈去
起呂反○鄭徐吾犯之妹美犯鄭大夫公孫楚聘之矣
楚子南穆公孫公孫黑又使强委禽焉禽鴈也納采用鴈○强其丈反犯
懼告子產子產曰是國無政非子之患也唯
所欲與犯請於二子請使女擇焉皆許之子
晳盛飾入布幣而出布陳贄幣子晳公孫黑○贄音至子南戎
服入左右射超乘而出女自房觀之曰子晳
信美矣抑子南夫也言丈夫○乘繩證反夫夫婦婦所謂

順也適子南氏子晳怒既而櫜甲以見子南欲殺之而取其妻子南知之執戈逐之及衝擊之以戈衝交道○櫜古刀反本或作櫜丁隆反衝尺容反【疏】夫夫至順也正義曰夫如夫道當剛強也婦如婦節當柔弱也如是所謂順也曹大家女誡曰生男如狼猶恐其尫生女如鼠猶懼其武是男欲剛而女欲柔也子晳傷而歸告大夫曰我好見之不知其有異志也故傷大夫皆謀之子產曰直鈞幼賤有罪罪在楚也先聘子南直也子南用戈子晳直也子產力未能討故鈞其事歸罪於楚○好如字一音呼報反直鈞音均絕句乃執子南而數之曰國之大節有五女皆奸之奸犯也○女音汝下皆同奸音干畏君之威聽其政尊其貴事其長養其親五者所以爲

國也今君在國女用兵焉不畏威也奸國之紀不聽政也（奸國之紀謂傷人○長丁丈反下同盖如字下同）子皙上大夫女嬖大夫而弗下之不尊貴也幼而不忌不事長也（忌畏也○嬖必計反下戶嫁反）兵其從兄不養親也君曰余不女忍殺宥女以遠勉速行乎無重而罪五月庚辰鄭放游楚於吴將行子南子產咨於大叔（大叔游楚之兄子○從兄如字又才用反重直用反又直勇反）大叔曰吉不能亢身焉能亢宗（亢蔽也○亢苦浪反）彼國政也非私難也子圖鄭國利則行之又何疑焉周公殺管叔而蔡蔡叔（蔡放也○難乃旦反而蔡蔡叔上蔡字音素葛反說文作㯳音同字從殺下米）

云𣒱𣒱散之也會杜義下蔡叔如字【疏】殺管叔至蔡叔○正義曰說文云𣒱𣒱散之也從米殺聲然則𣒱字殺下米也𣒱爲放散之義故訓爲放也隸書改作已失本體𣒱字不復可識寫者全類蔡字至有重爲一蔡字重點以讀之者尚書蔡仲之命云周公乃致辟管叔于商囚蔡叔于郭鄰以車七乘孔安國云囚謂制其出入郭鄰中国之外地名是故蔡叔之事也孔雖言中国之外地不知在何方也夫豈不愛王室故也吾若獲戾子將行之何有於諸游爲二年鄭殺公孫黑傳○夫音扶【疏】夫豈至故也○正義曰夫謂周公也夫此周公豈不愛管叔蔡叔乎所以殺放之爲王室故也○秦后子有寵於桓如二君於景后子秦桓公子景公母弟鍼也其權寵如兩君其母曰弗去懼選選數也恐景公數其罪而加戮○選息轉反徐素短反注及下同數所主反注及下文戮毋同癸卯鍼適晉其車千乘書曰秦伯之弟鍼出奔晉罪秦伯也罪失教○乘繩證反下及注同【疏】癸卯至伯也○正義

曰釋例曰秦伯有千乘之國不能容其母弟傳曰罪秦伯則
鍼罪亦輕也言其罪兄爲輕耳非無罪也公羊以爲仕諸晉謂
之奔者譏秦伯有千乘之國不能容其母弟故謂之出奔也
劉炫云奔者去也伯窘而去逃死四隣不以禮出也今鍼適晉乃
與母計議緩服步而出實非奔也仲尼既書爲奔傳釋云罪秦
伯秦伯不能教戒其弟不能早爲之所致奢富過度懼而去
同罪其失亦之義鍼不自知度亦是其乖歸罪秦伯皆兄罪耳例曰以下同也后子享晉侯爲晉
侯設享禮○爲于僞反造舟于河造舟爲梁通秦晉之道○造七報反注同李巡注爾雅云比其
船而度也郭于併舟爲橋疏造舟于河○正義曰詩云造舟爲梁是比舟以爲橋也釋水云天子造舟李巡曰比
其舟而渡曰造舟孫炎曰比舟爲梁郭璞曰比船爲摠舉其不解造之義蓋造爲至義言船相至而並比也十里舍
車一舍八乘爲八反之備疏注一舍至之備○正義曰直言十里舍不知每舍幾車以下言八反知
一舍八乘爲八反之具也自雍及絳雍絳相去千里用車八百乘○雍於用反歸取酬
幣備九獻之義始禮自齎其一故續送其八酬酒幣○齎子兮反本又作賫疏注備九至酒幣○正義曰

僖二十二年鄭享楚子爲九獻知此備九獻之儀也每一獻酒必有幣車以隨之后子從始自齎其一以爲初獻故續送其八也飲酒之禮主人初獻於賓賓酢主人主人受賓之酢禮飲訖又飲乃酌以酬賓如是乃成爲一獻於酬之時始有幣以勸飲故以爲酬酒幣也

終事八反 每十里以八乘車各以次載幣相授而還不徑至故言八反千里用車八百乘其二百乘以自隨故言千乘傳言秦鍼之出極奢富以成禮欲盡敬於所適○還音環徑古定反

【疏】注每十至所赴○正義曰服虔以爲每於十里置幣車一乘千里百乘以次相授車率皆日行一百六十里謂從絳向雍去而復還一享之間八度至也然則千里之路往還八反車率日行一百六十里計則一萬六千里雖追風逐日之足猶將不逮於此后子之馬一何駛乎縱令如此終可以章馬疾未足以明車多司馬侯何以怪其車多而發問也杜以反者謂車反復其故處耳每於十里置車八乘后子初發幣則續行自齎其一以爲初獻餘則以次續至至則車反此至享終八車皆反以此謂之八反非言反至雍也此幣發雍計已多日故設享之初此八車之幣去絳不過一二十里耳使之相續而來每獻皆到以示己之豪富故令漸送之也如杜此言則后子預前約束使幣早發而來非臨享始取而

懷陳校

云歸取酬幣者右子必適晉多日然後設享非初至即享君也爲享之具酒食之屬皆在絳備之其幣亦應於絳備之乃遣還取秦國之幣故言歸取不言設享之日始歸取也上云其車千乘下司馬侯問其車多則是見車多而發問也故杜辨其事之所在千里用車八百乘其二百乘以自隨故言千乘也傳說此車多之事者言秦鍼之出逸奢富以成禮盡敬於所赴之國故爲此以示豪也司馬侯問焉曰子之車盡於此而已乎對曰此之謂多矣若能少此吾何以得見言已坐車多故出奔○見賢遍反坐才卧反女叔齊以告公叔齊司馬侯○女音汝且曰秦公子必歸臣聞君子能知其過必有令圖令圖天所贊也后子見趙孟趙孟曰吾子其曷歸問何時當歸對曰鍼懼選於寡君是以在此將待嗣君趙孟曰秦君何如對曰無

道趙孟曰亡乎對曰何爲一世無道國未艾也艾絶也○艾魚廢反注同國於天地有與立焉言欲輔助之者多不數世淫弟能斃也趙孟曰天乎對曰有焉趙孟曰其幾何對曰鍼聞之國無道而年穀和熟天贊之也贊佐助也○幾居豈反下同鮮不五稔鮮少也少尚當歷五年多則不啻○稔而甚反啻始豉反【疏】國無至五稔○正義曰國無道而歲又饑則君或早夭年穀和熟是天佐助之故少猶五年多或不啻也朝之五年者启子之意耳襄二十七年傳云所謂不及五稔蓋古有此言也趙孟視蔭曰朝夕不相及誰能待五蔭日景也趙孟意衰以日景自喻故言朝夕不相及誰能待五○蔭於金反本亦作陰朝夕如字景如字又於領反【疏】趙孟至待五○正義曰趙孟自比於日景此景朝夕尚移不能相及人命流去與此相似既無常定誰能待五启子出而告人

此下闕第十九葉。

曰趙孟將死矣主民翫歲而愒日翫愒皆貪也○翫五喚反說文云習厭也字又作玩愒苦蓋反其與幾何言不能久○與如字又音預○鄭爲游楚亂故游楚子南○爲于僞反○六月丁巳鄭伯及其大夫盟于公孫段氏罕虎公孫僑公孫段印段游吉駟帶私盟于閨門之外實薰隧閨門鄭城門薰隧門外道各實賈之者爲明年子產數子晳罪稱薰隧盟起本○閨音圭薰許云反隧音遂數色主反又色具反公孫黑強與於盟使大史書其名且曰七子自欲同於六卿故曰七子○強其丈反與音預子產弗討子晳強討之恐亂國○晉中行穆子敗無終及羣狄于大原即大鹵也無終山戎○大原音泰

【疏】晉中至大原○正義曰釋例土地名以北戎山戎無終三名爲一北平有無終縣大原即大原郡晉陽縣是也計無終在大原東北二千許里遠就大

○務婁並如字務又音謀一音[illegible]徐音茂一音謀婁武江反君子曰莒展之不立棄人也夫奪羣公子秩也棄人○夫音扶人可棄乎詩曰無競維人善矣詩周頌言惟得人則國家彊疏詩曰至善矣○正義曰周頌烈文之篇也彼注云競彊也無彊乎維得賢人也得賢人則國家彊矣故天下諸侯順其所爲也晉侯有疾鄭伯使公孫僑如晉聘且問疾叔向問焉曰寡君之疾病卜人曰實沈臺駘爲祟史莫之知敢問此何神也子產曰昔高辛氏有二子伯曰閼伯季曰實沈高辛帝嚳○駘他才反祟息遂反閼於葛反嚳苦毒反居于曠林不相能也曠林地闕○能如字又奴代反日尋干戈以相征討尋用也后帝不臧后帝堯也臧善也疏注后帝至堯也○正義曰襄九年

虞無閼伯為陶唐氏之火正知后帝是堯也遷閼伯于商丘主辰商丘宋地主祀

辰星辰、大火也○相息亮反商人是因故辰為商星商人湯先相土封商丘因閼伯故国祀辰

星○相息亮反疏注商人至辰星○正義曰殷本紀稱相土契孫是湯之先也襄九年傳云閼伯居商丘祀大火

相土因之故商主大火辰即大火星也故商人祀辰星商謂宋也宋商後故稱商人也遷實沈于

大夏主參大夏今晉陽縣○夏戶雅反注及下同參所林反注及下同唐人是

因以服事夏商唐人若劉累之等累遷魯縣此在大夏疏注唐人至大夏○正義曰

謂之唐人當是陶唐之後二十九年傳云陶唐氏既衰其後有劉累豢此唐人是彼劉累之等類也言等類者謂劉累後

世子孫累雖遷魯縣子孫仍在大夏故歷事夏及商也劉炫云彼稱累事孔甲下云遷于魯縣此云唐人是因以服事夏商

則此居於大夏子孫終商不滅非累子孫是其同族等類耳服虔以唐人即是劉累故杜顯而異之云累遷魯縣此在大

夏其季世曰唐叔虞唐人之季世其君曰叔虞疏注唐人至叔虞正義曰服虔以

為唐叔虞即下句邑姜所生者也杜以傳說唐人即云季世明季世是唐人之末世叔虞即唐人之末君矣邑姜之子叔虞乃是晉之始祖豈得以後世始封之君謂之前代之末世也故云唐人之季世其君曰叔虞帝命邑姜之子曰虞者將以唐國與之取唐君之名以為名耳

當武王邑姜方震大叔邑姜武王后齊大公之女懷胎為震大叔成王之弟叔虞○震本又作娠之愼反又音申懷妊也大音泰注及下同胎他來反

【疏】注邑姜至叔虞○正義曰傳言武王邑姜繫之武王知是武王后也十二年傳稱呂級王舅級是齊大公之子丁公也級為王舅知邑姜是大公之女也說文云娠女妊身動也從女辰声是懷胎為震震取動義字書以是女事故今字從女耳叔虞成王母弟晉世家文也

夢帝謂己余命而子曰虞帝天取唐君之名將與之唐屬諸參而蕃育其子孫及生有文在其手曰虞遂以命之及成王滅唐而封大叔焉故參為晉星叔虞封唐是為晉侯○屬之玉反蕃音煩叔虞封唐是為晉侯案史

懷陳　校

春秋疏四十一

二十一　黃永進刊

記叔虞封唐侯叔虞之子燮父改為晉侯【疏】夢帝至曰虞○正義曰晉世家云初武王之與叔虞母會時夢天謂武王曰余命女生子名虞謂此夢為武王之夢也若是武王之夢此傳直云武王方生大叔其文足矣何以須言邑姜方震也邑姜方震而夢明是邑姜夢矣安得以為武王夢也溥姬之夢龍據其心燕姞之夢蘭為巳子彼皆夢發於母此何以夢發於父是馬遷之妄言耳服解此云巳武王也是晉非而逐迷者也○注叔虞至晉侯○正義曰晉世家云唐叔子燮是為晉侯杜譜亦云燮父改為晉侯則叔虞之身不稱晉也叔虞為晉之祖故言為晉侯也

由是觀之則實沈參神也昔金天氏有裔子曰昧為玄冥師生允格臺駘金天氏帝少皥裔遠也玄冥水官昧為水官之長○裔以制反昧音妹為玄冥師師長也為官之長皥戶老反長丁丈反【疏】注金天至之長○正義曰金天氏帝少皥帝系世本玄也金天代号少皥身号月令於冬云其神玄冥是玄冥為水官也昧為玄冥師師訓長也故云昧為水官之長二十九年傳云少皥氏有四叔脩及熈為玄冥昧為金天裔子當是脩熈之後釋例曰脩及熈皆為玄冥未知昧為誰之子或是

子孫也。臺駘能業其官，纂昧之業。○纂，子管反。宣汾洮，宣猶通也。汾洮二水名。

疏 宣汾洮○正義曰：釋例曰：汾水出大原，故汾陽縣至河東汾陰縣入河。其洮水闕，不知所在，當亦是晉地之水，後世竭涸，無其処耳。

障大澤，陂障之。以處大原。大原，晉陽也。○處，臺駘之所居。帝用嘉之，封諸汾川。帝，顓頊。

疏 注帝顓頊○正義曰：顓頊爲帝，既是金天之後，臺駘是金天裔孫，爲臣自當顓頊，故以帝用嘉之，爲顓頊嘉耳。昧於金天也，云裔子，臺駘又是昧之所生，則去少皞遠矣。而帝系、世本皆云少皞是黃帝之子，顓頊是黃帝之孫，臣世多而帝世少，安籍散亡，無可撿勘，此事未必然也。釋例云：案鯀則舜之五世從祖父也，而及舜共爲堯臣，堯則舜之三從高祖，而妻其女，此史記之可疑者也。是皆疑不能決，因舊說耳。

沈、姒、蓐、黃，實守其祀。四國，臺駘之後。今晉主汾而滅之矣。滅四國。由是觀之，則臺駘，汾神也。抑此二者，不及君身。山川之神，則水旱癘疫之災於是乎禜之。

之有水旱之災則禜祭山川之神若臺駘者周禮四曰禜祭為營攢用幣以祈福祥○癘音例疫音役禜音詠縈又音營日月星辰之神則雪霜風雨之不時於是乎禜之星辰之神若實沈者（疏）山川至禜之○正義曰水旱癘疫在地之災山川帶地故祭山川之神也雪霜風雨天氣所降日月麗天故祭日月星辰之神也此因其所在分繫之耳其實水旱癘疫亦是天氣所致雪霜風雨亦是在地之災且雨之不時而致水旱水旱與雨不其為異而分言之者據其雨不下而禜不止是雨不時也據其苗稼生死則為水與旱也禜是祈禱之小祭耳若大旱而雩則徧祭天地百神不復別其日月與山川者也○注有水至福祥○正義曰水旱癘疫俱祭山川若暑癘疫而不言之耳杜言山川之神若臺駘者下云星辰之神若實沈者言此禜祭祭其先世主山川主星辰者之神耳非獨祭此山川星辰之神也計日月無其主之者以與星辰須是天地連言之耳周禮大祝掌六祈以同鬼神示一曰類二曰造三曰禬四曰禜五曰攻六曰說鄭衆云禜日月星辰山川之祭也鄭玄云禜告之以時有災變也禜如日食以朱絲縈社也玄之此言取公羊為說莊二十五年公羊傳曰日食以朱絲縈

社或曰脅之或曰爲闇恐人犯之故營之然社有形質故可朱絲營繞日月山川非可營之物不得以此解禜也賈逵以爲營攢用幣杜依用之日月山川之神其祭非有常處故臨時營其地立攢表用幣告之以祈福祥也攢聚也聚草木爲祭處耳厲疫謂害氣流行歲多疾病然則君身有病亦是厲氣而云不及君身者陳思王以爲癘疫之氣止害貧賤其富貴之人鼎生厚者癘氣所不及其事或當然也且子産知晉君之病不在於此故言二者不及君身以病非癘疫故不須祭臺駘等也

若君身則亦出入飲食哀樂之事也山川星辰之神又何爲焉言實沈臺駘不爲君疾○樂音洛

疏 若君至事也○正義曰家語孔子云飲食不時逸勞過度者病共殺之此云出入即逸勞也據國君之身則朝以听政晝以訪問是出也夕以脩令夜以安身是入也

僑聞之君子有四時朝以聽政聽國政○朝如字晝以訪問問可否夕以脩令念所施夜以安身於是乎節宣其氣宣散也

疏 節宣其氣○正義曰以時節宣

散其氣也節即四時是也凡人形神有限不可久用神久用則竭形大勞則敝不可以久勞也神不用則鈍形不用則痿不可以久逸也固當勞逸更遞以宣散其氣朝以听政久則疲疲則易之以訪問訪問久則倦倦則易之以脩令脩令久則怠怠則易之以安身安身久則滯滯則易之以听政以後事改前心則亦所以散其氣也

勿使有所壅閉湫底以露其體湫集也底滯也露羸也壹之則血氣集滯而體羸露○壅於勇反湫子小反徐音秋又在酒反服云著也底丁禮反服云止也羸劣危反下同

疏勿使至其體正義曰壅謂障而不使行若土壅水也閉謂塞而不得出若閉門戶也湫謂氣聚底謂氣止四者皆是不散之意也氣不散則食不消食不消則食少食少則肌膚瘦肌膚瘦則骸骨露也言人之養身當須宣散其氣勿使氣有壅閉集滯以羸露其形骸也○注湫集至羸露○正義曰服虔云湫著也底止也杜云湫氣也底滯也皆是以意訓耳壅閉言其不得散出故以湫底為集滯言氣聚集而停滯也若以湫為著則與止同義故易之以為集其止滯亦同義也上文所云四時之事若其壹之則血氣集滯使不得宣散氣不散則骨羸露也肥則膚肉厚骨不見瘦則肌膚薄故體羸露羸露是露骨之名其義與倮

相近保露形也羸露骨也瘦必羸羸亦瘦之別名今晉侯壹之者唯謂安身親近婦人四時皆爾以恒安身不動故使氣集滯也

茲心不爽而昏亂百度茲此也爽明也百度百事之節

疏「茲心」至「百度」○正義曰形之與神相隨而有形以神為主神以形為宅形彊則神彊形弱則神弱神常隨形而盛衰也既露其躰則神識亦弱致使此心不明照察失宜而昏亂百事之節度也

今無乃壹之同四時也

則生疾矣僑又聞之內官不及同姓內官嬪御○嬪婢人反

其生不殖殖長也

美先盡矣則相生疾同姓之相與先美矣美極則盡盡則生疾

疏「其生」至「生疾」○正義曰此僑重述不及同姓之意言內官若取同姓則夫婦所以生疾性命不得殖長何者以其同姓相與先美今既為夫妻又相寵愛美之至極在先盡美乃相厭患而生疾病非直美極惡生疾病而已又美極驕寵更生妬害也故晉語云異姓則異德異德則異類異類雖近男女相及以生民也同姓則同德同德則同心同心則同志同志雖遠男女不相及畏瀆故也瀆則生怨怨亂育災災育滅性是故取女辟同姓畏亂災

也禮記大傳云百世而昏姻不通者周道然也然則周法始如此耳前代則不然也蓋以前代敎簡未設禁防周人以其慢瀆故立法以禁之劉炫云違禮而娶則人神不祐故所生不長也晉文姬出而霸諸侯同姓未必皆不殖此以禮法為言勸勵人耳○注同姓至生疾○正義曰劉炫云人之本心自然有愛愛之所及先及近親同姓是親之近者其愛之美必深是同姓之相與先自美矣若使又為夫妻則相愛之美尤極極則美先盡矣美盡必有惡生故美盡則生疾此以禮為防推致此意耳晉語云云同君子是以惡之故志曰買妾不知其姓則卜之違此二者古之所慎也壹四時取同姓二者古人所慎○惡如字又烏路反取七住反疏買妾至卜之○正義曰曲禮云取妻不取同姓故買妾不知其姓則卜之鄭玄云為其近禽獸也妾賤或時非媵取於賤者世無本繫也男女辨姓禮之大司也辨別也○別彼列反今君內實有四姬焉同姓姬四人其無乃是也乎若由是二者弗可為也已為[illegible]也四

姬有省猶可無則必生疾矣僇異姓去同姓故言省○省所景反徐所幸反注同去起呂反【疏】四姬至疾矣○正義曰子産云四姬之外若有異姓之女接御於公減省公之寵愛於四姬之事如此猶可若無異姓之女減省公情專愛四姬則必由此故以生疾矣劉炫云子産言若於同姓不深病猶可差若於四姬有此省相見稀接御則此病猶尚可如無稀省耽之過度則必生疾叔向曰善哉肸未之聞也此皆然矣叔向出行人揮送之送叔向叔向問鄭故焉且問子皙對曰其與幾何言將敗不久○與如字又音預幾居豈反無禮而好陵人怙富而卑其上弗能久矣爲明年鄭殺公子黑傳○好呼報反怙音戶晉侯聞子産之言曰博物君子也重賄之晉侯求醫於秦秦伯使醫和視之曰疾不可爲也是謂近女

室疾如蠱蠱惑疾○近附近之近蠱音古疏是謂至如蠱○正義曰女在房室故以室言之是謂近女室說此病之由由近女室爲此病也又言疾如蠱言此疾似蠱疾也蠱者心志惑亂之疾若今昏狂失性其疾名之爲蠱公惑於女色失其常性如彼惑蠱之疾也蠱是惑疾公心既惑是蠱疾而云如蠱者蠱是失志之疾名志之所失不獨爲女宣八年傳胥克有蠱疾者直是病而失性不由近女爲之此公淫而失志未全爲蠱故云如蠱○注蠱惑疾正義曰和言公疾如蠱下云惑以喪志知蠱是心志惑亂之疾非鬼非食惑以喪志惑女色而失志○喪息浪反疏非鬼至喪志○正義曰此說公病之狀病有鬼爲之者有食爲之者此病非鬼非食淫於女色情性惑亂以喪失志意也良臣將死天命不祐良臣不匡救君過故將死而不爲天所祐○祐音右公曰女不可近乎對曰節之先王之樂所以節百事也故有五節五聲之節遲速本末以相及中聲以降五降之後不容彈矣

謂先王之樂得中聲聲成五降而息也降罷退○降音絳下及注同或音戶江反彈徒丹反又徒旦反〔疏〕先王至彈矣○正義曰文之爲節不可得說故以樂譬之先王之爲此樂也所以限節百種之事故爲樂有五聲之節爲聲有遲有速從本至末緩急相及使得中和之聲其曲既了以此罷退五聲既成中和罷退之後謂爲曲已了不容更復彈作以爲煩手淫聲鄭衛之曲也劉炫云言五降而息罷退者五聲一周聲下而息前聲罷退以待後聲非作樂息也樂曲成乃息非五聲一周得息也又傳於是至弗聽劉云此說降後不彈之意也五聲皆降則聲一成曲既未成當從上始不必後聲未接前聲而容手妄彈擊是爲煩手此手所擊非復正聲是爲淫聲淫聲之慢塞人心耳乃使人忘失平和之性故君子不聽也

於是有煩手淫聲慆堙心耳乃忘平和君子弗聽也五降而不息則雜聲並奏所謂鄭衛之聲○慆他刀反下同堙音因〔疏〕注五降至之聲○正義曰五降不息則非復正聲手煩不已則雜聲並奏記傳所謂鄭衛之聲謂此也樂記云鄭衛之音亂世之音也又曰鄭音好濫淫志衛音趨數煩志是言鄭衛之聲是煩手雜聲也

物亦如之言百事皆如樂

不可失節至於煩乃舍也已無以生疾煩不舍則生疾○舍音捨注同

君子之近琴瑟以儀節也非以慆心也為心之節儀使

動不過度天有六氣謂陰陽風雨晦明也降生五味謂金味辛木味酸水味鹹火味

苦土味甘皆由陰陽風雨而生疏注謂金至而生○正義曰尚書洪範云五行一曰水二曰火三曰木四曰金五

曰土水曰潤下火曰炎上木曰曲直金曰從革土爰稼穡潤

下作鹹炎上作苦曲直作酸從革作辛稼穡作甘孔安國云

鹹水鹵所生也苦焦氣之味也酸木實之性也辛金之氣味

也甘味生於百穀也是五味為五行之味也以五者並行於

天地之間故洛書謂之五行物皆有本本自天來故言五者

皆由陰陽風雨而生也並陰陽風雨晦明合雜共生五味若

先儒以為雨為木味風為土味晦為水味明為火味陽為金

味而陰氣屬天不為五味之主此杜所不用也洪範本文以

生數為次水火木金土大禹謨六府之次水火金木土穀月

令於四時之次木火土金水杜數五味之次金木水火土以

五行相循更互相代其次不以為常隨便言耳此注所言五

味五色五聲配五行者經傳多有之洪範是其本月令尤

明杜所解者皆依月令文也 發爲五色辛色白酸色青鹹色黑苦色赤甘色黃發見也○見賢遍反 徵爲五聲白聲商青聲角黑聲羽赤聲徵黃聲宮徵發也○徵張里反 淫生六疾淫過也滋味聲色所以養人然過則生害 疏天有至六疾○正義曰上既以樂聲爲文乃云物亦如之至煩乃舍言用之有節也此又本諸上天言物皆不得過度也氣皆由天故言天有六氣也五味在地故云降生五味也五味是五行之味六氣共生五行故杜解五味皆由陰陽風雨晦明而生是言六氣共生之非言一氣生一行也味則嘗而可知色有形已可視發見而爲五色也色既不同其聲亦異爲發而爲五聲也此味聲色也皆本諸上天所以養人用之太過則生六疾之疾○注淫過至生害○正義曰此淫生六疾得氣味色聲之下則謂四者之過皆生疾也但醫和將說晦淫惑疾故下句特舉六氣之淫其言不及味與聲色故杜解以備之言滋味聲色所以養人然過則生疾以見淫生六疾非獨六氣生疾也但晉侯不以味聲色生疾故醫和不言之耳 六氣曰陰陽風雨晦明也分爲四時序爲五節六氣之化分而序之則成四時得五行之

節疏注大氣至之節。正義曰六氣並行無時止息但氣
有溫暑涼寒分爲四時春夏秋冬也序此四時以爲
五行之節計一年有三百六十五日序之爲五行每行得七
十二日有餘也土無定方分主四季故每季之末有十八日爲
土正主日也
過則爲菑陰淫寒疾寒過則爲冷。菑音災下同陽
淫熱疾熱過則喘渴。喘昌兗反風淫末疾末四支也風爲緩急雨淫腹
疾雨濕之氣爲泄注。泄息列反下如字晦淫惑疾晦夜也爲宴寢過節則心惑亂明
淫心疾明晝也思慮煩多心勞生疾。思息利反疏過則至心疾。正義曰上云淫生六疾揔謂氣
味聲色此云過則爲菑獨謂六氣過耳過即淫也故歷言六
氣之淫各生疾也此六者陰陽風雨有多時有少時晦明則
天有常度無多少時也今言淫者謂人受用此氣有過度者
也陰過則冷陽過則熱風多則四支緩急雨多則腹腸泄注
此四者雖各以其氣與人爲病若其能自防護受之不多則
得無此病也其晦明亦是天氣不以病人但人用晦明過度
則人亦爲病晦是夜也夜當安身女以宣氣近女過度則心
惑亂也明是晝也晝以營務營務當用心思慮煩多則心勞

元年

敝也陰陽風雨當受之有節晦明當用之有限無節無限必為菑害故過則為菑也○注末四至緩急○正義曰人之身體頭為元首四支為末故以末為四支謂手足也風氣入身則四支有緩急胃逆以末疾為首疾謂風痺也女陽物而晦時淫則生內熱惑蠱之疾女常隨男故言陽物家道當在夜故言晦時

疏女陽至之疾○正義曰男為陽女為陰女常隨男則女是陽家之物也而晦夜之時用之若用之淫過則生內熱惑蠱之疾以女陽物故內熱以晦時惑蠱也晉語云文子問醫和曰君其幾何對曰若諸侯服不過三年不服不過十年過是晉之殃也孔晁云人雖有命荒淫者必損壽無外患則并心於內故三年死諸侯不服則恩外患損其內精故十年無道之君久在民上實國之殃也

今君不節不時能無及此乎出告趙孟趙孟曰誰當良臣對曰主是謂矣主相晉國於今八年晉國無亂諸侯無闕可謂良矣和聞之國之大臣榮其寵祿任

其寵節有菑禍興而無改焉改改行以救菑○相息亮反行下孟反必受其咎今君至於淫以生疾將不能圖恤社稷禍孰大焉主不能禦吾是以云也云主將死○咎其九反禦本亦作御魚呂反趙孟曰何謂蠱對曰淫溺惑亂之所生也溺沈没於嗜欲○溺乃狄反嗜時志反疏淫溺至生也○正義曰此淫謂淫於女也没水謂之溺没於耆欲與溺水相似故淫溺連言之此論晉侯將蠱疾故言淫溺惑亂之所生耳人自有無故失志性恍惚不自知者其疾名為蠱非盡由淫也以毒藥藥人令人不自知者今律謂之蠱毒於文皿蟲為蠱文字也皿器也器受蟲害者為蠱○皿命景反說文讀若猛字林音猛穀之飛亦為蠱穀久積則變為飛蟲名曰蠱在周易女惑男風落山謂之蠱䷑巽下艮上蠱巽為長女為風艮為少男為山少男而說長女非匹故惑山木得風而落○巽音遜艮

古根反長丁丈反下同少詩照反下同說音悅皆同物也物猶類也趙孟曰良醫也厚其禮而歸之之○楚公子圍使公子黑肱伯州犂城犨櫟郟黑肱王子圍之弟子皙也犨縣屬南陽郟縣屬襄城櫟今河南陽翟縣三邑本鄭地犨尺州反櫟音歷徐失灼反郟古洽反鄭人懼子產曰不害令尹將行大事謂將弒君而先除二子也二子謂黑肱伯州犂禍不及鄭何患焉冬楚公子圍將聘于鄭伍舉爲介未出竟聞王有疾而還伍舉遂聘十一月己酉公子圍至入問王疾縊而弒之縊絞也孫卿曰以冠纓絞之長歷推己酉十二月六日經傳皆言十一月月誤也○介音界竟音境縊一豉反弒申志反絞古卯反

疏注縊絞至誤也○正義曰孫卿姓荀名況著書一部名曰荀卿子漢宣帝諱詢故轉爲孫也下有十二

月甲辰朔甲辰後五日得己酉故杜以長歷推己酉是十二月六日而此郟敖之卒經傳皆云十一月己酉杜謂十一月誤者止謂十一月不得有己酉以己酉爲誤十一月非誤也必知然者若以爲十二月己酉則六日己酉子干奔晉至晉猶見趙孟七日庚戌趙孟卒便是日相切迫無相見之理故知十一月爲是己酉爲誤劉炫以爲杜云誤者以十一月爲誤當云十二月而規杜氏非也劉炫規云杜言十一月誤當爲十二月案下文趙孟庚戌卒彼是郟敖今日死趙孟明日卒則子干奔晉不得見趙孟而議其祿故謂十一月是己酉字誤也遂殺其二子幕及平夏（皆郟敖子○幕音莫夏戶雅反）右尹子干出奔晉（子干王子比）宮廄尹子晳出奔鄭（因築城而去○廄居又反）殺大宰伯州犂于郟葬王于郟謂之郟敖（郟敖楚子麇）使赴于鄭伍舉問應爲後之辭焉（問赴者）對曰寡大夫圍伍舉更之曰共王之子圍爲長（伍舉更赴辭使從禮此告終稱嗣不以篡弑赴諸侯

○共王音恭長丁丈反子干奔晉從車五乘叔向使與秦
公子同食食祿同○從才用反乘繩證反下同皆百人之餼百人一卒也共
祿足百人○餼許氣反卒子忽反疏注百人至百人○正義曰百人為卒周禮司馬序官文也祿足百人謂與
之田取稅以共食足為百人餼也晉語稱秦后子楚公子干來仕叔向為大傅實賦祿韓宣子問二公子之祿焉對曰大
國之卿祿一旅之田上大夫一卒之田夫二公子者上大夫皆一卒可也趙文子曰秦公
子富謂秦鍼富強扶祿不宜與子干同叔向曰底祿以德底致也底音旨○
德鈞以年年同以尊公子以國不聞以富且
夫以千乘去其國彊禦已甚詩曰不侮鰥寡
不畏彊禦詩大雅侮陵也○夫音扶侮亡甫反鰥古頑反疏底祿至以尊○正義曰德大則
官高官高則祿厚故致祿以德之小大為差也年同以尊謂以官為之尊卑也秦楚匹也使

后子與子干齒以年齒爲高下而坐辭曰鍼懼選楚公子不獲是以皆來亦唯命不獲不得自安言俱奔事有優劣唯主人命所処謙辭且臣與羈齒無乃不可乎后子先來仕欲自同於晉臣爲主人子干後來奔以爲羈旅之客史佚有言曰非羈何忌忌敬也欲謙以自別○佚音逸別彼列反疏非羈何忌○正義曰忌敬也史佚有言云非是羈客何須敬之言子干是客當須敬之我不敢與同是謙以自別也楚靈王即位薳罷爲令尹薳啓彊爲大宰靈王公子圍也即位易名熊虔○罷音皮彊其良反又居良反鄭游吉如楚葬郟敖且聘立君歸謂子産曰且行器矣行器謂備楚王汰侈而自說其事必合諸侯吾往無日矣子産曰不數年未能也爲四年會申傳○汰音泰說徐音悅音始悅反

數所主反十二月晉既烝烝冬祭也○烝之承反趙孟適南陽將會孟子餘孟子餘趙衰趙武之曾祖其廟在晉之南陽溫縣往會祭之○衰初危反疏注孟子餘趙衰　正義曰服虔以孟爲趙宗子餘爲趙衰若其必然當先衰後孟何以先言孟也杜以孟子餘是趙衰一人蓋子餘是字孟是長幼之字也甲辰朔烝于溫趙氏烝祭甲辰十二月朔晉既烝趙孟乃烝其家廟則晉烝當在甲辰之前傳言十二月閒誤疏注趙氏至月誤　正義曰杜以十二月晉既烝趙孟始適南陽則趙孟初行已是十二月也此句乃云甲辰朔烝于溫案文言之則是來年正月朔也服虔云甲辰朔夏十一月朔也若是夏十一月朔當於明年言之此年說之何也杜以服言不通故爲此解云晉既烝趙孟乃烝其家廟則晉烝當在甲辰之前當言十一月傳言十二月誤也劉炫以爲晉烝及趙孟適南陽並在十一月之前文繫十二月者欲見烝後即行先公後私十二月之文爲下甲辰朔起本與月建爲下時晉烝猶在朔前十二月非誤也若必如劉言傳當云晉既烝趙孟適南陽將會孟子餘十二月甲辰朔烝于溫足明先公後私之義何須虛張十二月於上遙爲甲辰朔起本傳文

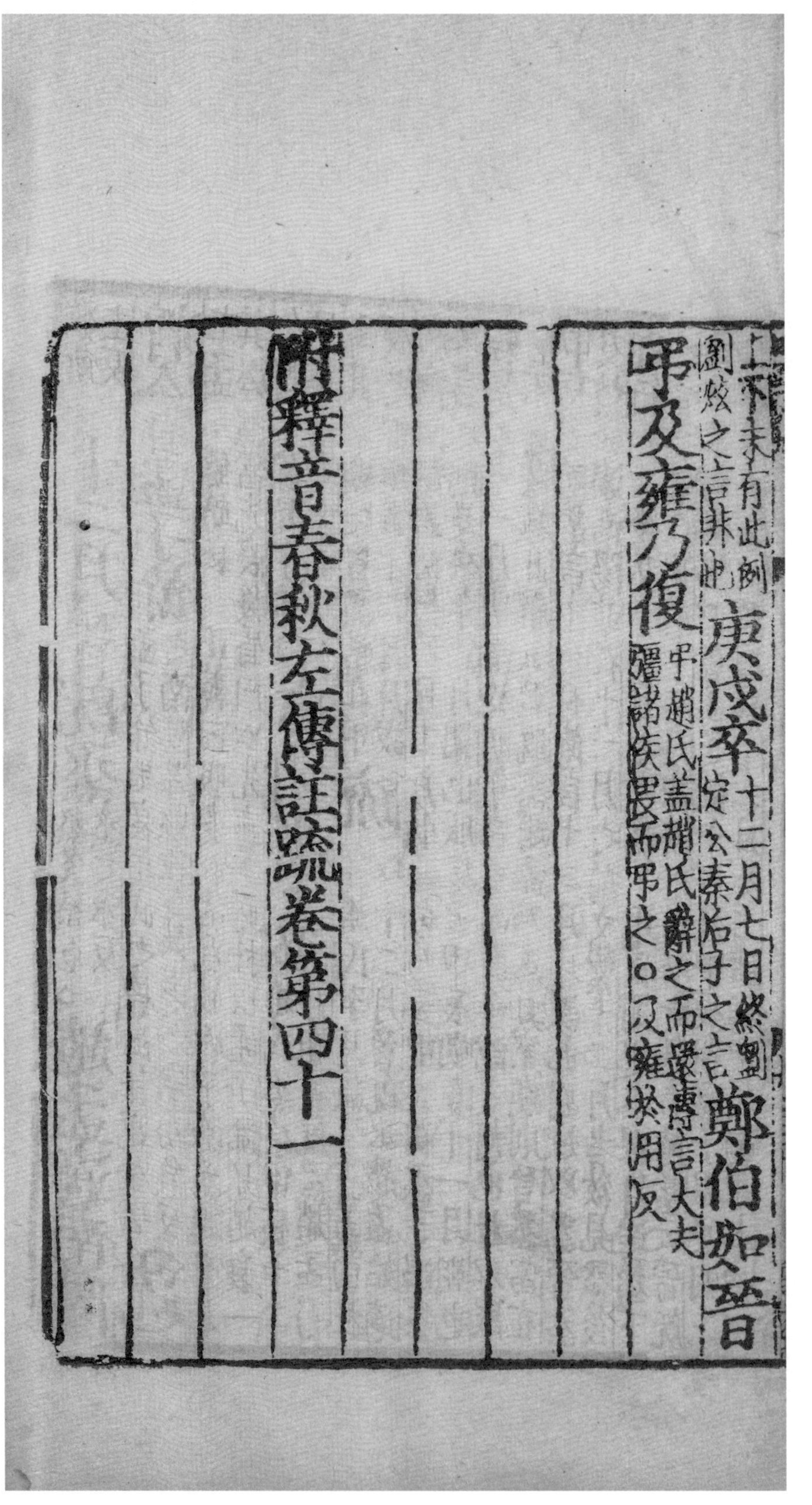

上稱未有此例劉炫之言非也庚戌卒十二月七日終劉定公秦后子之言鄭伯如晉

弔及雍乃復弔趙氏蓋趙氏辭之而還書言大夫彊諸侯畏而弔之○及雍於用反

附釋音春秋左傳註疏卷第四十一

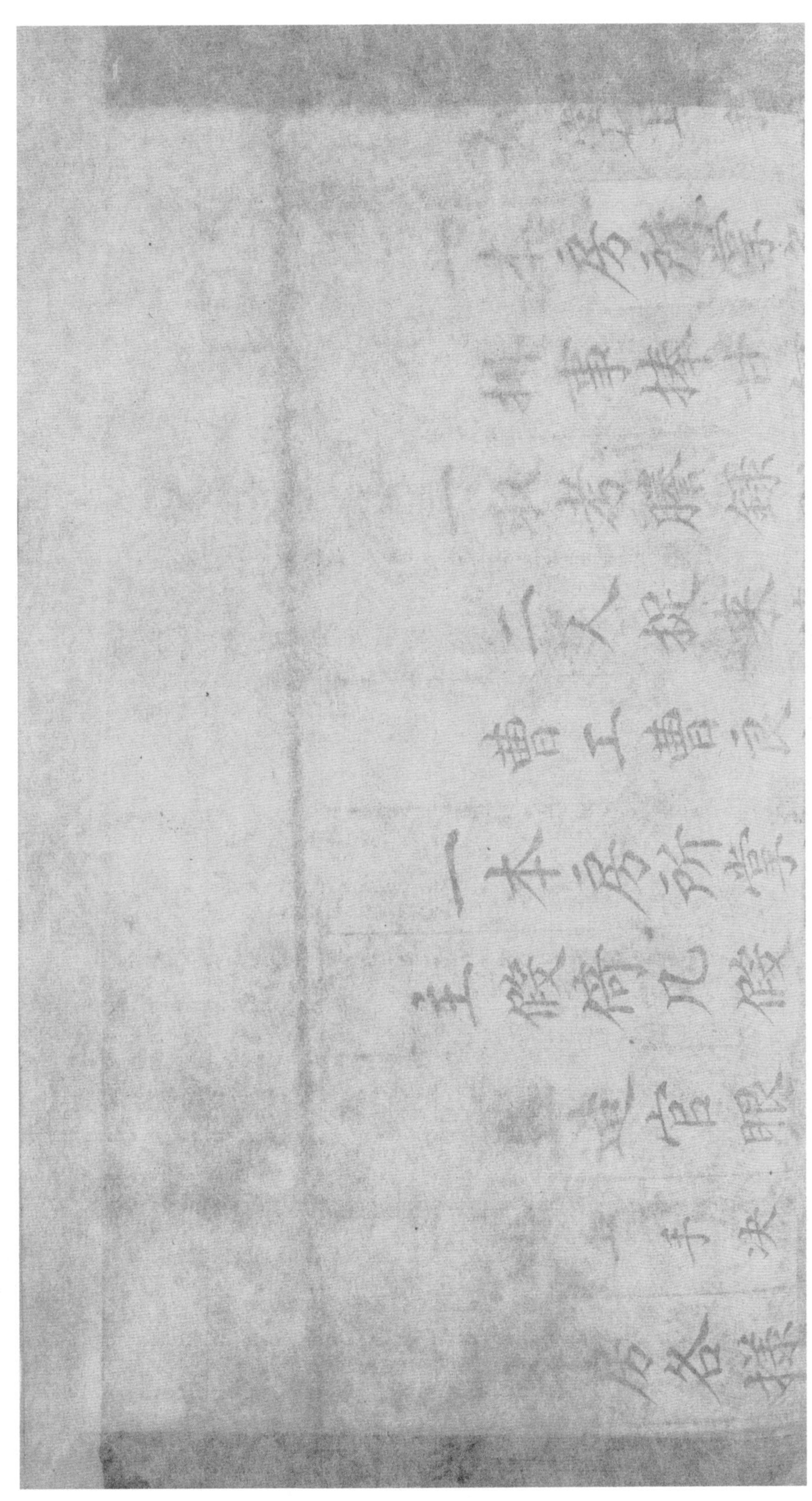

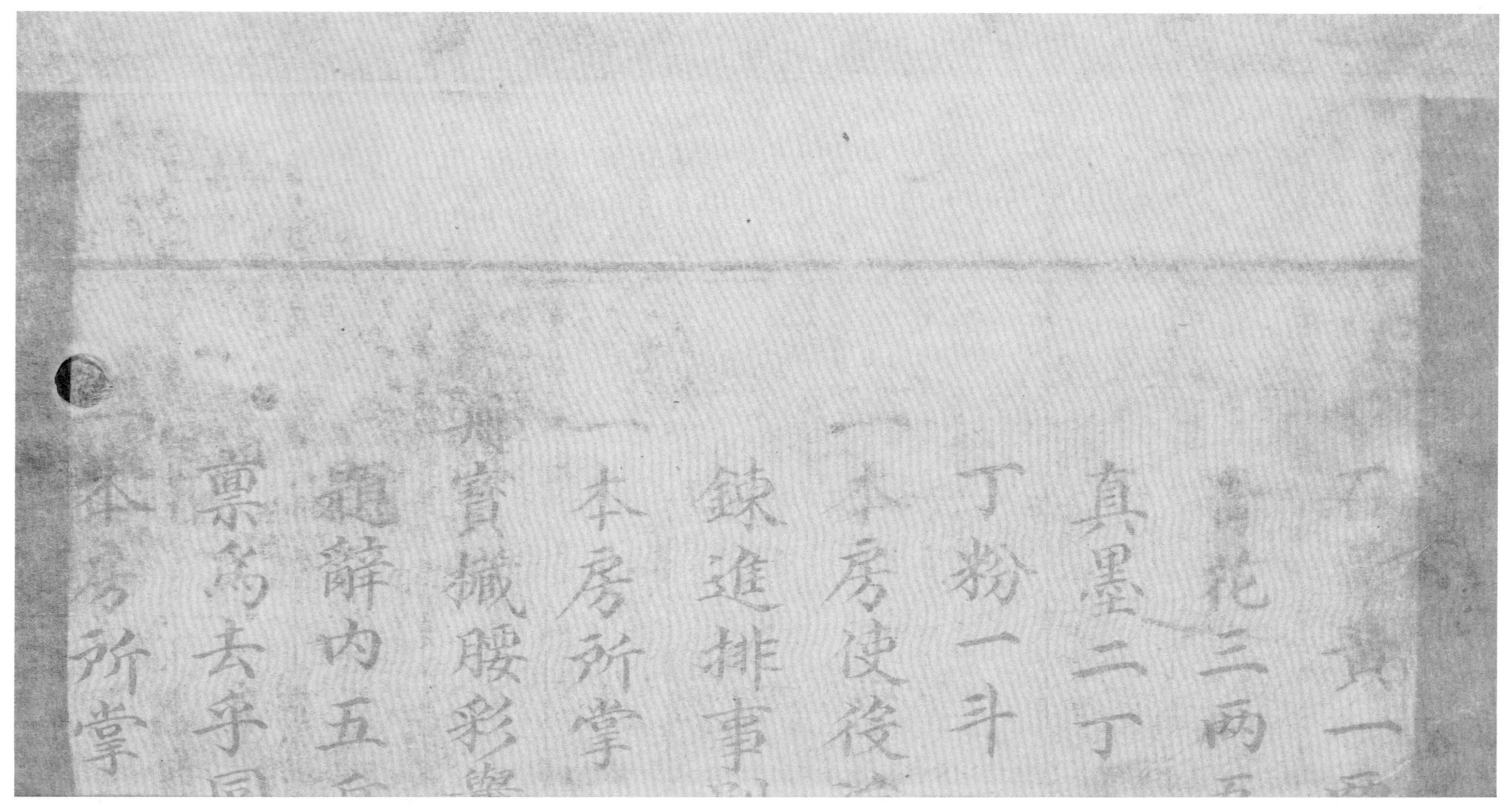

黄一

蒨花三兩

真墨二丁

丁粉一斗

一本房使後

錄進排事

一本房所掌

寶纈腰彩

辭内五

稟爲去手

本房所掌

1005
東方文化學院京都研究所

附釋音春秋左傳註疏卷第四十二 昭二年盡四年

杜氏註　孔穎達疏

經二年春晉侯使韓起來聘○夏叔弓如晉叔弓叔老子○秋鄭殺其大夫公孫黑書名惡之薰隧盟子產不討遂以為卿故書之○惡烏路反疏書名至書之○正義曰傳稱子產數罪罪是書名為惡之也往年傳云子皙上大夫也則非卿非卿則不合書薰隧之盟子皙強與卿列子產不討即以為卿故書之○冬公如晉至河乃復弔少姜也晉人辭之故還○少詩照反傳放此○季孫宿如晉致襚服也○公實以秋行冬還乃書○襚音遂疏注致襚至乃書○正義曰傳稱季孫宿遂致服焉知其致襚服也傳說此事文王在冬上而經書在冬知公實以秋行至冬還乃書即書還時日月不復追言秋故文在冬也

傳二年春晉侯使韓宣子來聘公即位故疏注公即位故

正義曰傳言且告為政而來見則其來非獨為為政故知主為公即位故也襄元年傳曰凡諸侯即位小國朝之大國聘
焉是也且告為政而來見禮也代趙武為政雖盟主而脩好同盟故曰禮○見
賢遍反好呼報反（疏）注代趙武為政○正義曰五年傳曰韓起之下有趙成中行吳魏舒范鞅知盈則六者三
軍之將佐也韓起代趙武將中軍趙成繼父為卿代韓起也觀書於大史氏見易
象與魯春秋曰周禮盡在魯矣易象上下經之象辭魯春秋史記之
策書春秋遵周公之典以序事故曰周禮盡在魯矣（疏）觀書至王也○正義曰大史之官職掌書籍必有藏書之
處若今之秘閣也觀書於大史氏者氏猶家也就其所司之處觀其書也見易象易象魯無增改故不言魯易象其春秋
用周公之法書魯國之事故言魯春秋也魯國宗文王之書說周公之典故云周禮盡在魯矣文王周公能制此典因見
此書而追歎周德吾乃於今日始知周公之德以周公制春秋之法故也與周之所以得王天下之由由文王以聖德能
作易象故也此二書晉國亦應有之韓子舊應經見而至魯始歎之乃云今知者因味其義而善其人非為素不見也

吾乃今知周公之德與周之所以王也易象春秋文王周公之制當此時儒道廢諸國多闕唯魯備故宣子適魯而說之○以王于況反周弘正依字讀說音悅

【疏】注易象至魯矣○正義曰易有六十四卦分為上下二篇及孔子文作易傳十篇以翼成之後世謂孔子所作為傳謂本文為經故云上下經也易文推演爻卦象物而為之辭故易繫辭云八卦成列象在其中又云易者象也是故謂之易象孔子述卦下總辭謂之為彖述爻下別辭謂之為象以其無所分別故別立二名以辨之其實卦下之語亦是象物為辭故二者俱為象也定四年傳稱分魯公以備物典策則史官書策之法若發凡言例皆是周公制之周衰之後諸國典策各為舊章唯魯春秋遵此周公之典以序時事故云周禮盡在魯矣○注易象春秋文王至而說之○正義曰易象文王所作春秋周公垂法故杜雙舉釋之云易象春秋文王周公之所制也易繫辭云易之興也其當殷之末世周之盛德邪當文王與紂之事邪鄭玄云據此言以易是文王所作斷可知矣且史傳讖緯皆言文王演易演謂為其辭以演說之易經必是文王作也但易之爻辭有箕子之明夷利貞箕子明傷乃在武王之世文王不得言之又云王用亨于岐山又

云東鄰殺牛不如西鄰之禴祭實受其福二者之意皆斥文王若疑文王作經無容自伐其德故先代大儒鄭衆賈逵等或以為卦下之象辭文王所作爻下之象辭周公所作雖復紛競大久無能決當是非杜今雙舉並釋以同鄭說也然據傳先言易象後言春秋則應先云周之所以王與周公之德也今傳乃先云周公之德若易象諸國同有其春秋獨遵周公典法韓子美周禮在魯故先云周公之德

公享之季武子賦緜之卒章緜詩大雅卒章取文王有四臣故能以緜緜致興盛以晉侯比文王以韓子比四輔○四臣大顛閎夭散宜生南宮适四輔謂先後奔走疏附禦侮【疏】注文王有四臣○正義曰緜詩云予曰有疏附予曰有先後予曰有奔奏予曰有禦侮注云率下親上曰疏附相道前後曰先後喻德宣譽曰奔奏武臣折衝曰禦侮

韓子賦角弓角弓詩小雅取其兄弟昏姻無胥遠矣言兄弟之國宜相親季武子拜曰敢拜子之彌縫敝邑寡君有望矣彌縫猶補合也謂以兄弟之義○縫扶恭反合如字一音閤武子賦節之卒章節詩小雅卒章取式訛爾心以畜萬邦以言晉

德可以畜萬邦○節才結反徐又如字訛五禾反既享宴于季氏有嘉樹焉
宣子譽之譽其好也○譽音餘注同【疏】注譽其好也○正義曰服虔云譽游也宣子游其樹
下夏諺曰一游一譽為諸侯所引夏諺孟子文也若是游於其下宣子本自無言武子何以輒對故注以為譽其美好也
武子曰宿敢不封殖此樹以無忘角弓封厚也殖長也
○長丁丈反遂賦甘棠甘棠詩召南召伯息於甘棠之下詩人思之而愛其樹武子欲封殖嘉樹
如甘棠以宣子比召公○召上照反下同宣子曰起不堪也無以及召
公宣子遂如齊納幣為平公聘少姜○為于偽反下為之請同見子雅
子雅召子旗子旗子雅之子使見宣子宣子曰非保家
之主也不臣志氣亢○見賢遍反下見彊同亢苦浪反見子尾子尾見
彊彊子尾之子宣子謂之如子旗亦不臣大夫多笑

之唯晏子信之曰夫子君子也（夫子韓起）君子有信其有以知之矣（爲十年齊欒施高彊來奔張本）自齊聘於衛衛侯享之北宮文子賦淇澳（淇澳詩衛風美武公也言宣子有武公之德○淇音其澳於六反）宣子賦木瓜（木瓜亦衛風義取於欲厚報以爲好○好呼報反後文注皆同）夏四月韓須如齊逆女（須韓起之子逆少姜齊陳無宇送女致少姜少姜有寵於晉晉侯謂之少齊（爲立別號所以寵異之○少詩照反）

【疏】注爲立至異之　正義曰婦人稱姓姜其當蓋以其齊女故以齊爲別號所以寵異之言少姜少齊並本字爲少也服虔云所以寵異不與齊衆女字等言齊國如此好女甚少

謂陳無宇非卿（欲使齊以適夫人禮送少姜○適丁歷反）執諸中都（中都晉邑在西河界休縣東南○界音介休許虯反）少姜爲之請曰送從逆班

班列也

疏送從逆班。正義曰昬禮諸侯以下法當親迎有故得使卿明是使上卿也桓三年傳例云凡公女嫁于敵國姊妹則上卿送之以禮於先君公子則下卿送之於大國雖公子亦上卿送之是送者與逆者俱為上卿是送者依逆者班列若公子嫁於敵國及姊妹嫁於小國皆下卿送之是降逆者一等公子嫁於小國上大夫送之是降逆者二等也若晉以少姜爲夫人當以上卿逆齊當以上卿送是亦送逆同班少姜據多言之故云送從逆班或可晉使公族大夫逆少姜元不以夫人之礼則同妾媵之屬送者皆從者班次不與桓三年逆夫人之礼同少姜據此而言故云送從逆班也劉炫云昬禮諸侯以下法當親迎有故得使卿明是使上卿也凡例云凡公女嫁于敵國姊妹則上卿送之公子則下卿送之是送卑於逆者一等故云送者從逆者之班次言當卑於逆者也

畏大國也猶有所易是以亂作韓須公族大夫陳無宇上大夫言齊畏晉改易禮制使上大夫送遂致此執辱之罪蓋少姜。謙以示譏

叔弓聘于晉報宣子也此春韓宣子來聘

晉侯使郊勞聘禮賓至近郊君使卿勞之。勞力報反注皆同

辭曰寡君使

弓來繼舊好固曰女無敢爲賓徹命於執事敝邑弘矣徹達也。女音汝下及注皆同敢辱郊使請辭辭郊勞。使所吏反下同致館辭曰寡君命下臣來繼舊好好合使成臣之祿也得通君命則於已爲榮祿敢辱大館敢不敢叔向曰子叔子知禮哉吾聞之曰忠信禮之器也卑讓禮之宗也宗猶主也辭不忘國忠信也謂稱舊好先國後已卑讓也始稱敝邑之弘先國也次稱臣之祿後已也詩曰敬慎威儀以近有德夫子近德矣詩大雅。近附近之近下同。秋鄭公孫黑將作亂欲去游氏而代其位游氏大叔之族黑爲游楚所傷故欲害其族。去起呂反傷疾作而不果前年游楚所擊創。創初良反駟氏與諸大夫欲殺之駟氏黑之族子産在鄙聞之懼弗及乘遽而至遽傳驛。○遽，其據反。爾雅云：馹、遽，傳也。孫炎注云：傳車驛馬。傳，中戀反；驛，音亦。

【疏】注「遽傳驛」。○正義曰：釋言云：「馹、遽，傳也。」孫炎曰：「傳車驛馬也。」

使吏數之責數其罪曰伯有之亂在襄三十年以大國之事而未爾討也務共大國之命，不暇治女罪。○共，音恭，下文注皆同。爾有亂心無厭國不女堪專伐伯有而罪一也昆弟爭室而罪二也謂爭徐吾犯之妹。○厭，於鹽反。薰隧之盟女矯君位而罪三也謂使太史書七子。○矯，居表反。有死罪三何以堪之不速死大刑將至再拜稽首辭曰死在朝夕無助天爲虐子産曰人誰不死凶人不終命也作凶事爲凶人不助天其助凶人乎請以印爲褚師印子晳之子褚師市官○晳如字下同印一刃反褚張呂反注同疏死在至爲虐○正義曰言我劉殺見作死在朝夕之間天已虐我無更助天爲虐也○注褚師市官○正義曰蓋相傳說也子產曰印也若才君將任之不才將朝夕從女女罪之不恤而又何請焉不速死司寇將至七月壬寅縊縊尸諸周氏之衢衢道也○衢其于反加木焉書其罪於木以加尸上○晉少姜卒公如晉及河晉侯使士文伯來辭曰非伉儷也晉侯爵於所幸爲少姜行夫人之服故出語侯所不敢以私煩諸侯故止之○伉苦浪反儷力計反疏非伉儷也○正義曰成十一年注云伉敵也儷耦也言少姜是妾非敵身對耦之人也少姜是妾杜言晉侯爲少姜行夫人之服者以明年傳云寡君在縗絰之中知其爲之服也請君無

辱。公還，季孫宿遂致服焉。致少姜之襚服。公以秋行，始冬還，乃書之，故經在冬。叔向言陳無宇於晉侯曰：「彼何罪？彼，無宇。君使公族逆之，齊使上大夫送之，猶曰不共，君求以貪。國則不共，此卑於宋，是晉國不共。而執其使，君刑已頗，何以爲盟主？頗，不平。○使，所吏反。頗，普多反。且少姜有辭。」謂請無宇之辭。冬十月，陳無宇歸。晉侯赦之。○十一月，鄭印段如晉弔。弔少姜。

經三年春王正月丁未，滕子原卒。襄二十五年盟重丘。○重，直恭反。

【疏】注「襄二」至「重丘」。○正義曰：杜世族譜，滕成公是文公之子，成十六年滕子卒，自爾以來，襄五年盟于戚，九年于戲，十一年于亳城北，十九年于祝柯，二十年于澶淵，二十五年于重丘，皆與滕俱在，凡六同盟，但經傳更無明文未知皆是滕成公以否杜氏之意疑故指事而道者而言劉炫以爲皆是滕成公而規杜氏非也○夏叔弓如滕○五月葬滕成公鄉共小國之葬礼過厚葬襄公滕子來會故魯厚報之○片音滕傳終此○秋小邾子來朝○八月大雩○冬大雨雹無傳記災○雨于付反雹蒲學反○北燕伯款出奔齊不書大夫逐之而言奔罪之也書名從告

疏注不書至從告○正義曰傳稱燕大夫比以殺公之外嬖公懼奔齊是被逐而出非自去也傳又云書曰北燕伯款出奔齊罪之是仲尼新意不書大夫逐之而言其自奔是罪之也釋例曰諸侯奔亡皆迫逐而苟免非自出也傳稱孫林父甯殖出其君名在諸侯之策此以臣名赴告之文也仲尼之經更没逐者主名以自奔文責其君不能自安自固所犯非徒所逐之臣也蔡赴不以名而燕赴以名各隨赴而書之義在彼不在此也傳不發於蔡朱衞衎而發於燕款者款罪輕於衞衎而重於蔡朱故舉中示例以兼通上下也晉悼藏衞衎而發問師曠將其自肯困闇以極言且明君不能君故臣亦不能臣罪不純在臣也杜言在彼不在此者書其出奔已是罪賤不假書名以見罪

諸名與不名皆從本，變文復更見義也。

傳三年春王正月，鄭游吉如晉，送少姜之葬。梁丙與張趯見之。二子晉大夫。○趯，他歷反。梁丙曰：甚矣哉，子之爲此來也。譏其卑葬過禮。○爲，于僞反。子大叔曰：將得已乎？言不得止。昔文、襄之霸也，晉文公、襄公。疏「文襄至霸也」。正義曰：襄公文公之子，能繼父業，故連言之。其命朝聘之數，卑葬之禮，皆文公令之，非襄公也。其務不煩諸侯。令諸侯三歲而聘，五歲而朝，有事而會，不協而盟。明王之制，歲聘間朝，在十三年。今簡之。○間，間廁之間。疏注「明王至簡之」。正義曰：十三年傳云：明王之制，使諸侯歲聘以志業，間朝以講禮，再朝而會以示威，再會而盟以顯昭明。彼謂諸侯於天子朝聘會盟之數，計十二年而有八聘、四朝、再會、一盟也。此說文、襄之霸，令諸侯朝聘霸主大國之法也。明諸侯朝天子，因朝而爲盟會，所以

同好惡獎王室霸主之令諸侯不得令其同盟以獎巳故令
有事而會不協而盟不復設年限之期周室既衰政在霸主
霸主不可自同天子以明王舊制大頒諸侯不敢依用故設此制以簡之**君薨大夫弔卿**
共葬事夫人士弔大夫送葬先王之制諸侯之喪士弔大夫送葬在三
十年其盖時俗過制故文襄雖弔卿之禮過於古**足以昭禮命事謀闕而已**
朝聘以明禮盟會以謀闕**無加命矣**命有常**今嬖寵之喪不敢**
擇位而數於守適不敢以其位卑而令禮數如守適夫人然則時適夫人之喪弔送之禮以
過文襄之制○而數所具反除所主反適下歷反注同本或作嫡下同令力呈反【疏】今嬖至守適　正義曰今嬖
寵賤妾之喪不敢計賤妾位卑賤而令禮數即同於守適夫
人也言守適者夫守外職專守內職言夫人守內官之適長
故以守適言夫人也文襄之制夫人喪士弔大夫送葬今嬖
吉卿也而云同於守適則晉時適夫人喪亦令卿送葬案彼
杜云然則時適夫人之喪弔送之禮以過文襄之制也劉炫
云不敢擇取使人於卑賤之位而禮數同於守內官之適夫

……人……也　唯懼獲戾，豈敢憚煩？少姜有寵而死，齊必繼室。繼室，復繼嗣也。○復，扶又反，下不出者同。今茲吾又將來賀，不唯此行也。」張趯曰：「善哉！吾得聞此數也。然自今子其無事矣。譬如火焉，火，心星。火中，寒暑乃退。心以季夏昏中而暑退，季冬旦中而寒退。疏注「心以」至「寒退」。○正義曰：月令季夏之月，日在柳，昏心中，旦奎中；季冬之月，日在婺女，昏婁中，旦氐後，即火房心，是季冬旦火中也。此其極也，能無退乎？晉將失諸侯，諸侯求煩不獲。」言將不能復煩諸侯。二大夫退。子大叔告人曰：「張趯有知，其猶在君子之後乎！」譏其無隱諱。○知音智。

○丁未，滕子原卒。同盟，故書名。同盟於襄之世，亦應從同盟之文，故頗傳發之。疏注「同盟」至「發之」。○正義曰：文三年王子虎卒，傳曰「弔如同盟，禮也」，是二云……

子虎與僖公同盟于翟泉文公是同盟之子故赴以名然則與其父同得以名赴其子於子虎之卒既因發傳而此復發嫌以子虎非諸侯又滕入春秋以來未嘗書滕子名故於此重發傳也○齊侯使晏嬰請繼室於晉復以女繼少姜曰寡君使嬰曰寡人願事君朝夕不倦將奉質幣以無失時則國家多難是以不獲不得自來○朝如字質之二反又音如字難乃旦反不腆先君之適謂少姜○腆他典反以備內官焜燿寡人之望則又無祿早世隕命寡人失望君若不忘先君之好惠顧齊國辱收寡人徼福於大公丁公徼要也二公齊先君言收恤寡人則先君與之福也○焜胡本反又音昆服云明也燿羊照反服云照也隕于敏反好呼報反徼古堯反大公音泰要一遙反【疏】焜燿寡人之望○正義曰服虔云燿照也焜明也言得備妃嬪之列照明己之意也

也。照臨敝邑，鎮撫其社稷，則猶有先君之適適夫人之女及遺姑姊妹也遺餘疏注遺姑姊妹○正義曰姑姊妹亦先君之女也上云先君之適謂適夫人所生及遺姑姊妹謂非夫人所生者也若而人言如常人不敢譽○譽音餘君若不棄敝邑而辱使董振擇之以備嬪嬙寡人之望也董正也振整也嬪嬙婦官○振之刃反一音真注同嬙本又作廧在良反疏注董正至婦官○正義曰董正釋詁文也振爲整理之意言正整選擇亦精審也周禮天子有九嬪嬪是婦官知嬙亦婦官言之哀元年傳說夫差宿有妃嬙嬪御焉蓋周末婦官有此名漢成帝時匈奴來朝詔以掖庭王嬙賜之是名因於古也韓宣子使叔向對曰寡君之願也寡君不能獨任其社稷之事未有伉儷在縗絰之中是以未敢請制夫人之服則葬訖君臣乃釋服○任音壬縗本亦作衰七雷反絰直結反疏未有伉儷○正義曰少姜本非正夫人而云未有伉儷者言晉侯當時無正夫人其繼室者使韓起上卿逆之鄭罕虎如晉賀之則後娶者爲夫人也君有辱命惠莫大焉若惠顧敝邑撫有晉國賜之內主豈惟寡君舉羣臣實受其貺其自唐叔以下實寵嘉之○唐叔晉之祖貺音況

【疏】注舉羣臣○正義曰舉亦皆也言義云與舉朝君臣也既成昏許昏成晏子受禮受賓享之禮叔向從之宴相與語叔向曰齊其何如問齊衰晏子曰此季世也吾弗知齊其爲陳氏矣不知其他唯知齊將爲陳氏○吾弗知絕句公棄其民而歸於陳氏棄民不恤齊舊四量豆區釜鍾四升爲豆各自其四以登於釜四豆爲區區斗六升四區爲釜釜六斗四升登成也○量音亮下及注同區烏侯反注及下皆同釜

十則鍾六斛四斗陳氏三量皆登一焉鍾乃大矣登加也加一謂加舊量之一也以五升爲豆五豆爲區五區爲釜則區二斗釜八斗鍾八斛○舊本以五升爲豆四豆爲區四區爲釜直加豆爲五升而區釜自大故杜云區二斗釜八斗是也本或作五豆爲區五區爲釜者爲加舊豆區爲五亦與杜注相會非於五升之豆又五五而加也【疏】鍾乃大矣○正義曰陳氏三量各登其一則釜爲八斗陳氏亦自依釜數釜十爲鍾比於齊之舊鍾不言四而加一故云鍾乃大矣言其大於齊鍾明亦自十其釜也以家量貸而以公量收之貸其而收薄○貸他代反山木如市弗加於山魚鹽蜃蛤弗加於海賈如在山海不加貴○蜃食軫反蛤古荅反賈音嫁【疏】山木至於海○正義曰如訓往也言將山木往至市也於木既云如市魚鹽蜃蛤亦如市可知蒙上文也民參其力二入於公而衣食其一言公重賦斂○參七南反又音三斂力驗反公聚朽蠹而三老凍餒三老謂上壽中壽下壽皆八十已上不見養遇○聚徐在喻反

一音在主反臺丁故反三老服云工老商老農老【疏】注三
也凍丁貢反餒奴罪反竊音授下同上時掌反老至
養遇○正義曰服虔云三老者工老商老農老案民有四民
其老無別不宜以三種之民爲三老且士之老者亦應須恤
不當獨遺士也故杜以爲上中下壽言皆八十以上則上壽
百年以上中壽九十以上下壽八十以上此亦以意言之釋
此文耳不通於餘文也若秦伯謂蹇叔云中
壽爾墓之木拱矣不言九十而死木已拱矣國之諸市
屨賤踊貴踊刖足者屨言刖多○屨九具反踊音
勇刖足者之屨也刖音月又五刮反民
人痛疾而或燠休之燠休痛念之聲謂陳氏也○燠
於喻反徐音憂又於到反一音
於六反休虛喻反又徐許留【疏】注燠休至氏也○正義曰賈
反賈云燠厚也休美也服虔云
燠休痛其痛而念之若今時小兒痛父母以口就之曰燠休
氏其痛也杜氏燠休痛念之聲其意如服言也此民人痛疾
承踊貴之下以其傳文相連其愛之如父母而歸之
無所分別故言謂陳氏也
如流水欲無獲民將焉辟之箕伯直柄虞遂

伯戲四人皆舜後陳氏之先○戲許宜反【疏】注四人至之先○正義曰此論陳氏而言此四人知四人皆陳氏之先也八年傳云舜重之以明德寘德於遂遂世守之及胡公不淫遂在舜之後知四人皆舜之後世數遠近不可復知也

其相胡公大姬已在齊矣胡公四人之後周始封陳之祖大姬其妃也言陳氏雖為人臣然將有國其先祖鬼神已與胡公共在齊○相息亮反妃音配大姬音泰【疏】其相至齊矣○正義曰杜不解相服虔云相隨也蓋相訓為助不為隨也言箕伯四人其皆助胡公大姬神靈已在齊矣神之在否不可測度而晏子為此言者以陳氏必興姜姓必滅示亡審見其事故言先神歸之其實神歸以否非晏子所能知也今定本相作祖

叔向曰然雖吾公室今亦季世也戎馬不駕卿無軍行言晉衰弱不能征討諸侯○行戶郎反公乘無人卒列無長百人為卒言人皆非其人非其長○乘繩證反卒子忽反注同長丁丈反注同庶民罷敝而宮室滋侈滋益也○罷音皮侈尺氏反又昌氏反道殣相

望餓死爲殣。殣音覲說文云道中死者人所覆也毛詩作墐傳云墐路冢也而女富溢

尤女嬖寵之家民聞公命如逃寇讎欒郤胥原狐

續慶伯降在皁隸八姓晉舊臣之族也皁隸賤官。郤去逆反皁才早反隸力計反

疏注八姓至賤官。正義曰此八姓之先欒郤胥原狐皆卿也續簡伯慶鄭伯宗。亦見於傳先皆大夫也政

在家門大夫專政民無所依君日不悛以樂慆憂慆藏

也悛改也。悛七全反樂音洛又音岳慆他刀反疏以樂慆憂。正義曰劉炫云慆慢也好音樂而慢易憂禍

也杜以慆爲藏當讀如弓韜之韜言以音樂樂身埋藏憂愁於樂中猶古詩云埋憂地下也公室之卑

其何日之有言今至讒鼎之銘讒鼎名也。讒仕咸反服云疾讒之鼎也

疏注讒鼎名也。正義曰服虔云讒鼎疾讒之鼎明堂位所云崇鼎是也一云讒地名禹鑄九鼎於甘讒之地故

曰讒鼎二者竝無叅據其名不可審知故杜直云鼎名而已曰昧旦丕顯後世猶

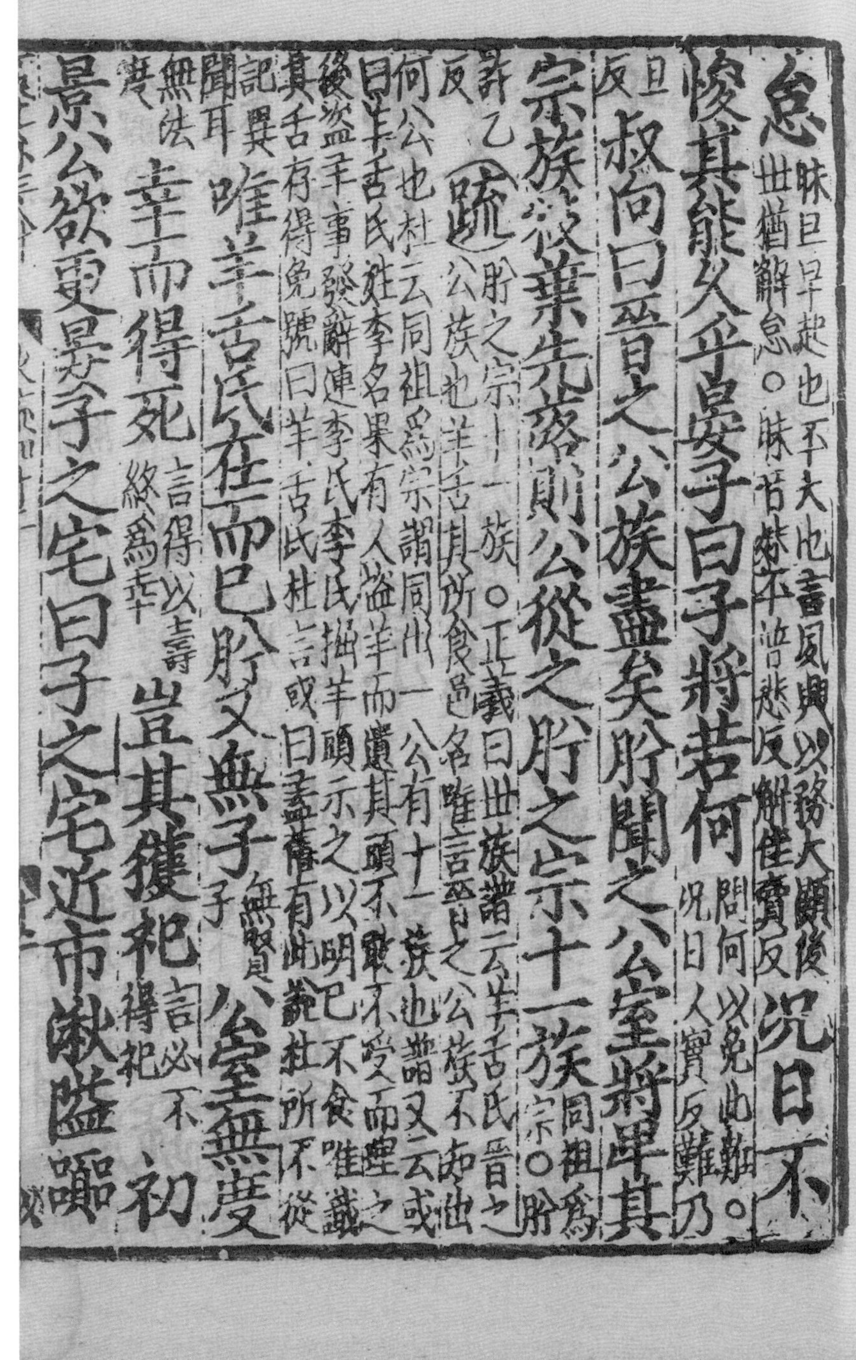

怠昧旦早起也丕大也言夙興以務大顯後世猶解怠○昧音妹丕普悲反解佳賣反況日不悛其能久乎晏子曰子將若何問何以免也鮑○況日人實反難乃旦反叔向曰晉之公族盡矣肸聞之公室將卑其宗族枝葉先落則公從之肸之宗十一族同祖爲宗○肸許乙反

〔疏〕肸之宗十一族。○正義曰世族譜云羊舌氏晉之公族也羊舌其所食邑名雖言晉之公族不知出何公也杜云同祖爲宗謂同出一公有十一族也譜又云或曰羊舌氏姓李名果有人盜羊而遺其頭不敢不受而埋之後盜羊事發辭連李氏李氏掘羊頭示之以明已不食唯識其舌存得免號曰羊舌氏杜言或曰蓋譜有此說杜所不從記異聞耳

唯羊舌氏在而已肸又無子無賢子公室無度無法度幸而得死言得以壽終爲幸豈其獲祀言必不得祀初景公欲更晏子之宅曰子之宅近市湫隘囂

塵不可以居湫下隘小囂聲塵土○近附近之近下同湫子小反徐音秋又在酉反下同隘於賣反囂許驕反一音五羔反請更諸爽塏者爽明塏燥○塏苦代反燥素刀反疏注爽塏明塏燥○正義曰塏高也故爲燥也以所居下濕塵埃故欲更於明燥之處晏子春秋云將更於豫章之圃豫章之圃高燥之地也辭曰君之先臣容焉先臣晏子之先人臣不足以嗣之於臣侈矣侈奢也且小人近市朝夕得所求小人之利也敢煩里旅旅衆也不敢勞衆爲已宅○朝如字下朝夕同公笑曰子近市識貴賤乎對曰既利之敢不識乎公曰何貴何賤於是景公繁於刑繁多也有鬻踊者故對曰踊貴屨賤既已告於君故與叔向語而稱之傳讀晏子今不與張趯同識○鬻羊六反賣也令力呈反疏

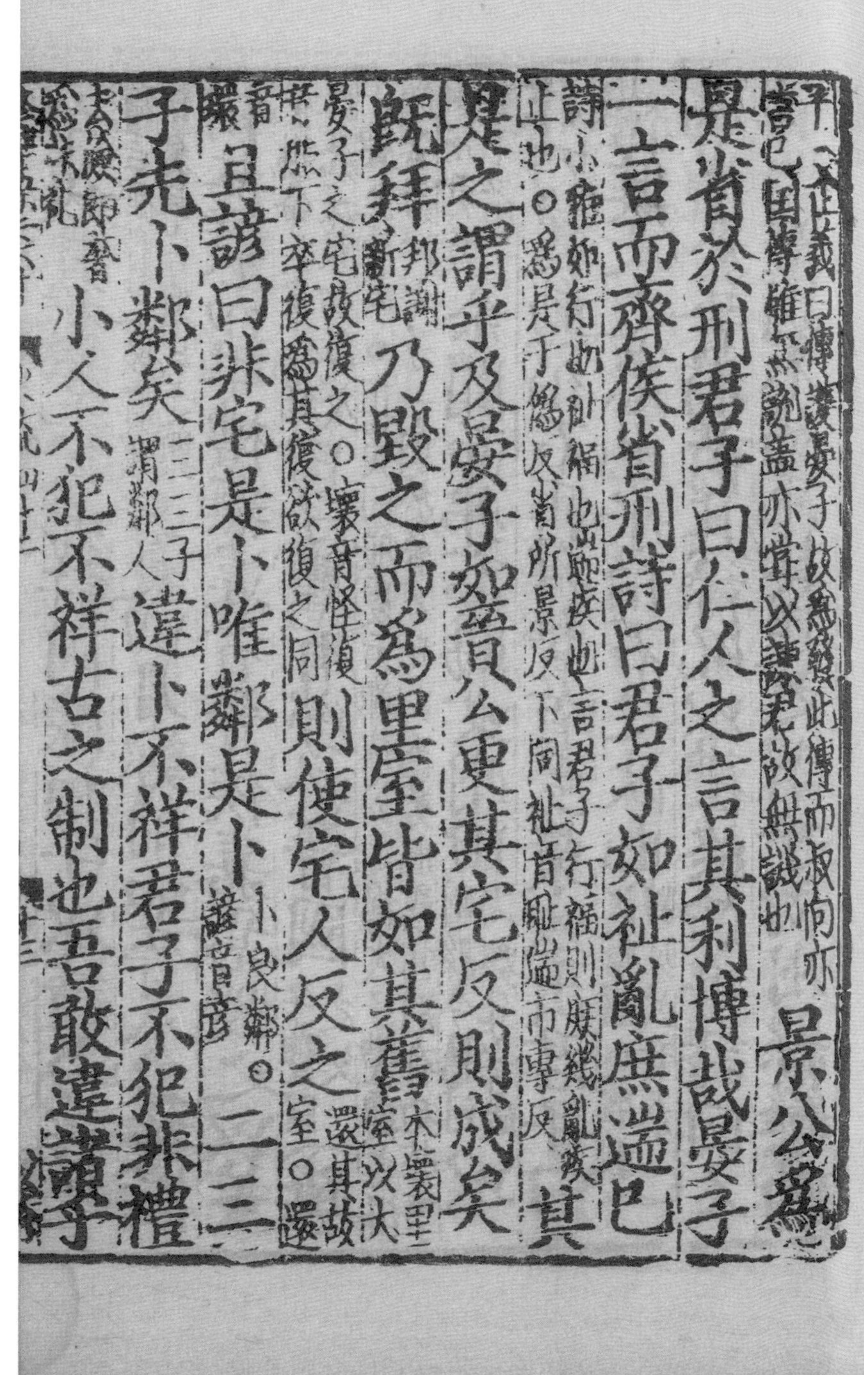

正義曰傳讚晏子故為發此傳而敘向亦嘗己因傳雖無識蓋亦嘗以諫君故無譏也景公為是省於刑君子曰仁人之言其利博哉晏子一言而齊侯省刑詩曰君子如祉亂庶遄已詩小雅祉福也遄疾也言君子行福則庶幾亂疾止也○為是于偽反省所景反下同祉音恥遄市專反其是之謂乎及晏子如晉公更其宅反則成矣既拜拜謝新宅乃毀之而為里室皆如其舊本壞里室以大晏子之宅故復之○壞音怪復扶又反下卒復為其復欲復之同則使宅人反之還其故室○還音旋且諺曰非宅是卜唯鄰是卜卜良鄰○諺音彥二三子先卜鄰矣謂鄰人二三子違卜不祥君子不犯非禮小人不犯不祥古之制也吾敢違諸乎

卒復其舊宅公弗許因陳桓子以請乃許之傳言齊晉之衰賢臣懷憂且言陳氏之興○夏四月鄭伯如晉公孫段相甚敬而卑禮無違者晉侯嘉焉授之以策策賜命之書○相息亮反策初革反曰子豐有勞於晉國子豐段之父【疏】子豐至晉國○正義曰服虔云鄭僖公之為大子子豐與之俱適晉許從大子一朝於晉不足以為勞也或當別有助勞事無所見故杜不解之余聞而弗忘賜女州田以州縣今屬河內郡○女音汝服乃舊勳伯石再拜稽首受策以出君子曰禮其人之急也乎伯石之汏也汏驕也○汏他路反汏音泰為禮於晉猶荷其祿況以禮終始乎詩曰人而無禮胡不遄死其是之謂乎初州縣欒豹

之邑也〔豹欒盈族〇苟戶可反任也又音何〕及欒氏亡范宣子趙文子韓宣子皆欲之文子曰溫吾縣也〔州本屬溫溫趙氏邑〕二宣子曰自郤稱以別三傳矣〔郤稱晉大夫始受州自是州與溫別至今傳三家〇稱尺證反以別絕句三傳直專反注同〕晉之別縣不唯州誰獲治之〔言縣邑既別甚多無有得追而治取之〕文子病之乃舍之二子曰吾不可以正議而自與也皆舍之及文子爲政趙獲曰可以取州矣〔獲趙文子之子〇乃舍音赦又音捨下同〕文子曰退〔使獲退也〕二子之言義也〔二子二宣子也〕違義禍也余不能治余縣又焉用州其以徼禍也君子曰弗知實難〔患不知禍所起〇焉於虔反〕知而弗從禍莫大焉

有言州必死豐氏故主韓氏故猶舊也豐氏至晉舊以韓氏爲主人伯石之獲州也韓宣子爲之請之爲其復取之之故後若還晉因自欲取之爲七年豐氏歸州張本○爲之于僞反下爲其復爲少姜下注爲之辟仇爲平公逆皆同○五月叔弓如滕葬滕成公子服椒爲介及郊遇懿伯之忌敬子不入忌怨也懿伯椒之叔父敬子叔弓也叔弓禮椒爲之辟仇○介音界辟音避【疏】五月至成公○正義曰經書夏叔弓如滕五月葬滕成公今傳文叔弓如滕亦在五月之下杜於十六年注引此事以爲本事異兩書之故或言月或言時事異故文異其實叔弓亦以五月行也劉炫云叔弓以四月發魯滕以五月葬君叔弓書始行之月滕書實葬之月故書經異文也傳述遇讎之事并就葬月言耳○子服至不入○正義曰檀弓下云滕成公之喪使子叔敬叔弔進書子服惠伯爲介及郊爲懿伯之忌不入惠伯曰政也不可以叔父之私不將公事遂入敬叔即此敬子也懿伯是惠伯之叔父爲人所殺及滕郊遇懿伯之忌逢其讎

也敬叔不入以禮惠伯欲使惠伯報叔父之讎殺彼人也惠伯以公義我不可先入受館記文雖子有小異意與傳同而鄭玄注云敬叔有怨於懿伯懿伯惠伯致不入又云敬叔於昭穆以懿伯為叔父其言差錯不可顯解是鄭之謬也○注忿怨至辟仇○正義曰記云不可以叔父之私知懿伯是敬之叔父也叔弓不入者禮敬也為敬有辟仇之恥禮之欲使敬之

惠伯曰公事有公利無私忌椒請先入乃先受館敬子從之（惠伯子服椒也傳言叔弓之有禮）【疏】惠伯至從之○正義曰檀弓云子夏請問居昆弟之仇如之何曰仕不與共國銜君命而使雖遇之不鬭鄭玄云為負而廢君命也叔父之與昆弟親疎同耳故有公利無私忌辟仇非恥故椒請先入也○

晉韓起如齊逆女（為平公逆）公孫蠆為少姜之有寵也以其子更公女而嫁公子（更嫁公女○蠆勑邁反）人謂宣子子尾欺晉晉胡受之宣子曰我欲得齊而遠其寵寵將來乎（寵謂子尾）

萬反〇遂子〇秋七月鄭罕虎如晉賀夫人且告曰
楚人日徵敝邑以不朝立王之故（楚靈王新立）敝
邑之往則畏執事其謂寡君而固有外心其
不往則宋之盟云（云交相見）進退罪也寡君使虎布
之（布陳也）宣子使叔向對曰君若辱有寡君在
楚何害脩宋盟也君苟思盟寡君乃知免於
戾矣君若不有寡君雖朝夕辱於敝邑寡君
猜焉（猜疑也〇猜七才反）君實有心何辱命焉（言若有事晉之心不至楚可不）
（真書讀）君其往也苟有寡君在楚猶在晉也張趯
使謂大叔曰自子之歸也（歸在此年春）小人糞除先

人之敝盧曰子其將來今子皮實來小人失望大叔曰吉賤不獲來賤亦上聲○蔽悲用閒反（疏）吉賤不獲來○正義曰張趯自晉使出大叔大叔在鄭出逆報趯語而云不獲來者敘使者報趯作至晉時辭故云不獲來今人之語猶然也畏大國尊夫人也且孟曰而將無事吾庶幾焉孟張趯也庶幾如趯言○小邾穆公來朝季武子欲卑之不欲以諸侯禮待之穆叔曰不可曹滕二邾實不忘我好敬以逆之猶懼其貳又卑一睦焉一睦謂小邾○實不忘我好之絕句一讀以好字向下好呼報反下文羣好同音（疏）注一睦謂小邾○正義曰睦親也言曹滕二邾皆親魯小邾是親魯者之國也逆羣好也其如舊而加敬焉志曰能敬無災又曰敬逆來者天所福也季孫從之

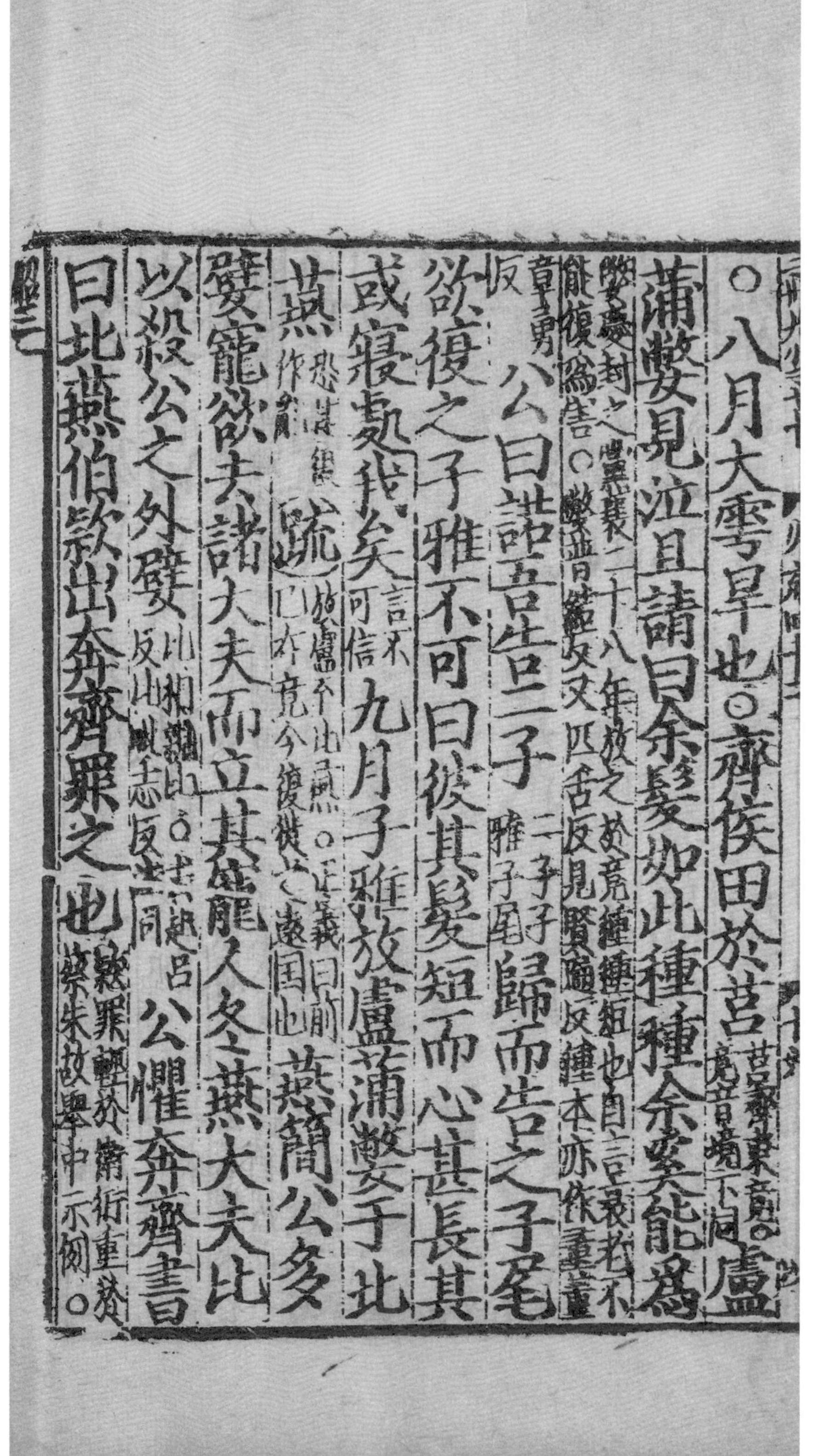

○八月大雩旱也○齊侯田於莒[莒，齊東竟。竟音境，下同]盧蒲嫳見泣且請曰余髮如此種種余奚能為[嫳，慶封之黨，襄二十八年放之於竟。種種，短也。自言衰老，不能復為害。○嫳，普結反，又匹舌反。見，賢遍反。種，本亦作董，董章勇反]公曰諾吾告二子[二子，子雅、子尾]歸而告之子尾欲復之子雅不可曰彼其髮短而心甚長其或寢處我矣[言不可信]九月子雅放盧蒲嫳于北燕[恐其復作亂][疏 注放盧至北燕○正義曰：前已放之於竟，今復從竟放之遠國也]燕簡公多嬖寵欲去諸大夫而立其寵人冬燕大夫比以殺公之外嬖[比，相親比也。○去，起呂反。比，毗志反，注同]公懼奔齊書曰北燕伯款出奔齊罪之也[以惡罪輕於衛衎，重於蔡朱，故舉中一示例。○]

衎善旦反○十月鄭伯如楚子產相楚子享之賦吉日吉日詩小雅宣王田獵之詩楚王欲與鄭伯共田故賦之○相息亮反既享子產乃具田備王以田江南之夢楚之雲夢跨江南北○夢莫鳳反又如字何莫公反從同

○齊公孫竈卒竈子雅司馬竈見晏子司馬竈齊大夫曰又喪子雅矣晏子曰惜也子旗不免殆哉以其不足○喪息浪反姜族弱矣而嬀將始昌嬀陳氏○嬀九危反二惠競爽猶可子雅子尾皆齊惠公之孫也競彊也爽明也又弱一个焉姜其危哉○个古賀反

經四年春王正月大雨雹當雪而雹故以災書之○雨于付反傳放此雹[illegible]同雹○夏楚子蔡侯陳侯鄭伯許男徐子

滕子頓子胡子沈子小邾子宋世子佐淮夷
會于申楚靈王始合諸侯○沈音審○楚人執徐子稱人以執以不道於其民
告○秋七月楚子蔡侯陳侯許男頓子胡子沈
子淮夷伐吴因申會以伐吴不言諸侯者鄭徐滕小邾宋不在故也胡国汝陰縣西北有胡城
疏楚子至于申○正義曰釋例班序譜稱齊桓既没宋楚爭盟起僖十八年盡二十七年陳與蔡凡三會在蔡上
楚入之諸侯蔡與陳凡六會其五在陳上莊十六年注云陳國小每盟會皆在衛下齊桓始霸楚亦始彊陳侯介於二大国
之間而為三恪之客故齊桓因而進之遂班在衛上終於春秋然則陳實小於蔡衛桓公進陳班耳楚以大小為序不進
陳班故蔡多在陳上○注因申至胡城○正義曰傳稱楚子以諸侯伐吳則因會而遂行春秋一事而再見者皆前目而
後凡計此當云諸侯遂伐吳不言諸侯者以屬晉之国鄭徐滕小邾宋皆不在行不得總言諸侯故別序之也傳稱宋華
費遂鄭大夫從則宋鄭在行亦不序者楚既以恩遣渡自義從楚人成己意遣不以告也執齊慶封

殺之楚子欲行霸爲齊討慶封故稱爵○爲于僞反遂滅賴。九月，取鄫鄫莒邑傳例曰克邑不用師徒曰取○鄫才陵反○冬十有二月乙卯，叔孫豹卒。

傳四年春王正月，許男如楚，楚子止之欲與俱田遂止鄭伯，復田江南，許男與焉前年楚子已與鄭伯田江南故言復○復扶又反注同與焉音預使椒舉如晉求諸侯，二君待之二君鄭許椒舉致命曰：「寡君使舉曰：日君有惠，賜盟于宋宋盟在襄二十七年曰晉、楚之從交相見也。以歲之不易不易言有難○易以豉反注同難乃旦反下文注同寡人願結驩於二三君欲與諸侯謀事補闕○驩喚端反使舉請間。君若苟無四方之虞〔虞度也○請間除音閑〕則願假寵以請於諸侯〔欲借君之威寵以致諸侯〕晉侯欲勿許司馬侯曰不可楚王方侈天或者欲逞其心以厚其毒而降之罰未可知也其使能終亦未可知也晉楚唯天所相〔相助也○侈昌氏反又尺氏反逞敕景反相息亮反注同〕不可與爭君其許之而脩德以待其歸若歸於德吾猶將事之況諸侯乎若適淫虐楚將棄之〔言不以憂君〕吾又誰與爭曰晉有三不殆其何敵之有〔殆危也○殆直改反〕國險而多馬〔險下同〕齊楚多難〔注多寡紲之難○寡初患反紲申[illegible]反〕有是三者何鄉而不濟〔濟[illegible]〕對曰恃險與馬而虞鄰〔[illegible]〕

國之難，是三殆也。四嶽，東嶽岱，西嶽華，南嶽衡，北嶽恒。○鄉，許亮反，本又作嚮。嶽音岳。岱音代，在兗州。華如字，又胡化反，在雍州。衡如字，在荊州。恒如字，或作常，在冀州。案作恒者是也。北嶽本名恒山，漢為文帝諱，改作常耳。

疏 四嶽○正義曰：釋山云：河南華，河東岱，河北恒，江南衡。李巡曰：華，西嶽華山也。岱，東嶽泰山也。恒，北嶽恒山也。衡，南嶽衡山也。釋例土地名云：東岳泰山，奉高縣泰山也。南岳，長沙湘南縣衡山也。西岳，弘農華陰縣西南華山也。北岳，中山曲陽縣西北恒山也。郭璞注：恒山名常山，辟漢文帝諱耳。爾雅於釋山發首言此四山，明其即是四嶽，故注者皆以嶽解之。且諸書皆史傳讖緯皆以岱衡華恒為四嶽，四嶽必是此四山也。釋山又云：泰山為東嶽，華山為西嶽，霍山為南岳，恒山為北嶽。岱泰、衡霍二文不同者，此二嶽者皆一山而二名也。白虎通云：嶽者何？嶽之為言桷也，桷功德也。應劭風俗通云：嶽，桷也，桷考功德黜陟也。然則四方方有一山，天子巡狩至其下，桷考諸侯功德而黜陟之，故謂之嶽也。風俗通又云：泰山，山之尊者，一曰岱宗。岱，始也；宗，長也。萬物之始，陰陽交代，故為五嶽長，王者受命恒封禪之。衡山一名霍山，言萬物霍然大也。華，變也，萬物成變由於西方也。恒，常也，萬物伏北方有常也。是解衡之與霍、泰之與岱皆一山有二名也張揖云天柱謂之靈山漢書地理志云天柱在廬江灊縣風俗通亦云靈山廟在廬江灊縣始彼所云則霍山在江北而得與江南衡山為一者本江南衡山一名霍山漢武帝移嶽神於天柱又名天柱為霍山故漢魏以來衡霍別耳郭璞注爾雅云霍山今廬江灊縣灊水出焉別名天柱山漢武帝以衡山遼曠故移其神於此今其土俗人皆呼之為南嶽嶽本自以兩山為名非從近來也而學者多以霍山不得為南嶽又云從漢武帝來始有名即如此言為武帝在爾雅之前乎斯不然也是解衡霍二名之山也書傳多云五岳此傳云四嶽者中岳嵩高即大室是也下別言之故此云四岳也

三塗在河南陸渾縣南○三塗山名大行轘轅崤澠也渾戶昏反又戶困反

疏三塗○正義曰服虔云三塗大行轘轅崤澠也謂三塗為三處道也杜云在河南陸渾縣南則以三塗為一釋例土地名云三塗河南陸渾縣南山名或曰三塗伊闕大谷轘轅三道也傳曰晉將伐陸渾而先有事於洛與三塗先祭山川也謂三道皆非也是杜據彼十七年傳文知三塗是山非三道也

陽城在陽城縣東北

疏陽城○正義曰陽城山名也土地名云河南陽城縣東北山潁水所出也

大室在河南陽城縣西北○太室音泰下文大室同大室即華

嶽嵩高山也在豫州【疏】大室○正義曰大室即嵩高也釋山云嵩高爲中岳郭璞云大室山也別名外方今在河南陽城縣西北上地名云大室河南陽城縣西嵩高山中嶽也地理志云武帝置嵩高縣以奉大室之山是爲中嶽又有少室在大室之西也荊山在新城沶鄉縣南○沶音市又音示漢書音義音穉或一音隸則當水旁作示恐非中南本或作傑字誤也在始平武功縣南九州之險也是不一姓雖是天下至險無德則滅亡冀之北土燕代○燕烏賢反馬之所生無興國焉恃險與馬不可以爲固也從古以然是以先王務脩德音以享神人享通也○享許庚反注同【疏】注享通也 正義曰易文言云享者嘉之會也嘉會禮通謂之享是享爲通也言治民事神使人神通說故云以享神人也不聞其務險與馬也鄰國之難不可虞也或多難以固其國啓其疆土或無難以喪其

襄陳大文 秋左四十二 三 朴

國失其守宇於國則四垂爲宇○疆居良反彊息浪反下同**疏**注於國至爲宇○正義曰易稱上棟下宇宇謂屋簷也於屋則簷邊爲宇也於國則四垂爲宇也四垂謂四竟邊垂若何虞難齊有仲孫之難而獲桓公至今賴之仲孫公孫無知事在莊九年晉有里丕之難而獲文公是以爲盟主里克丕鄭事在僖九年○丕普悲反衛邢無難敵亦喪之閔二年狄滅衛僖二十五年衛滅邢○邢音刑故人之難不可虞也恃此三者而不脩政德亡於不暇又何能濟君其許之紂作淫虐文王惠和殷是以隕周是以興夫豈爭諸侯乃許楚使使叔向對曰寡君有社稷之事是以不獲春秋時見言不得自往謙辭○紂直救反隕于敏反楚使所吏反向

許丈反見賢遍反下注朝見昏見同諸侯君實有之何辱命焉椒舉遂請昏蓋楚子遣椒舉時兼使求昏晉侯許之楚子問於子產曰晉其許我諸侯乎對曰許君晉君少安不在諸侯安於小小不能遠圖○少安如字其大夫多求貪也莫匡其君在宋之盟又曰如一晉楚同也疏莫匡其君○正義曰釋言云匡正也孝經云君子之事上也將順其美匡救其惡若不許君將焉用之焉用宋盟○焉於虔反注同王曰諸侯其來乎對曰必來從宋之盟承君之歡不畏大國大國晉也何故不來不來者其魯衛曹邾乎曹畏宋邾畏魯魯衛偪於齊而親於晉唯是不來其餘君之所及也

誰敢不至言楚威力所能及。偏彼力反（疏）其餘至不至。正義曰言其餘諸侯君之威力所能及誰敢不來至楚者也王曰然則吾所求者無不可乎對曰求逞於人不可逞快也求人以快意人必違之與人同欲盡濟為下會申傳○大雨雹季武子問於申豐曰雹可禦乎禦止也申豐魯大夫對曰聖人在上無雹雖有不爲災古者日在北陸而藏冰陸道也謂夏十二月日在虛危冰堅而藏之（疏）聖人至爲災。正義曰無雹復云雖有不爲災者言有私形之勢也聖人在上無雹言必無雖有不爲災復見無雹之意猶論語祭肉不出三日出三日不食之矣。注陸道至藏之。正義曰釋天云北陸虛也西陸昴也孫炎云陸中也北方之宿虛爲中也西方之宿昴爲中也服以陸爲中杜以陸爲道者陸之爲中爲道皆無正訓各以意言耳杜以西陸朝覿謂季春朝見昴爲西方中宿則昴未得見宿是日行之道爾雅高平曰陸高平是道路之處故以陸爲道也日在北陸爲夏之十二月也十二月日在玄枵之次小寒節大寒中漢書律曆志載劉歆三統歷云玄枵之初日在婺女八度為小寒節在危初度為大寒中終於危十五度是夏之十二月日在虛危也於是之時寒極氷厚故取而藏之也周禮凌人正歲十有二月令斬氷詩云二之日鑿氷冲冲月令季冬氷盛水腹命取氷鄭玄云腹厚也以此知日在北陸謂夏之十二月也

西陸朝覿而出之謂夏三月日在昴畢蟄蟲出而用氷春分之中奎星朝見東方

疏西陸朝覿而出之○正義曰覿見也西道之宿有星朝見者於是而出之謂奎星晨見而出氷也○注謂夏至東方○正義曰杜以西陸為三月日在大梁之次清明節穀雨中三統歷在大梁之初日在胃七度為清明節在昴八度為穀雨中終於畢十一度是夏之三月日在昴畢於是之時蟄蟲已出有温暑臭穢宜當用氷故以時出之也曆法星去日半次則得朝見三統曆春分日在婁四度宿分奎有十六度乃次婁則春分之日奎之初度去日已二十度矣故春分之中得早朝見東方也西方凡有七宿傳言西陸朝覿於傳之文未知何宿覿也服虔以為二月日在婁四度春分之中奎始朝見東方以是時出氷月令仲春天子乃獻羔啓氷是也服虔又以此言出之即是仲春啓氷故為此說案下句再言其藏

其出覆此藏出之文言其出之也朝之禄位賓食喪祭於是乎用之即是班氷之事非初啓也安得以出之為啓冰也如鄭玄荅其弟子孫皓問云西陸朝覿謂四月立夏之時周禮夏班氷是也與杜說異理亦通也劉炫云春分奎星巳見杜以夏三月仍云奎始朝見非其義也杜鄭及服三說鄭為近之今知非者杜以西陸朝覿實是春分二月故杜此注云春分之中奎星朝見東方及下獻羔啓之注云謂二月春分獻羔祭韭是也皆據初出其氷公始用之時也所以杜又注云謂夏之三月日在昴畢蟄虫出而用氷者以此傳云西陸朝覿而出之下傳覆之云其出之也朝之禄位賓食喪祭於是乎用之既云朝之禄位氷食喪祭則是普賜羣臣故杜云謂夏三月又下注云言不獨是公是據普班之時也故下傳又云火出而畢賦是也然氷之初出在西陸始朝覿之時氷之普出在西陸朝覿之後揔而言之亦得稱西陸朝覿而出之也劉炫不細觀杜意以為杜既言春分朝見又言謂夏三月以規杜失非也

其藏氷也深山窮谷固陰沍寒於是乎取之沍閉也必取積陰之氷所以道達其氣使不為災

【疏】其藏至取之○正義曰此傳再言其藏其出者上言取之用之之事下言藏之出之之禮也山則遠

而難窮故言深山也谷則近而易盡故言窮谷也固牢也沍閉也牢陰閉寒言其不得見日寒甚之處於是乎取之○注沍閉至為六○正義曰周禮鼈人掌互物鄭司農云互物謂龜鼈有甲滿胡是沍為閉也深山窮谷之冰至夏猶未釋陽氣起於下閉於冰伏積而不能出憤發或散而為雹藏冰必取此山谷之內積陰之冰所以道達其氣使不為災也藏冰凌室所藏不多積陰之冰不可取盡不取川池之冰以示道達陽氣耳未必陽氣皆待此而達也

其出之也朝之祿位賓食喪祭於是乎用之言不獨共公

疏其出至用之○正義曰此謂公家用之也朝廷之臣食祿在位大夫以上皆當賜之冰也其公家有賓客享食公家有喪有祭於是乎用之言其不獨共公身所用也周禮凌人云春始治鑑凡內外饔之膳羞鑑焉凡酒漿之酒醴亦如之祭祀共冰鑑賓客共冰大喪共夷槃冰是公家所用冰也○

其藏之也黑牡秬黍以享司寒黑牡黑牲也秬黑黍也司寒玄冥北方之神故物皆用黑有事於冰故祭其神○牡茂后反秬音巨冥亡丁反

疏注黑牡至其神○正義曰此祭玄冥之神非大神且非正祭計應不用大牲杜言黑牡黑牲當是黑牡羊

也秬黑黍釋草文也啓冰唯獻羔祭韭藏冰則祭用牲黍者
啓唯告而已藏則設享祭之禮祭禮大而告禮小故也月令
於冬云其神玄冥故知司寒是玄冥也北方之神
故物皆用黑從其方色也有事於冰故祭其寒神**其出之**
也桃弧棘矢以除其災桃弓棘箭所以禳除凶邪將御至尊故○弧音胡禳如羊
反邪似嗟反**疏**注桃弓至尊故○正義曰說文云弧木弓也謂
空用木無骨飾也服虔云桃所以逃凶也棘矢
者棘亦有鍼取其名也蓋出冰之時置此弓矢於凌室之户
所以禳除凶邪將御至尊故慎其事為此禮也此傳言其出
之也雖覆上文出之之文其實此出之謂二月初出之時公
將用之故設弓矢也劉炫云此言出之覆上西陸朝覿知是
火出時事二月已啓此方用弓矢者二月
啓冰始薦宗廟此公將用之故設弓矢也**其出入也時**
食肉之祿冰皆與焉食肉之祿謂在朝廷治其職事就官食者○與音預**疏**
注食肉至食者○正義曰在官治事官皆給食大夫以上食
乃有肉故魯人謂曹劌曰肉食者謀之又說子雅子尾之食
云公膳日雙雞是大夫得食肉也傳言食肉之祿祿即此肉
是也若依禮常所合食案玉藻云天子日食少牢諸侯日食

特牲大夫特豕士特豚則士亦食肉但彼是在家之禮非公朝常食也杜言謂在朝廷治其職事就官食者以明在官之食有冰耳下云自命夫命婦無不受冰謂賜之冰受以歸在家用之也**大夫命婦喪浴用冰**命婦大夫妻○浴音欲

疏大夫至用冰○正義曰喪服傳曰大夫弔於命婦錫衰命婦弔於大夫亦錫衰此傳與彼命婦之文皆與大夫相對故杜知是大夫妻也喪大記云君設大盤造冰焉大夫設夷盤造冰焉士併瓦盤無冰鄭玄云禮自仲春之後尸既襲既小斂先內冰盤中乃設牀於其上不施席而遷尸焉秋涼而止士喪禮君賜冰亦用夷盤是當喪之時特賜之冰浴訖乃設故云喪浴用冰**祭寒而藏之**享司寒○祭寒而藏之本或作祭司寒者非**獻羔而啓之**謂二月春分獻羔祭韭開冰室○韭音九

疏祭寒至啓之○正義曰上已云其藏冰也黑牡秬黍以享司寒今復云祭寒而藏之與上一事而重其文者欲明獻羔而啓之還是獻之於寒神故更使藏之啓之文相對也○註謂二至冰室○正義曰詩云四之日其蚤獻羔祭韭四之日即夏之二月也告神而始開冰室始薦宗廟薦神之後公遂用之俱在春分之月**公始用之**公先用優尊

火出而畢賦火星昏見東方謂三月四月中疏注火星至月中○正義曰十七年傳云火出於夏為三月於商為四月於周為五月此云火出而畢賦謂以火出而後賦之以火出為始也周禮云夏頒冰為正歲之夏即四月是也故杜兼言四月自命夫命婦至於老疾無不受冰老致仕在家者山人取之縣人傳之山人虞官縣人遂屬○傳直專反疏注山人至遂屬○正義曰周禮山虞掌山林之政令物山人虞官也周禮五縣為遂是縣為遂之屬也輿人納之隸人藏之輿隸皆賤官○輿音餘夫冰以風壯冰因風寒而堅○壯側亮反而以風出順春風而散用其藏之也周周密也其用之也徧及老疾○徧音遍則冬無愆陽愆過也謂冬溫○愆起虔反夏無伏陰伏陰謂夏寒春無淒風淒寒也○淒七西反秋無苦雨霖雨為人所患苦○霖音林疏注霖雨為人所患苦○正義曰詩云以祈甘雨此云苦雨雨水

二也味無甘苦之異養物爲甘害物爲苦耳月令云季夏行秋令則苦雨數來五穀不滋是霖雨爲人所患謂之苦也鄭玄云中之氣乘之也苦雨白露之類時物得而傷也。雷出不震震霆也○霆音亭又音挺又亭佞反疏注震霆也○正義曰說文云震劈歷震物者釋天云疾雷爲霆霓郭璞云雷之急激者謂霹靂則霆是震之別名雷出不震言有雷而不爲霹靂也下云雷不發而震言無雷而有霹靂也無菑霜雹癘疾不降癘惡氣也○菑音災下同癘音例疏無菑至不降○正義曰霜雹即是菑言無此菑害之霜雹也寒暑失時則民多癘疾癘疾天氣爲之故云降也民不夭札短折爲夭夭死爲札○札側八反一音截字林作壯列反疏注短折至爲札○正義曰洪範六極一曰凶短折孔安國曰短未六十折未三十是短折爲少夭之名也周禮膳夫大札則不舉鄭玄云大札疫癘也謂遭疫癘而夭死也癘疾謂民病夭札謂人死故云夭死爲札今藏川池之冰棄而不用既不藏深山窮谷之冰又火出不畢賦有餘則棄之風不越而殺雷不發而震越散也言陰陽失序雷風爲害

○殺如字又色界反徐所界反〔疏〕風不至而震○正義曰風不以理舒散而暴疾殺物雷不發而震擊爲害

雹之爲菑誰能禦之七月之卒章藏冰之道也七月詩豳風卒章曰三之日鑿冰沖沖謂十二月鑿而取之三之日納于凌陰凌陰冰室也四之日其蚤獻羔祭韭謂二月春分發開冰室以薦宗廟○豳彼貧反鑿在洛反沖沖直忠反凌陵證反一音陵蚤音早

〔疏〕注七月至宗廟○正義曰凌人十二月令斬冰月令十二月令取冰當是即以其月納於凌室也詩言三之日納于凌陰即是正月矣不以鑿冰之月即納之者鄭玄云豳土晚寒可以正月納冰言由晚寒故也上言將欲頒賦公始用之知蚤開冰室唯薦宗廟何休膏肓難此云春秋書雹以爲政之所致非由冰也若今朝廷藏冰亦不於深山窮谷何故或無雹天下郡縣皆不藏冰何故或不雹古言有之於古者以有驗於今此其不合於義失天下相與之意鄭玄箴之曰雨雹政失之所致是固然也國之失政君子知其大者其次知其小者藏冰之禮凌人掌之月令載之豳詩歌之此獨非政與故其小者耳夫深山窮谷固陰沍寒極陰之處冰凍所聚不取其冰則氣畜不泄結滯而爲伏陰凡雨水陽也雹霰陰也雨

氷而伏陰薄之則凝而爲雹雨雪而散陽薄之則合而爲霰申豐見時失藏冰之礼而有雹推之陰陽知此伏陰所致亦聖人之寓言也詳載其言者以著藏冰之禮不可廢耳然謂其言是也申豐寄言於此此諫失政其雹不是盡由冰也

○夏諸侯如楚魯衛曹邾不會曹邾辭以難公辭以時祭衛侯辭以疾如子產言○難乃旦反〔疏〕邾不會正義曰宋之盟邾滕爲私屬不許交相見而楚召邾滕使從會者邾滕自欲辟役不在宋盟及至晉合諸侯常列於會是襄二十九年城杞三十年會于澶淵邾滕皆在是楚知其事故使召之此申之會滕至而邾不至鄭伯先待于申自楚先至會地六月丙午楚子合諸侯于申椒舉言於楚子曰臣聞諸侯無歸禮以爲歸今君始得諸侯其慎禮矣霸之濟否在此會也夏啓有鈞臺之享啓禹子也河南陽翟縣南有鈞臺陂蓋啓享諸侯於此○夏啓戶雅反陂

敝此鈞音均陂彼宜反商湯有景亳之命河南鞏縣西南有湯亭或言亳即偃師○亳步各反鞏九勇反周武有孟津之誓時伐紂也○孟本又作盟音孟成有岐陽之蒐周成王歸自奄大蒐於岐山之陽岐山在扶風美陽縣西北○岐其宜反蒐所求反康有酆宮之朝酆在始平鄠縣東有靈臺康王於是朝諸侯○酆芳弓反穆有塗山之會周穆王會諸侯於塗山塗山在壽春東北【疏】夏啓至之會○正義曰此六王之事唯周武王孟津之誓尚書有其事武王伐紂作泰誓三篇是也其餘五者皆書傳無文不能知其本末○注周成至西北○正義曰書序云成王歸自奄在宗周誥庶邦作多方其經云告尒民西國多方則於時諸侯大集故謂岐陽之蒐在此時也齊桓有召陵之師在僖四年召上照反○晉文有踐土之盟在僖二十八年君其何用宋向戌鄭公孫僑在諸侯之良也君其選焉選擇所用○向舒亮反戌音恤僑其驕反王曰吾用

昭四

齊桓[用會召陵之禮]【疏】吾用齊桓。○正義曰：用會召陵之禮自王意也。服虔云：召陵之役，齊桓退舍以禮楚。楚靈王今感其意，是以用之。

王使問禮於左師與子產。左師曰：「小國習之，大國用之，敢不薦聞？[言所聞謙，亦所未行。]獻公合諸侯之禮六。」[其禮六儀也。宋爵公，故獻公禮。]【疏】注其禮六儀。○正義曰：以言禮六，故言其禮六儀。儀當是會上行此六儀，不知六者何謂也。

子產曰：「小國共職，敢不薦守？獻伯、子、男會公之禮六。」[鄭伯爵，故獻伯、子、男會公之礼。其礼同，所從言之異。○共音恭。守，手又反。]【疏】注鄭伯至之異。○正義曰：杜知其禮同所從言之異者，以左師獻公合諸侯之禮六，子產獻伯、子、男會公之禮六，若其公合異，凡十二礼。下椒舉云「禮吾所未見者六」，焉敢知其禮同也。於公言之云合諸侯之礼，於伯、子、男言之云會公之礼，是所從言之異。

君子謂合左師善守先代，子產善相小國。王使椒舉侍於後以規過。

規正二子之過○相息亮反卒事不規王問其故對曰禮吾未見者有六焉又何以規左師子産所獻六禮楚皆未嘗行宋大子佐後至王田於武城久而弗見椒舉請辭焉請王辭謝之王使往曰屬有宗祧之事於武城言為宗廟田獵○屬章玉反適也祧他彫反為于偽反【疏】武成○正義曰土地名云楚之武城在南陽宛縣北也此之武城在泰山南武城縣也有澹臺子羽冢寡君將墮幣焉敢謝後見恨其後至故言將因諸侯會布幣乃相見經并言宋大子佐知此言在會前○墮許規反[illegible]也服云輸也見如字音賢遍反【疏】將墮幣焉○正義曰杜唯云將因諸侯會布幣乃相見不解墮之義案隱六年公羊傳鄭人來輸平輸平者何輸平猶墮成也然則墮是輸之義也朝聘之禮賓必致幣於主國主則為受據客則為輸襄三十一年傳子産論幣云其輸之則君之府實也非薦陳之不敢輸也是謂布幣為輸幣也言將待輸幣之時乃相見見既在後故遣我來敢謝後見也張晏云

（隨輸也言將輸受宋之幣於宗廟案禮之享幣皆今宰受不以薦宗廟雖訓為輸義不當也）徐子吳出也以為貳焉故執諸申（言楚子以疑罪執諸侯）楚子示諸侯侈（自奢侈）椒舉曰夫六王二公之事（六王啓湯武成康穆王二公齊桓晉文）皆所以示諸侯禮也諸侯所由用命也夏桀為仍之會有緡叛之（仍緡皆國名○仍而承反緡亡巾反）商紂為黎之蒐東夷叛之（黎東夷國名○黎力兮反）周幽為大室之盟戎狄叛之（大室中嶽）皆所以示諸侯汏也諸侯所由弃命也今君以汏無乃不濟乎王弗聽子產見左師曰吾不患楚矣汏而愎諫（愎很也○汏音泰愎皮逼反很胡懇反）不過十年左師曰然不十年

修其惡不遠遠惡而後棄惡及遠方則人弃之善亦如之德遠而後興爲十三年楚紓其君傳○秋七月楚子以諸侯伐吴宋大子鄭伯先歸經所以更敘諸侯也時晉之屬國皆歸獨言三國者鄭伯父於楚宋大子不得時見故慰遣之○見賢遍反又如字宋華費遂鄭大夫從從伐吴以答見慰○費扶未反從才用反注同使屈申圍朱方朱方吴邑齊慶封所封也屈申屈蕩之子○屈居勿反八月甲申克之執齊慶封而盡滅其族慶封以襄二十八年奔吴八月無甲申日誤【疏】八月甲申○正義曰長歷推此年七月己未朔二十六日得甲申八月己丑朔其月無甲申甲申而傳上有七月下有九月月不容誤故知日誤將戮慶封椒舉曰臣聞無瑕者可以戮人慶封惟逆命是以在此逆命謂性不恭順其肯從於戮乎言不肯默

而從戮
播於諸侯焉用之播揚也○播波佐反徐云字或作幡敷袁反焉於虔反
王弗聽負之斧鉞以徇於諸侯使言曰無或如齊慶封弒其君弱其孤以盟其大夫齊崔杼弒君慶封其黨也故以弒君罪責之○鉞音越徇似俊反杼直呂反（疏）弱其孤○正義曰崔杼弒莊公立其弟景公孤謂景公也以其幼小輕弱之
慶封曰無或如楚共王之庶子圍弒其君兄之子麇而代之以盟諸侯王使速殺之遂以諸侯滅賴賴子面縛銜璧士袒輿櫬從之造於中軍中軍王所將○共音恭麇九倫反袒音但輿櫬初覲反棺也造七報反將子匠反下將帥同（疏）以盟諸侯○正義曰靈王即位以來經傳不見與諸侯盟事蓋楚子自與屬楚諸侯私盟不告魯而慶封知之
王問諸椒舉對曰成王克許在僖六年許

僖公如是。王親釋其縛，受其璧，焚其櫬。王從之，（從才言〇縛符如字櫬初覲反）遷賴於鄢。（鄢，楚邑〇鄢，於晚反，又於建反）楚子欲遷許於賴，使鬬韋龜與公子弃疾城之而還。（爲許城也。韋龜，子文之玄孫。〇爲，于僞反）申無宇曰：楚禍之首將在此矣。乃召諸侯而來，伐國而克，城竟莫校，（謂築城於外竟）諸侯無與爭。（〇竟，音境。爭，爭鬭之爭）王心不違，民其居乎？（言將有事，不得安居）民之不處，其誰堪之？不堪王命，乃禍亂也。〇九月，取鄫，言易也。莒亂，著丘公立而不撫鄫，鄫叛而來，故曰取。凡克邑不用師徒曰取。（莒著丘公去疾也。不書奔者，潰散而來，將師微也。重發例者，以通數而自來〇易，以豉反。著，直居反，徐直據反。上去，起呂反。下潰，戶對反。師

所類反重直用反○鄭子產作丘賦丘十六井當出馬一匹牛三頭今子產別賦其田如魯之田賦田賦在哀十一年

疏注丘十至一年○正義曰丘之十六井當出馬一匹牛三頭司馬法之文也服虔以為子產作丘賦者賦此一丘之田使之出一馬三牛復古法耳丘賦之法不行久矣今子產復脩古法民以為貪故謗之案春秋之世兵革數興鄭在晉楚之間尤當其劇正當重於古不應廢古法也若往前不脩此法豈得全無賦乎故杜以為今子產於牛馬之外別賦其田如魯之田賦田賦在哀十一年彼注云丘賦之法因其田財通出馬一匹牛三頭今欲別其田及家財各為一賦故言田賦然則此與彼同賦斂家資使出牛馬又別賦其田使之出粟若今輸租更出馬一疋牛三頭是一丘出兩丘之稅案周禮有夫征家征夫征謂出稅家征謂出車徒給繇役此牛馬之屬則周禮之家征也其夫征十一而稅是與家征別也

國人謗之謗毀也曰其父死於路謂子國為尉氏所殺已為蠆尾謂子產重賦毒害百姓○蠆敕邁反以令於國國將若之何子寬以告子寬鄭大夫子產曰何害苟

襄東校　秋左四十二　三十　蔡順

利社稷死生以之以用也且吾聞爲善者不改其
度故能有濟也民不可逞度不可改度法也詩曰
禮義不愆何恤於人言逸詩子産自以爲權制濟國於禮義無愆吾不
遷矣遷移也渾罕曰國氏其先亡乎渾罕子寛○渾矢温反罕徐許
但反君子作法於涼其敝猶貪涼薄也○音良徐音亮作法
於貪敝將若之何言不可久行姬在列者在列國也蔡及
曹滕其先亡乎偪而無禮蔡偪楚曹滕偪宋鄭先衛亡
偪而無法偪晉楚【疏】姬在至衛亡○正義曰渾罕意譏子産將言鄭之先亡故遂傳言諸國亡
之先後杜據世本史記作世族譜説諸國滅亡之年此下十一年楚滅蔡十三年蔡復封春秋後二世十八年而楚滅蔡
也哀八年宋滅曹也滕以春秋後六世而齊滅之鄭在春秋後五世九十一年韓滅鄭衛在春秋後十一世二百五十八

年而秦滅衛也擄蔡之前亡則渾罕之言終亦驗矣政不率法而制於心民各有心何上之有子産權時救急渾罕譏之正道○冬吳伐楚入棘櫟麻棘櫟麻皆楚東鄙邑譙國酇縣東北有棘亭汝陰新蔡縣東北有櫟亭○櫟力狄反徐又失灼反酇才汙反【疏】注棘櫟至櫟亭○正義曰吳來伐楚入此三邑知此三邑皆楚之東鄙故疑新蔡縣東北有櫟亭者是此櫟亭也酇有櫟邑者則河南陽翟縣也以報朱方之役朱方役在此年秋楚沈尹射奔命於夏汭夏汭漢水曲入江今夏口也吳兵在東北楚盛兵在東南以絕其後○尹射食夜反又食亦反一音夜夏戶雅反夏汭如銳反咸尹宜咎城鍾離宜咎本陳大夫襄二十四年奔楚○咸之林反咎其九反薳啓彊城巢然丹城州來然丹鄭穆公孫襄十九年奔楚○薳于委反彊其良反又居良反東國水不可以城彭生罷賴之師彭生楚大夫大罷闘韋龜城賴○之師○罷皮買反徐甫綺反初穆子

去叔孫氏及庚宗成十六年叔孫僑如之難奔齊庚宗魯地○難乃旦反遇婦人使私爲食而宿焉問其行告之故哭而送之婦人聞而哭之適齊娶於國氏國氏齊正卿姜姓○娶七住反生孟丙仲壬夢天壓已弗勝穆子夢也○壓於甲反又於輒反勝音升下同顧而見人黑而上僂上僂肩傴○僂力主反傴紆甫反深目而豭喙口象豬○豭音加喙許穢反號之曰牛助余乃勝之旦而皆召其徒無之徒從者○號胡到反一音户刀反下同從才用反且曰志之志識也○識申志反一音式及宣伯奔齊饋之宣伯僑如穆子之兄成十六年奔齊穆子饋宣伯○饋求位反餉也宣伯曰魯以先子之故先子宣伯先人將存吾宗必召女召女何如對曰願之久矣言元始爲亂已則有今日

之䚯音公忿言女音汝下同。〇魯人召之不告而歸既立在齊生孟丙仲壬魯召之立為卿襄二年始見經。〇見賢遍反下援見同所宿庚宗之婦人獻以雉獻雉子問其姓問有子否。〇問其姓女生曰姓姓謂子也對曰余子長矣能奉雉而從我矣襄二年豎牛五六歲。〇長丁丈反下同奉芳勇反〔疏〕襄二至六歲。〇正義曰穆子還魯傳無歸歲襄二年始見於經疑是其年新還也成十六年傳云子叔声伯使叔孫豹請逆于晉師發時豹猶在魯疑其因使而遂奔齊蓋自鄭過魯而去故得宿於庚宗成十六年出奔襄二年始還凡經五年故豎牛五六歲能奉雉也計豎牛至襄二年四歲也杜言五六歲者豎牛見穆子未必即以還年見之召而見之則所夢也未問其名號之曰牛曰唯皆召其徒使視之遂使為豎豎小臣也傳言從夢未必占〇唯維癸反徐以水反唯應辭猶咏也豎上注反〔疏〕曰唯〇正義曰曲禮云父召無諾先生召無諾唯而起鄭玄云應辭唯恭於諾有寵長使爲政爲家政公孫明知叔孫於齊公孫明齊大夫子明之與叔孫相親知又如字歸未逆國姜子明取之國姜子孟仲母○取七住反故怒其子長而後使逆之子孟丙仲壬【疏】故怒至逆之○正義曰怒者叔孫怒其妻也怒其母遂及其子其子在齊成長而後使逆之歸魯非謂逆其妻也田於丘蕕丘蕕地名○蕕音由遂遇疾焉豎牛欲亂其室而有之強與孟盟不可欲使從己孟不肯○強其丈反下同【疏】強與孟盟○正義曰孟雖適妻之子叔孫未立爲嗣豎牛欲亂其室已有之未應即欲爲適使孟事己強與盟者欲其與己同心使己得專恣耳叔孫爲孟鍾曰爾未際際接也孟未與諸大夫相接見○爲于僞反又如字【疏】注際接至接見○正義曰釋詁云際接捷也郭璞曰捷謂接續也大夫將立適子必須接見同寮季武子立紇飲酒長其事也孟丙未與大夫交接故爲之作鍾因落鍾令與相見饗大夫以落之以豭豬血

釁鐘曰落。疏注以豭至曰落。正義曰說文云釁血祭也雜記釁廟之禮云雍人舉羊升屋自中

釁許覲反

中屋南面刲羊血流于前是釁祭之法以血澆落之即是釁也雜記又曰凡宗廟之器其名者成則釁之以豭豚是知以豭豬之血也記稱宗廟之器成乃釁以豭豚此叔孫爲孟作鐘非是宗廟之器亦釁之者周礼小子職曰釁邦器及軍器鄭玄云邦器謂禮樂之器及祭器之屬此鐘是禮樂之器故釁之也既具饗禮具使豎牛請日請饗日疏使豎牛。正義曰子孟不自請使豎牛者內則云由命士以上父子皆異宮鄭玄云異宮者崇敬也以其異宮故使豎牛入弗謁謁白也出命之日詐命日及賓至聞鐘聲牛曰孟有北婦人之客北婦人國姜也客謂公孫明怒將往牛止之賓出使拘而殺諸外殺孟丙。拘音俱牛又強與仲盟不可仲與公御萊書觀於公萊書公御士名仲與之私游觀於公宮。萊書音來人姓名觀古乱反注同又如字公與之

環賜玉環使牛入示之示叔孫入不示出命佩之牛

謂叔孫見仲而何而何如何○見賢遍反下及注杜泄見同叔孫曰何

爲牲牛言曰不見既自見矣言仲已自往見公公與之環

而佩之矣遂逐之奔齊疾急命召仲牛許而

不召杜泄見告之飢渴授之戈杜泄叔孫氏宰也牛不食叔孫叔孫怒欲使杜泄殺之○泄息列反食音嗣對曰求之而至又何去焉言求食可得無爲去豎牛蓋杜泄力不能去設辭以免○去起呂反注及下同豎牛曰夫子疾病

不欲見人使寘饋于个而退寘置也个東西廂○寘之豉反本或作奠个古賀反謂廂屋廂本作箱息羊反【疏】牛謂至見矣○正義曰而如同是語辭故注云而何如何牛謂叔孫曰以仲見君何問何故以仲見君也叔孫怪其語故曰何爲牛曰不將仲見君乎君不將見則既自見君矣言不待父命所以

參叔孫也大夫立子爲適必自見之於君宣十四年申舟見犀而行定六年樂祁見溷而行俱其事也或曰豎牛謂叔孫曰今將仲見君其事如何叔孫以已見病故怪之曰何爲以不同○注寘置至西廂○正義曰禮置器物於地皆謂之寘是寘爲置也月令大子居左个右个是个爲東西廂也牛弗進則置虛命徹寫器令空示若叔孫已食命去之○令力呈反十二月癸丑叔孫不食乙卯卒三日絶糧牛立昭子而相之昭子豹之庶子叔孫婼也○相息亮反婼敕畧反公使杜洩葬叔孫豎牛賂叔仲昭子與南遺昭子叔仲帶也南遺季氏家臣○賂音路使惡杜洩於季孫而去之譖洩不與己同志○惡烏路反杜洩將以路葬且盡卿禮路王所賜叔孫車南遺謂季孫曰叔孫未乘路葬焉用之且冢卿無路介卿以葬不亦左乎冢卿謂季孫介次也左不便○焉於虔反下將焉

用同介音界左卿字注同舊音括便卿面反季孫曰然使杜洩舍路舍置也○
舍式夜反注同或音捨不可曰夫子受命於朝而聘于王
在襄二十四年夫子謂叔孫王思舊勳而賜之路感其有禮以念其先人
復命而致之君豹不敢自乘君不敢逆王命而復賜
之使三官書之吾子為司徒實書名謂季孫也書名定位
號○復扶又反夫子為司馬與工正書服謂叔孫也服車服之器工正所書
孟孫為司空以書勳勳功也疏注吾子至書勳○正義曰杜以是叔孫家臣
故稱已君為夫子工正是司馬之屬官也季孫亦有屬官共
書其事但季孫身在不假言屬以叔孫已亡取屬官為職故
兼言之所以司徒書名者周禮大司徒掌十二教十有一曰
以賢制爵十有二曰以庸制祿故司徒書名定位號也司馬
與工正書服者周禮夏官司馬其屬有司士掌群臣之政亦
以德詔爵以功詔祿工正雖不屬司馬掌作車服故與司馬書

服也。案周禮司勳屬夏官，今春秋之時，又是諸侯之法，不可盡與禮同。司空書勳者。今死而弗以，是棄君命也。書在公府而弗以，是廢三官也。若命服生弗敢服，死又不以，將焉用之？」乃使以葬。季孫謀去中軍。豎牛曰：「夫子固欲去之。」譖叔孫以媚季孫。○媚，眉冀反。

【疏】注「譖叔」至「季孫」。○正義曰：季孫因叔孫之弱，欲毀中軍，四分公室，己取其二，故謀去中軍。豎牛云「夫子固欲去之」，是譖叔孫以媚季孫。

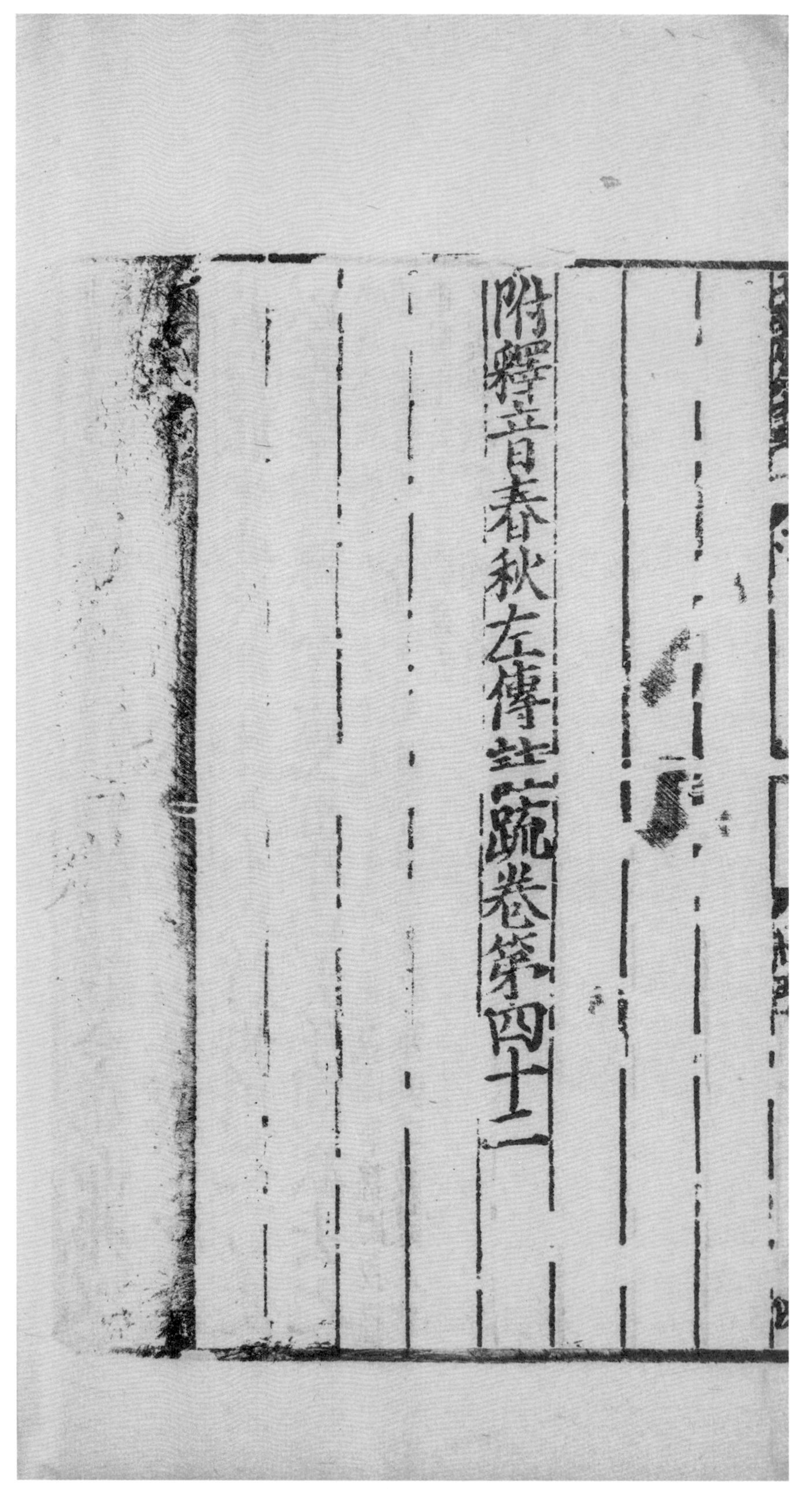
附釋音春秋左傳註疏卷第四十一

附釋音春秋左傳註疏卷第四十三 昭五年盡六年

杜氏註　孔穎達疏

經五年春王正月舍中軍（襄十一年始立中軍○舍音捨傳同）○楚殺其大夫屈申（書名罪之）○公如晉○夏莒牟夷以牟婁及防茲來奔（城陽平昌縣西南有防亭姑幕縣東北有茲亭○牟亡侯反幕亡博反）○秋七月公至自晉○戊辰叔弓帥師敗莒師于蚡泉（蚡泉魯地○蚡扶粉反）○秦伯卒（無傳不書名未同盟）○冬楚子蔡侯陳侯許男頓子沈子徐人越人伐吳

傳五年春王正月舍中軍卑公室也（罷中軍季孫稱左師孟氏稱右師叔孫氏則自以叔孫爲軍名）疏（舍中軍卑公室也○正義曰襄十一年初作三軍十二分其國民三

家得七公得五国民不盡屬公公室已是卑矣今舍中軍四
分公室三家自取其税減已税以貢於公国民不復屬於公
公室彌益卑矣是舍中軍者三家所以卑弱公室也作中軍
卑公室之漸舍中軍卑公室之極初作云作三軍今不云舍
三軍者初云作者舊有二軍今更増一軍人數不足故揔皆
改作各毁其乘足成三軍故云作三軍此則唯舍中軍之衆
屬上下二軍其上下二軍依舊不動故唯云舍中軍也刘炫
云四分公室御法別耳還作三軍不得言舍三軍○注罷中
至軍名○正義曰魯之軍名傳無其號晉作三軍為上中下
則魯之三軍亦當然也其廢中軍之後上下二軍分為四分
哀十一年齊師伐魯傳稱孟孺子洩帥右師冉求帥左師冉
求季氏宰也又言叔孫武叔退而蒐乘更無別稱知因以叔
孫為軍名也

毁中軍于施氏成諸臧氏

季孫不欲親其議故二家會諸大夫發毁置之計又取其令名○臧子郎反

疏 注取其令名○正義曰取其令名者季孫實欲自專令諸大夫議論似若已之不與取其令善美聲之名也刘炫以為施者舍已臧者善也成者誠也臧氏取其令名也其二家謂叔孟非謂施臧二氏也

初作中軍三分公室而各有其一

三家各有一軍家屬

季

氏盡征之無所入於公叔孫氏臣其子弟以父兄歸公孟氏取其半焉復以子弟之半歸公○復扶又反【疏】初作至半焉○正義曰將述其舍本其初初作中軍謂襄十一年也三分公室而各有其一民皆分爲三家就中臧以與公令公自稅取也季氏盡征之不臧入於公令盡屬於己也叔孫氏臣其子弟明其更有父兄以一家之內有此四品叔孫氏則以父兄之稅入公子弟之稅入己總率所爲之人悉皆如此若總計父兄之數不足以子弟添父兄若子弟不足以父兄添子弟大率半屬於己以父兄歸公者尊公室也孟氏則於子弟之中而取其半於一家之內或取其子或取其弟大率而言三分歸公一分入己也或以爲其軍分爲四分假以父兄子弟四分託之若以假託爲言何得云若子若弟直云叔孫氏兩分歸公兩分入己孟氏三分歸公一分入己於文簡畧其事易知何須以父兄子弟虛爲假託故知不然也魯之三卿季彊孟弱縱使如此差之季氏猶應以一分歸公言盡征之者季氏專恣也及其舍之也四分公室季氏擇二簡擇取二分○二分扶運反或如字【疏】及其至擇二○正義曰季氏因叔孫家禍退之

使同於孟孫獨取其半爲專已甚又擇取善者是專之極故傳言擇二以見之二子各一皆盡
征之而貢于公國人盡屬三家三家隨時獻公而已以書使杜洩告
於殯告叔孫之柩○殯必刃反柩其又反曰子固欲毀中軍既毀之
矣故告杜洩曰夫子唯不欲毀也故盟諸僖
閎詛諸五父之衢皆在襄十一年○閎音宏詛側慮反衢其俱反受其書
而投之投擲也○擲直亦反帥士而哭之痛叔孫之見誣叔仲子謂
季孫曰帶受命於子叔孫曰葬鮮者自西門
不以壽終爲鮮西門非魯朝正門○鮮音仙徐息淺反注同壽音授注不以至正門○正義曰叔孫餓死而帶
言葬鮮知不得以壽終者名之爲鮮言年命鮮少也叔仲帶得以此言告季叔則季孫知豎牛餓殺叔孫矣而不討者季
孫利其禍而已得專故舍之而不討也杜洩云鄉喪自朝知西門非正門季孫命杜洩命使從西

門杜洩曰卿喪自朝魯禮也從生存朝覲之正路疏注從生至

正路○正義曰服虔云言卿葬三齋於朝從朝出正門卿佐

國之楨幹君之股肱必過於朝重之也案禮云君爲大夫士

將葬尸於宮及出命引之三步則止如是三君退是君當就

家臨之無造君朝之禮且杜洩不欲從西門所競道路耳欲

令自朝而去猶得從西門不須言自朝也故杜以自朝爲

從生存朝覲之正路蓋以出門當從故欲從正路而出南門

吾子爲國政未改禮而又遷之遷易也羣臣懼死

不敢自也自從也既葬而行善杜洩能辟禍仲至自齊聞喪

而來季孫欲立之南遺曰叔孫氏厚則季氏薄

彼實家亂子勿與知不亦可乎南遺使國人

助豎牛以攻諸大庫之庭攻仲壬也魯城內有大庭氏之虛於其上作庫

○與音預虛起居反疏大庫之庭○正義曰十八年傳云梓慎登大庭

氏之庫是魯城內有大庭氏之虛於其上作

庫謂之大庭氏之庫此言大庫明是彼也此言之庭足是堂前地名仲壬在此庫之庭前豎牛就殺之此庭非大庭也

司宮射之中目而死豎牛取東鄙三十邑以與南遺取叔孫氏邑○鄙食亦反中丁仲反

昭子即位朝其家衆曰豎牛禍叔孫氏使亂大從使從於亂○使亂大從如字服云使亂大和順之道

也【疏】使亂大從○正義曰杜以使從於亂服虔云使亂大和順之道

殺適立庶又披其邑將以赦罪披析也謂以邑與南遺昭子不知豎牛餓殺其父故但言其見罪○適丁歷反本又作擿披普皮反析星歷反見賢遍反【疏】注披析至見罪○正義曰昭子若知豎牛餓殺其父則當顯加誅戮不憖且以殺適立庶爲大罪也若昭子知餓不殺則昭子有大罪矣仲尼不宜善其不以立己爲功勞也是昭子不知豎牛餓殺其父但言其見罪仲尼又慓其見言而善之

罪莫大焉必速殺之豎牛懼奔齊孟仲之子殺諸塞關之外塞關齊魯界上關○塞悉

代反投其首於寧風之棘上寧風齊地仲尼曰叔孫昭
子之不勞不可能也不以立己爲功勞據其所言善之時齊人不以餓死語昭子○
渠魚據反周任有言曰爲政者不賞私勞不罰私怨
言詩云有覺德行四國順之詩大雅覺直也言德行直則四方順從之○任
音壬行下孟反注同初穆子之生也莊叔以周易筮之莊叔穆子父
得臣也遇明夷䷣離下坤上明夷○坤苦門反之謙䷎艮下坤上謙明
夷初九變爲謙【疏】遇明夷之謙○正義曰離下坤上爲明
○艮古根反夷離爲日坤爲地彖曰明入地中明夷
夷者滅也日在地中光不外發則爲明傷也艮下坤上以
爲謙艮爲山彖曰地中有山謙以高下下謙虛之義以
示卜楚丘楚丘卜人姓名曰是將行行下孟反而歸爲子
祀奉祭祀以讒人入其名曰牛卒以餒死明夷

日也鸋爲明夷傷也日明傷○餒奴罪反餓也日之數十甲至癸故有十
時亦當十位自王已下其二爲公其三爲卿
日中當王食時當公平旦爲卿雞鳴爲士夜半爲皁人定爲
輿黄昏爲隸日入爲僚晡時爲僕日昳爲臺隅中日出闕不
在第尊王公曠其位○皁才早反輿音餘【疏】注日至餒死
僚力彫反晡布吳反昳田結反隅遇俱反　正義曰此先
畧言卦忌有此四事也是者是此子也將出奔而歸爲國卿
奉子叔孫之祭祀也并以讒人入而其名曰牛然此子終以
餓死也牛在國生云以入者去時未有而有之以讒入入
其家非從外國入既已畧論此意乃復具釋爻辭云明夷于
飛垂其翼君子于行三日不食有攸往主人有言此三辭之
間無爲祀之意但卦名明夷故先推卦名求爲祀之義也先
行後歸從得爲祀然後推演爻辭得其行去之象又從不食
讒言之事爻辭之內亦無名牛故別於離卦以求牛名推演
爻之三辭既說乃復更指卦體以終爲祀之言故曰可爲○
後以總結前言也○注日中至其位○正義曰七年傳曰王
有十日人有十等彼即歷言從王至臺十等之目此傳既云
十時十位位以王公卿爲三日以中食旦爲三日上其中知

從中而右旋配之也晡謂食也餔時謂日昳食時也日昳謂蹉跌而下也隅謂東南隅也過隅未中故爲隅中也若據時之先後則從旦至食乃至於中宜以左旋爲次今傳以配十位從中而右旋者以人之道高以下爲基貴以賤爲本欲從賤而漸至於貴也若從中左旋則位乃漸退非進長之義故右旋也**日上其中**日中盛明故以當王

食日爲二公位**旦日爲三**卿位**明夷之謙明而未融其當旦乎**融朗也離在坤下日在地中之象又變爲謙謙道卑退故曰明而未融日明未融故曰其當旦乎

疏注融朗至旦乎○正義曰明而未融則融是大明故爲朗也釋言云明朗也樊光云詩云高朗令終日月光明是朗爲大明也據卦離下坤上日在地中之象又以爻變爲謙謙是卑退之意日未出而又卑故曰明而未融日明未融故曰其當日也若於易之明夷據日入之後故明夷象云初登于天照四國也後入于地失則也此傳明夷據日未出前者以日未出與日入皆日在地下其明不見故各取象爲義

故曰爲子祀莊叔卿也卜豹爲卿故知爲子祀**日之謙當鳥故曰明夷于飛**爲

日爲鳥離變爲謙日光不足〔疏〕注離爲至于飛○正義曰
故當鳥鳥飛行故曰于飛離卦離爲日爲雉雉爲鳥
也離之一卦爲日爲鳥日爲高明鳥爲微細今日之
謙退不得高明下當微細是日光不足故當鳥也明之
未融故曰垂其翼於日爲未融於鳥爲垂翼象曰之動故
曰君子于行明夷初九處位有應君子象也在明傷之世居謙下之位故將辟難而行○應應對
之應謙下如字又遐嫁反難乃旦反〔疏〕注明夷至而行○正義曰卦有六位初三五奇數爲陽位也二四上耦數
爲陰位也初與四二與五三與上位相值爲相應陽之所求
者陰陰之所求者陽陽陰相值爲有應陰還值陰陽還值陽
爲無應明夷初九陽爻在奇是得位也所應在四四爲陰爻
是有應也既得位而物應之是君子象也初九在明傷之世
有大難也居謙下之位宜卑退也以此知將辟難而行也當三在旦故曰三日不
食旦位在三又非食時故曰三日不食〔疏〕注旦位至不食○正義曰位當三而時在旦是三日象也旦又
未至食時非食時則無可食故曰三日不食也離火也艮山也離爲火火

焚山山敗離艮合體故○敗必邁反又如字注同於人爲言艮爲言疏
注艮爲言○正義曰說卦云成言乎艮故艮爲言也敗言爲讒爲離所焚故言敗故曰
有攸往主人有言言必讒也離變爲艮故言有所往往而見燒故主人
有言言而見敗故必讒言○攸音由純離爲牛易離上離下離畜牝牛吉故言純離爲牛○牝頻忍
反舊扶死反疏注易離至爲牛○正義曰純離者言上體下體皆是離也易離卦云畜牝牛吉故言純離爲牛
明夷初九無此牛象但明夷初卦下體是離故轉於純離之卦求牛象也世亂讒勝勝將
適離故曰其名曰牛離焚山則離勝譬世亂則讒勝山焚則離獨存故知名牛也譬
牛非牝牛故不吉謙不足飛不翔謙道沖退故飛不遠翔垂不峻翼
不廣峻高也翼垂下故不能廣遠故曰其爲子後乎不遠翔故知不遠去
疏謙不至後乎○正義曰其爻辭唯云君子于行無翼之義故復推此爻於鳥爲飛不用翼不久知其不能遠去

行必當歸故曰其爲子後乎吾子亞卿也抑少不終旦日正卿之位莊叔父子
世爲亞卿位不足以終盡卦體蓋引而致之○楚子以屈伸爲貳於吳乃
殺之造生貳心以屈生爲莫敖屈生建子使與令尹子
蕩如晉逆女過鄭鄭伯勞子蕩于氾勞屈生
于菟氏氾菟氏皆鄭地○過古禾反又勞力報反後皆同氾徐扶嚴反菟大胡反晉侯送
女于邢丘子產相鄭伯會晉侯于邢丘傳言楚强諸侯
畏敬其使○相息亮反使所吏反（疏）注傳言至其使○正義曰聘禮云若過邦至于竟使次介假道束帛將命
于朝下大夫取以入告出許餼之以其礼上賓大牢積唯芻禾如彼礼文唯當餼之而已今鄭伯親勞是鄭畏楚也相三
年傳例云凡公女嫁于敵国公子則下卿送之於天子則諸卿皆行尚公不自送昏礼父母送女不下堂今晉侯親送女
至邢丘是敬楚也此兼羈上文故云諸侯畏敬其使○公如晉即位而往見○見賢遍反自郊

勞至于贈賄往有郊勞去有贈賄○賄呼罪反【疏】注往有至贈賄○正義曰聘禮賓至于近郊君使卿朝服用束帛勞及聘事皆畢乃云賓遂行舍于郊公使卿贈如覿幣聘既如此朝亦當然其朝禮大行人上公三勞主国使下大夫勞于畿卿勞于遠郊主君自勞于近郊其去贈賄無文聘尚有賄明朝亦然但礼文不具耳其文屬公去言故云往有也贈據晉言故云去有也無失禮揖讓之礼晉侯謂女叔齊曰魯侯不亦善於禮乎對曰魯侯焉知禮公曰何為自郊勞至于贈賄禮無違者何故不知對曰是儀也不可謂禮禮所以守其國行其政令無失其民者也今政令在家在大夫○女音汝焉於虔反不能取也有子家羈弗能用也羈莊公玄孫懿伯也○羈居宜反奸大國之盟陵虐小國謂伐莒取鄆○奸音干鄆音運利

人之難謂往年言亂而取鄆○難乃旦反下及注並同不知其私不自知有私難公
室四分民食於他他謂三家也言魯君與民無異【疏】民食於他○正義曰言公
如民然取食於他也其時四分公室民皆屬三家三家稅以貢公公仰給食自無食也思莫在公
不圖其終無爲公謀終始者○思息吏反謂羣臣慮也一音如字爲于僞反【疏】思莫至其終○
正義曰群臣思慮無在公者不爲公圖謀其終言其終必禍敗無爲謀者爲國君難將及
身不恤其所禮之本末將於此乎在在恤民與憂國而
屑屑焉習儀以亟言以習儀爲急○屑屑先結反亟紀力反急也言善於
禮不亦遠乎君子謂叔侯於是乎知禮時晉侯亦失政
叔齊以此諷諫○諷芳鳳反本亦作風音同○晉韓宣子如楚送女叔向
爲介鄭子皮子大叔勞諸索氏河南成皋縣東有大索城○介音界

大叔音泰素惡洛反大叔謂叔向曰楚王汰侈已甚子其戒之叔向曰汰侈已甚身之災也焉能及人若奉吾幣帛慎吾威儀守之以信行之以禮敬始而思終終無不復事皆可復行○焉於虔反從而不失儀從順也敬而不失威道之以訓辭奉之以舊法考之以先王以先王之礼成其好○道音導好呼報反度之以二國度晉楚之勢而行之○度待洛反注同

疏奉吾至二国○正義曰朝聘之礼其于用幣帛致国之所有送其禮則弗聘亦以幣帛通意故云奉吾幣帛慎吾威儀也信當守而無失故云守之以信也礼當勉力復行故云行之以礼也礼無不敬故以敬爲始也始能敬則終亦敬終恐其惰故云思終也思終亦思始終始無有不可復行之事行必得礼使皆可復行也曲從則失儀從而不失儀不曲從也過敬則無威敬而不失威不妄敬也聖人教訓之辭用之以通意故言道之

也聘使薦敵之法奉承以致命故言奉之也用先王之礼以成其交好故言考之也量二国形勢以傳通時事故言度之也皆當事爲文雖汰侈若我何及楚楚子朝其大夫曰
晉吾仇敵也苟得志焉無恤其他今其來者
上卿上大夫也若吾以韓起爲閽刖足使守門○仇音求閽音昏刖音月又五刮反【疏】注刖足使守門○正義曰周礼掌戮云墨者使守門劓者使守關宮者使守内刖者使守囿髡者使守積則守門者當以墨也知不以韓起爲墨者楚子意在辱晉必將加之重罪墨是刑之輕者知其必非墨也且欲以叔向爲宮刑明刖刑亦次宮也莊十九年傳鬻拳自刖楚人以爲大閽知此亦是刖也欲以叔向爲司宮爲奄宮之長則韓起爲閽亦欲令之爲門官之長刑若鬻拳故以鬻拳之刑以刖之以羊舌肸爲司
宮加宮刑○肸許乙反足以辱晉吾亦得志矣可乎大
夫莫對薳啓彊曰可苟有其備何故不可恥

匹夫不可以無備況國乎是以聖王務行禮不求恥人朝聘有珪珪以為信【疏】朝聘有珪。正義曰周禮典瑞云公執桓圭侯執信圭伯執躬圭子執穀璧男執蒲璧以朝覲宗遇會同于王諸侯相見亦如之是朝有珪也又曰瑑圭璋璧琮以覜聘是聘有珪記聘用圭璧其飾與君同其長降君一等聘禮記曰所以朝天子圭與繅皆九寸問諸侯朱綠繅八寸問卿聘也鄭玄云九寸上公之圭也於天子曰朝於諸侯曰問記之於聘文互相備鄭玄云互相備者言諸侯相朝與朝天子同也遣使聘天子與諸侯同也彼典瑞及聘禮記聘圭八寸瑑上公為文耳公之使既降公一等案侯伯之使當瑑圭六寸子男之使當瑑璧四寸考工記玉人云瑑圭璋八寸璧琮八寸以覜聘亦謂上公之聘也其實子男君臣用璧云朝聘有圭者據公侯伯言之。注珪以為信。正義曰鄭玄典瑞注云人執以見曰瑞禮神曰器瑞符信也用致朝聘所以為信故執之享覜有璋享饗也覜見也既朝聘而享見也臣為君使執璋。覜他弔反徐他彫反璋音章享鄉丈反許亮反鄭服皆以享為獻耳見賢遍反下同臣為于偽反使所吏反【疏】享覜有璋。正義曰鄭氏先儒以爲朝聘之禮使執玉以授王國之君乃行享禮獻國之所有槩見也謂行享禮以見主國之君也案小行人合六幣圭以馬璋以皮璧以帛琮以錦琥以繡璜以黼鄭玄云上公享王圭以馬享后璋以皮侯伯子男享王璧以帛享后琮以錦公侯伯於諸侯則享用璧琮子男於大國享君琥以繡於夫人璜以黼此云享覲有璋者據上公享后言之所以時舉享后者舉璋與圭相對其實享禮圭與璧琮琥璜皆有今檢注意義則不然謂主國設酒食以饗賓賓則執璋以行礼故云享覲有璋注云享饗也破享獻之享爲饗食之饗杜必然者以此傳下云設机而不倚爵盈而不飲宴有好貨飧有陪鼎皆論饗禮及饗宴之事故破享爲饗宴大行人二饗三食三宴之類是也但饗礼既亡無文亘故杜云臣聘君使執璋則詩云奉璋峨峨尚書大傳秉璋以酢之類是也

小有述職 諸侯適天子曰述職○述職述其所治國之功職也

疏 注諸侯至述職○正義曰孟子云天子適諸侯曰巡狩巡狩者巡所守也諸侯朝天子曰述職述職者述所職也其意言諸侯職在治國家事天子以時入朝述脩其所職也天子職在丘諸侯撫下民以時巡狩省視其功勞也

大有巡功 天子巡守曰巡功○巡功巡所守之功績巡守手又反

設

机而不倚，爵盈而不飲。言務行禮。○机音几，倚於綺反。疏 設机至不飲。○正義曰：朝聘之禮有設几進爵之時。朝禮雖亡，而聘禮有其略也。聘義曰：聘射之禮，至大禮也。質明而始行事，日幾中而後禮成，非強有力者弗能行也。酒清，人渴而不敢飲也；肉乾，人飢而不敢食也。是言務在行禮，不敢倚机，不敢飲酒也。

宴有好貨，宴飲以貨爲好，衣服車馬在客所無。○好呼報反，注及下同。疏 注宴飲至所無。○正義曰：謂主國宴賓，以貨財爲恩好，謂衣服車馬在客所無者與之也。明年晉享季武子，重其好貨。傳二十九年介富盡来。禮之加，宴之好。詩序云：鹿鳴，燕群臣嘉賓也。既飲食之，又實幣帛筐篚，以將其厚意，是也。

飧有陪鼎，熟食爲飧。陪，加也。加鼎所以厚慇勤。○飧音孫。陪，蒲回反，徐扶杯反。疏 注熟食至慇勤。○正義曰：聘礼賓始入館，宰夫朝服設飧，飪一牢在西，鼎九，羞鼎三。鄭玄云：食不備禮曰飧。飪，熟也。其鼎實如饔餼。羞鼎則陪鼎也。以其實言之則曰羞，以其陳言之則曰陪。是飧有陪鼎。鄭以飧禮小，饔餼禮大，故云食不備礼曰飧。言饔餼備而飧不備也。故以餼生而飧熟，故云熟食爲飧。聘礼又云：君使卿韋弁歸饔餼五牢，飪一牢，鼎九，設于西階前，陪鼎當內廉。鄭玄云：陪鼎，三牲臛膷膷臐膮從陪之庶羞加也服虔云陪牛羊豕鼎故云陪鼎周禮掌客云凡諸侯之禮上公飧五牢饔餼九牢侯伯飧四牢饔餼七牢子男飧三牢饔餼五牢是朝聘皆有飧也案聘禮歸饔餼五牢於賓飪一牢鼎九設于西階前牛鼎一羊鼎一豕鼎一魚鼎一腊鼎一腸胃鼎一膚鼎一鮮魚鼎一鮮腊鼎一凡九鼎從北向南而陳又有陪鼎三其一曰膷鼎牛臛也在牛鼎之西其一曰臐鼎羊臛也在羊鼎之西其一曰膮鼎豕臛也在豕鼎之西其陪所設當西階之內廉腥二牢陳于東階之前南陳牢別七鼎無鮮魚鮮腊也升上鼎一牢所謂死牢三又饋一牢陳于門內之西是卿之饔餼五牢案鄭注掌客其子男饔餼五牢與卿同其牲鼎加鮮魚鮮腊牢別有九也其陳設如卿之禮侯伯饔餼七牢死牢四飪一牢在西腥三牢在東饋三牢在門西其陳設如子男之禮上公饔餼九牢死五牢飪一牢在西階四牢在東饋四牢陳于門西其陳皆如侯伯之禮也大行人注云[illegible]飧也[illegible]飧二牢饔餼五牢[illegible]大夫也則飧大牢饔餼三牢

入有郊勞賓至逆勞之於郊出有贈賄去則贈之以貨賄禮之至也國家之敗失之道也則禍亂興失朝聘宴好之道城濮之

役【在僖二十八年○濮音卜】晉無楚備，以敗於邲。【在宣十二年。言兵禍始於此。○城濮○邲，皮必反】邲之役，楚無晉備，以敗於鄢。【在成十六年○鄢於晚反】

【疏】以敗於鄢○正義曰：以上之類當注云言兵禍始於邲，而不注者，從可知也。

自鄢以來，晉不失備，而加之以禮，重之以睦，【君臣和也。○重，直用反】是以楚弗能報而求親焉。既獲姻親，又欲恥之，以召寇讎，備之若何？【言何以備寇讎。○姻音因】誰其重此？【言誰能重】若有其人，恥之可也。【謂有賢人以敵之，則可恥之】若其未有，君亦圖之。晉之事君，臣曰可矣。求諸侯而麇至，【麇，羣也。○麇，丘隕反，又丘云反，又其郡反，注同】求昏而薦女，【薦，進也】君親送之，上卿及上大夫致之。猶欲恥之，君其亦有

備矣不然奈何韓起之下趙成中行吳魏舒

范鞅知盈 五卿位在韓起之下皆三軍之將佐也成趙武之子吳荀偃之子○行戶郎反鞅於丈反

知音智將子匠反 羊舌肸之下祁午張趯籍談女齊梁

丙張骼輔躒苗賁皇皆諸侯之選也 言并凡人○趯他歷

反骼古百反或音各躒力狄反又力各反本又作櫟同賁扶云反肸[illegible]息恋反 韓襄為公族大

夫韓須受命而使矣 襄韓無忌子也為公族大夫須起之門子年雖幼已任出

使○使所吏反注及下注同任音壬 （疏）韓須受命而使○正義曰三年傳云韓須如齊逆少姜是受命出使之傳

箕襄邢帶 二人韓氏族 叔禽叔椒子羽 皆韓起庶子 （疏）注皆

韓起庶子○正義曰賈逵云然杜依用之杜以上箕襄邢帶食邑於箕邢以為韓氏之族叔禽叔椒子連叔為文羽又稱

子車以兄弟比數云皆韓起之孫子劉炫以為叔禽等亦是韓起之族既無明證而妄規杜氏非也 皆大家

也。韓賦七邑，皆成縣也。成縣賦百乘也。○韓賦七邑：韓襄，起之兄子；箕襄、邢帶二人，韓氏族；韓須、叔禽、叔椒、子羽四人，皆韓起子。凡十人，人一邑。乘，繩證反，下皆同。羊舌四族，皆彊家也。四族：銅鞮伯華、叔向、叔魚、叔虎，兄弟四人。○鞮，丁兮反。

疏注四族至四人○正義曰：家語孔子曰：銅鞮伯華不死，天下其定矣。其人名赤，字伯華，食邑於銅鞮。叔魚名鮒，見於十二年傳。叔虎見於襄二十一年傳，於時虎已死，今得數叔虎者，雖身死，其族猶在，故傳不言羊舌四人而云四族，明指其族也。據傳文，叔向兄弟四人有叔虎。案世本，叔向兄弟有季夙，疑季夙即是虎也。故服氏數伯華、叔向、叔魚、季夙以爲叔虎於時已死，別有季夙，而規杜氏，非也。

晉人若喪韓起、楊肸，五卿八大夫五卿，趙成以下。八大夫，祁午以下。○喪，息浪反。楊肸，叔向，本羊舌氏，食菜於楊，故又號楊肸也。輔韓須、楊石，石，叔向子食我也。○食音嗣。因其十家九縣，韓氏七，羊舌氏四，而言十家，舉大數也。羊舌四家共二縣，故但言彊家。

疏○注韓氏至彊家○正義曰：杜以家縣爲一，故并韓賦七邑與羊舌四族乃爲十一而言十家舉大數也羊舌四族有一縣則又大多故以爲四家共二縣也劉炫以爲許須是起之門子不別爲家去韓須之外韓氏唯有六家并羊舌四族故爲十家也今知不然者以傳歷序韓襄爲公族大夫韓須受命而使即云箕襄以下皆大家故知韓須在其內也又韓賦七邑則韓須有邑既有其邑自然稱家哀二年傳曰上大夫受縣論語云百乘之家家即縣也劉以爲韓須不得爲家家不得稱縣以爲韓氏六家羊舌四家爲十家而規杜氏非也長轂九百長轂戎車也縣百乘○轂古木反〔疏〕長轂○正義曰考工記車人一云兵車乘車輪崇六尺六寸田車輪崇六尺三寸兵車轂長一尺二寸又云大車平柯長丈平是短也其餘四十縣遺守四千計遺守國者尚有四千乘○遺唯季反奮其武怒以報其大恥伯華謀之伯華叔向兄中行伯魏舒帥之伯仲行吳其蔑不濟矣君將以親易怨失婚姻之親實無禮以速寇而未有其備使群臣往遺之禽以逞君

心何不可之有王曰不穀之過也大夫無辱謝遂啓彊〔疏〕何不可之有。正義曰：啓彊發首言可，此云何不可之有，言其可也，緫上可之言。服虔云何不可之有，知是大不識文勢。厚爲韓子禮。王欲敖叔向以其所不知，而不能。言叔向之多知。○敖，五報反。叔向以其所不知絕句。多知，如字，一音智。〔疏〕王欲至不能。○正義曰：王欲調叔向以爲敖樂，以其所不知不解之勵試之，而竟不能。王之所爲，叔向悉解，故杜云叔向之多知。亦厚其禮。韓起反，鄭伯勞諸圉。圉，鄭地名。辭不敢見，禮也。奉使君命未反故。○見，賢遍反。○鄭罕虎如齊，娶於子尾氏。自爲逆也。○娶，七住反。爲，于僞反。晏子驟見之，陳桓子問其故。對曰：能用善人，民之主也。謂授子產政。○驟，仕救反。○夏，莒牟夷以牟婁及防茲來奔。牟夷非卿而書尊地也尊重也重地故書以名其人終爲不義莒人愬于晉愬晉受牟夷○愬悉路反晉侯欲止公范獻子曰不可人朝而執之誘也討不以師而誘以成之惰也爲盟主而犯此二者無乃不可乎請歸之間而以師討焉間暇也○誘音酉惰徒卧反間音閑注同又如字又歸公秋七月公至自晉莒人來討討受牟夷不設備戊辰叔弓敗諸蚡泉莒未陳也嫌君臣異故重發例○陳直覲反重直用反○冬十月楚子以諸侯及東夷伐吳以報棘櫟麻之役役在四年薳射以繁揚之師會於夏汭會楚子○射食夜反又食亦反越大夫常壽過帥師會楚子于瑣瑣楚地○過古禾反瑣素果反闔

吳師出。薳啓彊帥師從之，〔從吳師也。〕遽不設備，吳人敗諸鵲岸。〔廬江舒縣有鵲尾渚。○遽，其據反。岸，五旦反。〕楚子以馹至於羅汭。〔馹，傳也。羅汭，水名。○馹，人實反。傳，中戀反。〕吳子使其弟蹶由犒師，〔犒，勞。○蹶，居衛反。犒，苦報反。〕楚人執之，將以釁鼓。王使問焉，曰：女卜來，吉乎？對曰：吉。寡君聞君將治兵於敝邑，卜之以守龜，曰：余亟使人犒師，請行以觀王怒之疾徐，而爲之備，尚克知之。〔言吳今龜如此。○釁，許覲反。女音汝。守，手又反。下同。亟，紀力反。〕龜兆告吉，曰：克可知也。君若驩焉，好逆使臣，滋敝邑休殆，〔休，解也。○好，呼報反。使，所吏反。下並同。解，佳賣反。〕而忘其死，亡無日矣。今君奮焉震電馮怒，馮盛也○馮皮冰反徐扶冰反注同虐執使臣將以釁鼓則吳知所備矣敝邑雖羸若早脩完完繕備○羸力危反完音丸疏今君至釁鼓○正義曰言今君奮起威怒如天震電盛為嗔怒虐執一云一云是也其可以息師息楚之師難易有備可謂吉矣且吳社稷是卜豈為一人使臣獲釁軍鼓而敝邑知備以禦不虞其為吉孰大焉國之守龜其何事不卜言常卜○易以豉反豈為于僞反禦魚呂反疏難易有備○正義曰言知楚為患難則吳易有防備也○且吳社稷是卜○正義曰恐楚王言女既云吉何故今欲被殺故言此以塞之○國之守龜○正義曰又恐王言龜既言吉而使人被殺則是龜不吉故又言此以荅之一臧一否其誰能常之城濮之兆其報在邲城濮戰楚卜吉其效乃在邲○否悲矣反舊方有反今此行也其庸

有報志言吳有報楚意乃弗殺楚師濟於羅汭沈尹赤會楚子次於萊山薳射帥繁揚之師先入南懷楚師從之及汝清南懷汝清皆楚界○萊音來吳不可入有備楚子遂觀兵於坻箕之山觀示也○觀舊音官讀爾雅者皆官喚反注同坻直夷反是行也吳早設備楚無功而還以蹶由歸楚子懼吳使沈尹射待命于巢薳啓彊待命于雩婁禮也善有備○雩音于徐況于反如淳同韋昭音虛婁力侯反徐力俱反如淳音樓○秦后子復歸於秦元年奔晉景公卒故也終五稔之言○五稔而甚反

經六年春王正月杞伯益姑卒再同盟（疏）注再同盟○正

義曰孟姬以襄二十四年即位二十五年盟于重丘魯杞俱在二十九年又杞子來盟是再同盟○葬秦景公○夏季孫宿如晉葬杞文公無傳○宋華合比出奔衛合比事君不以道自取奔亡書名罪之○華戶化反比如字又毗志反【疏】合比至罪○正義曰寺人柳有寵大子佐惡之合比請殺之求媚於大子而欲殺君之寵臣是事君不以道也以此而自取奔亡故書名以罪之○秋九月大雩○楚薳罷帥師伐吳罷音皮○冬叔弓如楚○齊侯伐北燕

傳六年春王正月杞文公卒弔如同盟禮也魯怨杞因晉取其田而今不廢喪紀故禮之大夫如秦葬景公禮也合先王之禮士弔大夫送葬【疏】注合先至之禮○正義曰先王之制諸侯之喪士弔大夫送葬二十年傳文也釋例曰先王之制諸侯之喪士弔大夫送葬及其失也禮過於重文襄之伯因而抑之諸侯之喪大夫弔卿共喪事夫人之喪士弔大夫

送葬猶過上古制故公子遂如晉葬襄公傳不言礼葬秦景公以
傳曰大夫如秦葬景公特稱礼也一以示古制二以示不書他
国之葬必須魯會三以示奉使非卿○三月鄭人鑄刑
則不書於經凡皆在明之微文也
書鑄刑書於鼎以爲国之常法○鑄之樹反（疏）注鑄刑書於鼎○正義曰傳言鑄刑書知鑄之於鼎者
二十九年傳云晉趙鞅荀寅賦晉国一鼓鐵以鑄刑鼎著范宣子所爲刑書焉彼是鑄之於鼎知此亦是鼎也叔
向使詒子產書詒遺也○詒以之反遺唯季反曰始吾有虞於子
虞度也言準度子產以爲已法○度待洛反下同今則已矣已止也昔先王議
事以制不爲刑辟懼民之有爭心也臨事制刑不豫設法
也法豫設則民知爭端○辟婢亦反下皆同爭爭鬭之爭注及下注同（疏）注臨事至爭端○正義曰尚書伊訓
云先王肇修人紀制官刑儆于有位又穆王命呂侯訓夏贖
刑作呂刑之篇其經云墨罰之屬千劓罰之屬千剕罰之屬
五百宮罰之屬三百大辟之屬二百五刑之屬三千周礼司
刑掌五刑之法以麗萬民之罪墨罪五百劓罪五百宮罪五

百則罪五百殺罪五百屬此二文雖王者出變條數不同宜
是豫制刑矣而云臨事制刑不豫設法者聖王雖制刑法舉
其大綱但其犯一法情有淺深或輕而難原或重而可恕臨
其時事議其重輕雖依準舊條而斟有出入不豫設定法告
示下民令不測其淺深常畏威而懼罪也法之所以不可豫
定者於小罪之間或情有大惡盡皆致之極刑則本非應重
之罪悉令從其輕比又不足以創小人也於大罪之間或情
有可恕盡加大辟則枉害良善輕致其罰則脫漏重辜以此
之故不得不臨時議之準狀加罪令鄭鑄之於鼎以章示下
民亦既示民即爲定法民有所犯依法而斷設令情有可恕
不敢曲法以矜之罪實難原不得違制以入之法既豫定民
皆先知於是倚公法以展私情附輕刑而犯大惡是無所忌
而起爭端也漢魏以來班律於民懼其如此制爲比例入罪
者舉輕以明重出罪者舉重以明輕因小事而別有大罪者
則云所爲重者以重論皆不可一定故也猶不可禁禦是故閑之以義
閑防也糾之以政糾舉也行之以禮守之以信奉之
以仁奉養也制爲祿位以勸其從勸從教嚴斷刑

罰以威其淫淫放也疏閑之至其淫○正義曰義者宜也合於事宜閑謂防衛也閑之以義曰衛之使合於事宜者也政者正也齊正在下糾謂舉治也糾之以政舉治之使從於齊正也禮當勉力履行故行之以禮也信當守而勿失故守之以信也仁心所以養物故奉之以仁也位以序德祿以酬勤有德能勤則居官食祿制爲祿位以勸其從順教令也其有犯罪則制之刑罰故嚴斷刑罰以威其驕淫放佚也嚴斷言其不赦舍也對文則加罪爲刑收贖爲罰散則刑罰通也閑之以下皆言在上位者行此事治民也懼其末也故誨之以忠聳之以行聳懼也○聳息勇反行下孟反教之以務時所急使之以和說以使民○說音悅臨之以敬涖之以彊施之於事爲彊○涖音利又音類斷之以剛義斷恩疏懼其至以剛○正義曰此上言行事此又言用心言雖行上事懼其末從教也故復勞心以撫之於文中心爲忠如心爲恕謂如其已心也事親事君遠及諸物宜恕以待之不得虛詐忠是萬事之本故陳忠恕之事以訓誨之行善得善行惡得惡舉善惡之行以恐懼之時之所急民或不知故教示

之以當時之務居上位者失於以威迫人故使之以和當和說以使之臨涖一也臨謂位居其上俯臨其下涖謂有所施爲臨撫其事臨謂平常之時涖謂當事之時居上位者失於驕慢臨之以敬言常共敬以臨之其監於行事者失於懈倦涖之以彊言當彊力以臨之柔而少決爲政之病故斷之以剛彊此云斷之以剛即上嚴斷之義嚴謂威可畏剛謂情無私此皆論心故重言之○注聳懼也○正義曰釋詁文也彼作竦音義同○注施之於事爲涖○正義曰涖亦臨也而與臨別文故解之周禮肆師稱涖卜曲禮云涖官春秋書涖盟皆謂當其事而臨之故云施之於事爲涖則臨謂平常涖謂當事以此爲異故別文也若散而言之涖亦臨也故論語云不莊以涖之則民不敬是也○注義斷恩○正義曰喪服四制云門內之治恩揜義門外之治義斷恩尚書胤征云威克厥愛允濟愛克厥威允罔功是斷獄者皆當義斷恩

猶求聖哲之上明察之官上公王也官卿大夫也忠信之長慈惠之師民於是乎可任使也而不生禍亂民知有辟則不忌於上權移於法故民不畏上○長丁丈反疏猶求至使也

正義曰以剛以上雖率意斷之猶爲未善更求聖哲之上公之
士制明察大夫之官法忠誠信著之長則慈愛温惠之師教
用此四法以教民民於是乎可任使也○注雖移至畏上○
正義曰刑不可知威不可測則民畏上也今制法以定之勒
鼎以示之民知在上不敢越法以罪已又不能
典法以施恩則權柄移於法故民皆不畏上**並有爭**
心以徵於書而徼幸以成之因危文以生爭緣徼幸以成其巧僞○徼
本又作儌古堯反巧如字又苦孝反（疏）注因危至巧僞○正義曰法之設有限民之犯罪無窮爲法立文不能
網羅諸罪民之所犯不必正與法同自然有危疑之理因此
危文以生與上爭罪之心緣徼幸以成其巧僞將有實罪冀
獲免者也**弗可爲矣**爲治也**夏有亂政而作禹刑商**
有亂政而作湯刑夏商之亂著禹湯之法言不能議事以制○夏戶雅反（疏）
注夏商至以制○正義曰夏商之有亂政在位多非賢哲察
獄或失其實斷罪不得其中至有以私亂公以貨枉法其事
不可復治乃遠取創業聖王當時所斷之獄因其故事制爲
定法亦如鄭鼎所鑄遵舊施行言不能臨時議事以制刑罪

也周有亂政而作九刑周之衰亦爲刑書謂之九刑疏注周之至九刑○正義曰準夏商所作當爲文武周公之制不以聖王名刑而謂之九刑者蓋周公别爲此名故稱之耳三辟之興皆叔世也言刑書不起於始盛之世疏注言刑至之世○正義曰三辟謂禹刑湯刑九刑也辟罪也三者斷罪之書故爲刑書皆是叔世所爲言刑書不起於始盛之世議事制罪叔世不復能然采取上世決事之比作書以爲後法其事是始盛之世作書於衰亂之時服虔云政衰爲叔世叔世踰於季世季世不能作辟也今吾子相鄭國作封洫在襄三十年○相息亮反洫況域反立謗政作丘賦在四年○謗布浪反制參辟鑄刑書制參辟謂用三代之末法○參七南反一音三疏注制參至末法○正義曰制參辟鑄刑書是一事也爲其文是制參辟鑄於鼎是鑄刑書也三代之辟皆取前世故事制以爲法子產亦取上世故事故謂之制參辟言其所制用三代之末法非謂子產所作還寫三代之書也子產意亦采取上世所聞見斷獄善者以爲書也將以靖民不亦難乎詩曰儀

式刑文王之德日靖四方詩頌言文王以德爲儀式刑法故能日有安靖四方之功也【疏】詩曰至四方。正義曰周頌我將之篇祀文王之樂歌也杜言文王以德爲儀式刑法也則儀式刑三者皆爲法也言以德爲儀式法者是文王之德也由其以德爲法故能日日有安靖四方之功也服虔云儀善式用刑法靖謀也言善用法文王之德日日謀安四方此解於文便於杜也

又曰儀刑文王萬邦作孚詩大雅言文王作儀法爲天下所信【疏】又曰至作孚。正義曰大雅文王之篇也服虔云儀善也刑法也善用法者文王也言文王善用其法故能爲萬國所信也亦便於杜

如是何辟之有言詩唯以德與信不以刑也

民知爭端矣將棄禮而徵於書以刑書爲徵【疏】民知至於書。正義曰端謂本也今鑄鼎示民則民知爭罪之本在於刑書矣制禮以爲民則作書以防民罪違禮之愆非刑書所禁故民將棄禮而取徵驗於書也刑書無違禮之罪民必棄禮而不用矣

錐刀之末將盡爭之錐刀末喻小事亂獄滋豐賄賂並行

終子之世鄭其敗乎肸聞之國將亡必多制數改

法【疏】終子至敗乎。正義曰子産鑄刑書而叔向責之趙鞅鑄刑鼎而仲尼譏之如此傳文則刑之輕重不可使民知也而李悝作法蕭何造律頒於天下懸示兆民秦漢以來莫之能革以今觀之不可一日而無律也爲當吏不及古民僞於昔爲是聖人作法不能經遠古今之政何以異乎斯有盲矣古者分地建國作邑命家諸侯則奕世相承大夫亦子孫不絶皆知國爲我土衆實我民自有愛吝之心不生殘賊之意故得設法以待刑臨事而議罪不須豫以告民自令常懐怖懼故仲尼叔向所以譏其鑄刑書也秦漢以來天下爲一長吏以時遷代其民非復己有懦弱則爲殿負彊猛則爲稱職且疆域闊遠戸口滋多大郡竟餘千里上縣數以萬計豪橫者陵蹈邦邑桀健者雄張閭里故漢世酷吏專任刑誅或乃肆情好殺成其不撓之威違衆用己以表難測之知至有積骸滿穽流血丹野郅都被蒼鷹之號延年受屠伯之名者復信其殺伐任其縱舍必將喜怒變常愛憎改竟不得不作法以齊之宣衆以令之所犯當條則斷之以律疑不能決則讞之上府故得萬民以察天下以治聖人制法非不善也古不可施於今今人所作非能聖也足以周於用所觀民設教遭時制宜謂此道也其此之謂乎復書曰若吾子之言復報也疏若吾子之言○正義曰若如也誠如吾子之言也僑不才不能及子孫吾以救世也既不承命敢忘大惠以見箴戒爲惠疏吾以救世也○正義曰當時鄭國大夫邑長蓋有斷獄不平輕重失中故作此書以令之所以救當世士文伯曰火見鄭其火乎火心星也周五月昏見火未出而作火以鑄刑器刑器鼎也藏爭辟焉火如象之不火何爲象類也同氣相求火未出而用火相感而致災疏注象類至致災○正義曰作刑書以示民教民使爭罪故謂之爭辟火出而象之象類也謂以類相感而致災也同氣相求易文言文也周禮司爟云季春出火民咸從之季秋內火民亦如之鄭玄云火所以用陶冶民隨國而爲之是火星未出不得用火今鄭火未出而用火以鑄鼎及火星出則相感以致災服虔云鑄鼎藏爭辟故今出火與五行之火爭明故爲災在器故稱藏也夏季

季孫宿如晉拜莒田也謝前年受牟夷邑不見討晉侯享之有加籩籩豆之數多於常禮武子退使行人告曰小國之事大國也苟免於討不敢求貺貺賜也得貺不過三獻周禮大夫三獻疏注周禮大夫三獻○正義曰周禮卿五獻大夫三獻故鄭注掌客爵卿也饔餼五牢爵大夫也饔餼三牢獻視饔餼之數故言大夫三獻也若依古禮大小國之卿皆五獻大夫三獻故聘禮侯伯之卿出聘饔餼五牢獻同饔餼之數至春秋之時唯大國得從古禮故昭元年鄭人享趙孟注云朝聘之制大國之卿五獻其次國以下卿則從大夫之禮故今武子云得貺不過三獻周禮無此文大行人云上公九獻侯伯七獻子男五獻獻各如其命數典命云公侯伯之卿皆三命知其當三獻也大夫卿之揔名故注云三獻也今豆有加下臣弗堪無乃戾也懼以不堪爲罪疏今豆有加○正義曰上言加籩此言豆者籩豆竝加互舉其一也韓宣子曰寡君以爲驩也以加禮致驩對曰

寡君猶未敢未敢當此加也【疏】寡君猶未敢○正義曰晉侯爵禮當七獻上文唯言享有加籩已知加於常禮不知幾獻籩豆未必過七獻也言寡君猶未敢當此者兼耳況下臣君之隸也敢聞加貺固請徹加而後卒事晉人以爲知禮重其好貨宴好之貨○宋寺人柳有寵有寵於平公○寺本又作侍柳良九反寺人名大子佐惡之華合比曰我殺之欲以求媚大子○惡烏路反柳聞之乃坎用牲埋書詐爲盟處○處昌慮反下同而告公曰合比將納亡人之族亡人華臣也襄十七年奔衛既盟于北郭矣公使視之有焉遂逐華合比合比奔衛於是華亥欲代右師亥合比弟欲得合比處乃與寺人柳比從爲之徵曰聞之久矣聞合比欲納華臣○柳比毗志反公

使代之代合比爲右師見於左師左師向戌○見賢遍反又如字左師曰女夫也人亡夫謂華亥○女音汝下并注同夫方于反注同女喪而宗室於人何有人亦於女何有言人亦不能愛女○喪息浪反詩曰宗子維城毋俾城壞毋獨斯畏詩大雅言宗子之固若城俾使此○俾必爾反【疏】詩曰至斯畏○正義曰大雅板之篇凡伯刺厲王之詩也言宗子之固惟若城也郎謂宗子爲城言宗人當固之毋使此城傾壞傾壞則女獨矣女既獨此必有所畏懼也女其畏哉爲二十年華亥出奔

傳○六月丙戌鄭災終士文伯之言○楚公子棄疾如晉報韓子也報前年送女過鄭鄭罕虎公孫僑游吉從鄭伯以勞諸柤辭不敢見不敢當國君之勞柤鄭地○過地卧反又古禾反從才用反或如字勞力報反注及下同柤側加反見賢遍反下見王注見鄭伯如見楚王私見鄭伯同固

請見之見如見王見鄭伯如見楚王言其敬共而有禮（疏）注共而有禮○正義曰見如見王是共也辭不敢見是禮也以其乘馬八匹私面私見鄭伯○乘繩證反見子皮如上卿如見楚卿以馬六匹見子產以馬四匹見子大叔以馬二匹降殺以兩○殺所界反禁芻牧採樵不入田不犯田種○芻初俱反樵似遥反下同不樵樹不采蓺蓺種也（疏）不樵樹不采蓺○正義曰不樵樹不伐樹以爲樵不采蓺不采所種之菜果不抽屋不強匄誓曰有犯命者君子廢小人降君子則廢黜不得居位小人則退給下劇也○抽敕留反強其丈反又其良反匄本或作丐音蓋乞也說文作匄逯安說亡人爲匄[illegible][illegible]蓋反（疏）不抽屋不強匄○正義曰服虔云抽裂也言不毀裂所舍之屋宇也匄乞也不就人強乞也舍不爲暴主不慁賓慁患也○慁戶困反往來如是鄭三卿皆知

其將爲王也三卿罕虎公孫僑游吉韓宣子之適楚也楚
人弗逆公子棄疾及晉竟晉侯將亦弗逆叔
向曰楚辟我衷辟邪也衷正也○竟音境下注同辟匹亦反注及下同衷音忠邪似嗟反若
何效辟詩曰爾之教矣民胥效矣詩小雅言上教下效○效
戶孝反下同從我而已焉用效人之辟書曰聖作則
逸書則法也○焉於虔反無寧以善人爲則無寧寧也而則人之
辟乎匹夫爲善民猶則之況國君乎晉侯說
乃逆之傳言叔向知禮○說音悅○秋九月大雩旱也○徐儀
楚聘于楚儀楚徐大夫楚子執之逃歸懼其叛也
使薳洩伐徐薳洩楚大夫○洩息列反吳人救之令尹子蕩

師師伐吴師于豫章而次于乾谿乾谿在譙國城父縣南楚
東竟○谿苦兮反父音甫吴人敗其師於房鍾房鍾吴地獲宫廐
尹棄疾闘韋龜之父○廐九又反子蕩歸罪於薳洩而殺
之歸罪於薳洩不以敗告故不書○冬叔弓如楚聘且弔敗也楚爲
吴所敗疏且弔敗也○正義曰如上注不以敗告故不書而得弔敗者本自爲聘聞敗因弔之故言曰也
十一月齊侯如晉請伐北燕也告盟主士匄相士
鞅逆諸河禮也士匄晉大夫相爲介得敬逆來者之禮○匄古害反本或作丐相息亮反
注同上鞅於丈反今傳本皆作士匄相士鞅古本士匄或作
王正董遇王肅本同學者皆以士匄是范宣子即士鞅之父
不應取其父同姓名人以爲介今傳本誤也依王王正爲是王
元規云古人質以不言之耳向劭爲介也案士文伯是士匄
之族亦名匄無妨今相范鞅即文伯也然士文伯名
古本或有作匄者解見前卷襄三十一年介音界疏士匄

相士鞅。○正義曰世族譜以王正爲雜人世本及王肅言之過注皆作王正俗本或誤爲士匄此人不當與士鞅之父同對名而爲之介也晉侯許之。十二月，齊侯遂伐北燕，將納簡公。簡公，北燕伯，三年出奔齊。晏子曰：「不入。燕有君矣，民不貳。吾君賄，左右諂諛，作大事不以信，未嘗可也。」爲明年暨齊平傳。○諂，敕檢反。諛，羊朱反。

附釋音春秋左傳註疏卷第四十一

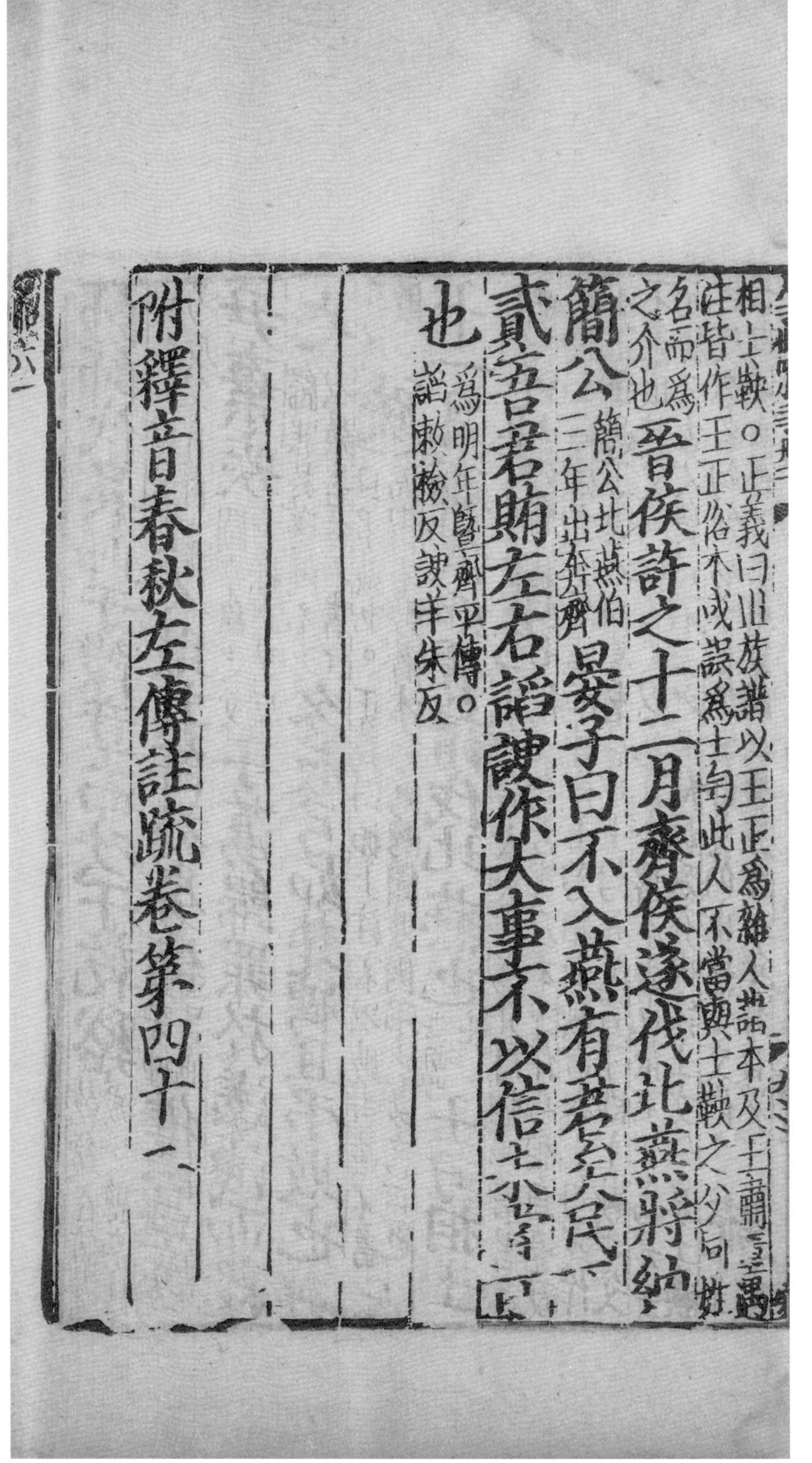

附釋音春秋左傳註疏卷第四十四 昭七年盡八年

杜氏註　孔穎達疏

經七年春王正月暨齊平暨與也燕與齊平前年冬齊伐燕間無異事故不重言燕從可知○暨其器反傳同重直用反（疏）暨與至可知○正義曰暨與釋詁文也此直言暨齊平不知誰與齊平穀梁傳云以外及內曰暨謂此爲魯與齊平賈逵何休亦以爲魯與齊平許惠卿以爲燕與齊平服虔云襄二十四年仲孫羯侵齊二十五年崔杼伐我自爾以來齊魯不相侵伐且齊是大國無爲求與魯平此六年冬齊侯伐北燕將納簡公齊侯貪賄而與之平故傳言齊求之也齊次于虢燕人行成其文相比諸君近之案經例即燕與齊平當書燕暨與諸侯平皆言暨下三月公如楚叔孫婼如齊涖盟公不在國故齊無求者據經言之賈君爲得杜則從許說也故兩載其說意從賈解其所疑云前年冬齊伐燕文據此春間無異事故不云燕省文也又此年經齊暨燕平之月傳所舉經文知此是燕與齊平也釋例曰昭六年冬齊侯伐北燕七年春而平冬春相接間無異事省文故不重言燕猶趙五年冬州

公如曹六年春因書是來也傳以其下分明故疑見齊貳平之月以正之也○三月公如楚○叔孫婼如齊涖盟無傳公將遠適楚故叔孫如齊尋舊好○婼敕略反徐又音釋好呼報反疏注公將至舊好○正義曰齊與魯鄰公遠適楚慮齊在公如楚下書言將適楚者叔孫婼非公命則不得書經明是公未發時命之公發後始去故言將見此意夏四月甲辰朔日有食之○秋八月戊辰衛侯惡卒元年大夫盟于虢疏衛侯惡卒○正義曰穀梁傳曰鄉曰衛齊惡今曰衛侯惡此何為君臣同名也君子不奪人名不奪人親之所名重其所以來也王父名子也注云不奪人名謂臣雖欲改君不當聽也君不聽臣易名者欲使人重父命也父之名子上父上父卒則稱王父之命名之曲礼云卒哭乃諱鄭玄云敬鬼神之名也生者不相辟名衛侯名惡大夫有石惡君臣同名春秋不非謂此事也然則此君卒哭之後臣當改其諱曲礼云君子已孤不更名當舍名而稱字○注元年大夫盟于虢○正義曰虢會不盟而言盟者令尹圍讀舊書加於牲上雖不為載書亦以名

告神與盟同也○九月公至自楚○冬十有一月癸未季孫宿卒○十有二月癸亥葬衛襄公

傳七年春王正月暨齊平齊求之也齊伐燕燕人賂之反從求平師息子言疏齊求之也○正義曰傳云齊求之自言其平之意下云盟于濡上是其平之事也下言癸巳齊侯次于虢燕人行成則是燕先發意而言齊求之者齊若志在伐燕不當在虢以次以次而不行即是求之之狀也齊燕從知其音意乃成耳癸巳齊侯次于虢虢燕竟○虢瓜百反竟音境燕人行成曰敝邑知罪敢不聽命先君之敝器請以謝罪敝器瑤甕玉櫝之屬○瑤音遙甕烏送反徐於恭反櫝徒木反公孫晳曰受服而退俟釁而動可也晳齊大夫○晳星曆反徐思益反釁許覲反二月戊午盟于濡上濡水出高陽縣東北至河間鄚縣入易水○濡徐音須說文女于反一音

而又反又而于反鄭音莫本又作貢【疏】注濡水至易水○正義曰案高陽無此水也水源皆出於山其出平地者是山中平地燕趙之界無泉出以此知杜言何所案據燕人歸燕姬嫁女與齊侯賂以瑤罋玉櫝斝耳不克而還瑤玉也櫝匱也斝耳玉爵○斝古雅反一音嫁礼記夏曰醆殷曰斝周曰爵說文斝從斗𠕁貝丘反【疏】注瑤玉至玉爵○正義曰孔安国尚書傳云瑤美石此云瑤罋玉櫝與玉別文亦似非玉杜以瑤爲玉者詩毛傳云瓊瑤美玉則瑤之爲物在玉石之間與玉小別故或以爲石或以爲玉瓊是玉之美名詩以瓊瑤爲玉故毛言美玉耳周礼醢人王舉則共醢六十罋以齊醢菹臡實之則罋是小器當以瓦爲之以瑤爲罋故爲宝也論語云龜玉毀於櫝中是櫝爲盛物之匱也明堂位云爵夏后氏以琖殷以斝周以爵鄭玄云斝畫禾稼也斝是爵名文承玉櫝之下明亦是以玉爲之言耳者蓋此器旁有耳若今之杯故名耳

子之爲令尹也爲王旌以田析羽爲旌王旌游至於軫○旌音精析星曆反游音留軫之忍反【疏】注析羽至於軫○正義曰析羽爲旌周礼司常文也鄭玄云析羽皆五采繫之於旞

旌之上，所以注旄於干首也。凡九旗之帛皆用絳，然則言首有羽，羽爲旌名，遂以旌爲旗稱。其垂至軫者，謂旒至軫，非羽至軫也。禮緯稽命徵云：「禮，天子旗九刃曳地，諸侯七刃齊軫，大夫五刃齊較，士三刃齊首。」周禮節服氏：「袞冕六人維王之大常。」鄭玄云：「王旌十二旒，兩兩以縷綴連，旁三人持之。禮，天子旌曳地。」若以楚雖僭號稱王，未必即如天子，不應建大常曳地，故以諸侯解之，言王旌游至於軫，謂楚王旌也。蓋建交龍之旗而游至軫耳。然諸侯之旌短於王旌二刃，大夫之旌亦短於諸侯之旌二刃。案周禮軫去地四尺，戟云軫並五尺五寸，而禮緯云諸侯齊軫，大夫齊較，以車爲旌，不可知也。

芋尹無宇斷之，曰：「一國兩君，其誰堪之？」及即位，爲章華之宮，章華，南郡華容縣。納亡人以實之。芋，于付反。斷，音短。○【疏】「芋尹」。○正義曰：芋是草名。哀十七年陳有芋尹，蓋皆以草名官，不知其故。無宇之閽入焉。有罪亡入章華宮。無宇執之，有司弗與，王有司也。曰：「執人於王宮，其罪大矣。」執而謁諸王。執無宇也。

王將飲酒〔遇其歡也〕無宇辭曰天子經略〔經營天下略有四海〕故曰諸侯正封〔封疆有定分〇疆居良反下同分扶問反〕【疏】天子至正封 正義曰昭二十一年注云略界也則此略亦為界也經營天下以四海為界界內皆爲已有故言略有四海謂有四海之內也天子界內天子自經營之故言經略也諸侯封內受之天子非已自營故言正封嫌其不侵人不與人正之使有定分 古之制也封略之內何非君土食土之毛誰非君臣〔毛草也〕故詩曰普天之下莫非王土率土之濱莫非王臣〔詩小雅濱涯也〇普本或作溥音同毛傳云大也濱音賓涯五佳反〕【疏】詩曰至王臣 正義曰此小雅北山大夫刺幽王也役使不均云溥天之下云云鄭箋云此言王之土地廣矣王之臣又眾矣何求而不得何使而不行率土之濱者地之形勢水多於土民居水側故云循土之涯也 天有十日〔甲至癸〕人有十等〔王至臺〕下所以事上上所以共神也故

王臣公公臣大夫大夫臣士士臣皁皁臣輿
輿臣隸隸臣僚僚臣僕僕臣臺馬有圉牛有
牧養馬曰圉養牛曰牧○共音恭圉魚呂反【疏】王臣至臣臺○正義曰文十八年傳云舜臣堯若謂舜爲
臣以事堯也此云王臣公者謂上以下爲臣文同而意異也公者五等諸侯之總名環濟要略云自營爲厶八厶爲公言
正無私也大夫者之言扶也大能扶成人也士者事也言能理衆事也服虔云皁造也造成事也輿衆也佐皁舉衆事也
隸隸屬於吏也僚勞也共勞事也僕僕豎主藏者也臺給臺下微名也此皆以意言之循名求義不必得本故社皆略而
不說以待百事今有司曰女胡執人於王宮將
焉執之周文王之法曰有亡荒閱荒大也閱蒐也有亡人當
大蒐其衆○女音汝焉於虔反閱音悅蒐所由反所以得天下也吾先君文
王楚文王作僕區之法僕區刑書名○僕區烏侯反徐如字服云僕隱也區匿也爲隱

匿亡人之法也（疏）注僕區刑書名 正義曰引其言戒刑法文是刑書名也名曰僕區未知其義服虔云僕隱也區匿也為隱亡人之法也曰盜所隱器隱盜所得器與盜同罪所以封汝也行善法故能啓疆北至汝水（疏）注行善至汝水 正義曰文王之法所以得天下言行善法所以得為天子也僕區之法所以封汝言去盜賊所以大啓封疆也哀十七年傳曰彭仲爽申俘也文王以為令尹實縣申息朝陳蔡封畛於汝是文王啓疆至汝水若從有司是無所執逃臣也逃而舍之是無陪臺也言皆將逃王事無乃闕乎昔武王數紂之罪以告諸侯曰紂為天下逋逃主萃淵藪萃集也天下逋逃悉以紂為淵藪澤而歸之○數色具反又色主反逋布吳反萃在醉反藪素口反（疏）昔武至淵藪 正義曰此在尚書武成篇也武王既克殷歸至于豐乃陳伐紂之事告於諸侯言將伐之時以商之罪告于皇天后土所過名山大川曰今商王受無道暴殄天物害虐烝民為天下逋逃主萃淵

藪是言天下罪人逋逃者以紂爲主集而歸之如魚入深淵獸奔藪澤也故夫致死焉人以致死討紂○夫音扶又方于反君王始求諸侯而則紂無乃不可乎若以二文之法取之盜有所在矣言王亦爲盜王曰取而臣以往往去之盜有寵未可得也盜有寵王自謂○遂赦之赦無宇○楚子成章華之臺願與諸侯落之宮室始成祭之爲落臺今在華容城內【疏】注宮室至城內○正義曰雜記云成廟則釁之路寢成則考之而不釁釁屋者交神明之道也鄭玄云言路寢生人所居不釁者不神之也考之者設盛食以落之檀弓曰晉獻文子成室諸大夫發焉是也然則不釁亦當祭之而杜言宮室始成祭之爲落者以其言落必是以酒澆落之雖不如廟以血塗其亦當祭中霤之神以安之大宰薳啓彊曰臣能得魯侯薳啓彊來召公辭曰昔先君成公命我先

大夫嬰齊曰吾不忘先君之好將使衡父照
臨楚國鎮撫其社稷以輯寧爾民嬰齊受命
于蜀蜀盟在成二年衡父公衡○好呼報反輯音集又七入反奉承以來弗敢
失隕而致諸宗祧言奉成公此語以告宗廟○隕于敏反祧他彫反日我
先君共王引領北望日月以冀冀魯朝○共音恭○（疏）日我
至北望　正義曰日月謂往月也嬰齊與魯盟于蜀事在成二年共王之初共王即望魯朝故言先君共王引領北
望也董遇注無日字諡法既過能改曰共傳序相授於今四王矣四王[illegible]共康郟敖
及靈王○傳直專反郟古洽反嘉惠未至唯襄公之辱臨我喪
襄公二十八年如楚臨康王喪孫與其二三臣悼心失圖[illegible]喪故社
稷之不皇況能懷思君德皇暇也言有大喪多不暇今君若

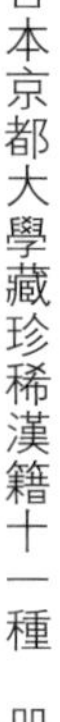

步玉趾辱見寡君趾足也寵靈楚國以信蜀之

役致君之嘉惠是寡君既受貺矣何蜀之敢

望言但欲使君來不敢望如蜀復有貺○質子○復扶又反質音致又如字【疏】寵靈至貺矣○正義曰言開其

恩寵以威靈以及楚國以明受命于蜀之事不虛致命君之嘉惠於楚即是寡君受貺矣其先君

鬼神實嘉賴之豈唯寡君君若不來使臣請

問行期問會見之期○使所吏反寡君將承質幣而見于

蜀以請先君之貺請問也○質音致徐之二反又如字見賢遍反公將往

夢襄公祖祖祭道神【疏】注祖祭道神○正義曰詩云韓侯出祖仲山甫出祖是出行始為祖

也曾子問曰諸侯適天子必告諸侯相見皆云道而出是祖與道為一如祖是祭道神也周禮大馭掌馭玉路以祀及犯軷

王自左馭馭下祝登受轡犯軷遂驅之鄭玄云一云行山曰軷之者封土為山象以菩芻棘柏為神主既祭以車轢之而去

喻無險難也又聘禮記云出祖釋軷祭酒脯乃飲酒于其側鄭玄云祖始也行出國門止陳車騎釋酒脯之奠於軷爲行始也詩傳曰軷道祭也謂祭道路之神春秋傳曰軷涉山川然則軷山行之名也道路以險阻爲難是以委土爲山或伏牲其上使者爲軷祭酒脯祈告也卿大夫處者於是餞之飲酒於其側禮畢乘車轢之而遂行是說祖軷之事也詩云取羝以軷謂諸侯也天子則以犬故此人云伏瘞亦如之鄭司農云伏謂伏犬以王車轢之是也大夫用酒脯 梓

慎曰君不果行襄公之適楚也夢周公祖而行今襄公實祖君其不行子服惠伯曰行先君未嘗適楚故周公祖以道之襄公適楚矣而祖以道君不行何之三月公如楚鄭伯勞于師之梁鄭城門○道之音導下同勞力報反下同孟僖子爲介不能相儀僖子仲孫貜○介音界相息亮反貜俱縛反又俱若反及楚不能苔郊

勞為下僖子病不能相禮張本○夏四月甲辰朔日有食之
晉侯問於士文伯曰誰將當日食對曰魯衛
惡之受其凶惡○惡之如字或烏路反非也衛大魯小公曰何故對
曰去衛地如魯地衛地豕韋也魯地降婁也日食於豕韋之末及降婁之始乃息故禍
在衛大在魯小周四月今二月故日在降婁○降戶江反下同【疏】注衛地至降婁正義曰周禮保章氏以
星土辨九州之地所封封域皆有分星是在地封域必當天
星之分但古書亡失鄭玄注保章氏引堪餘云寅析木燕也卯
大火宋也辰壽星鄭也巳鶉尾楚也午鶉火周也未鶉首秦
也申實沈晉也酉大梁趙也戌降婁魯也亥娵訾衛也子玄
枵齊也丑星紀吳越也秦漢以來地分一天以娵訾衛也降婁
魯也娵訾之次一名豕韋故云衛地豕韋也三統曆娵訾初
日在危十六度立春節在營室十四度雨水中終於奎四度
也降婁初日在奎五度驚蟄節在婁四度春分中終於胃六
度也此時周四月今二月故日在降婁但閏有前却不知於
日在何度而食也言去衛地如魯地蓋始入降婁之初耳

是有災魯實受之災發於衛而魯受其餘禍其大咎其衛君乎魯將上卿八月衛侯卒十一月季孫宿卒○咎其九反公曰詩所謂彼日而食于何不臧者何也感日食而問詩（疏）詩所至不臧正義曰十月之交大夫刺幽王也十月之交朔月辛卯日有食之亦孔之醜注云日爲君辰爲臣辛金也卯木也又以卯侵辛故甚惡也又云彼月而食則維其常此日而食于何不臧詩作此此云彼者師讀不同也對曰不善政之謂也國無政不用善則自取謫于日月之災謫譴也○謫直革反譴遣戰反（疏）對曰至之災正義曰士文伯對公之問以勸戒之其辭言人君爲政不善可以感動上天則自取譴責於日月之災以日食之災由君行之所致也昏義云天子聽男教后聽女順天子治陽道后治陰德是故男教不修陽事不得適見於天日爲之食婦順不修陰事不得適見於天月爲之食此傳彼記皆是勸戒辭耳日月之會自有常數每於一百七十三日有餘則日月之道一交交則日月必食雖千歲之日食豫算

而盡知寧復由數不從而政不善也此時周室微弱王政不行非復能動天地設有天變當與天下爲災何獨衛君魯卿當其咎也且日食在其分次其國即當有咎則每於日食必有君死豈日食之歲常有一君死乎足明士文伯言衛君魯卿之死不由日食而知矣人君者位貴居尊志移心溢或淫恣情欲壞亂天下聖人假之神靈作爲鑒戒夫以昭昭大明照臨下土忽爾殲亡俾晝作夜其爲怪異莫斯之甚故鳴之以鼓柝射之以弓矢庶人奔走以相從嗇夫馳騁以告衆降物辟寢以哀之祝幣史辭以禮之立貶食去樂之數制入門廢朝之典示之以罪己之宜教之脩德之法所以重天變警人君也天道深遠有時而驗或亦人之禍釁偶相逢故聖人得因其變常假爲勸戒知達之士識先聖之幽情中下之主信妖祥以自懼但神道可以助教不可專以爲教神之則惑衆去之則害宜故其言若有若無其事若信若不信期於大通而已世之學者宜知其趣焉

故政不可不慎也務三而已一曰擇人 擇賢人 二曰因民 因民所利而利之 三曰從時 順四時之所務

○晉人來治杞田 前汝叔侯不盡歸今公適楚晉人恨故復來治杞田 ○復扶又反下復伐

同〔疏〕注前汝至杞田○正義曰下云君之在楚於晉罪也知晉人以此故復來治杞田也而宋之盟云晉楚之從交相見今復恨者於時不免楚意爲此明晉有私心不欲諸侯向楚又無辭可以禁之故內懷恨而治其田季孫將以成與之成孟氏邑本杞田謝息爲孟孫守不可謝息僖子家臣○爲于僞反注及下爲杞同守手又反下守臣同曰人有言曰雖有挈缾之知守不假器禮也挈缾汲者喻小知爲人守器猶知不以借人○挈苦結反缾蒲丁反之知音智注小知同汲音急借子夜反夫子從君而守臣喪邑夫子謂孟僖子從公如楚○喪息浪反雖吾子亦有猜焉言季孫亦將疑我不忠○猜七才反季孫曰君之在楚於晉罪也言晉罪君之在楚又不聽晉魯罪重矣晉師必至吾無以待之不如與之間晉而取諸杞候晉間隙可復伐杞取之○間如字注同吾與子

桃魯国汴縣東南有桃虛○虛起居反成反誰敢有之是得二成也魯無憂而孟孫益邑子何病焉辭以無山與之萊柞萊柞二山○萊音來柞子洛反又音昨乃遷于桃謝息遷也晉人爲杞取成不書非公命楚子享公于新臺章華臺也使長鬣者相鬣鬚也欲光夸魯侯○鬣力輒反相息亮反鬚音須夸苦華反【疏】注使長鬣者相正義曰吳楚之人少鬚故選長鬣者相禮也好以大屈宴好之賜大屈弓名○好呼報反注同屈居勿反大屈弓名服同又云大曲之賈云寶金可以爲劒出大屈也【疏】注大屈弓名正義曰賈逵云大屈寶金可以爲劒大屈金所生地名服虔云一曰大屈弓名魯連書曰楚子享魯侯於章華之臺與大曲之弓既而悔之薳啓彊見魯侯魯侯歸之大屈即大曲也既而悔之薳啓彊聞之見公公語之拜賀公曰何賀對曰齊與晉越欲此久

矣寡君無適與也而傳諸君君其備禦三鄰
言鄰晉越將伐魯下取之〇見賢遍反詩魚豫反適丁歷反傳直專反愼守寶矣敢不
賀乎公懼乃反之傳言楚靈不信所以不終〇鄭子產聘于晉
晉侯有疾韓宣子逆客私焉私語曰寡君寢疾
於今三月矣並走群望晉所望祀山川皆走往祈禱〇禱丁老反又丁報反有
加而無瘳今夢黃熊入于寢門其何厲鬼也
對曰以君之明子爲大政其何厲之有昔堯
殛鯀于羽山羽山在東海祝其縣西南〇瘳敕留反黃熊音雄獸名亦作能如字一音奴來者三
足鼈也解者云獸非入水之物故是鼈也一曰既爲神何妨是獸案說文及字林皆云能熊屬足似鹿然則能既熊屬又
爲鼈類今本作能者勝也東海人祭禹廟不用熊白及鼈爲膳斯豈鯀化爲二物乎殛紀力反誅也本又作極音義同鯀

古本反下注同。疏今夢至寢門　正義曰：諸本皆作能字，賈逵云能獸也。說文云熊獸似豕，山居冬蟄。釋獸云：羆
如熊，黃白文。孫炎曰：書云如熊如羆，則熊似羆，羆似豕之獸，即
今之所謂熊是也。釋獸又云：熊虎醜，其子狗。李巡曰：熊虎之
類，其子名狗，則熊獸似虎，非熊也。又釋魚云：鼈三足能。樊光
曰：鼈龜皆四足，今三足，故記之。彼是鼈之異狀。張衡東京賦云：
能鼈三趾。梁王云：鯀之所化，是能鼈也。若是熊獸，何以能入
羽淵？但以神之所化，不可以常而言之。若是能鼈，何以得入
寢門？先儒既以為獸，今亦以為熊獸是也。汲冢書瑣語云：晉
平公夢見赤熊闚屏，惡之而有疾，使問子產，言闚屏藩敓是
獸也。張叔皮論云：賓爵下革，田鼠上騰，牛哀虎變，鯀化為熊，
久血為燐，積灰生蠅。傅玄潛通賦云：聲伯忌瓊瑰而弗占兮，
晝言諸而暮終；嬴正沈璧以祈福兮，鬼告凶而命窮；黃母化
而鼉兮，鯀殛變而成熊。二者所韻不同，或疑張叔為能者非。
郎王劭云：古人讀雄與熊者皆于陵反，張叔用舊音，傅玄用
新音，張叔亦作熊也。案詩無羊與正月及左襄十年衛卜禦寇
之繇皆以雄韻陵，劭言是也。其神化為黃熊，以入于羽淵，實
為夏郊，三代祀之。鯀，禹父。夏家郊祭之，歷殷周二代，又通在群神之數，并見祀。○夏，戶

雅反注夏下同【疏】注鯀禹至見祀 ○正義曰祭法云夏后氏禘黃帝而郊鯀言郊祭天而以鯀配是夏家郊祭之也殷周二代自以其祖配天雖禘不以鯀配郊鯀有治水之功又通達君神之數并亦見祀通夏世爲三代祀之也祭法又曰夫聖王之制祀也能禦大菑則祀之能捍大患則祀之鯀鄣鴻水而殛死禹能脩鯀之功非止族也不在祀典是言鯀有大功而歷代祀之也祭法又云有虞氏禘黃帝而郊嚳祖顓頊而宗堯夏后氏亦禘黃帝而郊鯀祖顓頊而宗禹殷人禘嚳而郊冥祖契而宗湯周人禘嚳而郊稷祖文王而宗武王家語子羔問曰周人祖文王而宗武王虞夏祖宗異代者孔子曰殷周祖宗其廟可以不毀則其他所祖宗者功德不殊雖在異代亦可以無疑矣周人愛召公猶敬其樹況祖宗其功德而可以不尊奉其廟哉

晉爲盟主其或者未之祀也乎

言周衰晉爲盟主得佐天子祀羣神【疏】注言周至群神 ○正義曰祭法曰有天下者祭百神諸侯在其地則祭之亡其地則不祭然則鯀非晉地之神晉人不合祭之也但周室既衰晉爲盟主得佐助天子祭祀群神故不祀鯀而鯀爲祟也晉語說此事云昔者鯀違帝命殛之于羽山化爲黃熊以入于羽淵實爲夏郊三代舉之夫鬼神之所及非其族類

則紹其同位今周室少卑晉實繼之其或者未舉夏郊邪宣子以告祀夏郊董伯爲尸五日晉侯疾間是言晉當繼周得佐天子祀群神也僖三十一年傳云相之不享於此久矣非衛之罪也祀鄫何事然則杞是夏後自當祀相衛不祀相而晉祀鯀者相無功唯子孫當祀鯀則列在祀典天子祀之故晉繼周祀鯀也

韓子祀夏郊祀鯀

（疏）祀夏郊。○正義曰言祀夏家所郊者故注云祀鯀

晉侯有間間差也。差初賣反賜子產莒之二方鼎方鼎莒所貢

（疏）方鼎。○正義曰服虔云鼎三足則圓四足則方

子產爲豐施歸州田於韓宣子豐施鄭公孫段之子三年晉以州田賜段。○爲于僞反下爲初言同曰日君以夫公孫段爲能任其事而賜之州田今無祿早世不獲久享君德其子弗敢有不敢以聞於君私致諸子此年正月公孫段卒。○夫音扶任音壬下同

宣子辭子產曰古人有言曰

其父析薪其子弗克負荷荷擔也以微諭薄喻貴重○析星歷反荷本亦作何河可反又音荷擔丁甘反施將懼不能任其先人之祿其況能任大國之賜縱吾子爲政而可後之人若屬有疆場之言敝邑獲戾恐後代宣子者將以鄭取晉邑罪鄭○若屬音燭疆居良反場音亦而豐氏受其大討吾子取州是免敝邑於戾而建置豐氏也敢以爲請傳信子產貞而不諒疏注傳言至不諒○正義曰貞而不諒論語文也貞正也諒信也旣受晉邑辭而歸之正也知宣子欲之而言畏罹後禍是不信也宣子受之以告晉侯晉侯以與宣子宣子爲初言病有之初言謂與趙文子爭州田以易原縣於樂大心樂大心宋大夫原晉邑以賜樂大心也○鄭人相驚以伯有曰伯有

至矣則皆走不知所往襄三十年鄭人殺伯有言其鬼至鑄刑書之歲二月在前年或夢伯有介而行介甲也介音界曰壬子余將殺帶也駟帶助子晳殺伯有壬子六年三月三日明年壬寅余又將殺段也公孫段豐氏黨此年正月二十八日【疏】注公孫段豐氏黨 正義曰劉炫云段即豐氏當言駟氏黨字之誤以規杜氏今知非者以段爲豐氏傳有明文杜既注傳無容不委蓋後人轉寫之誤劉君雖規未必是杜之失及壬子駟帶卒國人益懼齊燕平之月此年正月壬寅公孫段卒國人愈懼其明月子產立公孫洩及良止以撫之乃止公孫洩子孔之子也襄十九年鄭殺子孔良止伯有子也立以爲大夫使有宗廟○洩息列反子大叔問其故子產曰鬼有所歸乃不爲厲吾爲之歸也大叔曰公孫

洩何爲子孔不爲厲問何爲復立洩○復扶又反子產曰說也爲身無義而圖說伯有無義以妖鬼故立之恐惑民并立洩使若自以大義存誅絶之後者以解說民心○說如字下及注同徐始銳反（疏）子產至圖說○正義曰言立公孫洩者所以解說民心也伯有亦亂而死不應立其後祀今立良止民必怪之爲伯有之身無義立後而圖說自解說於民也解說者以子孔良霄俱被誅殺今并立二人言君國家自以大義存誅絶之後不爲妖鬼立良止也以此解說民心從政有所反之以取媚也民不可使知之故治政或當反道以求媚於民○治直吏反（疏）從政至媚也○正義曰反之謂反正道也媚愛也從其政事治國家者有所反於正道以取民愛也反正道者子孔誅絶於道理不合立公孫洩今既立良止恐民以鬼神爲惑故一反違正道兼立公孫洩以取媚於民令民不惑也段與帶之卒自當命盡而終耳未必良霄所能殺也但良霄爲厲因此恐民民心不安義須止遏故立祀止厲所以安下民也何休膏肓難此言孔子不語怪力亂神以鬼神爲政必惑衆故不言也今左氏以此令後世信其然廢仁義而祈福於鬼神此大亂之道也子產雖立

良止以託繼絶此以鬼賞罰要不免於惑衆豈當迷之以示季末鄭玄荅之曰伯有惡人也其死爲厲鬼厲者陰陽之氣相乘不和之名尚書五行傳六厲是也人死體魄則降知氣在上有尚德者附和氣而興利孟夏之月令雩祀百辟卿士有益于民所由此也爲厲者因害氣而施災故謂之厲鬼月令民多厲疾五行傳有禦六厲之禮禮天子立七祀有大厲諸侯立五祀有國厲欲以安鬼神弭其害也子產立良止使祀伯有以弭害乃禮與洪範之事也子所不語怪力亂神謂虛陳靈象於今無驗也伯有爲厲鬼著明若此而何不語乎子產固爲衆愚將惑故并立公孫洩云從政有所反之以取媚也孔子曰民可使由之不可使知之子產達於此也

不媚不信說而後信之〇說音悅不信民不從也

及子產適晉趙景子問焉景子晉中軍佐趙成曰伯有猶能爲鬼乎子產曰能人生始化曰魄魄形也〇魄普白反既生魄陽曰魂陽神氣也

疏 人生至曰魂

正義曰人稟五常以生感陰陽以靈有身體之質名之曰形有嘘吸之動謂之爲氣形氣合而爲用知力以此而彊故得

成爲人也此將說淫厲故遠本其初人之生也始変化爲形
形之靈者名之曰魄也既生魄矣魄内自有陽氣氣之神者
名之曰魂也魂魄神靈之名本從形氣而有形氣既殊魂魄
亦異附形之靈爲魄附氣之神爲魂也附形之靈者謂初生
之時耳目心識手足運動啼呼爲聲此則魄之靈也附氣之
神者謂精神性識漸有所知此則附氣之神也是魄在於前
而魂在於後故云既生魄陽曰魂魂魄雖俱是性靈但魄識
少而魂識多孝經說曰魄白也魂芸也白明白也芸芸動也
形有體質取明白爲名氣唯嘘吸取芸芸動爲義鄭玄祭義注
云氣謂嘘吸出入者也耳目之聰明爲魄是言魄附形而魂
附氣也人之生也魄盛魂强及其死也形消氣滅郊特牲曰
魂氣歸于天形魄歸于地以魂本附氣氣必上浮故言魂氣
歸于天魄本歸形形既入土故言形魄歸于地聖王緣生事
死制其祭祀存亡既異别爲作名改生之魂曰神改生之魄
曰鬼祭義曰氣也者神之盛也魄也者鬼之盛也合鬼與神
教之至也衆生必死死必歸土此之謂鬼其氣發揚于上神之著也是
故魂魄之名爲鬼神也檀弓記延陵季子之葬其子云骨肉
歸復于土命也若魂氣則無不之也爾雅釋文云鬼之爲言
歸也易係辭曰陰陽不測之謂神以骨肉必歸于土故以歸
言之魂氣無所不通故以不測名之其實鬼神之本則魂魄

是也劉炫云人之受生形必有氣氣形相合義無先後而此
云始化曰魄陽曰魂是則先形而後氣先魄而後魂魂魄之
生有先後者以形有質而氣無質尋形以知氣故先魄而後
魂其實並生無先後也○注陽神氣也　正義曰以形有質
故爲陰魂無形故爲陽陰以化表形故
以陽見氣氣爲陽知形爲陰互相見也用物精多則魂
魄強物權勢疏用物至魄強　正義曰魂既附氣氣又附
形形彊則氣彊形弱則氣弱魂以氣彊魄
以形強若其居高官而任權勢奉養厚則魂氣強故用物精
而多則魂魄強也○注物權勢　正義曰物非權勢之名而
以物爲權勢者言有權勢則物備物是以有精爽至於
謂奉養之物衣食所資之總名也
神明爽明也疏是以至神明　正義曰此言從微而至著
精亦神也爽亦明也精是神之未著爽
是明之未昭言權勢重用物
多養此精爽至於神明也匹夫匹婦強死其魂魄
猶能馮依於人以爲淫厲強死不病也人謂匹夫
匹婦賤身○強其丈反況
良霄我先君穆公之冑子良之孫子耳之子

敝邑之卿從政三世矣鄭雖無腆腆厚也○冑直又反從政三世矣子良公子去疾生子耳公孫輒輒生伯有良霄亦三世爲鄭卿腆他典反〔疏〕從政三世正義曰子良子耳良霄亦三世皆爲卿抑諺曰蕞爾國蕞小貌○蕞在最反而三世執其政柄其用物也弘矣其取精也多矣其族又大所馮厚矣良霄冑魂魄所馮者貴重○柄彼命反而強死能爲鬼不亦宜乎傳言子產之博敏○子皮之族飲酒無度相尚以奢相困以酒〔疏〕注相尚至以酒正義曰相尚以奢食無度也相困以酒飲無度也故馬師氏與子皮氏有惡馬師氏公孫鉏之子罕朔也襄三十年馬師頡出奔公孫鉏代之爲馬師與子皮俱同一族○鉏仕居反頡戶結反齊師還自燕之月在此年二月罕朔殺罕魋魋子皮弟○魋徒回反〔疏〕罕朔殺罕魋正義曰公孫鉏子展之弟展生子皮鉏生罕朔朔是

子罕之孫禮謂之從父昆弟罕朔奔晉韓宣子問其位於子產問朔可使在何位子產曰君之羈臣苟得容以逃死何位之敢擇卿違從大夫之位謂以禮去者降位一等罪人以其罪降罪重則降多古之制也朔於敝邑亞大夫也其官馬師也大夫位馬師職獲戾而逃唯執政所寘之得免其死爲惠大矣又敢求位宣子爲子產之敏也使從嬖大夫爲子產故使降等不以罪降○爲子于僞反注同嬖必計反【疏】使從嬖大夫○正義曰子產數游楚云子皙上大夫女嬖大夫不尊貴也則晉之嬖大夫亦是下大夫子產云朔亞大夫也今晉侯使朔爲下大夫故杜云爲子產故使降一等不以罪降○秋

八月衛襄公卒晉大夫言於范獻子曰衛事

晉爲睦睦和也晉不禮焉庇其賊人而取其
地賊人孫林父其地戚也○庇必利反又音祕故諸侯貳詩曰鶺鴒在
原兄弟急難詩小雅鶺鴒鶺渠也飛則鳴行則搖喻兄弟相救於急難不可自舍○鶺本又作即
精亦反鴒本又作令力丁反難如字又乃旦反注同搖音遥又以照反疏詩曰至急難○正義曰小雅棠棣之
篇也以鶺鴒之在原喻兄弟之急難也鶺鴒水鳥也今而在原失其常處飛則鳴行則搖不能自舍也喻人當居平守之
世今有兄弟在急難相救之情亦不能自舍也但鳥有飛行可言人之不能自舍無狀可言耳○注鶺鴒鶺渠○正義曰
釋鳥文郭璞曰雀屬又曰死喪之威兄弟孔懷威畏也言有死喪則兄弟
宜相懷思兄弟之不睦於是乎不弔不相弔恤況遠人誰
敢歸之今又不禮於衛之嗣嗣新君也衛必叛我
是絕諸侯也獻子以告韓宣子宣子說使獻

昭七

子如衛弔且反戚田傳言戚田所由還衛○說音悅還音環衛齊惡告喪于周且請命王使臣簡公如衛弔簡公王卿士也且追命襄公曰叔父陟恪在我先王之左右以佐事上帝陟登也恪敬也帝天也叔父謂襄公命如今之哀策○恪苦各反【疏】注陟登至哀策○正義曰陟登恪敬釋詁文也周禮所云上帝皆是天也如今之哀策者漢魏以來賢臣既卒或賻以本官印綬近世或更贈以高官襃德敘哀載之於策將葬賜其家以告柩如今之哀策謂此也余敢忘高圉亞圉二圉周之先也爲殷諸侯亦受殷王追命者○圉魚呂反【疏】注二圉至命者正義曰案周本紀高圉是公劉玄孫之孫高圉生亞圉亞圉大王亶父之祖也並爲殷之諸侯今王追命襄公而云不忘二圉知其亦是受殷王追命此杜以意言耳二圉之受追命無文也○九月公至自楚孟僖子病不能相禮不能相儀荅郊勞以此爲病○病不能相禮本或作病不能禮相息亮反注相儀

同勞力報反乃講學之講習也苟能禮者從之及其將死也二十四年孟僖子卒傳終言之召其大夫僖子屬大夫曰禮人之幹也無禮無以立吾聞將有達者曰孔丘僖子卒時孔丘年三十五【疏】注孔丘年三十五。正義曰當言三十四而云五蓋相傳誤耳聖人之後也聖人殷湯而滅於宋孔子六代祖孔父嘉爲宋督所殺其子奔魯【疏】注孔子六代祖○正義曰家吾本姓篇云宋愍公熙生弗父何何生宋父周周生世子勝勝生正考父考父生孔父嘉其後以孔爲氏也孔父生木金父金父生皐夷父夷父生防叔防叔辟華氏之偪而奔魯生伯夏伯夏即生梁紇梁紇即生孔子其祖弗父何以有宋而授厲公弗父何孔父嘉之高祖宋閔公之子厲公之兄何適嗣當立以讓厲公○適丁歷反及正考父弗父何之曾孫佐戴武宣三人皆宋君三命茲益共三命上卿也言位高益共故其鼎銘云考父廟之鼎一命而僂再命而傴三命而俯俯共於傴傴共於僂○僂力主反傴紆甫反循牆而走言不敢安行亦莫余敢侮其共如是亦不敢侮慢之○侮亡甫反饘於是鬻於是以餬余口於是鼎中為饘鬻饘鬻餬屬言至儉○饘之然反爾雅餬饘也鬻之六反孫炎云淖糜也餬音胡【疏】注饘於至餬口○正義曰釋言云餬饘也郭璞云糜也又云鬻糜也孫炎曰淖糜也然則餬饘鬻糜相類之物稠者曰糜淖者曰鬻餬饘是其別名將糜向口故曰以餬余口猶令人以粥向帛黏使相著謂之餬帛其共也如是臧孫紇有言紇武仲也曰聖人有明德者若不當世其後必有達人聖人之後有明德而不當大位謂正考父【疏】注聖人至考父○正義曰聖人謂殷湯也不當世謂不得在位為國君也上文具言考父之德知此聖人之後有明德而不得在世當大位者正謂正考父也既是聖人之後而又有明德身無貴位必慶逢子孫故言其後必有達人謂知能通達之人於夫子身為大夫

乃稱夫子此時仲尼未仕不得稱爲夫子以未仕之時爲仕後之語是丘明意尊之而失事實陳恒未死言謚亦此類也

今其將在孔丘乎我若獲沒得以壽終必屬說與何忌於夫子使事之說南宮敬叔何忌孟懿子皆僖子之子○屬音燭說音悅而學禮焉以定其位知禮則位安

疏注南宮至敬叔○正義曰說南宮氏也敬謚也叔字也又字容也字括也名說一名縚

故孟懿子與南宮敬叔師事仲尼仲尼曰能補過者君子也詩曰君子是則是效詩小雅孟僖子可則效已矣○單獻公弃親用羈獻公周卿士單靖公之子頃公之孫羈寄客也○單音善○冬十月辛酉襄頃之族殺獻公而立成公襄公頃公之父成公獻公弟○頃音傾十一月季武子卒晉侯謂伯瑕曰伯瑕士文伯

昭七

吾所問日食從矣可常乎從問[illegible]武子[illegible]下故對曰不可

六物不同時各異民心不壹政教殊事序不類有[illegible]易

官職不則治官居職非一法則同始異終胡可常也詩

曰或燕燕居息或憔悴事國詩小雅言不同○憔在遥反詩作盡

瘁在醉反【疏】詩曰至事國○正義曰小雅北山大夫刺幽王也役使不均已勞於從事而不得養其父母焉或燕

燕居息燕燕安息貌或盡瘁事國盡力勞病以從國事此作憔悴蓋師讀不同其異終也如是

公曰何謂六物對曰歲時日月星辰是謂也

公曰多語寡人辰而莫同何謂辰對曰日月

之會是謂辰一歲日月十二會所會謂之辰○語魚據反【疏】歲時日月星辰○正義曰

釋天云載歲也夏曰歲周曰年李巡曰載一歲莫不覆載也孫炎曰四時一終曰歲取歲星行一次也年取年穀一熟也

言歲即年也時謂四時春夏秋冬也日謂十日從甲至癸也月從正月至十二月也星二十八宿也辰謂日月所會一歲十二會從子至亥也周礼馮相氏掌十有二歲十有二月十有二辰十日二十有八星之位謂此六物也大歲所在十二年始帀故爲十二歲○辰而莫同○正義曰東南隅有辰也大火謂之辰也又有日月之會辰也又北方有辰星也日月會謂之辰以名辰時也言日月聚會有時也**故以配日**謂以子丑配甲乙**疏**故以配日○正義曰言辰無常所分在十二以十幹配之明非一所也○**衛襄公夫人姜氏無子**姜氏宣姜**嬖人婤姶生孟縶孔成子夢康叔謂己立元**成子衛卿孔達之孫烝鉏也元孟縶弟夢時元未生○婤音周又直周反姶烏荅反縶張立反烝之承反**疏**注夢時元未生○正義曰知者傳曰婤姶生孟縶及元然云孔成子夢且說夢已下乃云召韓宣子聘歲生元明未生也**余使羈之孫圉與史苟相之**羈烝鉏子苟史朝子○羈居宜反相息亮反下同朝如字**史朝亦夢**

康叔謂己余將命而子苟與孔烝鉏之曾孫圉相元史朝見成子告之夢夢協協合也晉韓宣子爲政聘于諸侯之歲在二年婤始生子名之曰元孟縶之足不良能行跛也○跛波我反疏之足不良○正義曰當斷不良爲句能行向下讀之知者案二十年杜注云縶足不良故以官邑讓豹是也孔成子以周易筮之曰元尚享衛國主其社稷令善辭遇屯䷂震下坎上屯○屯張倫反又曰余尚立縶尚克嘉之嘉善也遇屯䷂之比䷇坤下坎上比屯初九爻變○比毗志反注同疏之比○正義曰所以上屯無變者皆遇少爻故也以示史朝史朝曰元亨又何疑焉周易曰屯元亨○亨許庚反注元亨皆同成子曰非長之謂乎言屯之元

亨謂年長非謂名元○長丁丈反注同對曰康叔名之可謂長矣善之

長也○名如字徐武政反孟非人也將不列於宗不可謂長

足跛非全人不可列爲宗主且其繇曰利建侯繇卦辭○繇直又反嗣吉

何建建非嗣也嗣子有常位故無所卜又無所建今以位不定卜嗣得吉則當從吉而建之也

○言何建本或作可建二卦皆云謂再得屯卦皆有建侯之文【疏】二卦皆云○正義曰

謂前卜元之二卦非謂後卜縶之卦也子其建之康叔命之二卦告

之筮襲於夢武王所用也弗從何爲外傳云大誓曰朕夢

協朕卜襲於休祥伐商必克此武王辭【疏】注外傳云○正義曰外傳云若國語引大誓也古文尚書大誓具有

此文此傳之意取大誓也杜不見古文故引外傳解之弱足者居跛則偏弱居其家不能行侯

主社稷臨祭祀奉民人事鬼神從會朝又焉

得居，各以所利，不亦可乎？孟跛利居，元吉利建。焉，於虔反。故孔

成子立靈公。十二月癸亥，葬衛襄公。靈公元也。

經八年春，陳侯之弟招殺陳世子偃師。以首惡從殺例，故稱弟又稱世子。○招，常遥反。

【疏】注以首至世子○正義曰：招與公子過共殺偃師而立公子留。及楚殺徵師，留出奔鄭，招乃歸罪於過，而使陳人殺之。及楚師來討，又推過爲首，得免重責，不死而放之於越。是以招爲從罪，過若其從招之謀，如楚之意，則宜書過殺偃師。由是仲尼知其實狀，以招爲首，傳言書曰陳侯之弟招殺陳世子偃師，罪在招也。是仲尼新意以招爲首惡也。從殺例者，從兩下相殺之例也。釋例曰：大臣相殺，死者無罪，則兩稱名氏，以二殺者之罪，王札子殺召伯、毛伯是也。若死者有罪，則不稱殺者名氏，晉殺其大夫陽處父是也。然則世子雖是副主，猶是人臣，殺此人臣相殺之例，故稱弟以見殺者之罪也。又稱世子以見世子亦人臣也。鄭段去弟，陳招不去弟者，釋例云：陳招殺兄之子，然不推刃於其兄，故以首惡稱弟，稱名從兩下相殺也。是言招罪輕於害兄，故存弟也。

夏四月辛丑

陳侯溺卒 襄二十七年大夫盟 于宋。溺乃歷反 （疏）注襄二至于宋。 正義曰溺以襄五
年即位亦宋陳常從楚唯有襄二十七年大夫高晉同盟于
宋劉炫云登年衛侯惡卒杜云元年大夫盟于虢此不數虢
以杜爲上下自相反今知不然者以盟于宋經有明文故指
之體盟文不見經故不數也其衛侯惡與無盟文雖有虢盟
故數之劉不尋杜
意而規其過非也。 叔弓如晉。楚人執陳行人
干徵師殺之 稱行人明非行人 罪。干古旦反 陳公子留出奔
鄭 留爲招所立未 成君而出奔 。秋蒐于紅 革車千乘不言大者 經文闕也紅魯地沛
國蕭縣西有紅亭遠疑。蒐所求 反紅尸東反乘繩證反沛音貝 （疏）注革車至闕也。正 義曰傳稱革車千乘
是大蒐也十一年大蒐于比蒲二十二年大蒐于昌間定十
三年十四年大蒐于比蒲皆云大蒐此不云大知經闕文也
釋例云紅之蒐傳言革車千乘所以示大蒐也而經不書大
諸事同而文異傳云曲言經義者皆是時史之闕略仲尼略
而從之春秋不可錯綜經文以求義也劉賈潁云蒐于紅不
言大者言公大失權在三家也十一年蒐于比蒲經言大蒐

昭八 一

釋例云書大者言大衆盡在三家隨文遣意以非例爲例不復知其自違也○陳人殺其大夫
公子過與招共殺偃師書名罪之○過古禾反○大雩無傳不旱而秋雩過也○冬
十月壬午楚師滅陳不稱將帥不以告壬午月十八日○將子匠反執陳
公子招放之于越無傳復稱公子兄已卒○復扶又反殺陳孔奐
無傳招之黨楚殺之○奐呼亂反疏注招之黨楚殺之○正義曰孔奐之爲招黨傳無其文正以殺稱名氏是
有罪之文知其是招黨也文七年宋人殺其大夫傳曰不稱
名衆也且言非其罪也無罪不稱名知稱名爲有罪矣若使
孔奐無罪仲尼必當變文但此非常例先無定制不知書
何所稱也執招殺奐皆是楚人爲之承上楚師滅陳之下長
楚可知不復每文書楚杜以注文隔故言楚殺以明之不言
殺陳大夫者殺他國之臣例不書爵宣十一年楚人殺陳夏
徵舒是其類也此執招殺奐皆滅陳乃爲之故衣次而書書在滅陳之下○葬陳哀公嬖人袁克葬之
魯往會故書○嬖必計反疏注嬖人至故書○正義曰賈服以葬哀公之文在殺孔奐之下以爲楚葬哀公杜

殯之表克葬之案傳克欲殺馬毀玉楚人將欲殺克不得爲
楚葬之若是楚葬宜云楚人葬陳哀公當如齊侯葬紀伯姬
不得直言葬也且諸言葬其公者皆是魯往會葬之士大夫
不得書名言其所爲之事而已故云魯往會故書也案傳袁
克之葬乃是私竊葬之而魯得會者諸侯之卒告卒不
告葬但是葬有常期知卒即往會之未必得以禮從赴也

傳八年春石言于晉魏榆魏榆晉地○魏榆服一云魏邑也榆州里名

疏注魏榆晉地○正義曰服虔云魏邑榆州里名襄二十三年叔孫豹次于雍榆雍榆地名知魏榆亦地名也

晉侯問於師曠曰石何故言對曰石不能言或馮焉謂有精神馮依石而言○馮皮冰反注同不然民聽濫也濫失也○濫力暫反下注同

疏民聽濫○正義曰或民聽濫失實無言而妄稱有言也

抑臣又聞之抑疑辭曰作事不時怨讟動于民則有非言之物而言今宮室崇侈民力彫盡彫傷也○讟徒木反

傷昌氏反又尺氏反怨讟並作莫保其性性命也民不敢自保其性命石

言不亦宜乎於是晉侯方築虒祁之宮虒祁地名

在絳西四十里臨汾水○虒音斯本又作褫同祁巨之反又音巨之反汾扶云反叔向曰子野

之言君子哉子野師曠字君子之言信而有徵故

怨遠於其身怨咎遠其身也○遠于万反注同咎其九反下文同小人之言

僭而無徵故怨咎及之詩曰哀哉不能言匪

舌是出唯躬是瘁詩小雅也不能言謂不知言理以僭言見退者其言非不從舌出以

僭而無信自取瘁病故哀之○僭子念反瘁病不信也出如字又尺遂反瘁在醉反哿矣能言巧

言如流俾躬處休其是之謂乎哿嘉也巧言如流謂非正言而順敍

以聽言見荅者言其可嘉以信不有徵自取安逸師曠此言緣問流轉終歸于諫故以比巧言如流也當叔向時詩義如

此故與公説詩者小異○哿古可反毛詩傳云可也俾必爾反本又作卑休許虯反美也疏詩曰至謂乎○正義曰小雅雨無正之篇也可哀哉彼不能言之人其所言者非不從舌是出但其言僭而無徵惟於己身是病以不能言而自病其身是可哀也可嘉美矣彼能言者巧爲言語如水之轉流然其言信而有徵自使其身處休美之地以言能而自處其美地故可嘉也此能言處休者其是子野之謂乎○注哿可至小異○正義曰詩毛傳云哿可也哿無正訓以其字從加從可故各以意訓耳此詩上文云聽言則荅譖言則退然後次此哀哉故杜以哀哉不能言覆上譖言見退謂言而不見信被黜退者也哿矣能言覆上聽言則荅謂言可聽用見應荅者也以其言可嘉善信而有徵故自取安逸鄭亦美其隨聽因公之問其言流轉終歸于諫其言實巧故以比巧言如流也據今毛鄭解詩哀哉不能言者賢人不能言也不能以其正道曲從君心故身見困病哿矣能言乃指佞人所謂能言者巧言從俗如轉流矣阿諛順旨不依正法得使身居休美與此所引意異故言當叔向時詩義如此與今説詩者小異隱元年注云詩人之作各以情言君子論之不以文害意故春秋傳引詩不皆與今説詩者同他皆放此然則引詩斷章取義得與於本而云叔向時詩義如此者但叔向

此言在孔子刪詩之前與刪詩之後其義或異故云叔向時詩義如此隱元年論詩者君子之言君子即丘明也其言則刪詩之後乃與詩詠不同故云引詩斷章此扗大畧而言其實未必之前有引詩亦有斷章者是宮也成

諸侯必叛君必有咎夫子知之矣謂十年晉侯彪卒傳○

陳哀公元妃鄭姬生悼大子偃師元妃夫人也二妃生公子留下妃生公子勝二妃嬖留有寵屬諸徒招與公子過招及過皆哀公弟也哀公有廢疾○廢甫吠反三月甲申公子招公子過殺悼大子偃師而立公子留○夏四月辛亥哀公縊惡疾自殺經書辛丑從赴○縊一豉反十志一縊反

疏注經書辛丑從赴○正義曰經云辛丑傳言辛亥經傳異者多是傳實經虛故言從赴長歷四月戊戌朔四日辛丑十四日辛亥一月之内有此二日故不云日誤

干徵師赴于楚干徵

師陳大夫且告有立君。公子勝愬之于楚，以招過殺偃師告愬也
楚人執而殺之。殺干徵師公子留奔鄭。書曰陳侯之
弟招殺陳世子偃師，罪在招也。楚人執陳行
人干徵師殺之，罪不在行人也。疑為招赴，楚當同罪，故重發之。○為
于偽反，下為子良立宰、為之立宰同。重，直用反。【疏】注疑為至發之○正義曰：襄十一年楚人執鄭行人良霄，傳稱
書曰行人，言使人也。此復發傳，故言重發之也。釋例曰：行人有六，而發傳有三，皆因良霄以顯其稱行人，因干徵師以示
其非罪，因叔孫婼以同外內。大夫則餘三人皆隨例而為義也。○叔弓如晉，賀虒祁
也。賀宮成游吉相鄭伯以如晉，亦賀虒祁也。史
趙見子大叔曰：甚哉其相蒙也！蒙，欺也。○相，息亮反，下亦相言
室同可弔也，而又賀之。子大叔曰：若何弔也？其

非唯我賀，將天下實賀。言諸侯畏晉，非獨鄭。○若何弔也，本或作若何弔也。○

秋，大蒐于紅，自根牟至于商、衛，革車千乘。大蒐，數軍實，簡車馬也。根牟，魯東界。琅邪陽都縣東有牟鄉。商，宋地。魯西竟接宋、衛也。言千乘，明大蒐，且見魯衆之大數也。○乘，繩證反，注同。數，色主反。竟音境。見，賢遍反。○

七月甲戌，齊子尾卒，子旗欲治其室。子旗，欒施也。欲并治子尾之家政。丁丑，殺梁嬰。梁嬰，子尾家宰。八月庚戌，逐子成、子工、子車，三子，齊大夫，子尾之屬。子成，頃公子固也。子工，成之弟鑄也。子車，頃公之孫捷也。○頃音傾，下文並同。鑄之樹反。捷在接反。皆來奔，不書，非卿。而立子良氏之宰。子良，子尾之子高彊也。子旗爲子良立宰。其臣曰："孺子長矣，孺子，謂子良。○孺，而樹反，本亦作孺。長，丁丈反。而相吾室，欲兼我也。"兼并也。授甲將攻之。陳桓子善於子尾，亦

授甲將助之或告子旗子旗不信則數人告
將往又數人告於道遂如陳氏桓子將出矣
聞之而還聞子旗至○數色主反下同【疏】將往至陳氏○正義曰將往子良之家也又數
人告子不復敢向子良之家遂如陳氏服虔云將往者欲往到陳氏問助子良攻我意謬甚也游服而逆
之去戎備著常游戲之服○去起呂反著張略反請命問桓子所至對曰聞彊
氏授甲將攻子子聞諸曰弗聞子盍亦授甲
無宇請從无宇桓子名○盍胡臘反下同從才用反子旗曰子胡然彼
孺子也吾誨之猶懼其不濟吾又寵秩之請為
之宰其若先人何子盍謂之謂之使无攻我周書曰
惠不惠茂不茂周書康誥也言當施惠於不惠者勸勉於不勉者茂勉也康叔所

以服弘大也服行也桓子稽顙曰頃靈福子頃公

靈公欒氏所事之君○稽音啓顙素黨反【疏】注周書至免也○正義曰周公戒康叔當施惠於不肖施惠者勸勉其不能勉力者今子良不能勉力為善欲令桓子勸勉之故引此書也茂勉也釋詁文○頃○正義曰謚法祗勤追懼曰頃

吾猶有望望子旗惠及已遂和之如初和欒高二家陳公子招歸罪於公子過而殺之言招所以不死而得放

九月楚公子弃疾帥師奉孫吳圍陳孫吳悼大子偃師之子惠公宋戴惡會之戴惡宋大夫

冬十一月壬午滅陳壬午十月十八日傳言十一月誤【疏】注壬午至月誤○正義曰杜以長歷校之十月乙丑朔十八日得壬午也十二月無壬午經書十月歷與經合知傳言十一月者誤也

輿嬖袁克殺馬毀玉以葬輿衆也袁克嬖人之貴者欲以非禮厚葬哀公【疏】注輿衆至哀公○正義曰就衆嬖之內特舉袁克之

名知克是嬖人之貴者也葬無殺馬毁玉之法知欲以非礼厚葬哀公也服虔云一曰馬陳餧所乘馬玉陳佩所佩玉故殺馬毁玉不欲使楚得之事亦有似知不然者楚既滅陳制為巳有克不能私藏馬玉欲殘毁之故不從 楚人將殺之請寘之 置馬玉○寘之豉反 既又請私 私盡君臣恩 私於幄加絰於顙而逃 幄帳也逃不欲為楚臣○幄於角反絰直結反 使穿封戍為陳公 戍楚之大夫滅陳為縣使戍為縣公○穿音川戍音恤 曰城麇之役不諂 成麇役在襄公十六年戍與靈王爭皇頡○麇九倫反注同諂勑檢反頡戶結反 待飲酒於王王曰城麇之役女知寡人之及此女其辟寡人乎 及此謂為王○女音汝下同 對曰若知君之及此臣必致死禮以息楚 息寧靜也 晉侯問於史趙曰陳其遂亡乎對曰未也公曰何故對曰陳

顓頊之族也陳祖舜舜出顓頊○顓音專頊許玉反歲在鶉火是以卒滅陳將如之顓頊氏以歲在鶉火而滅火盛而水滅○鶉市春反【疏】對曰至楚國○正義曰致死禮者欲爲効致死殺靈王也穿封戌既臣事靈王而爲此悖言追恨不殺君者以明在君爲君之義見已忠直若如今日有人欲謀靈王已必致死殺之此對是謟非悖也○注顓頊至水滅○正義曰顓頊崩年歲星在鶉火之次於時猶有書專言之故史趙得而知也歲星天之貴神所在必昌鶉火得歲而火益盛火盛而水滅顓頊水德故以此年終也陳是顓頊之族故知滅將如之亦當歲在鶉火陳乃滅也史趙別有以知假此而爲言耳不可一準此言以驗國之興滅今在析木之津猶將復由箕斗之間有天漢故謂之析木之津由用也○析星歷反復扶又反一音服【疏】注箕斗至用也○正義曰析木之津於十二次爲位在寅也釋天云析木之津箕斗之間漢津也孫炎曰析別水木以箕斗之間是天漢之津也劉炫謂是天漢即天河也天河在箕斗二星之間箕在東方木位斗在北方水位分析水木以箕星爲隔隔河須津梁以渡故謂此次爲析木之津也不言析水而言

析木者此次自南而盡北故依此次而名析木也襄三十年傳稱歲星在娵訾之口其明年乃及降婁歲星歲行一次降婁距此九年故此年歲在析木之津也由用釋詁文言將復用是而更興**且陳氏得政于齊而後陳卒亡**物莫能兩盛**自幕至于瞽瞍無違命**幕舜之先瞽瞍舜父從幕至瞽瞍閒無違天命廢絕者○幕音莫瞽音古瞍素口反【疏】注幕舜至絕者○正義曰魯語云幕能帥顓頊者也有虞氏報焉孔晁云幕能修道功不及祖德不及宗故每於歲之大烝而祭焉謂之報言虞舜祭幕明幕是舜先不知去舜遠近也帝系云顓頊生窮蟬窮蟬生敬康敬康生句芒句芒生蟜牛蟜牛生瞽瞍亦不知幕於蟜牛以前是誰名字之異也從幕至瞽瞍無違天命廢絕言其不絕世繼嗣相傳以至舜也觀傳此文瞽瞍以前似有國土而尚書序云虞舜側微孔安國云為庶人故微賤經云有鰥在下曰虞舜明是下賤矣蓋至瞽瞍始失國耳此久遠之事不可知也**舜重之以明德寘德於遂**遂舜後蓋殷之興存舜之後而封遂言舜德乃至於遂○重直用反【疏】注遂舜至於遂○正義曰三年傳云箕伯直柄虞遂伯戲則遂在直柄之後故

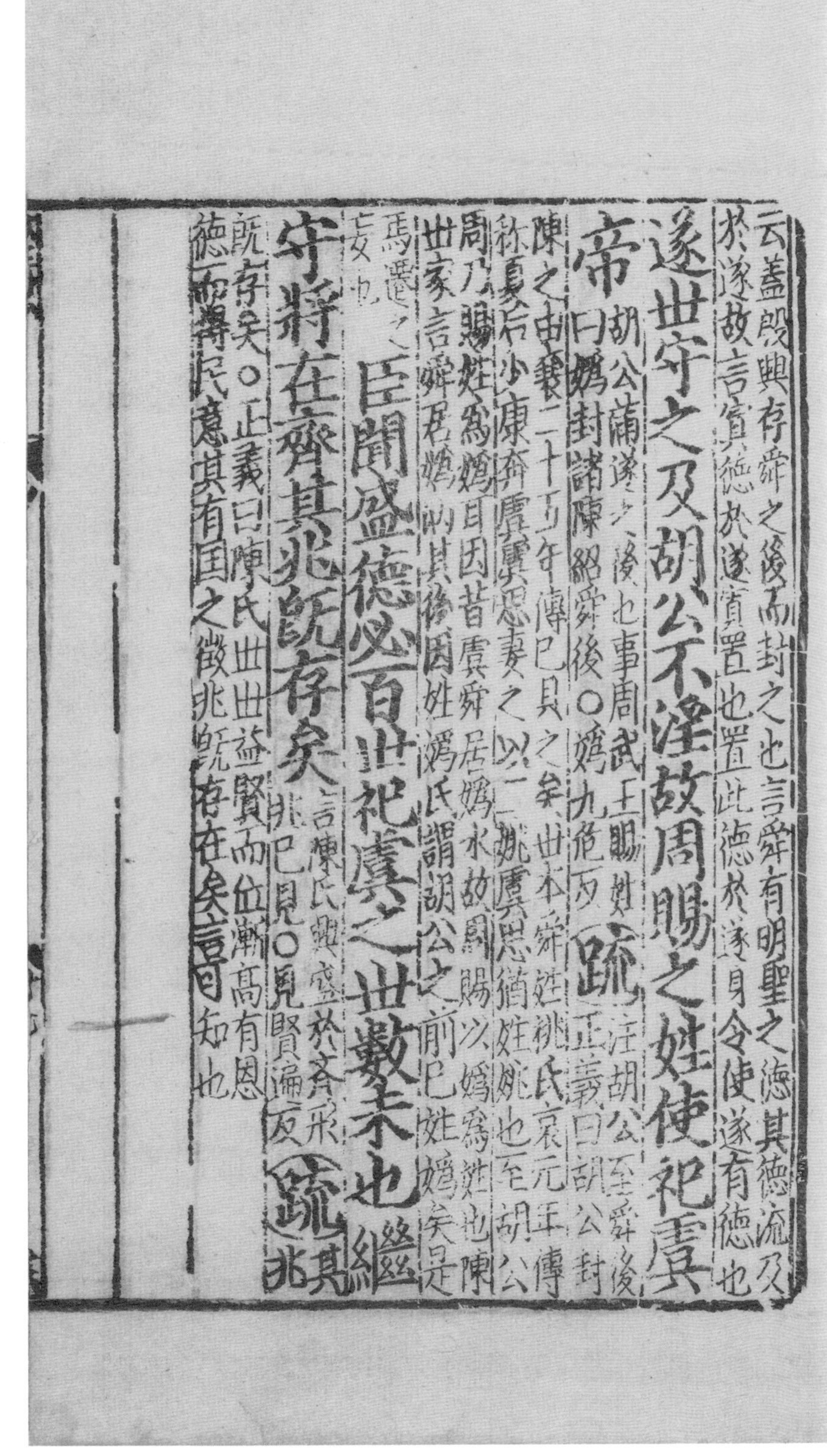

云蓋殷興存舜之後而封之也言舜有明聖之德其德流及於遂故言眞德於遂眞置也置此德於遂身令使遂有德也

遂世守之及胡公不淫故周賜之姓使祀虞帝胡公滿遂之後也事周武王賜姓曰媯封諸陳紹舜後○媯九危反疏注胡公至舜後正義曰胡公封陳之由襄二十五年傳已具之矣世本舜姓姚氏哀元年傳稱夏后少康奔虞虞思妻之以二姚虞思猶姓姚也至胡公周乃賜姓爲媯耳因昔虞舜居媯水故周賜以媯爲姓也陳世家言舜居媯汭其後因姓媯氏謂胡公之前已姓媯矣是馬遷之妄也

臣聞盛德必百世祀虞之世數未也繼守將在齊其兆既存矣言陳氏興盛於齊形兆已見○見賢遍反疏其兆既存矣○正義曰陳氏世世益賢而位漸高有恩德而得民意其有國之徵兆既存在矣言可知也

附釋音春秋左傳註疏卷第四十四